U0068382

孫保羅書法

Paul Yu-kuang Sun：

Calligraphy, Letters and Diaries

孫保羅・著／孫康宜・編註

附書信日記

名家推薦

王成勉（中央大學人文研究中心研究員）
李弘祺（國立清華大學（新竹）榮休講座教授；紐約市立大學榮休教授）
李宜涯（中原大學通識教育中心教授）
林治平（中原大學榮譽退休教授）
胡曉真（中央研究院中國文哲研究所所長）
張曉風（作家、教授）

（依姓氏筆畫排序）

序 《孫保羅書法：附書信日記》

孫康宜

如果說，我寫的那本《走出白色恐怖》回憶錄，是為了追憶我的母親陳玉真女士（一九二二－一九九七）如何在一九五〇年代白色恐怖的期間，獨自不顧一切地養活我們姐弟三人，讓我們平安地渡過那一段苦難的日子，那麼這本《孫保羅書法：附書信日記》，乃是為了紀念父親孫保羅先生（一九一九－二〇〇七）在「走出白色恐怖」之後（尤其在一九七八年抵達美國之後），如何出死入生、完全為基督奉獻的後半生。在他離世的前幾年，高齡八十五歲的父親曾在他的日記裡寫道：「四十四年前今日，我結束了十年囚刑生活，兩個人都活著相見，那是主的神跡……」（二〇〇四年一月二十三日日記）。

父親原名孫裕光，抵美之後，改名為孫保羅。（但他早年即取了英文名字Paul）。在他們的後半生，我的父母真正活出了生命的見證，成為我們子女最佳的榜樣。

有關父親的「前半生」與「後半生」，他的老同學兼摯友湯麟武先生（一九二二－二〇一二，即著名的台灣海岸工程之父，台灣成功大學教授），在他的《有人要我寫回憶錄》（二〇〇三）一書中寫得最為中肯：

……說明了上述的時代背景後，我與孫保羅（一九一九－）結識之事即不必多費唇舌。戰爭中日本與中華民國既未斷交，主管庚款留學費用的「外務省文化事業部」運作如常。一九三九年，他們委託北京的「中華民國臨時政府」、南京的「中華民國維新政府」招考庚款留日學生，當年我們身陷淪陷區，大部分的學校已隨國民黨政府西撤，我與他分別在南北考上後，一九三九年九月先後到東京，在補習日文的時期住在一個宿舍，翌年春天大家考上自己的學校遂分道揚鑣，一九四六－一九五〇又在港務局共事，後來在白色恐怖中他有十年苦難，他夫人真的是「愁腸百結」，生了一種腸子都絞起來的病，骨瘦如柴，那時她歸主，每日禱告，保羅兄終於行過死蔭的幽谷，平安歸來，但仍屬不信，甚至撕掉三本聖經，最後出現奇跡而成為最虔誠的教徒，脾氣也完全改掉，他早年就取了英文名Paul，前半生的遭遇類似使徒保羅（的前半生），後半生則完全改觀……。

必須一提的是，一九九七年秋季，母親病逝之後，父親的生活一時變得十分艱難，但他卻能在艱難之中努力發揮他的信仰生活。父親極注重基督徒內在的生命，他的信仰一直建立在神的話語上，並強調必須在聖靈裡面與主耶穌基督聯合。他每天清晨四時即起床禱告，積極投入教會查經班、協助年青人的信仰，以及發展其他文字的活動。父親在這一方面留下了不少筆墨，尤其是許多有關聖經金句及靈修的書法、書信、日記等，數量之多，令人驚歎。

父親自幼即受極其良好的語文教育，年紀很輕時已經熟悉中、英、日文閱讀及寫作。十六歲那年，他曾獲「青年會拒毒徵文」比賽第一名。據考察，天津基督教青年會早已成立了專門團體，大力協助中國政府嚴禁鴉片、嗎啡等吸毒的蔓延。一九三六年天津青年會通過媒體向社會徵文，家父當時只是一名學生，並不是青年會的成員。他恰巧看到徵文啟事，於是寫了該篇徵文並投稿，竟得了第一名，被青年會推薦到《天津益世報》發表。該報紙的頭條新聞是：「孫裕光先生論拒毒是國民的責任；青年會拒毒徵文第一名；對吸毒之弊害詳舉無遺」。（載於一九三六年九月八日及九月九日兩天的《天津益世報》，第九版）。有關這篇一九三六年家父所寫的〈拒毒〉文章，我要特別感謝我的大陸朋友吳永勝先生，是他最近突然發現這篇舊文的。他的來信中曾說道：「令尊少年時期便有憂國憂民的家國情懷，對民生、科技、教育、體育、醫療、工業、農業、商業、交通等有自己的獨到見解，在那個動亂的年代，一個少年在讀書之外能放眼看世界，殊為難得，令人敬佩！更令我輩汗顏！」。另外，李方桂先生的弟子、嘯隱曲社的林燾先生之子林明，也說家父「對當年社會問題的洞察分析力已遠超同時代的青年人，思想已經十分成熟」。同時，我多年來的摯友張宏生教授也評論道：「令尊大作重被發掘出來，令人感慨不已，他在八十多年前提出的問題，現在仍然存在，而他當時還只不過是個十六歲的青年，就能如此高瞻遠矚，具有濃厚的憂患意識！這也讓我想起了梁啟超著名的文章《少年中國說》。梁文指出以往的中國是「老大帝國」，熱切地希望出現「少年中國」，以此振奮國民的精神，令尊的大作則從另一個方面揭示現狀，希望喚醒國人。都是氣勢磅礴，具有感人的力量。如果從一八四〇年的鴉片戰爭加以思考，則令尊的大作實際上是將中國近現代史貫穿起來，提出了重大的社會問題」。

至於父親的書法，我是在他二〇〇七年五月離世以後，才從姑姑孫毓嫻那兒得知，原來父親自幼即受正規的書法教育，難怪其筆墨總是生動淋漓。姑姑曾在來信中如此描述：

> 你父親很小就學寫字了。他用的硯是圓形的，很大。我們叫它墨海，我家有一大箱字帖，墨是名墨，筆是名筆，常聽他們談筆論畫。筆用完套上白銅筆帽，然後一支支地放在白銅筆架上。還有白銅鎮紙，有一塊鎮紙是你父親得的獎品，還有筆洗等等，我都還記得。你父親鉛筆畫、

水彩畫也畫得很好，我家有很多畫冊供臨摹用，他有一塊畫板供野外寫生用。你父親刻圖章也刻得很好，有許多各形各色的石頭，很多刻刀刻好的圖章放在一只小盒裡……（二〇〇七年八月十一日來函）。

父親過世之後，我和兩個弟弟有幸繼承了父親的許多書法作品及書信。這些年來，我經常瀏覽父親的書法及書信，以至於在信仰及生活方面得到了極大的幫助及啟發。從許多方面來看，書法可說是父親信仰生活的最佳見證。他把渴慕神的心，用傳統的中國書法藝術表現出來，既是一種美好的靈修方式，也是一種誠摯的抒情。因此，我一直想把父親的書法作品以及他的書信、日記等整理出來，以與其他讀者分享。但遺憾的是，多年來的教書工作異常忙碌，一拖再拖，直到二〇一八年七月底，耶魯大學神學院準備要為父親建立一個特殊的「孫保羅館藏」（Paul Yu-kuang Sun Collection, Divinity School Library, Yale University），我才終於把父親的書法、書信、日記等整理出來，並捐贈給校方。同時我也開始進行將父親的手稿出版的計劃。

在此我要特別感謝秀威資訊科技股份有限公司的發行人宋政坤先生，他的大力支持和鼓勵，並以創新的構想，促成了《孫保羅書法：附書信日記》這本書的順利進行。同時我要向秀威的統籌編輯鄭伊庭女士及副主任編輯杜國維先生致萬分的謝意。

我也要感謝耶魯大學圖書館中文部主任孟振華先生，他一直給了我各種幫助。我的耶魯博士生凌超，花了許多精力和時間，幫我整理家父的書法、信件和日記，讓我終身難忘。此外，台北樂學書局的林星甫先生，多年來在採購書籍方面給我很大的協助，我也要特別感謝他。同時，其他友人如沈渠智、李奭學、李程、趙新新、周有恆、陳麗秋、吳永勝、柯志淑、韓晗等，還有我的兩個弟弟孫康成、孫觀圻，表弟黃宗斌，表弟李志明，堂弟孫綱，以及我的姪女孫路亞（Esther Sun Lao）和孫卉亞（Helen Sun Maurer），也都給了我很大的幫助和啟發，在此一併致謝。

對於外子張欽次，我要獻上最深的謝意；是他的堅持和努力，使這本書得以按時完成。

寫於耶魯大學
二〇一九年春季

孫保羅印譜

父親幼年時代即長於用各種石頭刻印，但後來在台灣遭遇白色恐怖大難之後，家居簡陋，只能用紅筆在紙上模仿刻印的筆法，畫出各種娟麗工整的圖章。例如一九七七年春父親因病動手術，我特地飛回台灣照顧他，他在病中為我在紙上「刻」「康宜藏書」印，並書「丁巳仲春宜兒歸省侍余病，因戲作留念。」（請參見輯二，第一部分，手跡三）。

一九七八年初，我的父母來到了美國。待他們在Arizona的鳳凰城安頓下來之後，父親開始大量撰寫書法，每寫完一張，就在落款處用紅筆「刻」畫自己的私印。後來到了馬利蘭州之後，他開始在「印文」裡不僅「刻」上自己的名字，還加入一些風雅的稱號（例如「愚翁」、「俏齋」等），有時也加上一些屬靈的字句（例如「愛主更深」、「仰望耶穌」、「耶穌是主」、「喜樂」等）。

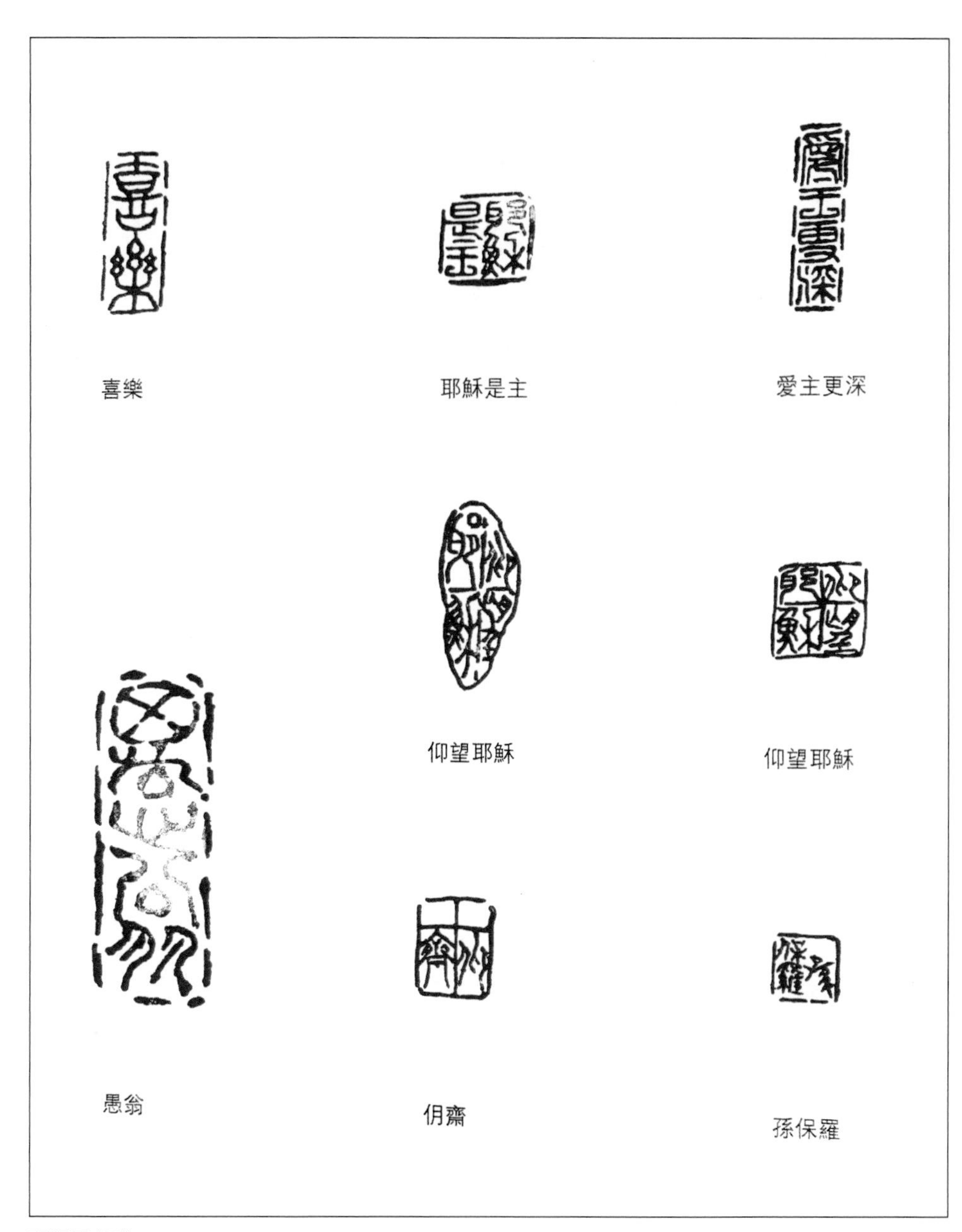
喜樂
耶穌是主
愛主更深
仰望耶穌
仰望耶穌
愚翁
佴齋
孫保羅

孫保羅印譜。

目次

輯四　孫保羅日記——焚餘草

輯五　照片選錄

附錄

輯一

孫保羅書法

第一部分
聖經金句選錄

書法一：禱告的手（附書法1.1獻堂感恩）

一九九〇年夏天，父親在馬利蘭州蓋城宣道會（Gaithersburg Chinese Alliance Church）[1]教主日學，他一共寫了二十六幅有關聖經金句的書法。他在《一粒麥子》一書中曾說：「現代基督徒最難的事，就是如何在紛忙嘈雜的世界裡，忙裡偷閒，進到神面前，與神交通。讀經匆匆促促，受益不多。」（第三十篇）。所以父親的書法，主要是為了幫助教友們更多地默想神的話。

我相信父親以這幅「禱告的手」作為這一系列書法的首篇，別有用心，因為他曾說過：「要在安靜中一面讀一面禱告默想，才能蒙聖靈光照，把神要向你說的話啟示給你。」（《一粒麥子》，第三十篇）。

多年後，在一篇日記裡，他更加強調禱告的重要性：「今日在肉體中，我讀經只能見有限的耶穌，必需藉禱告，靠聖靈，才能偶有『透過有限進入無限』的經歷。」（二〇〇〇年九月二十四日日記）。

[1] 有關蓋城華人宣道會，請見以下父親孫保羅於一九九四年五月二十一日為該教會「獻堂」所寫的書法題字。

書法1

蓋城華人宣道會
獻堂感恩紀念
主後一九九四年
五月二十一日

書法1.1（一九九四年，獻堂感恩）

書法二：主懸十架，恩臨我罪人

父親這幅書法和詩句「主懸十架／恩臨我罪人／打破玉瓶／誠心愛耶穌」可能是他自己最喜愛的作品，因為他生前曾多次重複抄寫這份書法，或自勉或贈人。（例如，早在一九八九年他已贈我兩幅包括這些詩句的不同格式的書法，次年一九九〇年又重抄一遍，將之加入主日學聖經金句系列中。後來一九九七年在我母親去世後的第一個感恩節，父親又重寫了另一幅相似的書法）。重要的是，後來他在《一粒麥子》一書中，即以「打破玉瓶」作為首篇的題目，並說明這幅書法（十八個字）乃為他的「自箴」。原來「打破玉瓶」來自《馬可福音》14:3-9，主要在講一位善良女子瑪利亞如何在耶穌受死前夕，為了愛主，不惜把她最珍貴的玉瓶打破，並以香膏膏主的故事。

在這套書法中，父親特別強調「主懸十架」和「打破玉瓶」的關係。就因為基督在十字架上為我們獻上祂自己，我們更應當為耶穌獻上自己的一切。因此，如果只講「主愛」是不夠的，必須要「愛主」才能得到神的喜悅。

這套書法可以稱得上「感恩書法」。信仰是一種恩賜，所以我們應當無時無刻向基督感恩。

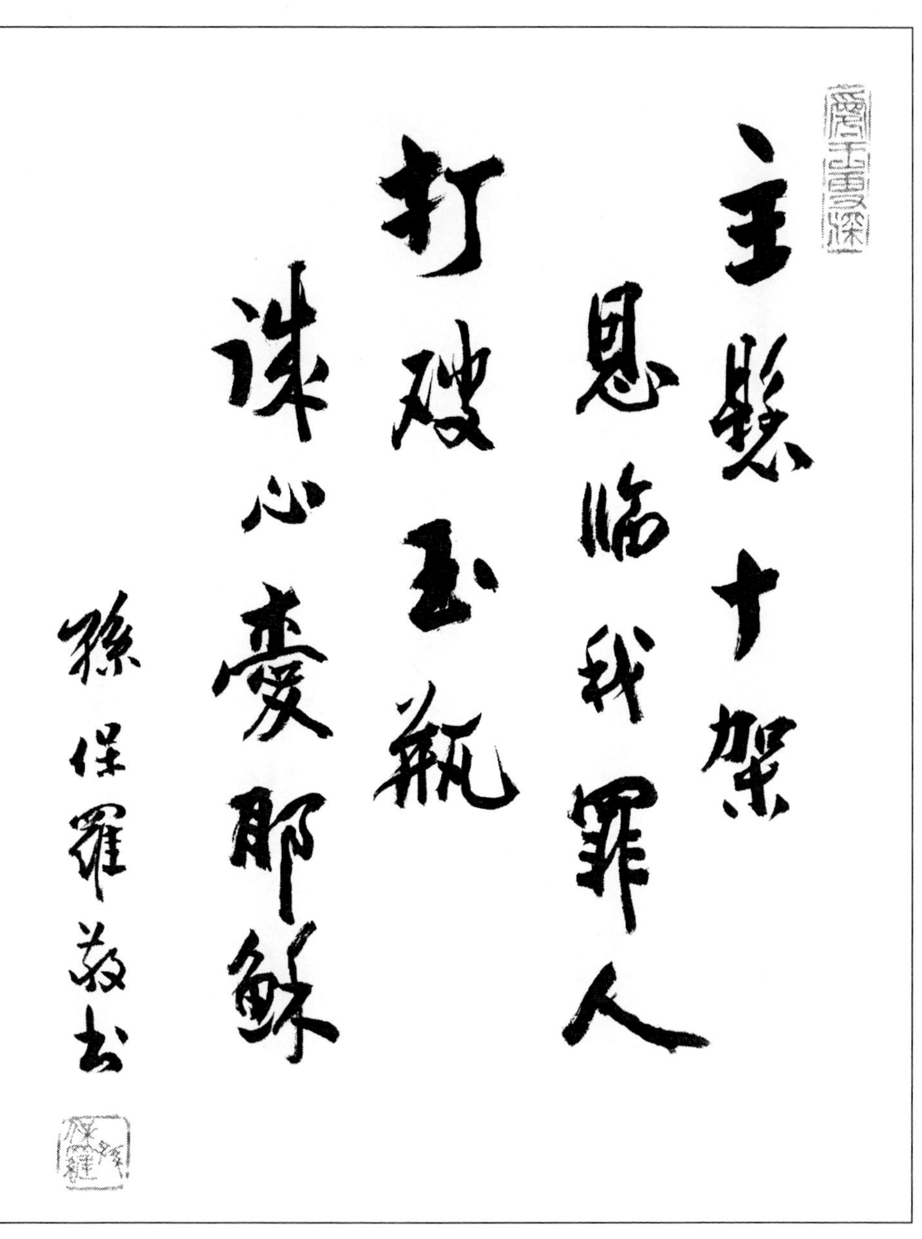

書法2

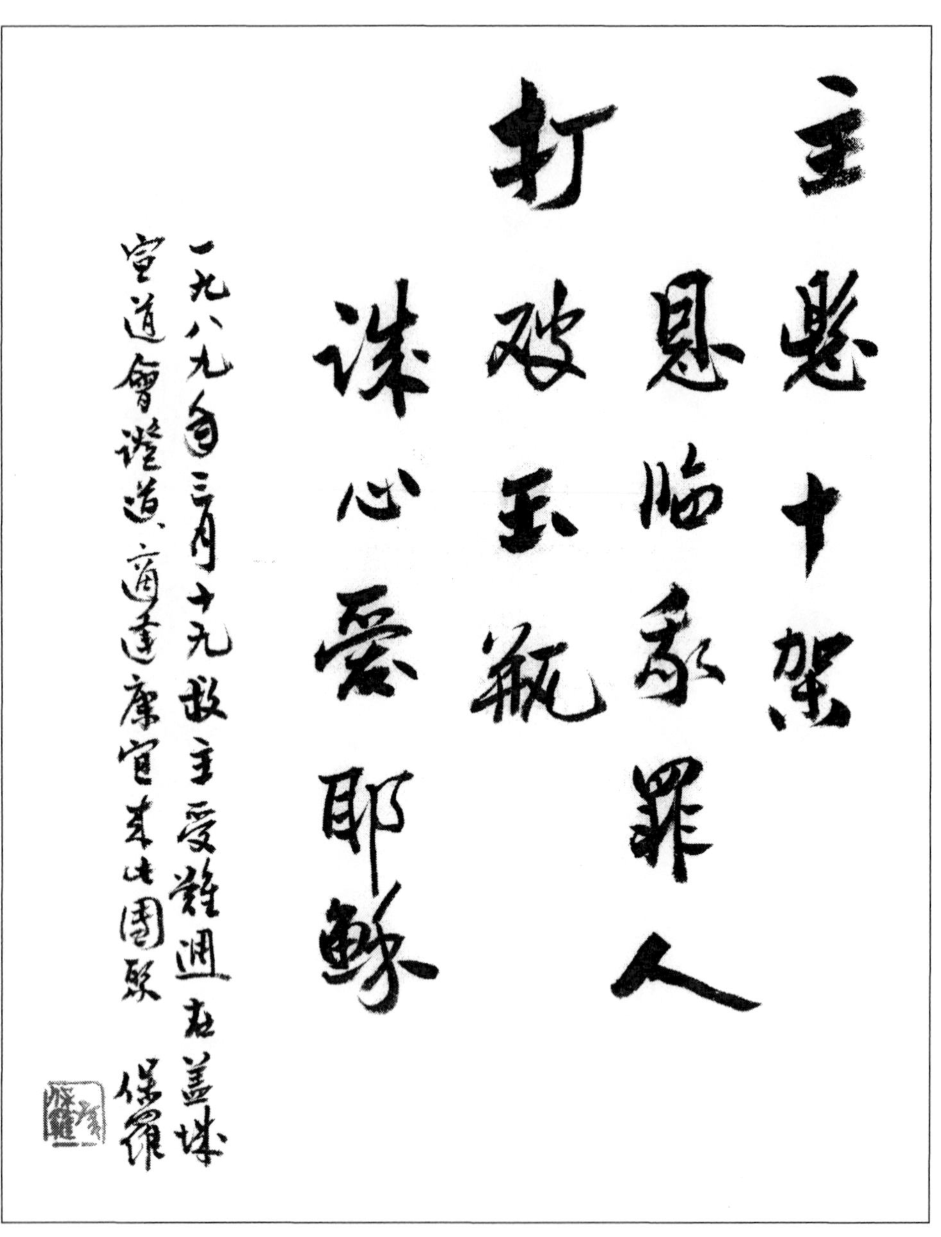

書法2.1（一九八九年三月）

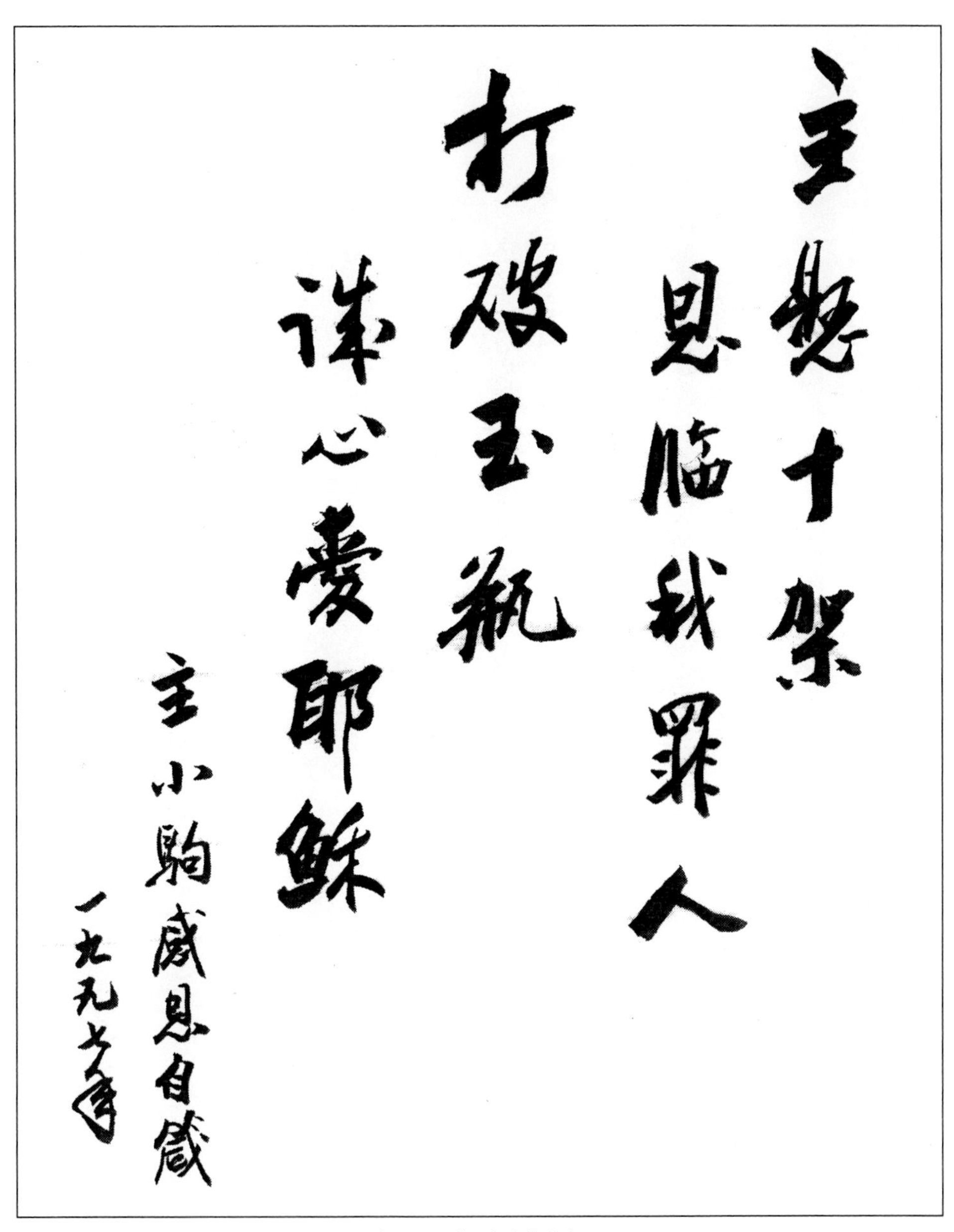

書法2.2（一九九七年）

書法三：《馬太福音》十一章二十八至三十節

「凡勞苦擔重擔的人，可以到我這裡來，我就使你們得安息。
我心裡柔和謙卑，你們當負我的軛，學我的樣式，
這樣，你們心裡就必得享安息。
因為我的軛是容易的，我的擔子是輕省的。」

《馬太福音》11:28-30*

"Come to me, all you who are weary and burdened, and I will give you rest. Take my yoke upon you and learn from me, for I am gentle and humble in heart, and you will find rest for your souls. For my yoke is easy and my burden is light."

Matthew 11:28-30**

康宜注：* 中文聖經金句採自《新舊約聖經》和合本。
** 英文金句一般採自New International Version（但若引用另一版，例如King James Version，會特別註明）。

另外，有關這幅書法的內容，請參閱孫保羅《一粒麥子》第七十七篇：「喜樂平安」。「負主軛，就是我們認同『主的心志』，主的十字架」。「我們若要經歷苦難中的喜樂平安，就必須負主軛，學主樣，就必須經過十字架（與主同釘）」。

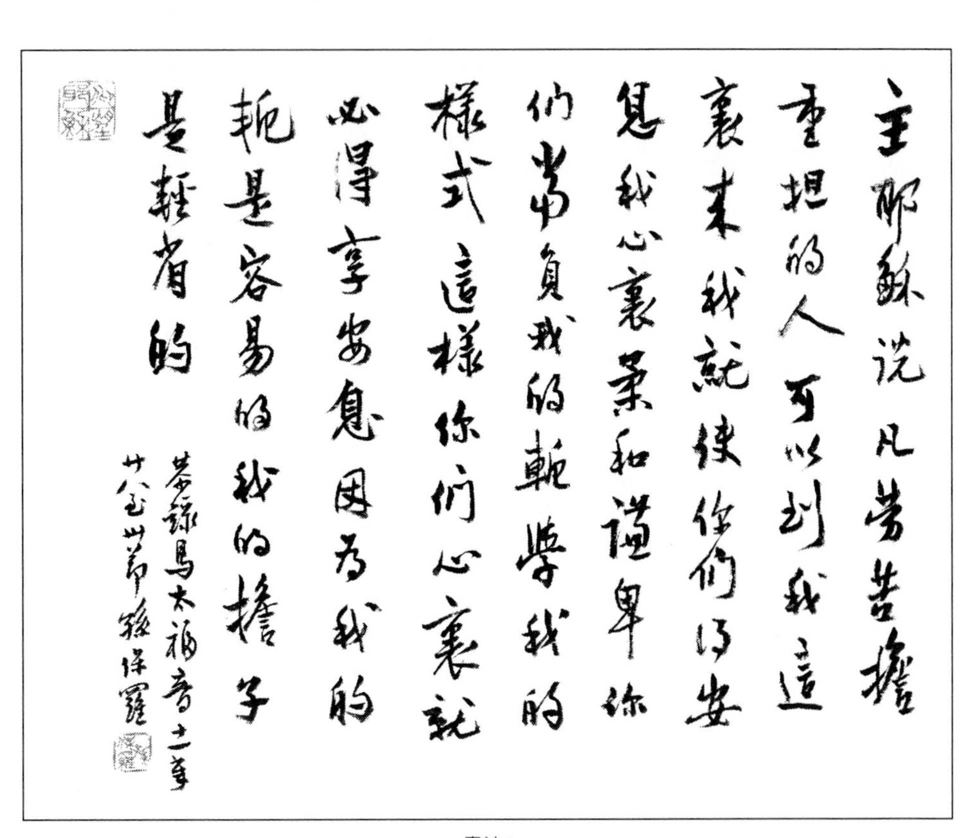
主耶穌說凡勞苦擔
重擔的人可以到我這
裏來我就使你們得安
息我心裏柔和謙卑你
們當負我的軛學我的
樣式這樣你們心裏就
必得享安息因為我的
軛是容易的我的擔子
是輕省的
恭錄馬太福音十一章
廿八至卅節孫保羅

書法3

書法四：《約翰福音》十四章六節

耶穌說：「我就是道路、真理、生命；若不藉著我，沒有人能到父那裡去。」

Jesus answered, "I am the way and the truth and the life. No one comes to the Father except through me."

《約翰福音》14:6

John 14:6

主耶穌說我就是
道路真理生命若不
藉著我沒有人能
到父那裏去

右恭錄約翰福音
十四章六節孫保羅

書法4

書法五：《約翰福音》十四章二十七節

「我留下平安給你們，
我將我的平安賜給你們。
我所賜的，不像世人所賜的；
你們心裡不要憂愁，也不要膽怯。」

《約翰福音》14:27

"Peace I leave with you;
My peace I give you.
I do not give to you as the world gives.
Do not let your hearts be troubled and do not be afraid."

John 14:27

康宜注：請參見孫保羅《一粒麥子》第七十七篇：「喜樂平安」。「主這些話是在什麼時候說的呢？是在週四深夜，主被處死前十來個小時，門徒憂愁害怕的時候」。「任何遭遇都不能影響祂裡面的寧靜」。「新約聖經所說的平安、喜樂，不是世上所謂的平安，不是萬事如意的快樂……而是人裡面的得勝能力」。又，一九八七年至一九九六年間，我的父母與許多馬利蘭州蓋城宣道會（Gaithersburg Chinese Alliance Church）的年輕人交往甚密，家父不但為他們開查經班，而且隨時為他們解答有關聖經的問題。我知道的就有陳麗秋、趙新新、吳繼漢、周有恆、林曼嘉等人。此外，父親也經常贈有關信仰的墨寶給他們。以下其中一幅書法（書法五・一）就是父親於一九八九年四月（即在預備這一系列「聖經金句」書法的一年多前）為陳麗秋受洗歸主而寫的，其內容取自《約翰福音》十四章二十七節的前半段。

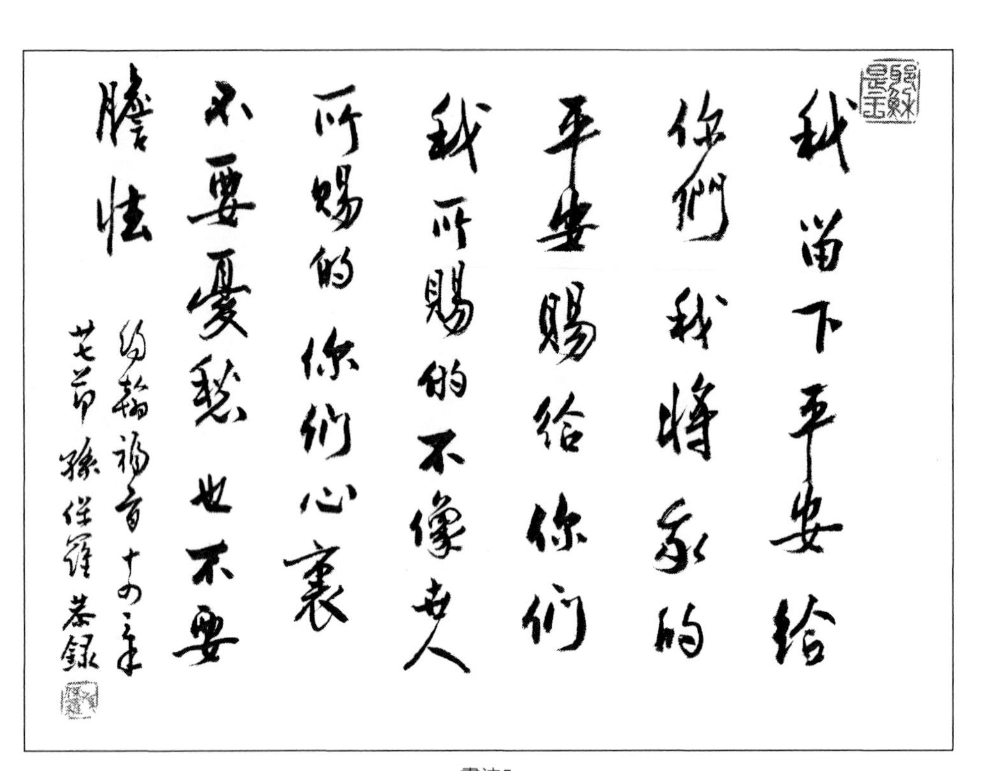
我留下平安給
你們我將我的
平安賜給你們
我所賜的不像世人
所賜的你們心裏
不要憂愁也不要
膽怯
約翰福音十四
孫保羅恭錄

書法5

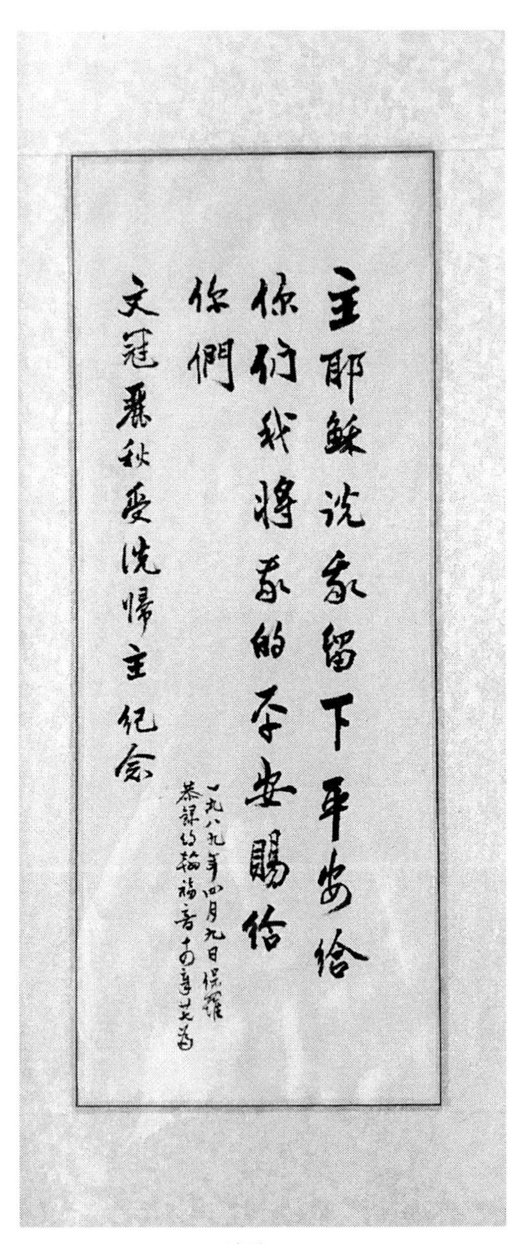
主耶穌說我留下平安給
你們我將我的平安賜給
你們
一九八九年四月九日保羅
恭錄約翰福音十四章廿七節
文冠麗秋受洗歸主紀念

書法5.1

書法六：《約翰一書》五章二十節

「……神的兒子已經來到，且將智慧賜給我們，使我們認識那位真實的，我們也在那位真實的裡面，就是在他兒子耶穌基督裡面。這是真神，也是永生。」

《約翰一書》5:20

"...The Son of God has come and has given us understanding, so that we may know him who is true. And we are in him who is true—even in his son Jesus Christ. He is the true God and eternal life."

1 John 5:20

神的兒子已經來到且
將智慧賜給我們使我們
認識那位真實的我們也
在那位真實的裏面就是在
祂兒子耶穌基督裏面這是
真神也是永生

恭錄約翰壹書五章
廿節 孫保羅

書法6

書法七：《詩篇》第二十七篇一節、五節

「耶和華是我的亮光，是我的拯救，我還怕誰呢？
耶和華是我性命的保障，我還懼誰呢？」

《詩篇》27:1

"The LORD is my light and my salvation—whom shall I fear?
The LORD is the stronghold of my life—of whom shall I be afraid?"

Psalm 27:1

「……我遭遇患難，
他必暗暗地保守我；
在他的亭子里，把我藏在祂帳幕的隱秘處，
將我高舉在磐石上」。

《詩篇》27:5

"...in the day of trouble
he will keep me safe in his dwelling;

he will hide me in the shelter of his tabernacle
and set me high upon a rock."

Psalm 27:5

耶和華是我的亮光是
我的拯救我還怕誰呢
耶和華是我性命的保障
我還懼誰呢
我遭遇患難祂必暗暗地
保守我 把我藏在祂帳
幕的隱密處將我高
舉在磐石上

詩篇第廿七篇一、五節
孫保羅敬書

書法7

書法八：《馬太福音》第十二章二十節

「壓傷的蘆葦祂不折斷；
將殘的燈火，祂不吹滅。」

《馬太福音》12:20

"A bruised reed he will not break;
and a smoldering wick he will not snuff out."

Matthew 12:20

康宜注：請參見《詩篇》145:14：「凡跌倒的，耶和華將他們扶持。凡被壓下的，將他們扶起」。並請參見孫保羅，《一粒麥子》第四十三篇：「主手攙扶」。

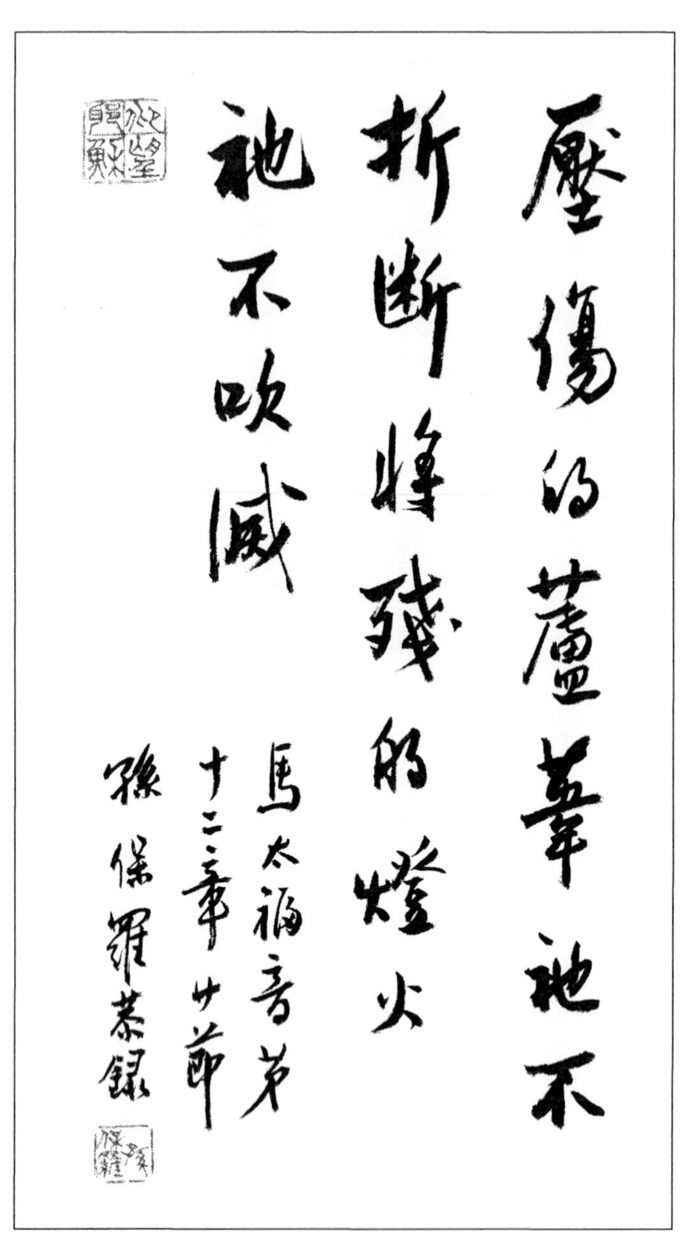

書法8

書法九：《約翰福音》十章二十七至三十節

「我的羊聽我的聲音，我也認識他們，他們也跟著我；
我又賜給他們永生，他們永不滅亡，
誰也不能從我手裡把他們奪去。
我父把羊賜給我，他比萬有都大，
誰也不能從我父手裡把他們奪去。
我與父原為一。」

《約翰福音》10:27-30

"My sheep listen to my voice; I know them, and they follow me.
I give them eternal life, and they shall never perish;
No one can snatch them out of my hand.
My Father, who has given them to me, is greater than all;
no one can snatch them out of my Father's hand.
I and the Father are one."

John 10:27-30

康宜注：這段經文一直是我父母的最愛。一九八九年冬父親曾將它寫成書法，書贈大弟康成及麗娜（見書法9.1）。後來一九九七年九月母親過世，父親又抄錄此經文，將之作為追思會上影片很重要的一幕（見書法9.2）。

我的羊聽我的聲音我
也認識他們 他們也跟着
我我又賜給他們永生
他們永不滅亡誰也不能
從我手裏把他們奪去
我父把羊賜給我祂比
萬有都大誰也不能從
我父手裏把他們奪去
我與父原為一

右恭錄約翰福音
十章廿七至卅節 孫保羅

書法9

書法9.1

主耶穌说："我的羊聽我的声音、
我也认識他们、他们也跟着我、
我又賜给他們永生、他们永不
滅亡、誰也不能從我手裡把他
们奪去、我父把羊賜给我、祂比
萬有都大、誰也不能從我父手
裡把他们奪去、我與父原為一"

< 约翰福音 10:27-30 >

書法9.2

書法十：帖撒羅尼迦後書三章三、五節

「……主是信實的，要堅固你們，保護你們脫離那惡者……願主引導你們的心，叫你們愛神，並學基督的忍耐。」

《帖撒羅尼迦後書》3:3, 3:5

"...The Lord is faithful, and he will strengthen and protect you from the evil one...May the Lord direct your hearts into God's love and Christ's perseverance."

Thessalonians 3:3, 3:5

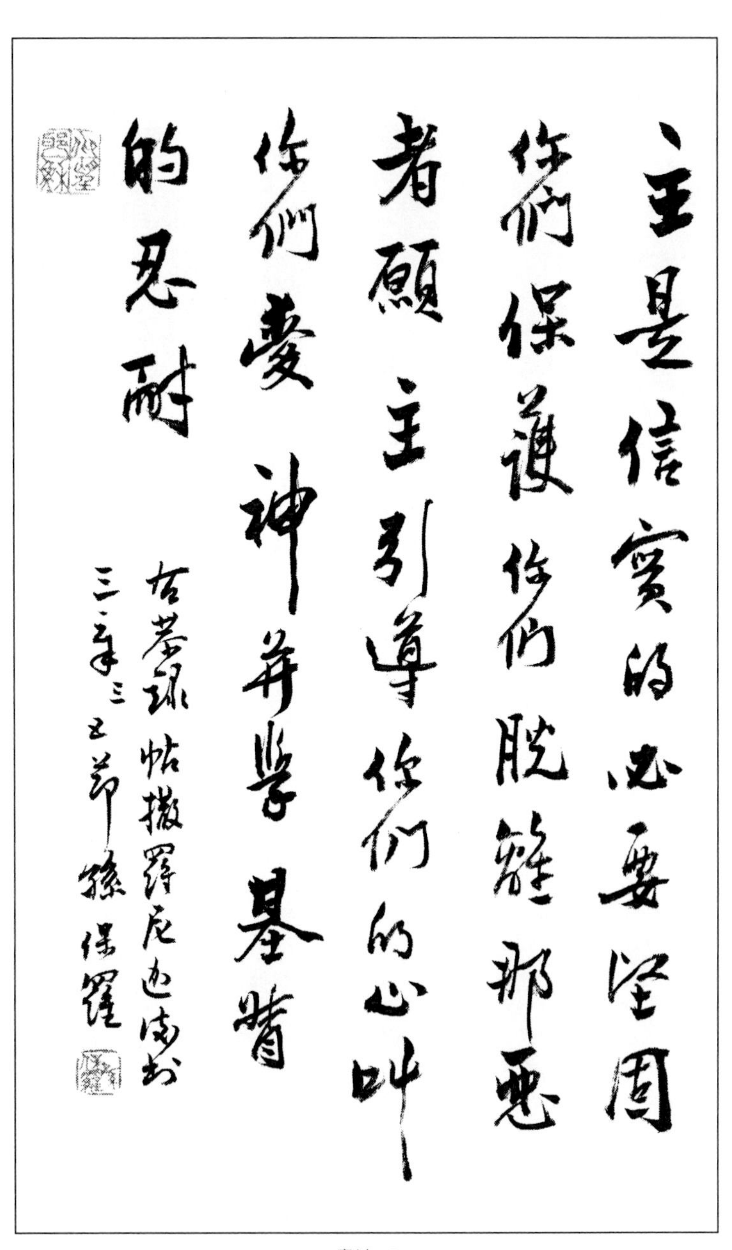

、主是信實的必要堅固
你們保護你們脫離那惡
者願主引導你們的心叫
你們愛神并學基督
的忍耐
右錄帖撒羅尼迦後書
三、三五節 孫保羅

書法10

書法十一：《帖撒羅尼迦後書》一章十一、十二節

「……願我們的神看你們配得過所蒙的召，
又用大能成就你們一切所羨慕的良善……
叫我們主耶穌的名在你們身上得榮耀，
你們也在祂身上得榮耀……。」

《帖撒羅尼迦後書》1:11, 1:12

"... [We pray] that our God may count you worthy of his calling,
And that by his power he may fulfill every good purpose of yours...
We pray this so that the name of our Lord Jesus may be glorified in you,
and you in him..."

Thessalonians 1:11, 1:12

願我們的神看你們配得過所蒙的召，又用大能成就你們一切所羨慕的良善，叫我們主耶穌的名在你們身上得榮耀，你們也在祂身上得榮耀。

右摘錄帖撒羅尼迦後書一章十一、十二節

孫保羅恭錄

書法11

書法十二：《詩篇》十六篇選錄

「我的心哪，你曾對耶和華說：你是我的主，我的好處不在你以外……耶和華是我的產業，是我杯中的分；我所得的，你為我持守。用繩量給我的地界，坐落在佳美之處；我的產業實在美好……

我將耶和華常擺在我面前，因他在我右邊，我便不至搖動。

因此，我的心歡喜，我的靈快樂，我的肉身也安然居住……

你必將生命的道路指示我；在你面前有滿足的喜樂，

在你右手中有永遠的福樂。」

《詩篇》16:2, 16:5-6, 16:8-9, 16:11

"I said to the Lord, 'You are my Lord; apart from you I have no good thing.'... Lord, you have assigned me my portion and my cup; you have made my lot secure. The boundary lines have fallen for me in pleasant places; surely I have a delightful inheritance...

I have set the Lord always before me.
Because he is at my right hand, I will not be shaken.
Therefore my heart is glad and my tongue rejoices;
my body also will rest secure...
You have made known to me the path of life;

you will fill me with joy in your presence,

with eternal pleasures at your right hand."

Psalms 16:2, 16:5-6, 16:8-9, 16:11

我的心哪 你曾對耶和華說祢是
我的主我的好處不在祢以外
耶和華是我的產業 是我杯中
的分我所得的祢為我持守
用繩量給我的地界坐落在佳美
之處我的產業實在美好
我將耶和華常擺在我面前 因
祂在我右邊我便不致動搖
因此我的心歡喜我的靈快樂 我的
肉身也要安然居住
祢必將生命的道路指示我 在祢面
前有滿足的喜樂 在祢右手中有
永遠的福樂

詩篇十六篇選錄
孫保羅敬書

書法12

書法十三：《以賽亞書》五十三章第四、第五節

「他誠然擔當我們的憂患，
背負我們的痛苦……
他為我們的過犯受害，
為我們的罪孽壓傷。
因他受的刑罰，我們得平安；
因他受的鞭傷，我們得醫治。」

《以賽亞書》53:4, 53:5

"Surely he took up our infirmities
and carried our sorrows...
But he was pierced for our transgressions,
he was crushed for our iniquities;
the punishment that brought us peace was upon him,
and by his wounds we are healed."

Isaiah 53:4, 53:5

祂誠然擔當我們的憂患
背負我們的痛苦祂為我
們的過犯受害為我們的罪
孽壓傷因祂受的刑罰我
們得平安因祂受的鞭傷我們
得醫治

以賽亞書五十三章第四
第五節 孫保羅恭錄

書法13

書法十四：《馬太福音》六章九至十三節（主禱文）

「……我們在天上的父，
願人都尊你的名為聖。
願你的國降臨。
願你的旨意行在地上，如同行在天上。
我們日用的飲食，今日賜給我們。
免我們的債，如同我們免了人的債。
不叫我們遇見試探，救我們脫離兇惡。
因為國度、權柄、榮耀，
全是你的，直到永遠。阿們！」

《馬太福音》6:9-13

“... Our Father which art in heaven,
Hallowed be thy name.
Thy kingdom come, Thy will be done in earth, as it is in heaven.
Give us this day our daily bread.
And forgive us our debts, as we forgive our debtors.
And lead us not into temptation, but deliver us from evil: for thine is the

Kingdom, and the power, and the glory, forever. Amen."

Matthew 6:9-13 (King James version)

我們在天上的父願人都
尊祢的名為聖願祢的
國降臨願祢的旨意行
在地上如同行在天上我們
日用的飲食今日賜給我
們免我們的債如同我們免
了人的債不叫我們遇見試
探救我們脫離凶惡因為
國度權柄榮耀全是祢的
直到永遠阿們

恭錄馬太福音六章
九至十三節孫保羅

書法14（主禱文）

書法十五：約翰一書三章十六節、四章十六節

「主為我們捨命，
我們從此就知道何為愛。」

《約翰一書》3:16

"This is how we know what love is:
Jesus Christ laid down his life for us."

1 John 3:16

「……神就是愛。」

《約翰一書》4:16

"... God is love."

1 John 4:16

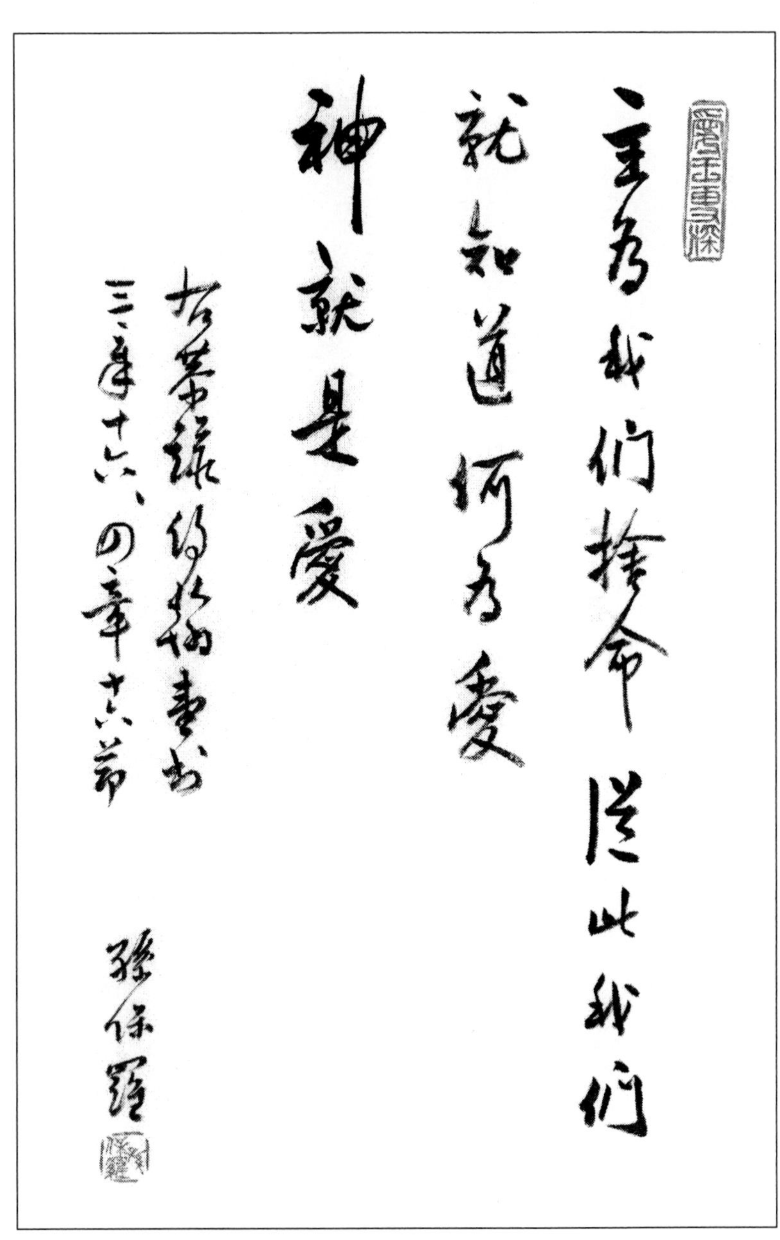

書法15

書法十六：《帖撒羅尼迦前書》五章二十三、二十四節

「願賜平安的神親自使你們全然成聖。
又願你們的靈與魂與身子得蒙保守，
在我主耶穌基督降臨的時候，完全無可指摘。
那召你們的本是信實的，他必成就這事。」

《帖撒羅尼迦前書》5:23-24

"May God himself, the God of peace, sanctify you through and through.
May your whole spirit, soul, and body be kept blameless
at the coming of our Lord Jesus Christ.
The one who calls you is faithful and he will do it."

1 Thessalonians 5:23-24

康宜注：這是聖經裡很重要的一段章節，我與欽次有幸於一九八九年冬季，得到家父為此金句所撰的書法一幅（見書法16.1）。此幅裱成的書法原件已捐贈給耶魯大學神學院圖書館特別館藏（Special Collections）的Paul Yu-kuang Sun Collection特藏。

又，一九九二年歲暮，父親也寫了另一幅相似的書法，贈給我的小弟觀圻和他的妻子蔡真。

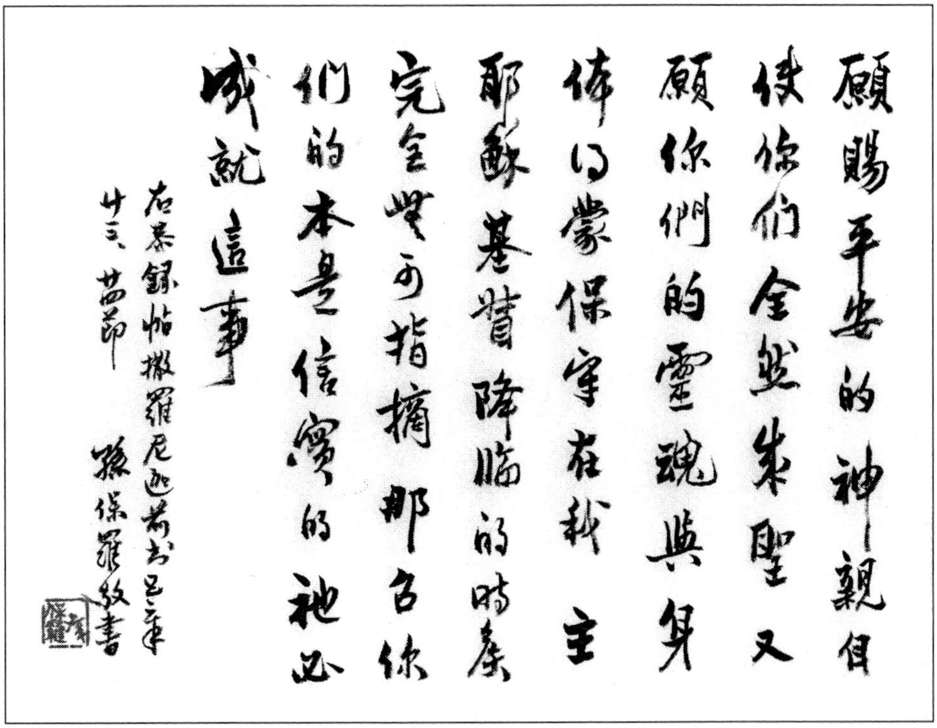

願賜平安的神親自
使你們全然聖潔又
願你們的靈魂與身
體得蒙保守在我主
耶穌基督降臨的時候
完全無可指摘那召你
們的本是信實的祂必
成就這事

右恭錄帖撒羅尼迦前書五章
廿三、廿四節　孫保羅敬書

書法16

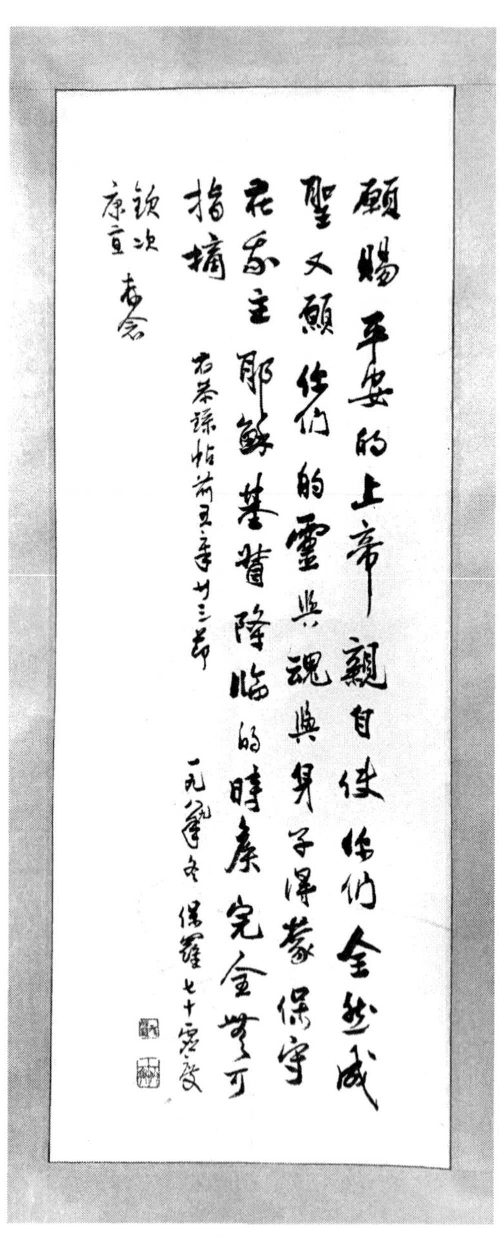
願賜平安的上帝親自使你們全然成
聖又願你們的靈與魂與身子得蒙保守
在我主耶穌基督降臨的時候完全無可
指摘
右恭錄帖前五章廿三節
一九八九年冬 保羅
欽次
康宣 存念

書法16.1

書法十七：《帖撒羅尼迦前書》五章十六至十八節

「要常常喜樂，
不住地禱告，凡事謝恩，
因為這是神在基督耶穌裡向你們所定的旨意。」

《帖撒羅尼迦前書》5:16-18

"Be joyful always;
Pray continually; give thanks in all circumstances,
For this is God's will for you in Christ Jesus."

1 Thessalonians 5:16-18

康宜注：收在這裡的其中一幅書法（書法17.1）是父親早在一九八九年十月（即在寫這一系列「聖經金句」書法的數月前）為蓋城華人宣道會教友陳麗秋而寫的。後來我的父母於一九九六年搬到加州後，家父又為趙新新和吳繼漢撰寫另一幅同樣金句的書法（見書法17.2）。此外，在一九九七年感恩節（即家母逝世後的第一個感恩節）父親又為李長華先生夫婦重抄一份類似的書法。

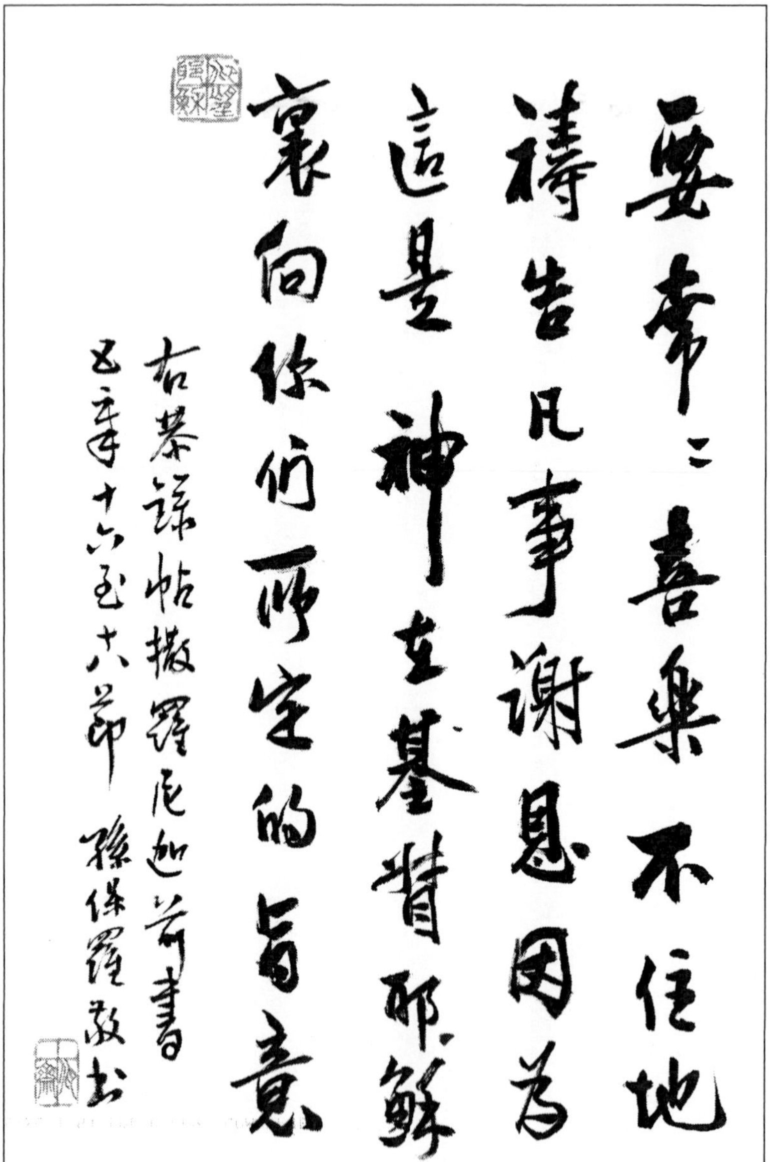

要常常喜樂不住地
禱告凡事謝恩因為
這是神在基督耶穌
裏向你們所定的旨意

右恭錄帖撒羅尼迦前書
五章十六至十八節　孫保羅敬書

書法17

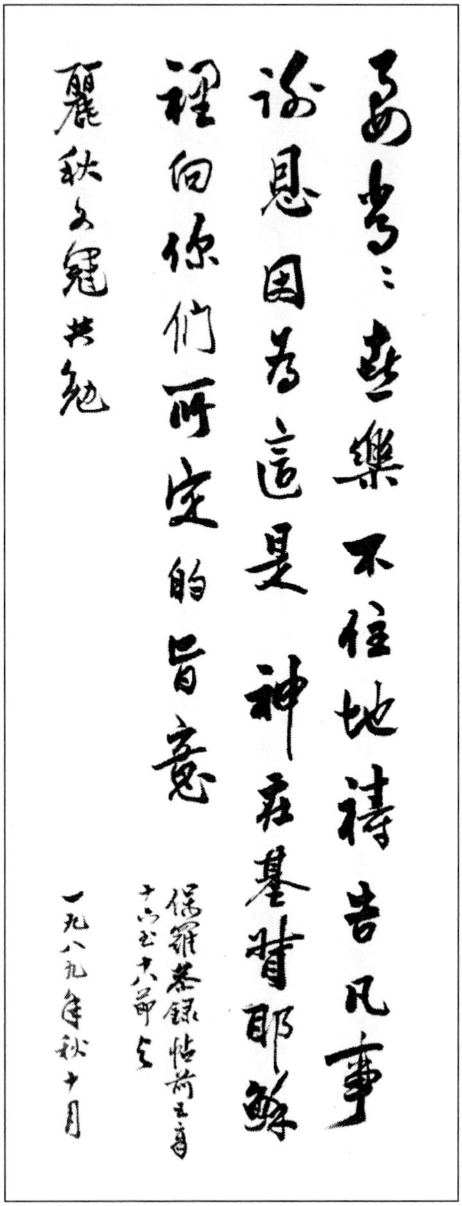

應當常常喜樂不住地禱告凡事
謝恩因為這是神在基督耶穌
裡向你們所定的旨意

麗秋姊妹共勉

保羅恭錄帖前五章
十六至十八節

一九八九年秋十月

書法17.1（陳麗秋）

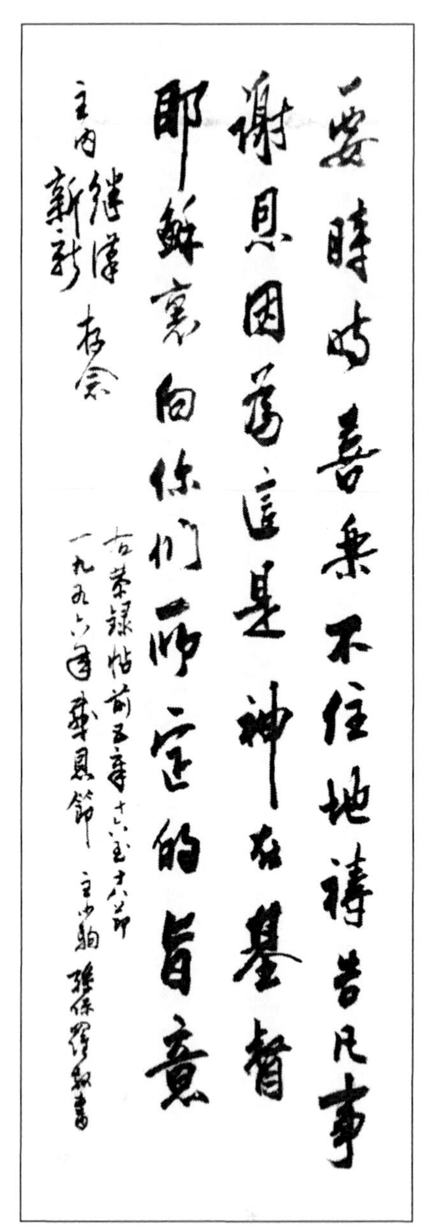

要時時喜樂
不住地禱告凡事
謝恩因為這是神在基督
耶穌裏向你們所定的旨意

書法17.2（要時時喜樂，給吳繼漢趙新新）

書法十八：《約翰一書》一章第五節、七節、九節

「神就是光……
我們若在光明中行，如同神在光明中，
就彼此相交，
祂兒子耶穌的血也洗淨我們一切的罪……
我們若認自己的罪，
神是信實的，是公義的，
必要赦免我們的罪，洗淨我們一切的不義。」

《約翰一書》1:5, 1:7, 1:9

"God is light...
If we walk in the light, as he is in the light,
we have fellowship with one another,
and the blood of Jesus, his Son, purifies us from all sin...
If we confess our sins,
he is faithful and just and will forgive us our sins
and purify us from all unrighteousness."

1 John 1:5, 1:7, 1:9

神就是光我們若在光明中行如同神在光明中就彼此相交祂兒子耶穌的血也洗淨我們一切的罪我們若認自己的罪神是信實的是公義的必要赦免我們的罪洗淨我們一切的不義

右摘錄約翰壹書一章第五節、七節、九節 孫保羅恭錄

書法18

書法十九：《哥林多前書》十三章四至八節

「愛是恆久忍耐，又有恩慈；
愛是不嫉妒，愛是不自誇，不張狂，
不做害羞的事，不求自己的益處，
不輕易發怒，不計算人的惡，
不喜歡不義，只喜歡真理；
凡事包容，凡事相信，
凡事盼望，凡事忍耐，
愛是永不止息……」

《哥林多前書》13:4-8

"Love is patient, love is kind.
It does not envy, it does not boast, it is not proud.
It does not dishonor others, it is not self-seeking,
It is not easily angered, it keeps no record of wrongs.
Love does not delight in evil but rejoices with the truth.
It always protects, always trusts,
Always hopes, perseveres.

Love never fails...”

1 Corinthians 13:4-8

愛是恒久忍耐又有恩慈 愛是
不嫉妒 愛是不自誇不張狂 不作
害羞的事 不求自己的益處 不輕
易發怒 不計算人的惡 不喜歡不義
只喜歡真理 凡事包容 凡事相信
凡事盼望 凡事忍耐 愛是永不
止息

恭錄哥林多前書十三章
四至八節 孫保羅

書法19（愛）

書法二十：《詩篇》一百十九篇一百零五節、九十七節

「你的話是我腳前的燈，
是我路上的燈。」

《詩篇》119:105

“Your word is a lamp to my feet
and a light for my path.”

Psalm 119:105

「我何等愛慕你的律法，
終日不住地思想。」

《詩篇》119:97

“Oh, how I love your law!
I meditate on it all day long.”

Psalm 119:97

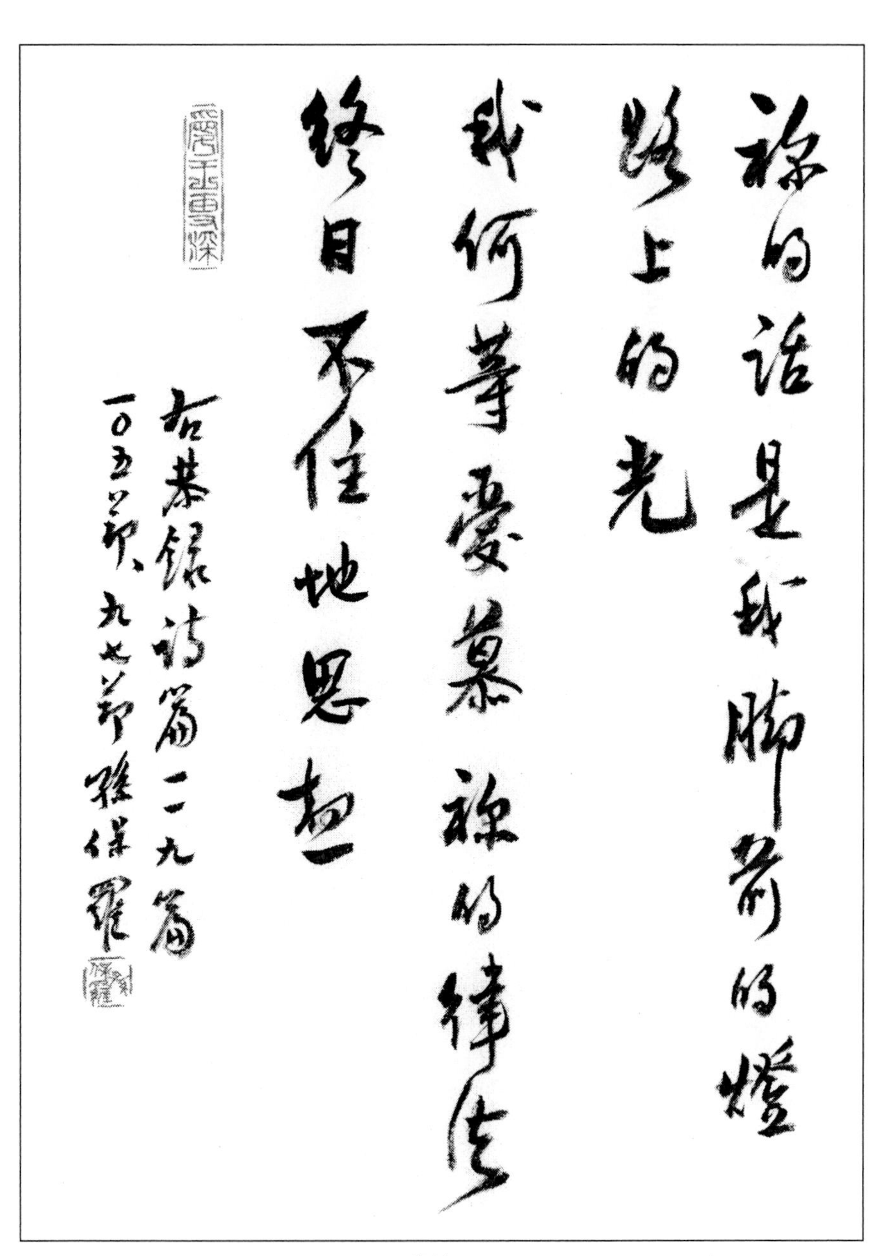

書法20

書法二十一：《詩篇》第六十六篇十至十二節

「神啊，你曾試驗我們，
熬煉我們，如熬煉銀子一樣。
你使我們進入網羅，
把重擔放在我們的身上。
你使人坐車軋我們的頭。
我們經過水火，
你卻使我們到豐富之地。」

《詩篇》66:10-12

"For you, O God, tested us;
you refined us like silver.
You brought us into prison
and laid burdens on our backs.
You let men ride over our heads;
we went through fire and water,
but you brought us to a place of abundance."

Psalm 66:10-12

神啊祢曾試驗我們熬
煉我們如熬煉銀子一樣
祢使我們進入網羅把
重擔放在我們的身上
祢使人坐車軋我們的
頭我們經過水火祢卻
帶我們到豐富之地

右錄詩篇第六十六篇
十至十二節 孫保羅

書法21

書法二十二：《羅馬書》十二章一、二節

「所以弟兄們，
我以神的慈悲勸你們，
將身體獻上，當做活祭，
是聖潔的，是神所喜悅的，
你們如此事奉乃是理所當然的。
不要效法這個世界，
只要心意更新而變化，
叫你們查驗
何為神的善良、純全、可喜悅的旨意。」

"Therefore, I urge you, brothers,
in view of God's mercy,
to offer your bodies as living sacrifices,
holy and pleasing to God—
this is your spiritual act of worship.
Do not conform any longer to the pattern of this world,

《羅馬書》12:1-2

but be transformed by the renewing of your mind.
Then you will be able to test and approve what God’s will is—
his good, pleasing and perfect will.”

Romans 12:1-2

所以弟兄們我以神的慈
悲勸你們將身體獻上當作
活祭是聖潔的是神所喜悅
的你們如此事奉乃是理所
當然的不要效法這個世界只要
心意更新而變化叫你們察驗何為
神的善良純全可喜悅的旨意

右羅馬書十二章一二節 孫保羅敬書

書法22

書法二十三：《路加福音》九章二十三節

「耶穌又對眾人說：

『若有人要跟從我，

就當捨己，

天天背起他的十字架來跟從我……。』」

《路加福音》9:23

“Then he said to them all:

‘If anyone would come after me,

he must deny himself

and take up his cross daily and follow me...’”

Luke 9:23

康宜注：請參見孫保羅《一粒麥子》第二十八篇「背十字架」，該章曾引用另一處十分相似的聖經章節——即《馬可福音》8:34，「若有人要跟從我，就當捨己，背起他的十字架來跟從我。」

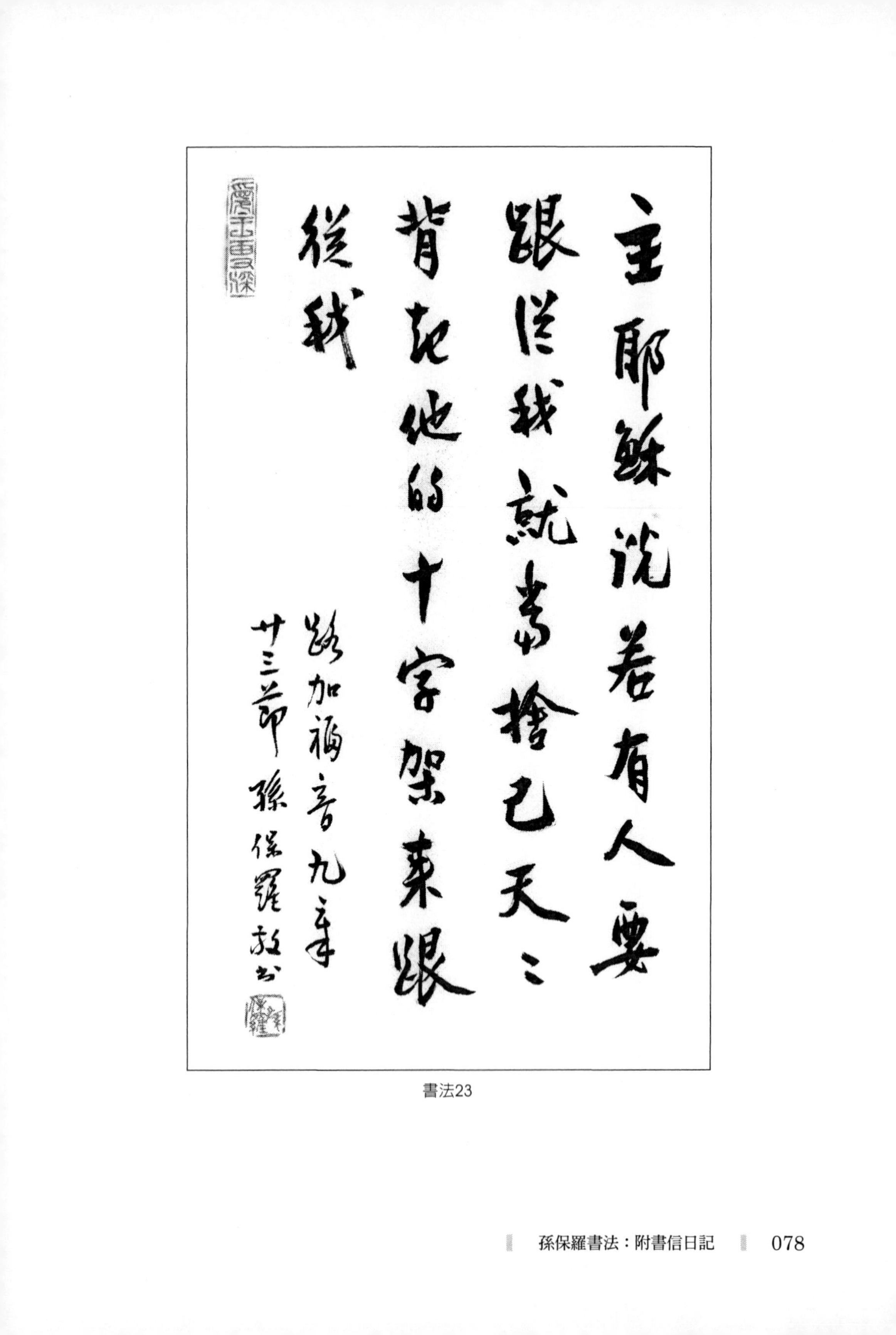

主耶穌說若有人要
跟從我就當捨己天天
背起他的十字架來跟
從我

路加福音九章
廿三節 孫保羅敬書

書法23

書法二十四：《以弗所書》第三章二十節

「神能照著運行在我們心裡的大力，
充充足足地成就一切，
超過我們所求所想的。」

《以弗所書》3:20

"Now to him who is able to do immeasurably
more than all we ask or imagine,
according to his power that is at work within us."

Ephesians 3:20

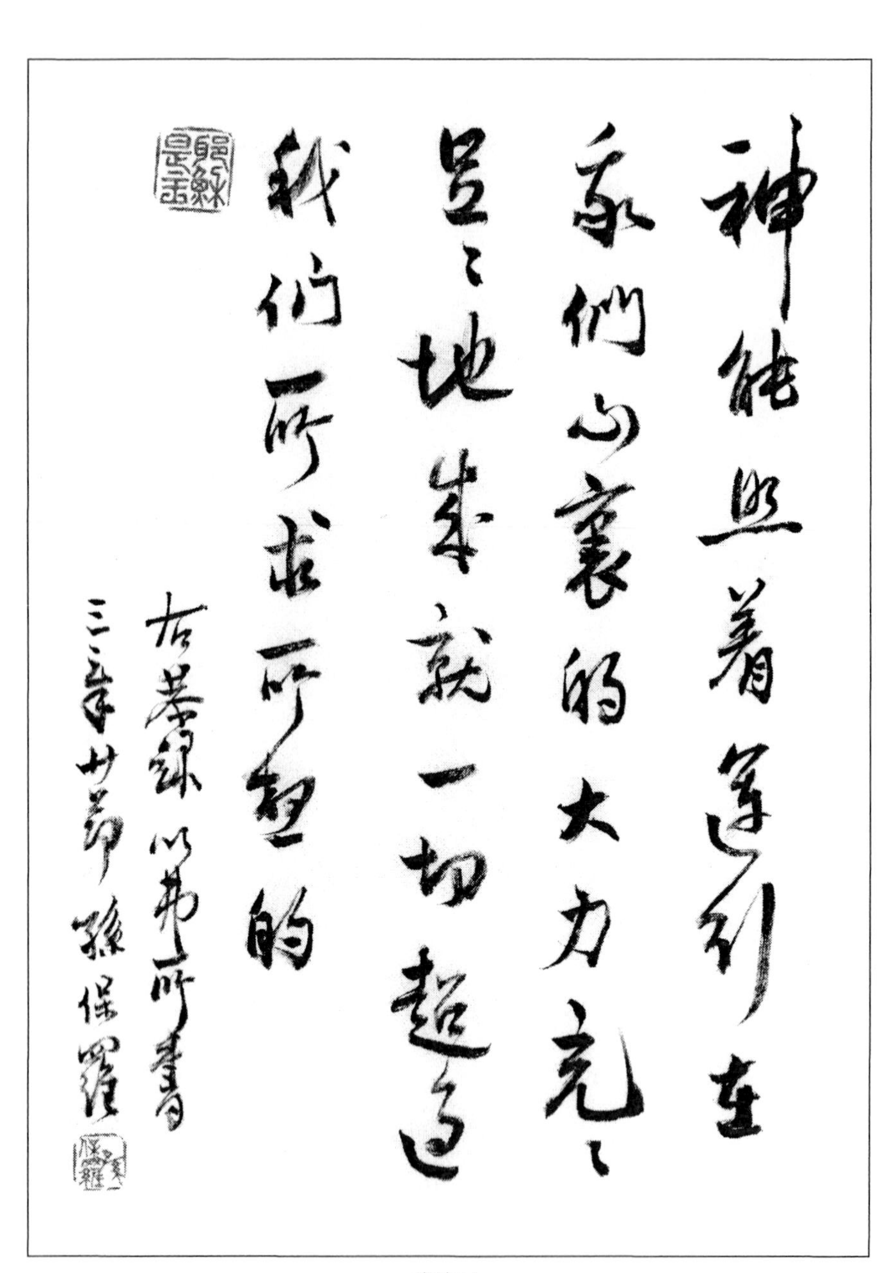

神能照着運行在
我們心裏的大力充充
足足地成就一切超過
我們所求所想的
右錄以弗所書
三章廿節 孫保羅

書法24

書法二十五：《腓立比書》四章四至七節

「你們要靠主常常喜樂。我再說，你們要喜樂。當叫眾人知道你們謙讓的心。主已經近了。應當一無掛慮，只要凡事藉著禱告，祈求和感謝，將你們所要的告訴神。神所賜出人意外的平安，必在基督耶穌裡，保守你們的心懷意念。」

《腓立比書》4:4-7

"Rejoice in the Lord always. I will say it again: Rejoice! Let your gentleness be evident to all. The Lord is near. Do not be anxious about anything, but in everything, by prayer and petition, with thanksgiving, present your requests to God. And the peace of God, which transcends all understanding, will guard your hearts and your minds in Christ Jesus."

Philippians 4:4-7

你們要靠主常常喜樂
我再說你們要喜樂當叫
眾人知道你們謙讓的心
主已經近了應當一無罣
慮只要凡事藉著禱告
祈求和感謝將你們所要
的告訴神神所賜出人
意外的平安必在基督耶
穌裏保守你們的心懷意念

右恭錄腓立比書四章
四至七節　孫保羅敬書

書法25

書法二十六：《約翰福音》三章十六節

「神愛世人，甚至將祂的獨生子賜給他們，叫一切信祂的，不至滅亡，反得永生。」

《約翰福音》3:16

"For God so loved the world that he gave his one and only Son, that whoever believes in him shall not perish but have eternal life."

John 3:16

康宜注：請參見孫保羅《一粒麥子》第十七篇「耶穌是誰？」：「人能認識這位真神嗎？不可能！有限的人不能認識無限的神，有罪的人也不能進到聖潔公義的神面前。獨一真神，要叫人認識祂，就必須把祂自己『啟示』出來。神藉一切所造之物（包括人）已經啟示了自己，使人知道『有神』，又藉祂的話（舊約聖經）以及祂在歷史中的作為，表明了這位神是怎麼樣的一位神。最後，祂差遣獨生子耶穌，使人在這位歷史的耶穌身上，（藉祂的言行、美德、權柄、智慧、榮耀，……）能看見神，摸著神，藉著耶穌與那位無形無相的獨一真神相通（約14:6-7, 1:18）。」

「耶穌是獨一真神（天父）的最高，最完全的，終極的啟示！是神本體的真相（來1:3，西1:15），是神成了肉身來的。耶穌是真人，又是真神（耶穌是神的『奧秘』，非人理性所能解釋的）。我們信祂，就能在經歷中證明祂是『祂自己所說的』那一位。」

「耶穌替我們的罪死了，又復活了。給我們開了一條路（來10:19-20）使我們罪得赦免，能重回到神面前，且因祂所賜的永生，使我們與祂生命永遠合一……。」

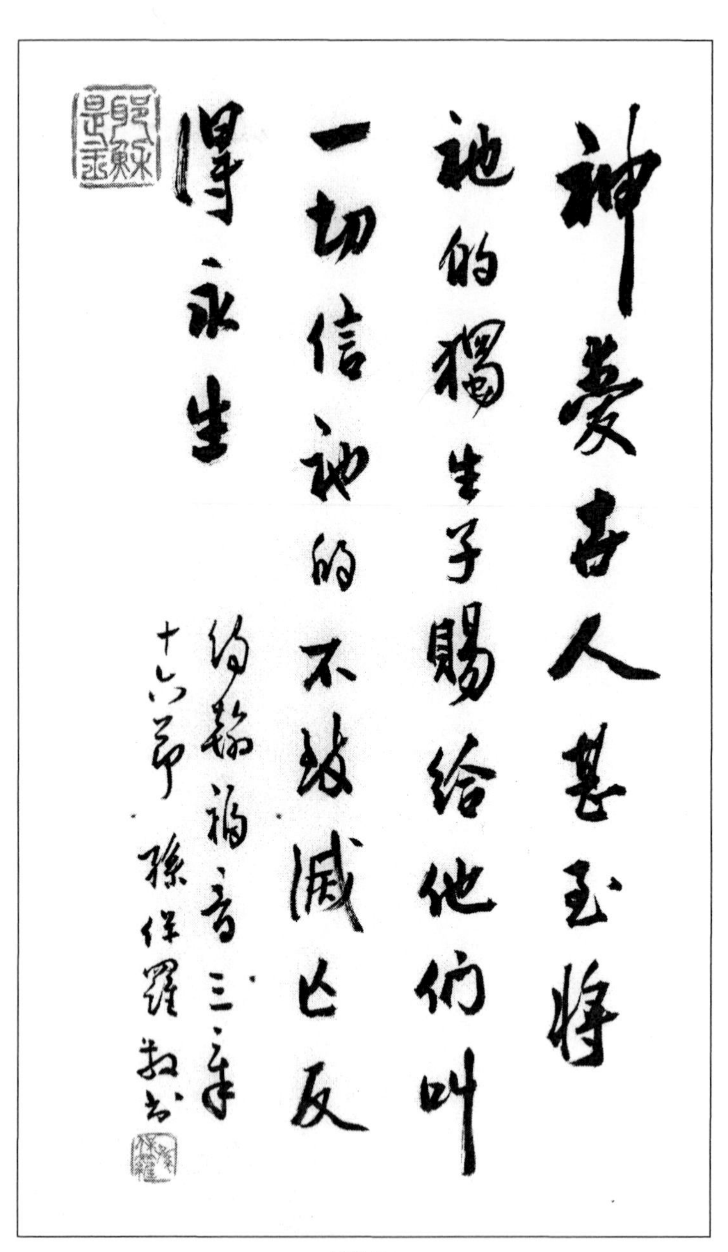

書法26

第二部分

孫保羅靈修書法

書法二十七：身在紛擾的世界

一九八四年夏天，父親正式從亞利桑那州鳳凰城的美國國際商學研究院（American Graduate School of International Management）退休。（參見照片五：Thunderbird Campus）。這幅書法是父親在退休後不久（仲秋）寫的，那時我的父母還住在大弟康成和麗娜的家。

這幅書法的內容深富反思之筆調，可以視為父親當時退休生活的一面鏡子：

身在紛擾的世界，
靈卻提升至上帝的隱密處；
身受天性的反抗，
靈卻安息在耶穌的十架前；
是謂在基督里的自由。

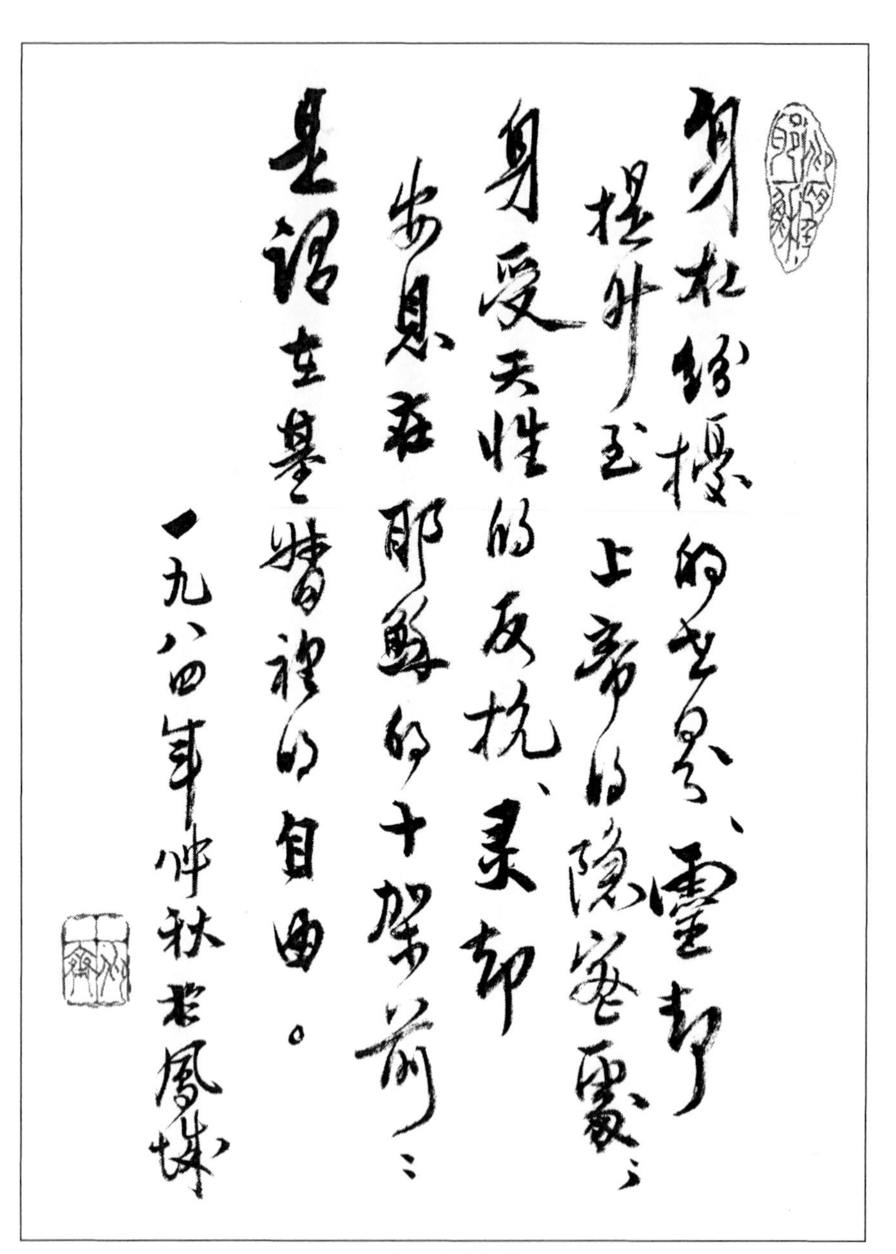

書法27（身在紛擾的世界）

書法二十八：歲暮正天寒

這幅書法是一九八九年元旦那天，父親在馬利蘭州寫的，當時父親剛過七十歲生日不久。書法是寫給我的大弟康成和他的妻子麗娜的。

我每回閱讀這幅書法，都深受感動。它確實一針見血地描述了父親當年的生命體驗，也毫不保留地表達了父親內心最深層的情感。在行走「崎嶇艱險」的人生道路上，他深深地感謝耶穌基督給他一步步的攙扶。

後來我偶然間發現，原來父親這幅書法直接錄自他的一篇日記：

八十八年十二月二十九：凌晨禱告，心被恩感，跪書如下：

歲暮正天寒，倏忽又新年，
回首崎嶇艱險，
步步主手把我攙，
感恩竟無言。

舉目途程遠，巔峰待我攀，
此路非我所識，
主領我手走在前，
仰望享平安。

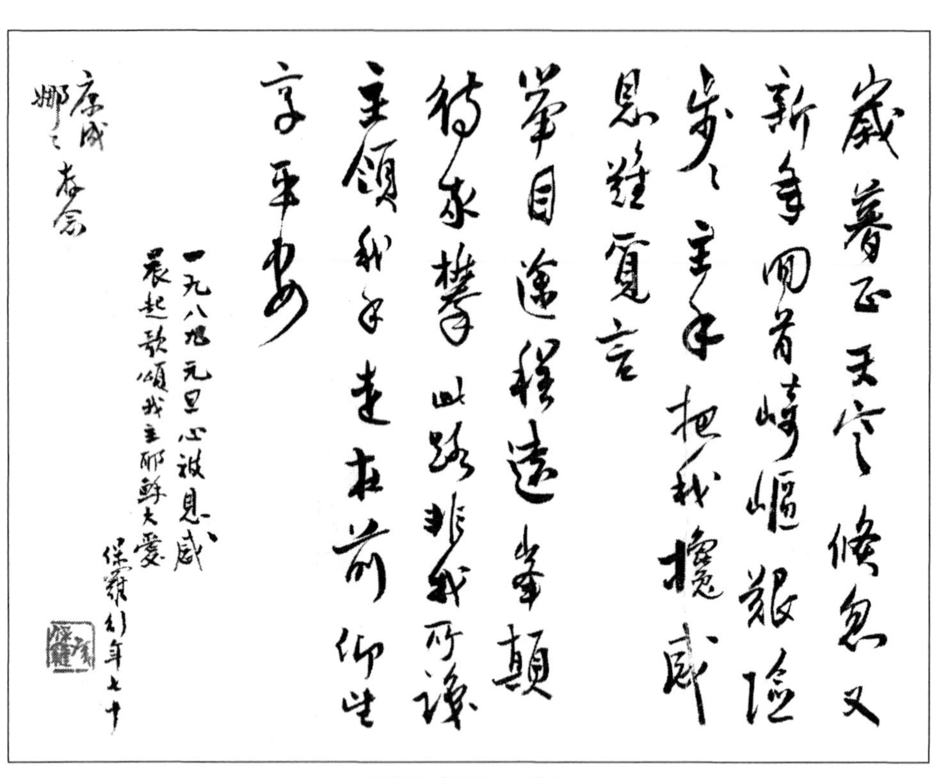

書法28（歲暮正天寒）

書法二十九：《詩篇》二十三篇

這幅「恭錄詩篇第二十三篇」的書法，乃是父親於一九九〇年春寫給我的小弟觀圻和他的妻子蔡真的，當時我的父母就住在觀圻和蔡真的Potomac家中，他們十分投入當地蓋城的華人宣道會（Gaithersburg Chinese Alliance Church）事工，那段期間也是他們信仰的巔峰時期，正好反映了聖經裡詩篇二十三篇的詩句：

耶和華是我的牧者，
我必不至缺乏……
我雖行過死蔭的幽谷，
也不怕遭害，
因為你與我同在，
你的杖，你的竿，
都安慰我……。

就在一九九〇那年的夏天，父親完成了他的二十六幅「聖經金句」書法。（見以上第一部分：「聖經金句選錄」）。

耶和華是我的牧者 我必不
致缺乏 祂使我躺臥在青草地上
領我在可安歇的水邊 祂使
我的靈魂甦醒 为自己的名引
導我走義路 我雖然行過死
蔭的幽谷也不怕遭害 因为你与
我同在 你的杖 你的竿 都安慰
我 在我敵人面前 你为我擺設筵
席 你用油膏了我的頭 使我
的福杯滿溢 我一生一世必有恩
惠慈愛隨着我、 我且要住在
耶和華的殿中 直到永遠

右錄詩篇第廿三篇

觀圻 蔡真 存念

一九九〇春 保羅於梅州

書法29（詩篇二十三觀圻蔡真）

書法三十：鶴髮為榮冠

這首打油詩原是家父於一九八八年元月作的。當時我的父母經常與蓋城的華人宣道會團契中的年輕人作靈性上的交通。有一次他「心被恩感」，就為長樂團契寫了一首「自勉」詩：

鶴髮為榮冠，策杖心愈謙。
面皺歷風霜，主恩益甘甜。
內心日更新，不怕近晚年。
更加榮耀主，餘暉勝於先。
主恩夠我用，十架路不難。
耶穌我盼望，仰望主慈憐。
賞賜抑收取，願主旨成全。
恩領我前路，歡然見主面。

後來一九九三年初，父親就為該首打油詩寫了這一幅書法。

鶴髮為榮冠　策杖心愈謙
面皺歷風霜　主恩益甘甜
內心日更新　不怕近老年
更加榮耀主　餘暉勝於先
主恩夠我用　十架路不難
耶穌我盼望　仰望主慈憐
賞賜抑收取　願主旨成全
恩領我前路　歡然見主面

書法30（鶴髮為榮冠，一九九三年）

書法二十一：我心願撇一切

在他的《一粒麥子》一書中（見第二十一篇「活出新造」），父親曾引用《哥林多後書》5:17：「若有人在基督裡，他是新造的人，舊事已過，都變成新的了。」

這幅書法所要表達的，就是父親立志要在日常生活中「活出新造」的努力，所以他用書法來捕捉他那種「除掉舊我」的怦然心動的感覺：

我心願撇一切，
惟要得耶穌，
為要被主得著。
願除掉舊我，
人間有何言語
能形容主愛？
我心渴慕愛主，
非口舌能說。

同年十月父親把這幅書法的內容擴展為四段聖歌詞，題為「我願」，調用英文聖歌“Himself”（請參見輯二，第二部分，手跡21：聖歌詞（四）「我願」）。

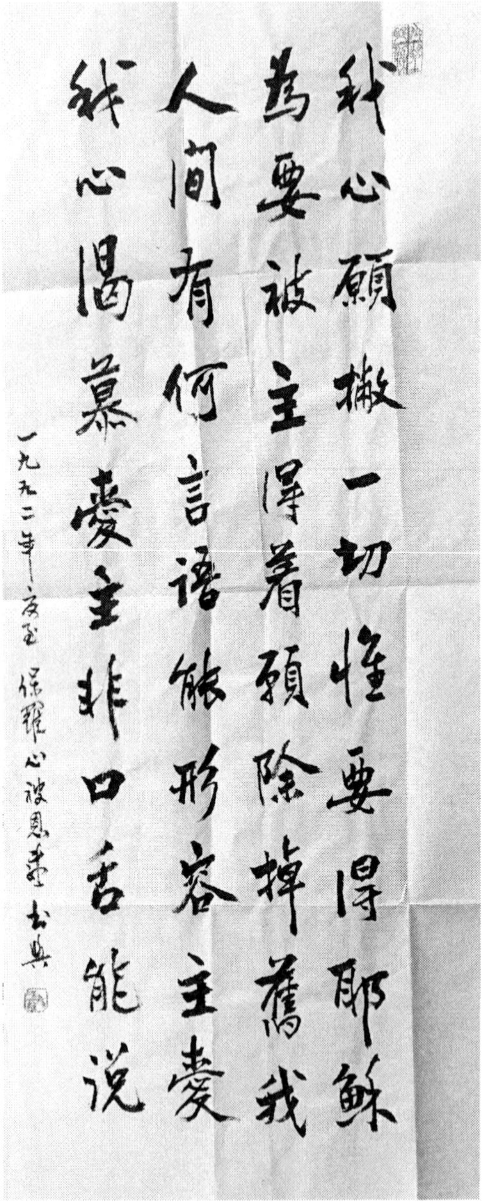

書法31（我心願撇一切）

書法三十二：基督徒生活四柱

通常人們把基督徒生活的四柱定為：（一）讀經，（二）禱告，（三）聚會，（四）見證。但家父孫保羅又在個人的心靈深處另加一層新的屬靈生活四柱，以為自勉。

這幅書法（寫於一九九二年十月）涉及父親所謂屬靈的「基督徒生活四柱」——即（一）愛神，（二）愛人，（三）除己，（四）勝魔。在這一方面，我以為家父甚受美國傳道人陶恕博士（A.W. Tozer, 1897-1963）的影響；陶恕曾一針見血地指出現代教會及基督教徒普遍在靈性方面的缺乏，並提出警告及勸導。（見A. W. Tozer, *God Tells the Man Who Cares*；中譯本見《受教的心》，王梁素雅譯，香港：宣道出版社，一九八七）。

一九九七年，在我母親病重的期間，家父更加體會到屬靈經驗的奇妙，故又抄寫了另一幅「基督徒生活四柱」的書法，以為自箴。

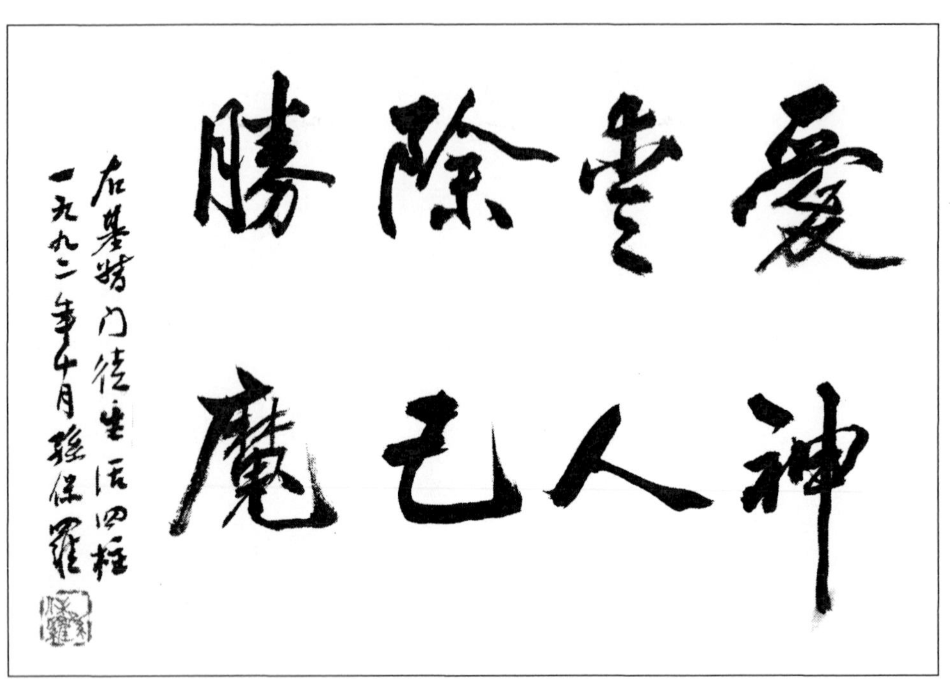

書法32（四柱，一九九二年）

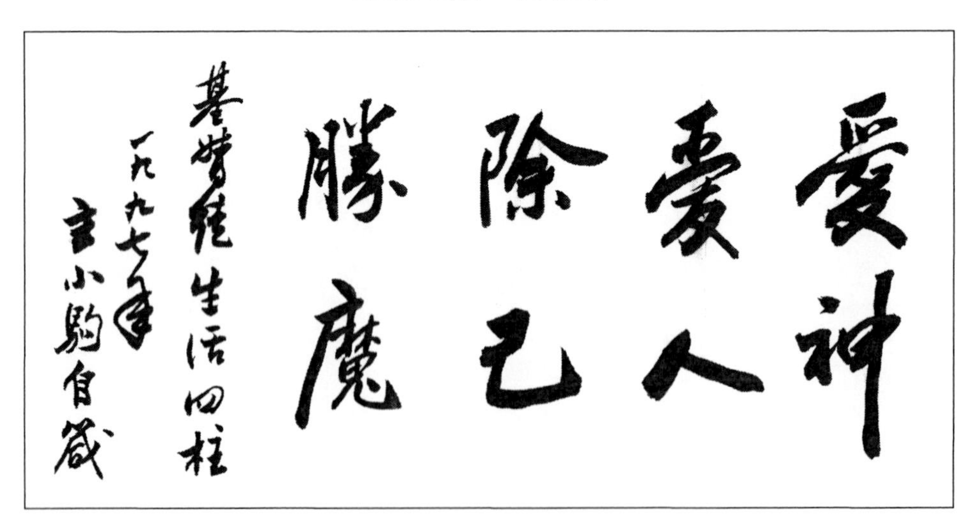

書法32.1（四柱，一九九七年）

書法三十三：書懷

這幅寫於一九九二年底的書法和打油詩是父親為他的「東瀛同窗」湯麟武博士所作的。當時湯先生和他的家人已從台灣移居美國。[1]收到湯先生的「近照」之後，家父就「有感而作打油詩一首」，並寫書法相贈：

家徒四壁兩袖風，
對鏡自覽一無成。
何幸信了主耶穌，
喜樂平安強萬乘。

必須一提的是：湯先生一直是我父親的終身知己，後來他也信了耶穌。二〇〇二年父親從加州寫給湯先生的信中，曾經寫道：

知我者莫如兄。我本是一個生性狂傲，自以為是，目中無人，任性妄為的人，自己把我前半生斷送了，主實在憐憫，恩慈，有無限的忍耐，在我身上。祂救了我後半生！從死亡坑裡把我拉出來，又把我自己過去所糟蹋的光陰，補還給我，把我的罪行，失敗，以及頑梗的天性，一筆

[1] 據湯麟武先生《有人要我寫回憶錄》（二〇〇三）一書所記：「……一九八九年秋，搬到Maryland州，我總角之交、同以庚款公費留日的孫裕光兄，改名孫保羅，曾三次撕聖經但親歷神跡出現而篤信基督，時任Gaithersburg教會長老，送我一本大字版的和合本聖經……」。

勾消……回憶往事，我能活到今天，兄最清楚，這是不可思議的奇事。然而，我向人作見證不提這個，只說主把我粉碎壓傷，錘煉，使我向主投降，「祂重新造了一個人！」這件事。（參見輯三，信件二〇〇二年七月三十日）。

信中每一句話都深深扣住人的心扉，誠然友誼乃為生命中最深沉最真摯的情感，讀來實在耐人尋味。

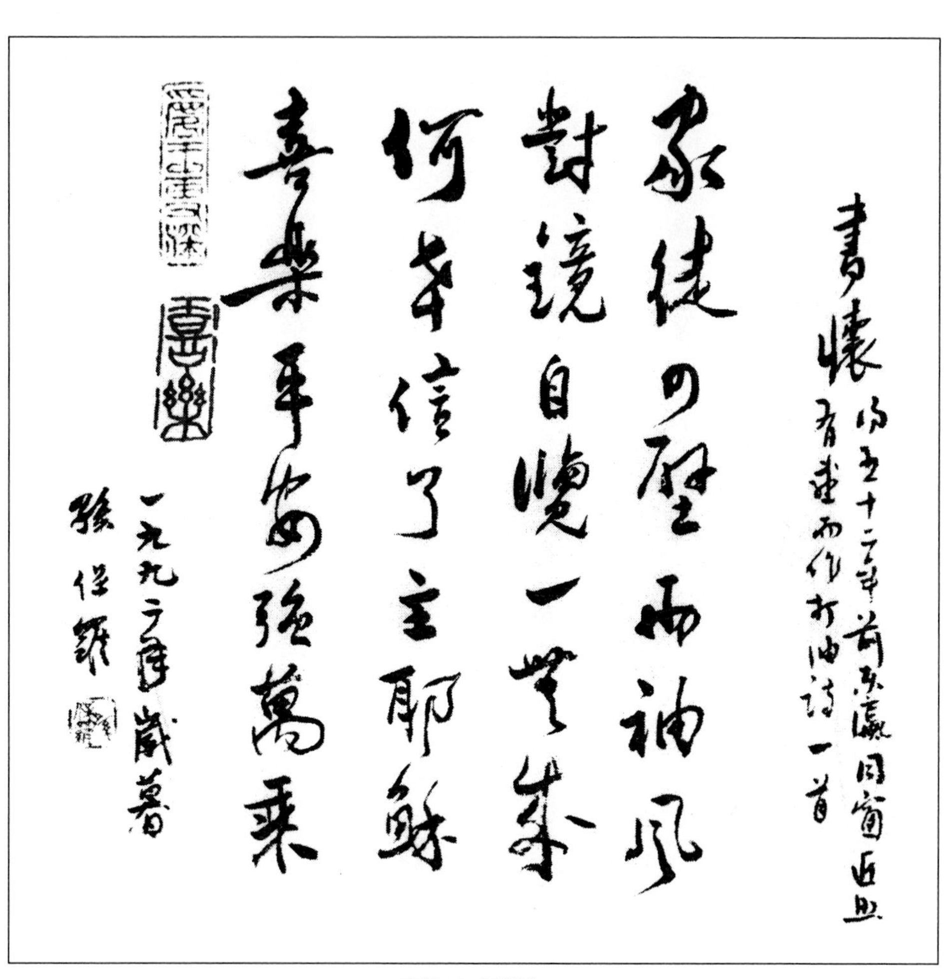

書法33（書懷）

書法三十四：康熙十架歌

相傳清朝康熙皇帝曾寫這首膾炙人口的七言律詩，題為「基督死」，世人稱之為「十架頌」，亦稱「康熙十架歌」：

功成十架血成溪。百丈恩流分自西。
身列四衙半夜路，徒方三背兩番雞。
五千鞭撻寸膚裂，六尺懸垂二盜齊。
慘慟八垓驚九品，七言一畢萬靈啼。

家父大約於一九九二年寫這幅「康熙十架歌」的書法。他同時也抄了另一份書法贈給我的朋友李奭學先生。當時李先生還肄業於芝加哥大學比較文學博士班，才剛譯完我的一本書：《陳子龍柳如是詩詞情緣》（台北：允晨文化，一九九二）。

又：家父的「康熙十架歌」書法似有一處筆誤。第二行應作：「百丈恩流分自西。」即「深」應作「流」。第七行的「八垠」亦與通行版本的「八垓」有異，待查。

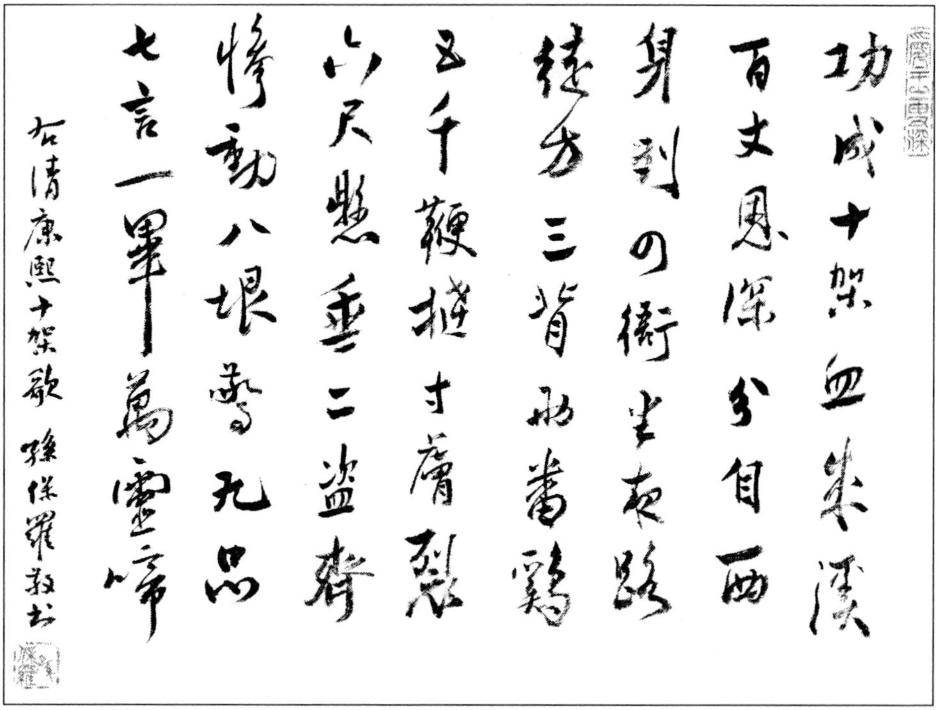

書法34（康熙十架歌）

書法三十五：王明道先生嘉言

號稱為中國教會「巨人」、並曾坐牢二十三年的王明道先生（一九〇〇－一九九一），於一九九一年七月底在上海病逝。

次年（一九九二年），家父就根據王明道先生的「名言金句」寫了以下的書法，贈給我和欽次，以為勉勵：

處世莫作臨風草，
愛主須同向日葵。

這兩句嘉言正好見證了王明道一生堅守信仰及真理的精神。他十四歲即成為基督徒，三十三歲開始在北京建立基督徒會堂、領人信主共二十二年。於一九五五年被中國政府判處無期徒刑（罪名是反革命）。一九八〇年才被釋放，但從未被平反。王明道一生信仰堅固，他曾說：「神帶我們到深水中，不是要溺斃我們，乃是要洗淨我們。」

康宜注：一九九二年夏，父親也同時寫了另一幅同樣的書法，贈給我的小弟觀圻和他的妻子蔡真。

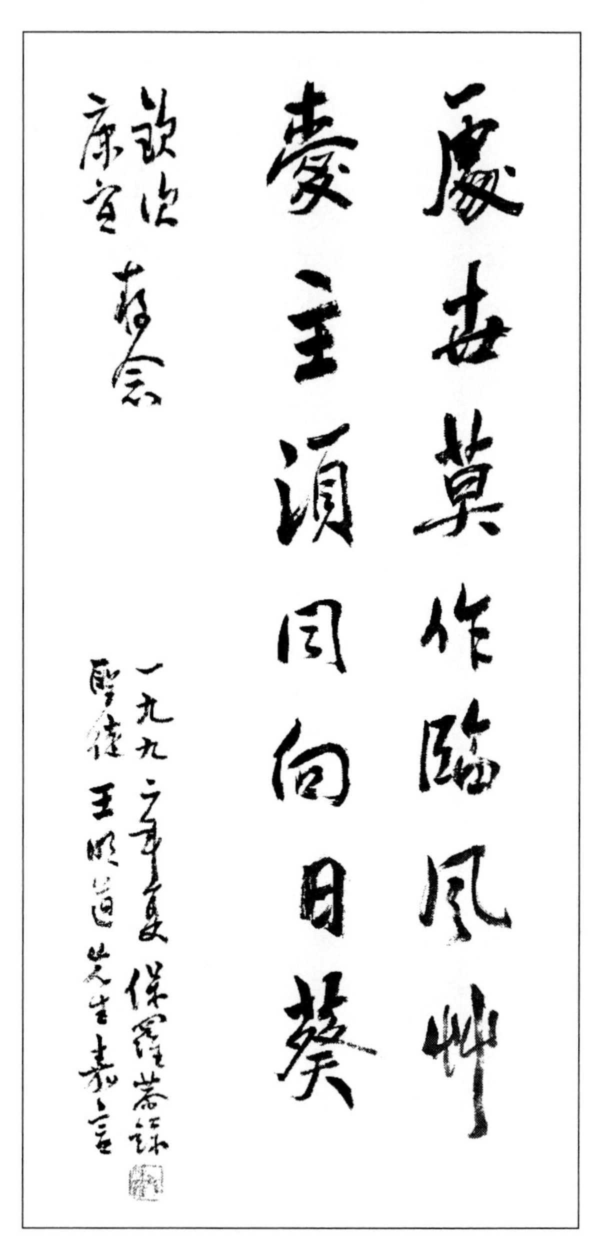

書法35：王明道

書法三十六：倪柝聲先生嘉言一、嘉言二

嘉言一

神注重我們所是的，過於我們所作的。
真實的工作乃是生命的流露，
算得數的事奉總是基督的活出。
將自己獻給神，不是為神作工，
乃是讓神作工。
凡不讓神作工的，就不能為神作工。

——倪柝聲（一九〇三－一九七二）

康宜注：這段倪柝聲先生的嘉言，錄自《倪柝聲弟兄屬靈金言》一書（一九八九年，台北天民出版社再版）。家父於一九九一年感恩節購得此書之後，百讀不厭。在此之前，父親早已讀過倪柝聲的無數作品以及有關他的著作——例如《曠野的筵席》、《喜樂的心——倪柝聲作品每日選讀》（嚴彩琇譯）、《我的舅父倪柝聲》（陳終道編著）等。

父親說，倪柝聲的作品使他意識到「一位真認識神的人，真見過神的人，真信靠神的人，忠實事奉主的人——是怎樣的人。」

此外，家父深深被倪柝聲在獄中（和病中）所保持的那種不受干擾的心境所感動；倪柝聲先生在給家人的最後一封信中寫道：「但我維持自己的喜樂……希望你們也……心中充滿喜樂。」（倪柝聲的最後一封信，一九七二年四月二十二日）。

神注重我們所是的
過於我們所作的真實
的工作乃是生命的流
露算得數的事奉總
是基督的活出將自己
獻給神不是為神作
工乃是讓神作工凡不
讓神作工的就不能為
神作工

右恭錄聖徒倪柝聲先生嘉言

一九九三年夏孫保羅

書法36（倪柝聲）

嘉言二

主所要的是死而復活，
經過死而復活才能為主所用。
苦難不能成全人，
是要在苦難中看見主的所為。
得救很容易，要屬靈卻需付上許多代價。
教導人不在知識裡，乃是在生命中。
生命的訓練需要一生的時間和各種不同的環境，
方得長大成熟。

——倪柝聲

康宜注：這段倪柝聲先生的嘉言，也錄自《倪柝聲弟兄屬靈金言》，原出自倪柝聲的《屬靈人》一書。

主所要的是死而復活經過死而復活才能為主所用
苦難不能成全人是要在苦難中看見主的作為
得救很容易要屬靈卻需付上許多代價
教導人不是在知識裏乃是在生命中 生命的訓練需要一生的時間和多種不同的環境方得長大成熟

右恭錄聖徒倪柝聲先生嘉言
一九九三年夏孫保羅

書法36.1（倪柝聲）

書法三十七：時時認罪（自箴銘）

有關「時時認罪」（repentance）的主題，家父十分重視，因此他這篇「自箴銘」就以這四個字開頭：

時時認罪，凡事謝恩。
獻上活祭，愛主更深。
不住禱告，讚美耶穌。
有主同在，別無可求。

顯然，這幅寫於一九九四年春的書法原來是為了題贈給某人的，但寫成之後父親卻又改變了主意。然而至今仍無法查出當初這是為誰所寫的題字。

至於「時時認罪」的概念，家父頗受聖徒倪柝聲先生的啟發。在他熟讀的《倪柝聲弟兄屬靈金言》一書中，父親曾用紅筆特別標出以下幾段倪先生的話：

一個失敗，如果未在主前認罪過，求主寶血洗淨過，而重新進前，則我們在外表上很有進步，而其實這些年日都是空度的。（見一五〇頁，原取自《默想啟示錄》（上））。

……一切作錯了事的都得認罪。（見一五〇頁，原取自《初信造就》（中））。

沒有一個信徒屬靈到他不必認罪的地步。（見一五〇頁，原取自《屬靈人》（中））。

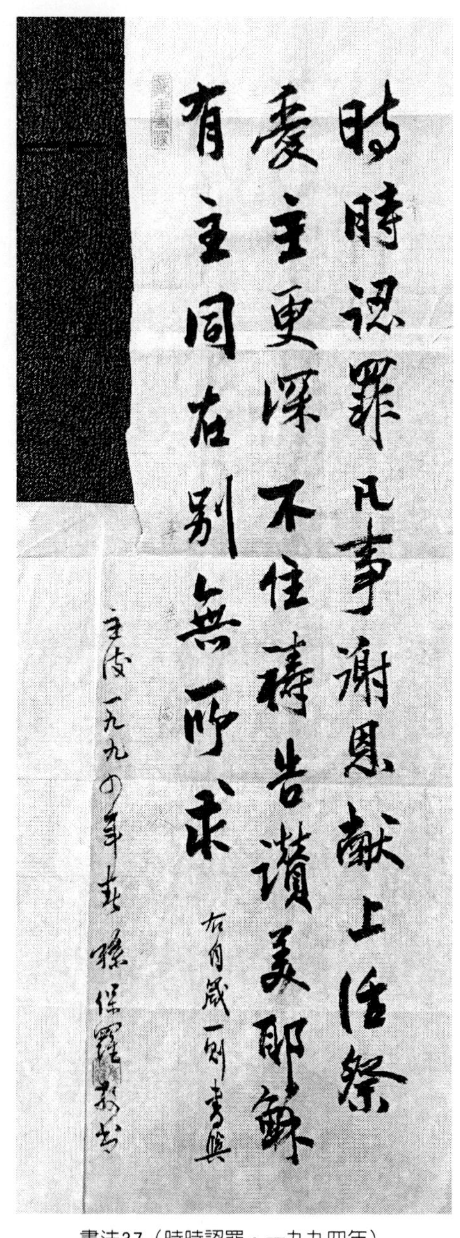

書法37（時時認罪，一九九四年）

書法三十八：天下無雙奇書乃聖經，人生獨一珍寶是耶穌

這幅一九九四年春寫成的書法可以說是家父孫保羅的座右銘，所以後來他在一九九八年出版的《一粒麥子》書中，特別把這幅書法也收入了書中，以與讀者共勉。

首先，《一粒麥子》第四十九篇「聖經是神默示」寫的就是有關聖經是世上獨一無二的「奇書」之信念。該章曾引用《提摩太後書》三章十六節：

> 聖經都是神所默示的，於教訓、督責、使人歸正、教導人學義都是有益的，叫屬神的人得以完全，預備行各樣的善事。

又，父親相信「人生獨一珍寶是耶穌」，這是因為「全本聖經的巔峰和中心，就是神獨生子耶穌基督的道成肉身。舊約聖經是預備，新約聖經是成全。」（見《一粒麥子》第四十九篇）。

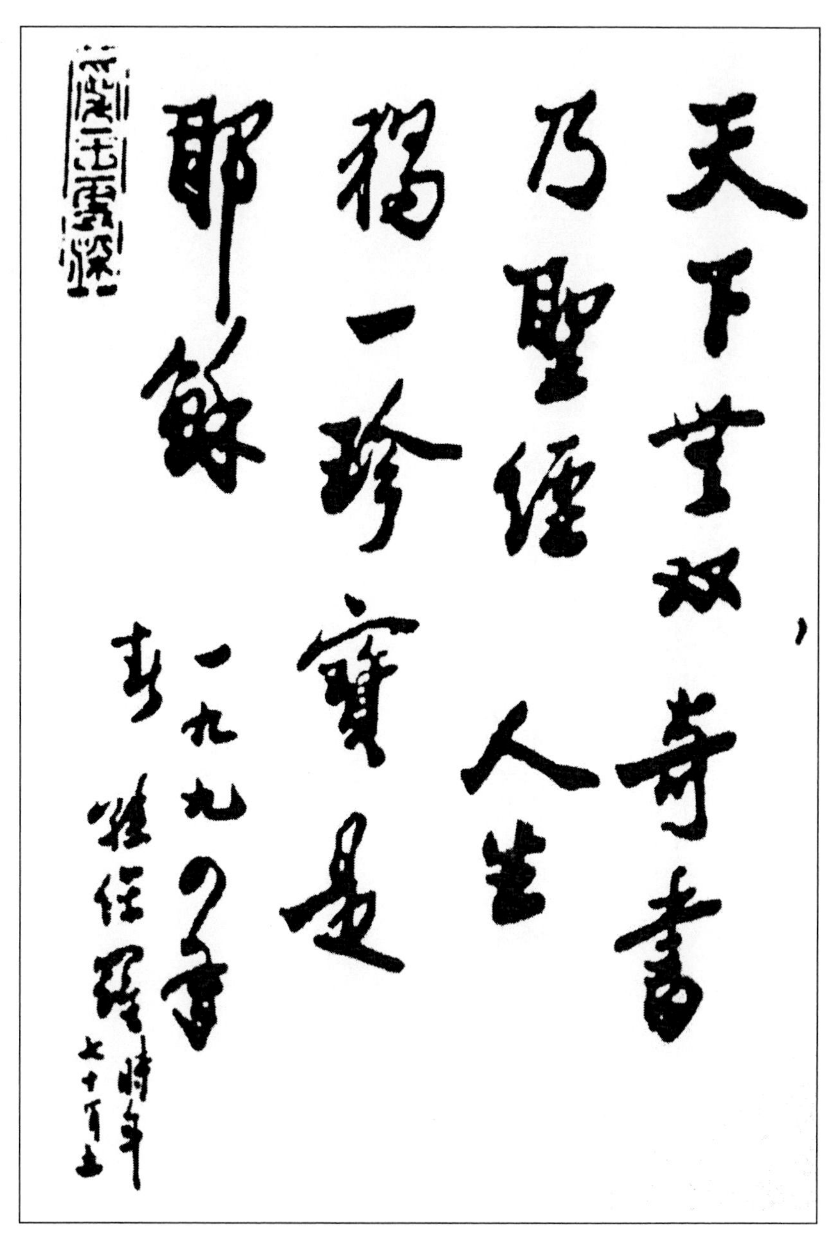

書法38（天下無雙奇書乃聖經）

書法三十九：凝思十架

一九九五年歲首，父親正在病中。一日他思考有關基督徒與十字架的關係，因而寫了這首自勵詞及書法，以為紀念：

凝思十架，當愛主耶穌。
完全獻己，父旨當順服。
釘死己意，與主同受苦。
忍耐像主，喜樂平安路。

不久父親又根據這段自勵詞寫了另一幅書法。足見他當時最關切的，正是一個人在世上如何面對苦難，如何走十字架道路的問題。就如他後來在《一粒麥子》一書中所說：「耶穌走的是十字架道路，我們照樣跟著走，隨走隨變！靈命要長進，經歷得勝生活，生命要改變，日漸有耶穌的樣式：這是新約聖經對每個基督徒的期待。」（《一粒麥子》，第二十八篇「背十字架」）。

父親的自勵詞，實已超過了「背十字架」的信念，因為它已進入了「釘十字架」的境界——「釘死己意，與主同受苦。」倪柝聲也曾說過：「神所需要的，是經過十字架，受過十字架對付的人。」（倪柝聲，〈聖潔沒有瑕疵〉，引自《倪柝聲弟兄屬靈金言》，頁五）。

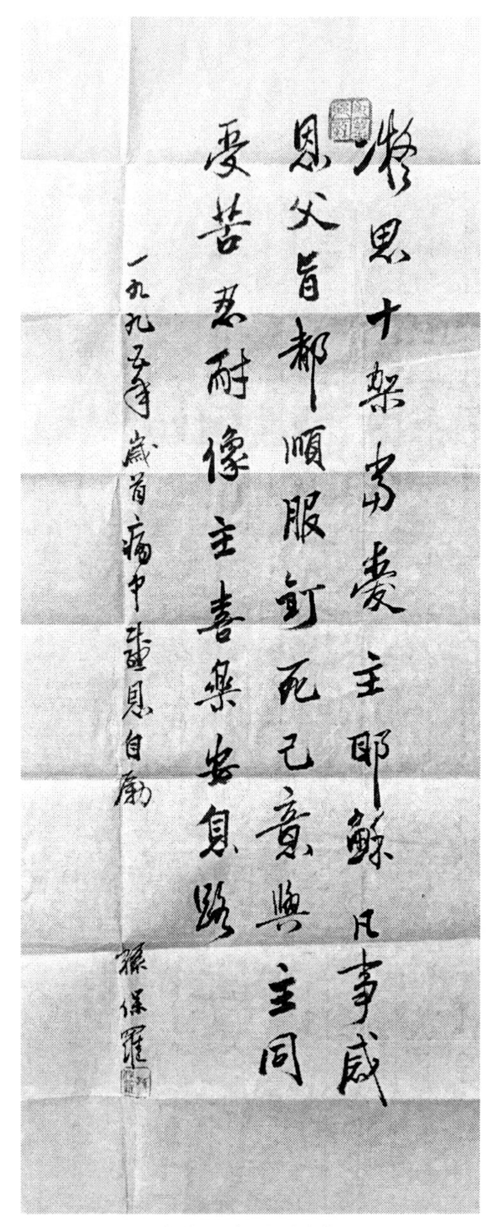

書法39（凝思十架）

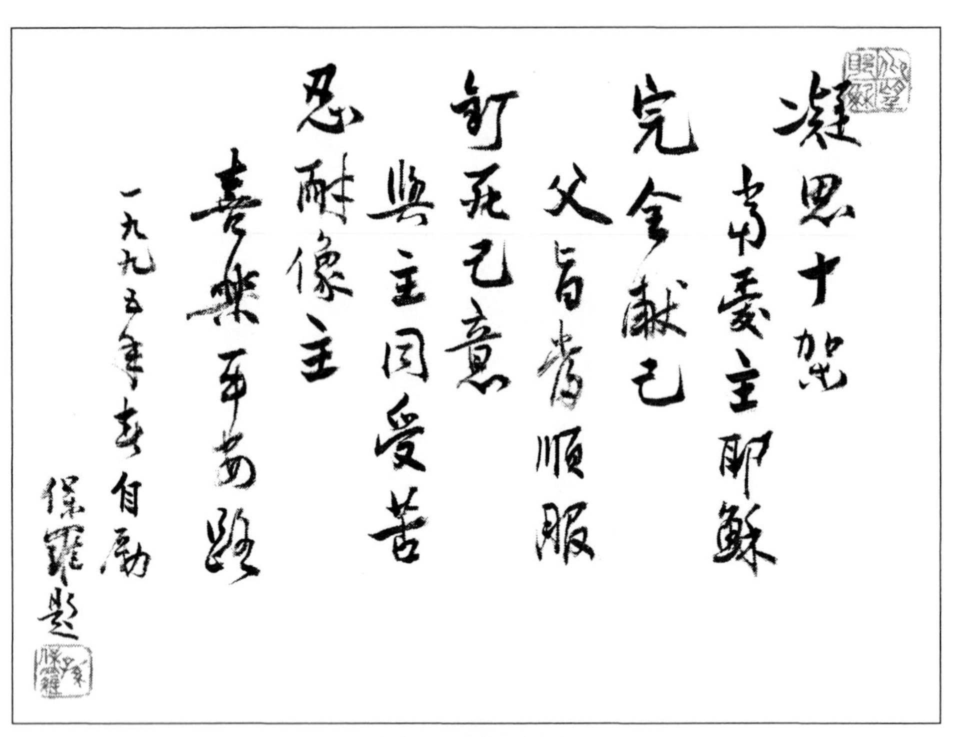

凝思十架
常愛主耶穌
完全獻己
父旨當順服
釘死己意
與主同受苦
忍耐像主
喜樂平安路
一九九五年春自勵
保羅題

書法39.1（凝思十架）

書法四十：主懸十架，罪人免死刑

這幅書法寫於一九九五年歲首，同樣涉及十字架的主題，故與以上書法三十九相得益彰。

主懸十架，罪人免死刑。
門徒五寶，謹記在心中：
寶血十架，主耶穌聖名，
寶貝聖經，榮耀的聖靈。

不同的是，這幅書法偏重於父親所謂「門徒五寶」的概念——即寶血、十架、主耶穌聖名、寶貝聖經、榮耀的聖靈。

這一幅一九九五年歲首寫成的自勵詞作於病中，頗像一段禱詞。父親在神面前默想「門徒五寶」，並祈求主耶穌的祝福。

必須一提的是：後來一九九九年（即我母親去世後兩年），父親又將這首自勵詞略為修正：

主懸十架，我罪全洗淨。
門徒五寶，謹記在心中：
寶血永生，主耶穌聖名，
寶貝聖經，榮耀的聖靈。

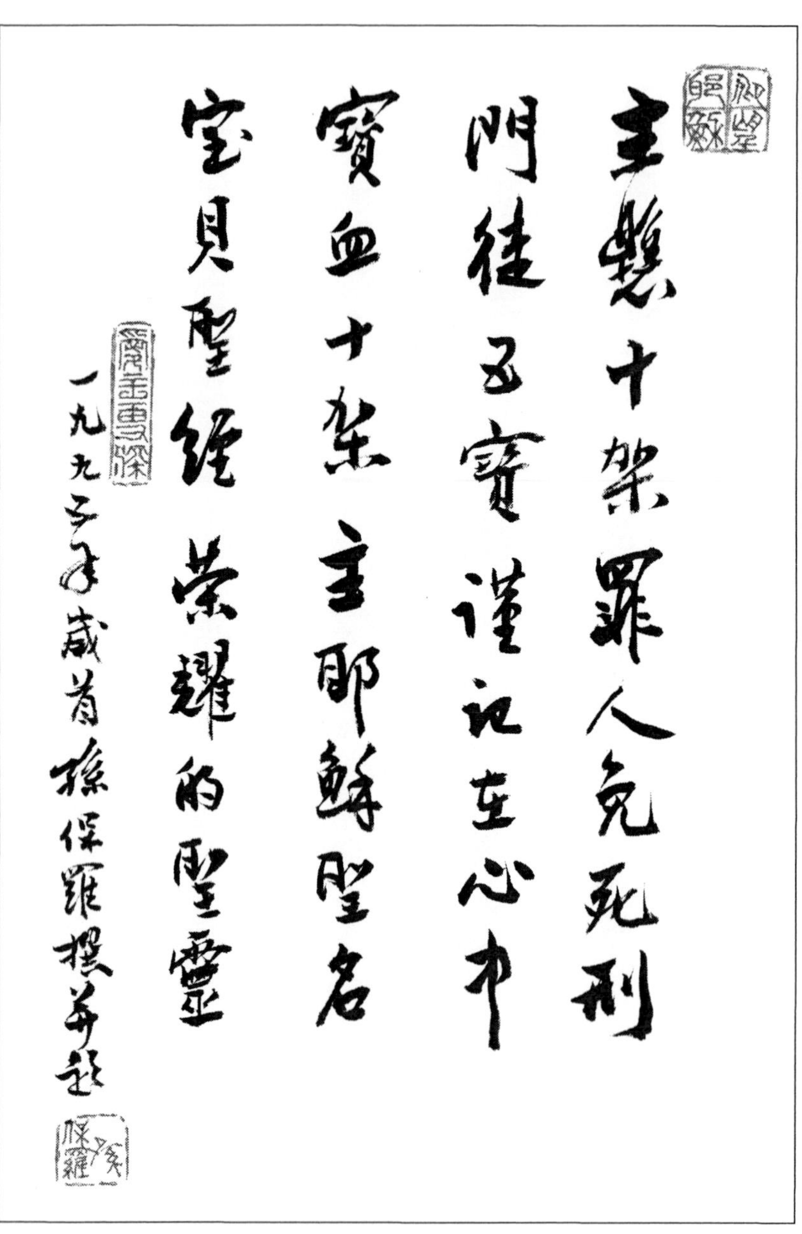

書法40（主懸十架罪人免死刑）

書法四十一：《箴言》第三章第一至七節

「我兒，不要忘記我的法則，你心要謹守我的誡命，
因為他必將長久的日子，生命的年數與平安加給你。

不可使慈愛、誠實離開你，要繫在你頸項上，刻在你心版上。
這樣，你必在神和世人眼前蒙恩寵，有聰明。

你要專心仰賴耶和華，不可依靠自己的聰明，
在你一切所行的事上都要認定他，他必指引你的路。

不要自以為有智慧，
要敬畏耶和華，遠離惡事。」

《箴言》3:1-7

康宜注：一九九五年春二月父親還在病中。這是他抄給康成夫婦的聖經章節。

我兒不要忘记我的法則你心要謹守我的誡命
因為他必將長久的日子生命的年數與平安加
給你不可使慈愛誠實離開你要繫在你頸項上
刻在你心版上這樣你必在神和世人眼前蒙恩
寵有聰明你要專心仰賴耶和華不可倚靠自
己的聰明在你一切所行的事上都要認定祂
必指引你的路不要自以為有智慧要敬畏
耶和華遠離惡事

一九九五年春二月 保羅恭錄
箴言書第三章第一至七節

康成
素娜 勉之

書法41（我兒，不要忘記我的法則）

書法四十二：不住禱告

這幅書法是一九九五年春、家父為我母親七十三歲生日而寫的：

不住禱告，仰望警醒。
常當喜樂，是主命令。
讚美感恩，隨時得勝，
勿憂勿驚，倚主懷中。

在他們信仰的過程中，一九九五年是個重要的里程碑，因為那是我母親歸主受洗的四十週年紀念。當初在台灣的白色恐怖期間，父親不幸被判刑十年，從一九五〇年元月開始，母親獨自一人極其辛苦地撫養我們姐弟三人，到了一九五五年春季，已到了十分艱難的地步，有一天突然大病不起，隨時都有離開這個世界的可能。就在那個山窮水盡的時刻，母親得到她二姐的激勵，立刻俯伏在神的面前，從此專一信靠基督，並帶領三個孩子信主，數十年如一日。

後來在母親的影響之下，父親終於在一九六三年也全心歸主，並於該年十二月十五日在後勁佈道所由侯格蘭牧師（Rev. Jan Haugland）施洗。

所以，數十年後再回顧以往的驚風破浪，父親自然會寫出「讚美感恩／隨時得勝／勿憂勿驚／倚主懷中」這樣的禱詞來。

於是，我就把這幅書法稱為「得勝書法」。

不住禱告 仰望儆醒

常常喜樂是主命令

讚美求恩隨時得勝、

勿憂勿懼倚主懷中

一九九三年春二月

正真七三生日感恩

保羅

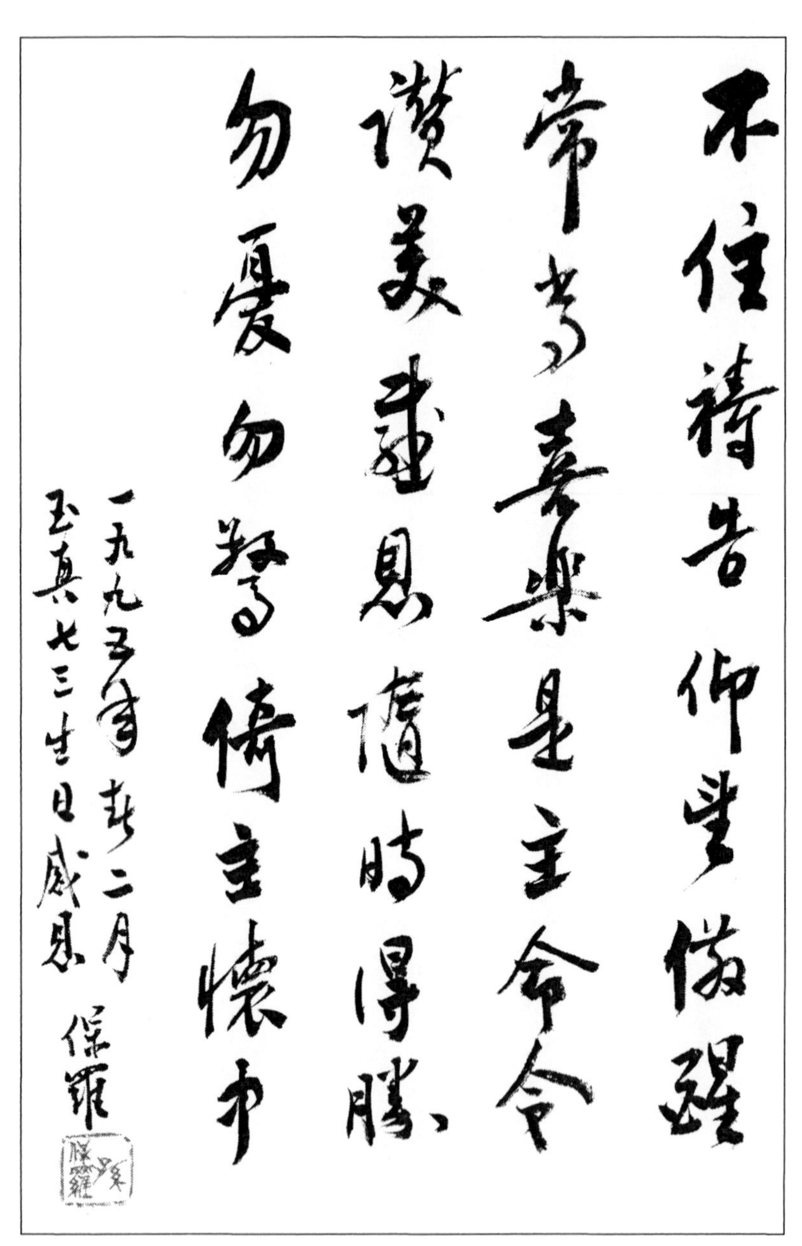

書法42（不住禱告）

書法四十三：有主萬事足

一九九五年春季也是我父母結婚五十二週年紀念。當初一九四三年他們在天津租界的淪陷區結婚，後來一九四六年輾轉到了台灣，一九五〇－一九六〇年代又在窘迫的白色恐怖苦難中活了下來，終於在一九七〇年代末來到了美國。

想到這一切，全在於神的祝福，所以作為一個倖存者，父親就在結婚紀念日那天，特別寫下這段禱詞，以讚美主恩：

有主萬事足，碎已一身輕。
讚美主道路，體父心意行。
背架跟從主，益映主榮形。
誠心愛耶穌，榮耀主聖名。

值得注意的是，父親在這幅書法的左上角加上自己「刻畫」的圖章：「喜樂」。那不是平常的喜樂，而是在經歷了許多艱難歲月之後，內心發出的平安和喜樂。

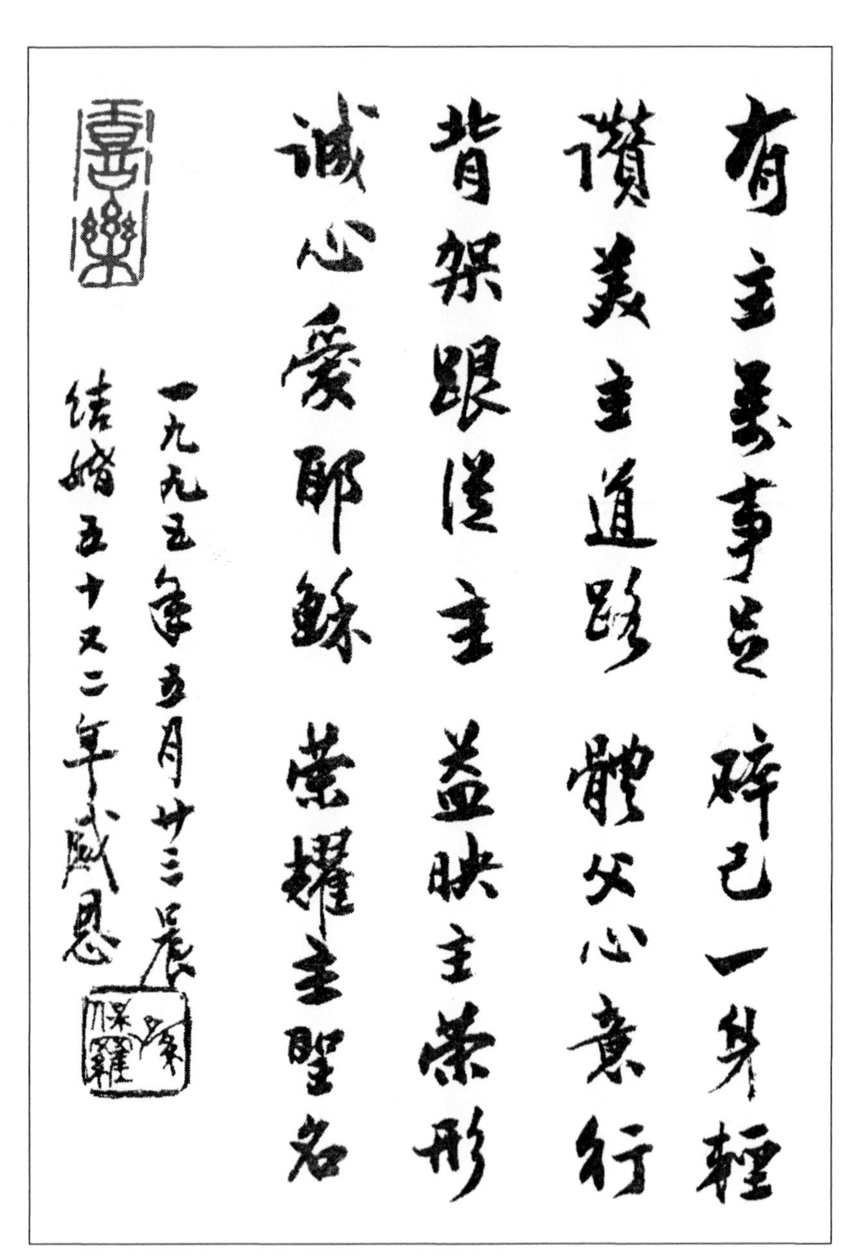
有主萬事足
碎己一身輕
讚美主道路
體父心意行
背架跟從主
益映主榮形
誠心愛耶穌
榮耀主聖名
一九九五年五月廿三日晨
結婚五十又二年感恩

書法43（有主萬事足）

書法四十四：神愛世人

家父這幅「神愛世人」的書法與第一部分「聖經金句選錄」的書法26（「神愛世人，甚至將他的獨生子賜給他們，叫一切信祂的，不至滅亡，反得永生」《約翰福音》3:16）互相呼應。不同的是，「聖經金句選錄」書法26寫於一九九〇年，當時我的父母還住在馬利蘭州。但這幅「神愛世人」的書法則寫於一九九六年，那時他們已搬去加州。父親的簽名「主小駒」顯然是一個新的稱號——意即，他是主耶穌的忠實僕人。

父親自己特別喜歡這幅「神愛世人」的書法。後來我把他的這幅書法印成許多顏色的小條子，讓他隨意用作信箋、書籤、標語等等。

書法44（神愛世人）

插圖1，將「神愛世人」影印的小條子貼在墻上。

書法四十五：服事主盡心竭力

一九九七年夏至，母親已經病入膏肓。兩人因不能去教會做禮拜，只能在家中「感恩述志」，父親因而寫下了這幅書法：

服事主盡心竭力，
讚美主晝夜感恩。
認己罪時刻警醒，
報主愛一息尚存。

父親的簽名依然是「主小駒」。即使在母親「一息尚存」的時刻，父親仍願意「服事主盡心竭力」。

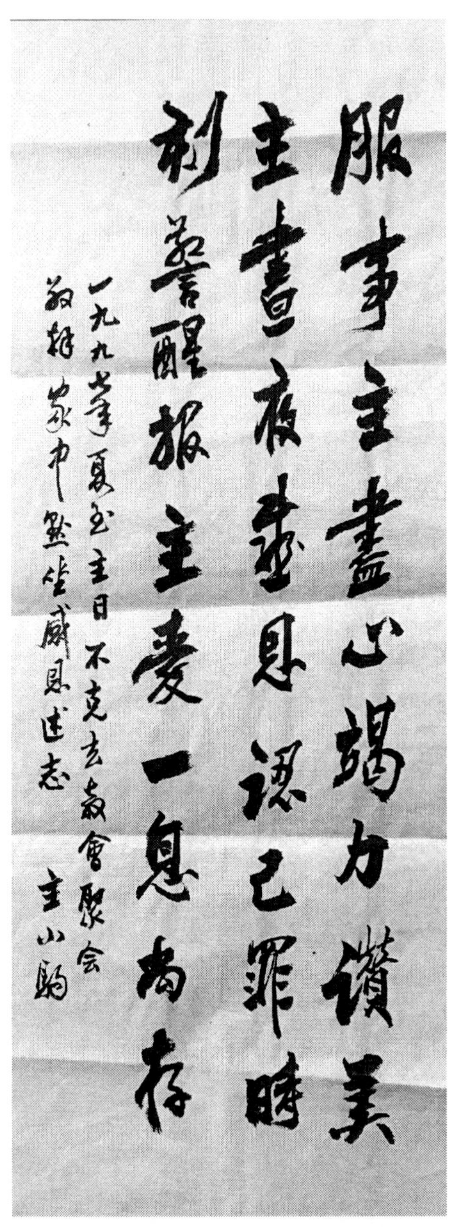

書法45（服事主，一九九七年夏）

書法四十六：主耶穌的忠心使女

我的母親於一九九七年九月十日下午五時（加州時間）在Fremont城的華盛頓醫院裡安詳去世。那天父親親自在醫院裡照料母親，一直到母親走到了生命盡頭的那一刻。

母親的逝世令人感到遺憾。當初一九九六年七月間，我的父母從東岸遷往加州，主要是希望在四季如初的加州好好度過晚年，沒料到幾個月之後母親就開始生病，從小病轉為大病，最後終於不治而離世。

即使內心極其傷痛，父親仍憑著他極其堅固的信心，在我母親去世三天後（一九九七年九月十三日），親自在「家人惜別禮拜」中致辭並證道。[1]

父親說，那天他仿佛聽見天上有聲音說：「好！你這又良善又衷心的使女……。」

後來為了預備母親九月二十七日的追思感恩會的錄像帶，父親就寫下了這幅書法：「主耶穌的衷心使女　孫陳玉真，一九二二－一九九七」。

[1] 有關一九九七年九月十三日家父孫保羅在「家人惜別禮拜」中的致辭和證道，請見https://www.youtube.com/results?search_query=Paul+Yu-Kuang+Sun%27s+Speechh

主耶穌的忠心使女

孫陳玉真

1922－1997

書法46（紀念影片忠心使女）

書法四十七：信耶穌、望耶穌、愛耶穌

母親過世後，父親全憑他的堅定信仰在活著。可以說，每一天父親都是靠信奉主耶穌的力量而得勝。所以在母親離世後的第一個感恩節，父親給自己寫下這幅書法：

信耶穌，
望耶穌，
愛耶穌。

其實信望愛一直是父親的生命指標。

《哥林多前書》十三章十三節寫道：「如今常存的有信、有望、有愛；這三樣，其中最大的是愛。」

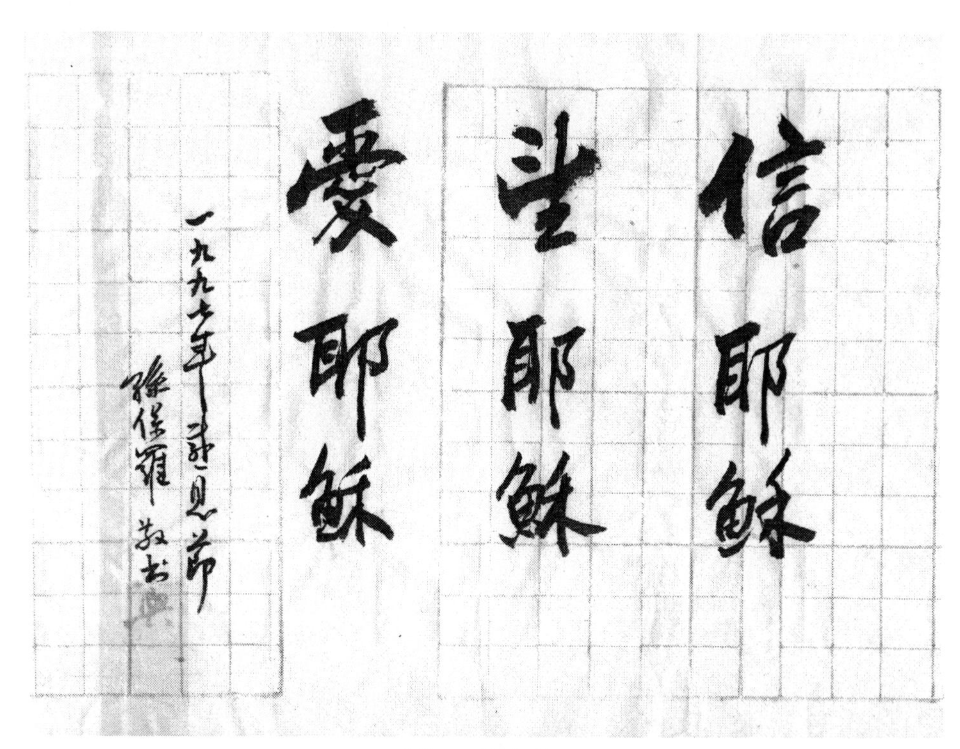

書法47（信望愛）

書法四十八：愛主順服像耶穌

一九九七感恩節之前，父親寫了這幅書法贈給馬利蘭州蓋城華人宣道會的明道團契諸位友人：

愛主順服像耶穌，
愛人甘走十字架，
地上豈有常存事，
惟獨此愛永不朽。

次年一九九八年九月十日，父親為了紀念母親逝世週年紀念，特別將此幅書法加上「念玉真」的題目，並加副標題：「一九九八年九月十日玉真榮歸天家周年紀念」。同時，他也補上一個「愛」字的圖像並加以說明：「以愛以淚編織的一生」。

後來父親又重抄另一幅書法，收入他的《一粒麥子》書中。

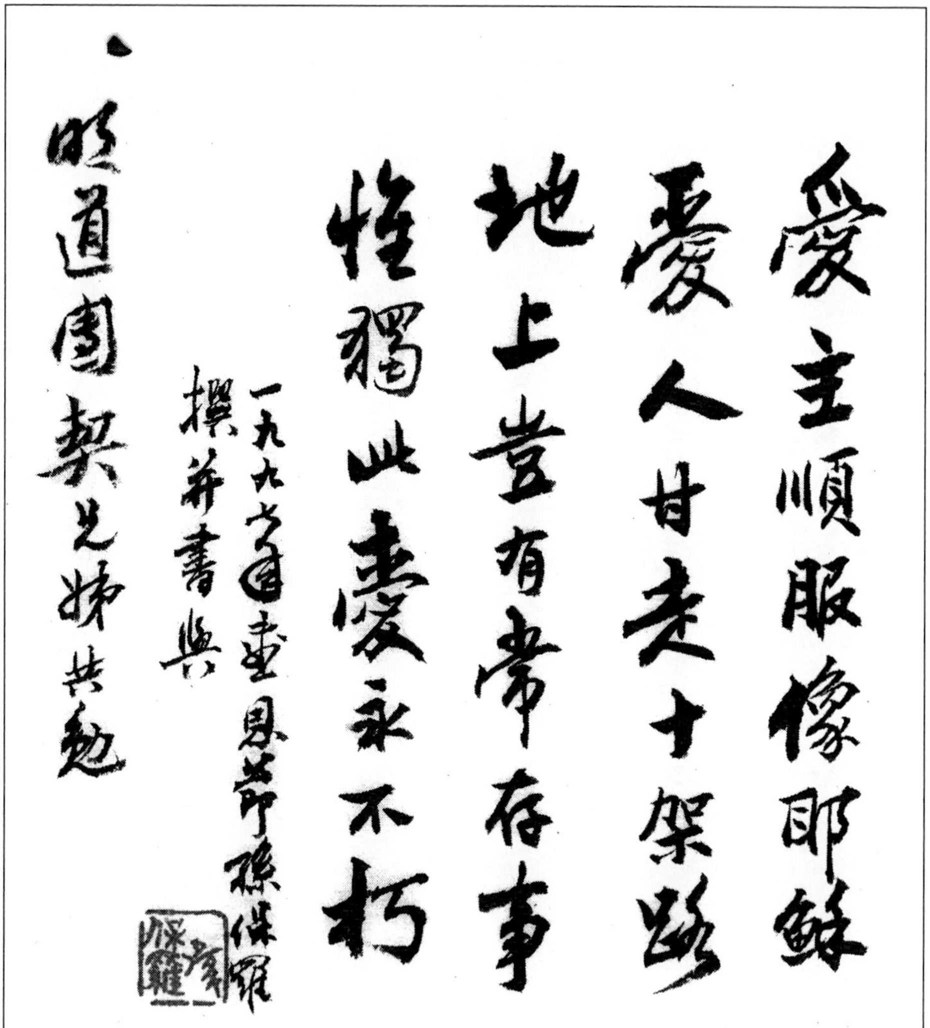

愛主順服像耶穌
愛人甘走十架路
地上豈有常存事
惟獨此愛永不朽

一九九七年感恩節孫保羅
撰并書與
晚道團契之姊共勉

保羅

書法48（愛主順服像耶穌，一九九七年感恩節）

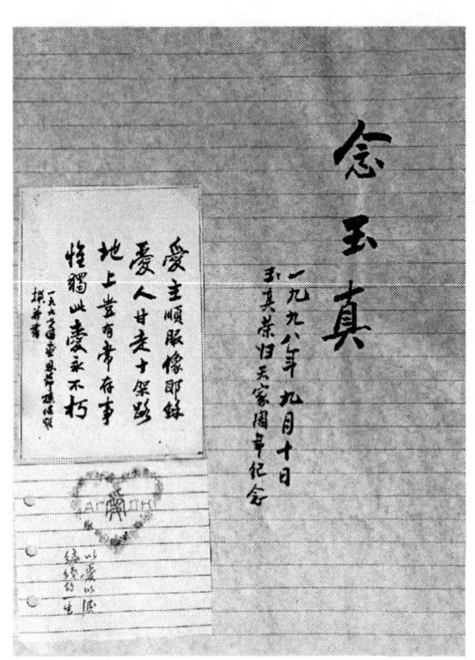

書法48.1（念玉真love，一九九八年）

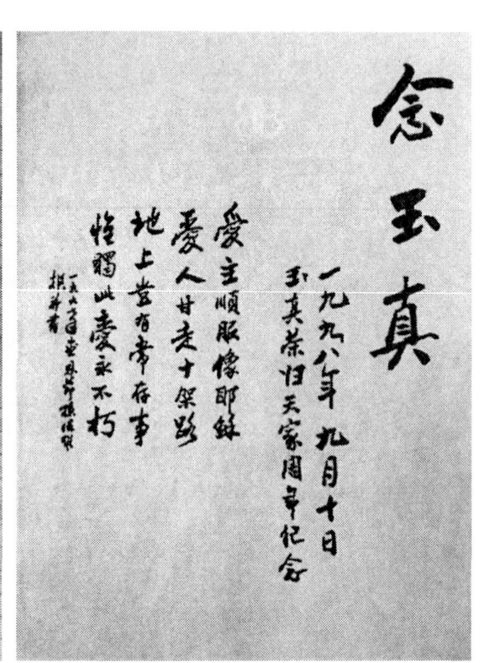

書法48.2（念玉真，一粒麥子版）

第三部分

其他書法題字

書法四十九：懷魯迅先生

一九七九年秋季，在他們移民美國的次年，父親有幸到中國大陸作短期探親，那是他離開大陸三十多年之後，首次得以返回故鄉，所以心中特別激動。

當時父親正在亞利桑那州鳳凰城的「美國國際商學研究院」（即Thunderbird Campus）教書（請參見照片六：Thunderbird Campus），所以那次他順便代表該校與天津貿易學院進行交換的工作。父親回美之後，就有當地的新聞記者爭先對他進行採訪，因為當時美國才與中國大陸建交不久，對中國的情況知道得不多。（請參照本書附錄第一部分、有關*Arizona Republic*一九八〇年五月七日的採訪全文）。

父親那次的返鄉之旅很自然地激起了他對魯迅等中國作家的懷念。而父親這幅書法「橫眉冷對千夫指，俯首甘為孺子牛」就是在那樣的心境中寫就的。

在一封給我的信中（參見信件一九八一年八月十八日），父親曾經寫道：

> 九月是魯迅先生百週年生辰。先生是真中國人，中國的真偉人，是近代苦難中國的靈魂催生者。我用毛筆寫了他的兩句詩「橫眉冷對千夫指，俯首甘為孺子牛」……。

AMERICAN GRADUATE SCHOOL OF INTERNATIONAL MANAGEMENT

THUNDERBIRD CAMPUS 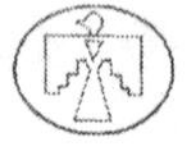 GLENDALE, ARIZONA 85306

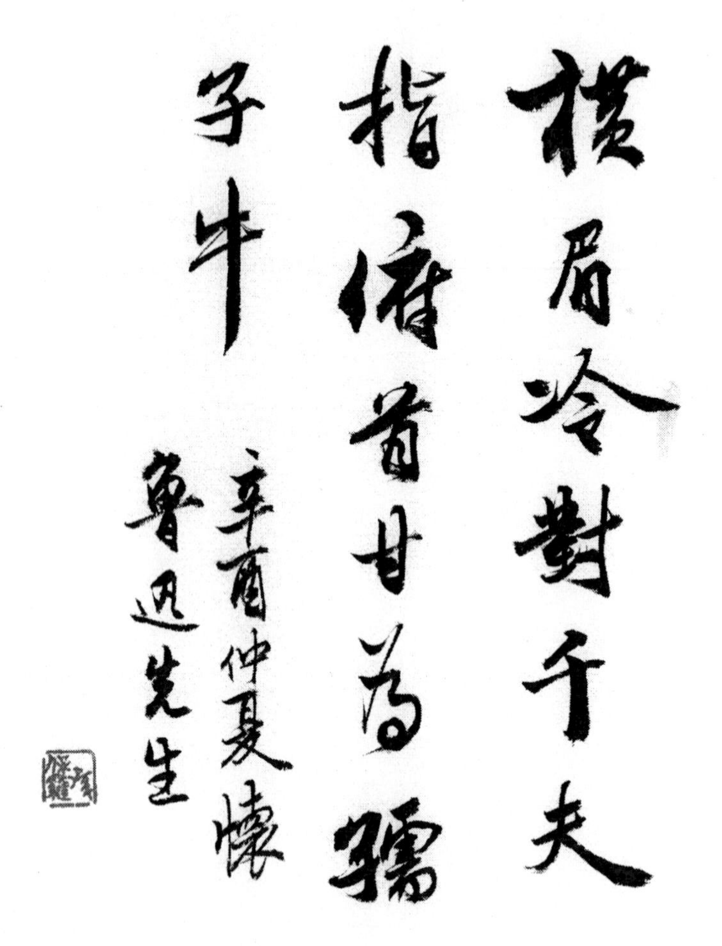

書法49（魯迅，橫眉）

書法五十：康宜補壁

一九七九－一九八〇年間我在波斯頓附近的Tufts University教書，週日獨自一人住在波士頓的公寓裡，週末則來回波士頓及普林斯頓之間兩地通車，頗為辛苦。父親當時就從鳳凰城寄來打油詩一首，勸我寬心，詩云：

悲戚滿人間，
但求於心安，
自強須奮鬥，
知命而樂天。

次年我開始任職普林斯頓大學葛思德東亞圖書館館長，但一年後決定辭職。然而當時卻對來日教書工作的前景毫無把握，故感到前途茫茫。於是父親又作一首相似的打油詩，並寫成書法，以為鼓勵：

俯仰天地間，
盡責乃心安，
浮生猶逆旅，
誠敬以樂天。

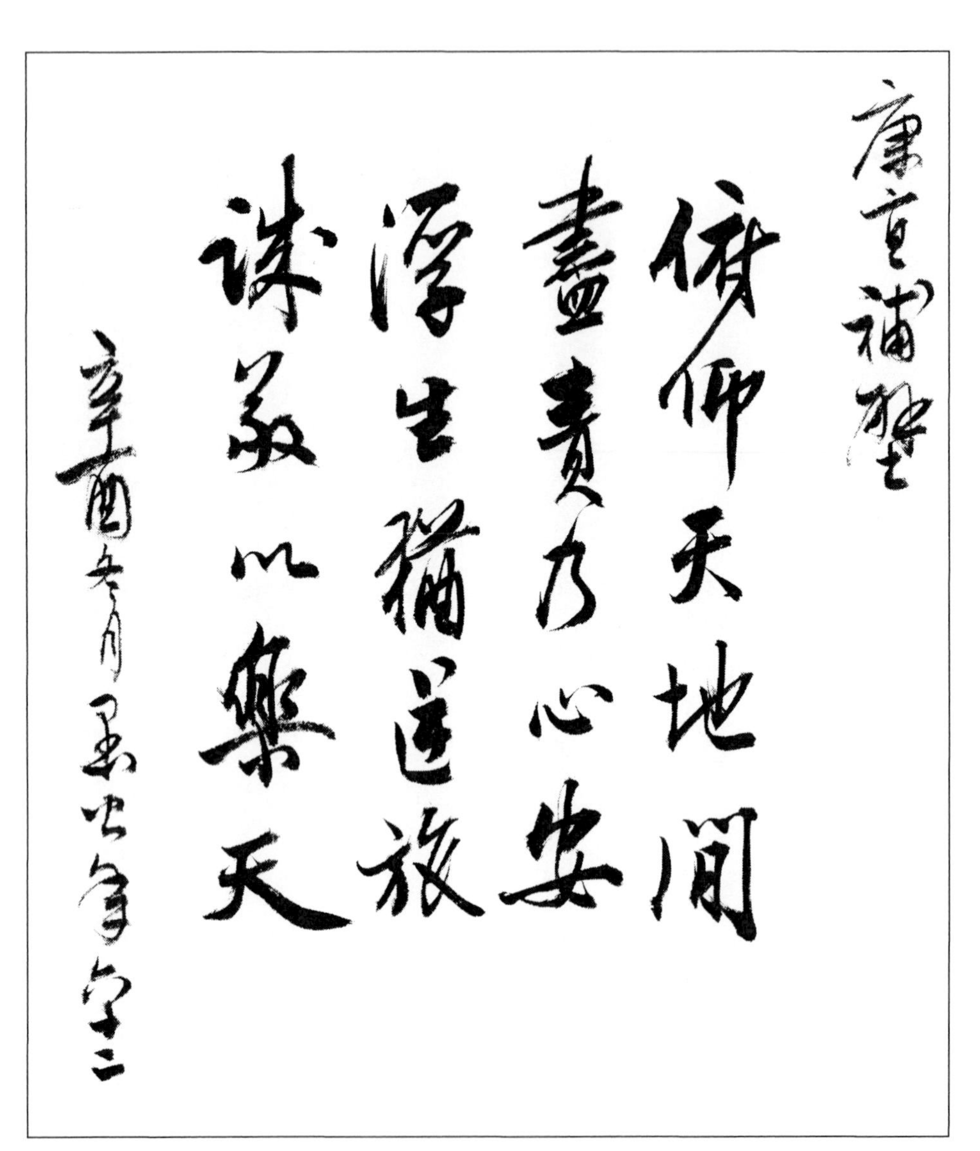
康宜補壁
俯仰天地間
盡責乃心安
浮生猶逆旅
談笑以樂天

書法50（康宜補壁）

書法五十一：滿招損，謙受益

一九八二年春季，我有幸受聘於耶魯大學東亞語文系，父母自然喜出望外，但他們也時時提醒我要培養謙虛好學的精神。當時父親贈我一幅大字書法，以為座右銘：

滿招損，
謙受益。

原來「滿招損，謙受益」出自《尚書・大禹謨》，並與《易經》的「謙」卦息息相關，所謂「謙謙君子，卑以自牧」也。

大半生以來，我一直以「滿招損，謙受益」為座右銘，絕不敢冒犯，更何況那是得自父親的家訓。

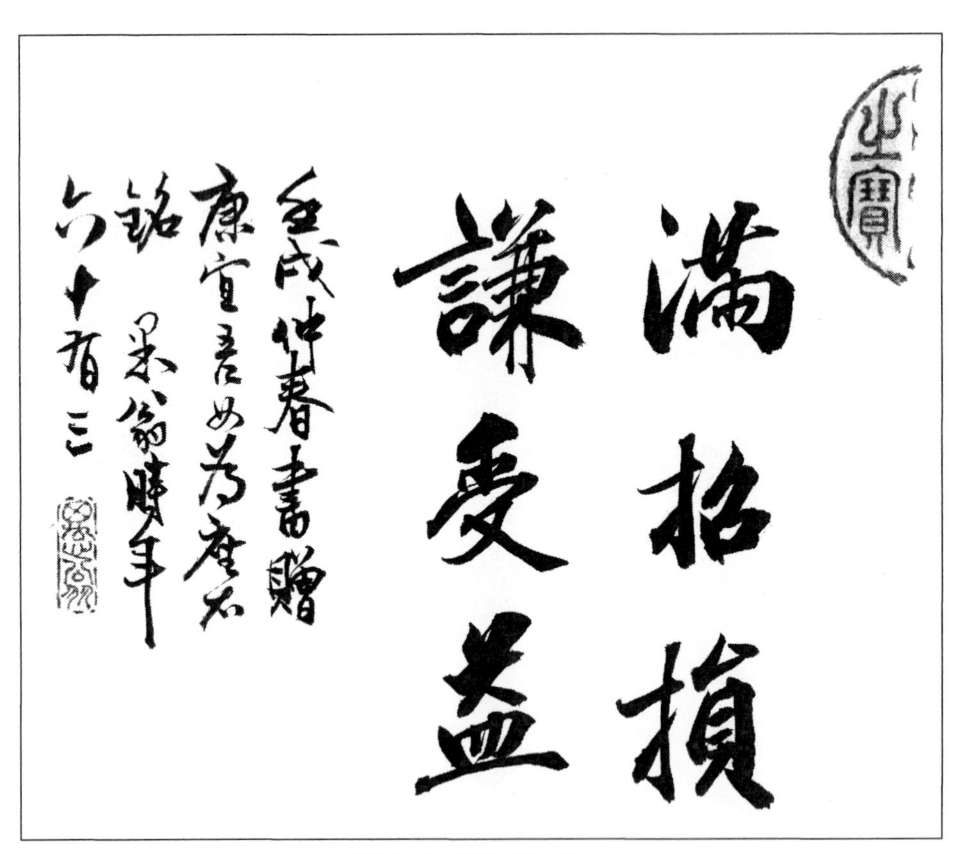

書法51（滿招損，謙受益。）

書法五十二：潛學齋

一九八二年春季，欽次與我終於從普林斯頓搬到了康州。很幸運的是，我們在紐黑文城裡居然找到了一座擁有書房的新家。

父親為我的書房命名為「潛學齋」，並贈「潛學齋」書法一幅。他在「潛學齋」題字下頭的附言「康宜敦品勵學」尤令我終身難忘。我從此決定，將來無論搬到何處，書房都一律叫做「潛學齋」。

康宜注：二〇一〇年我通過馬大任（John Ma）先生的「贈書中國」渠道，將潛學齋大部分藏書（約八千兩百冊書）捐贈給北京大學國際漢學家研修基地。北大稱該書庫為「潛學齋書庫」，並在入口處展現家父的書法「潛學齋」的影印版。

書法52（潛學齋題字）

書法五十三：學無止境

在父親為潛學齋所寫的書法中，我尤其喜歡「學無止境」這一幅。首先，父親經常以「學無止境」四個字來勸勉我；他說：「讀書必須靠勤奮，而且學無止境，千萬不可偷工減料。」

尤其在信仰的方面，父親一直是我靈性方面的導師。他閱讀《聖經》之勤奮實屬罕見。在他的後半生中，他每天清晨四時就起來讀經禱告，並把《聖經》從頭到尾仔細讀過許多遍，凡是他讀過的《聖經》本子都充滿了密密麻麻的評語和心得。（有關他的評語和心得，耶魯大學神學院Divinity School的特藏部門Special Collections藏有一些父親讀過的《聖經》本子。見Paul Yu-kuang Sun Collection）。此外，還有許多有關信仰及聖經考古方面的書籍，父親也是百讀不厭，眉批不斷，可謂「學然後知不足」也。

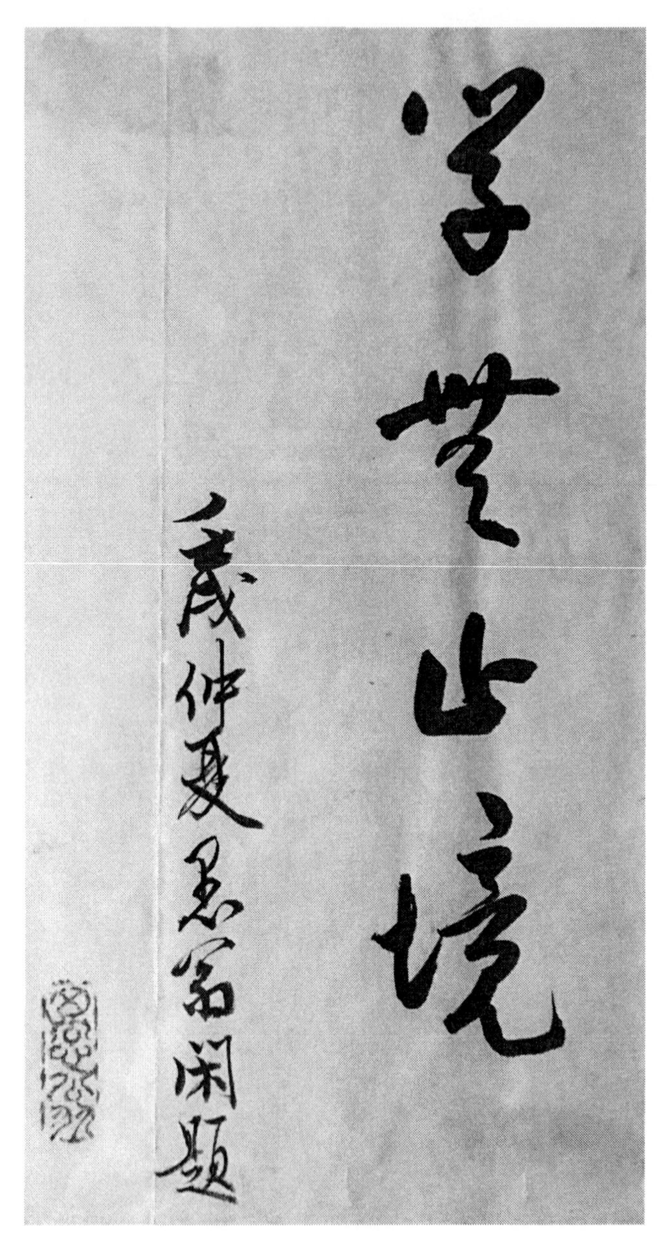

書法53（學無止境）

書法五十四：康宜研讀，仰望耶穌

父親生前曾贈我許多本《聖經》，但最讓我珍惜的就是一九八六年五月間贈我的那一冊黑皮《聖經》，因為那是為了慶賀我的女兒Edie（詠慈）誕生的禮物。（自從一九六九年我們經歷了喪子的悲劇、痛失嬰兒David之後，一直到十七年後才終於得到一個寶貝女兒，所以Edie的誕生乃是我和欽次一生中最重要的事件之一）。

可以說，父親送我的這本《聖經》改變了我後半生的人生觀。父親勤讀《聖經》的榜樣成了我信仰和生活方面的極大支柱，他屢次勸勉我：外在的成功是次要的，個人內在的靈性長進才是最重要的。雖然這些年來，我的讀經生活曾多次間斷過，但每當信心不足時，我總是回頭參照《聖經》的勸誡，倍加警醒。

《聖經》教訓我：「敬畏耶和華是智慧的開端。」（The fear of the Lord is the beginning of knowledge）——《箴言》第一章第七節。

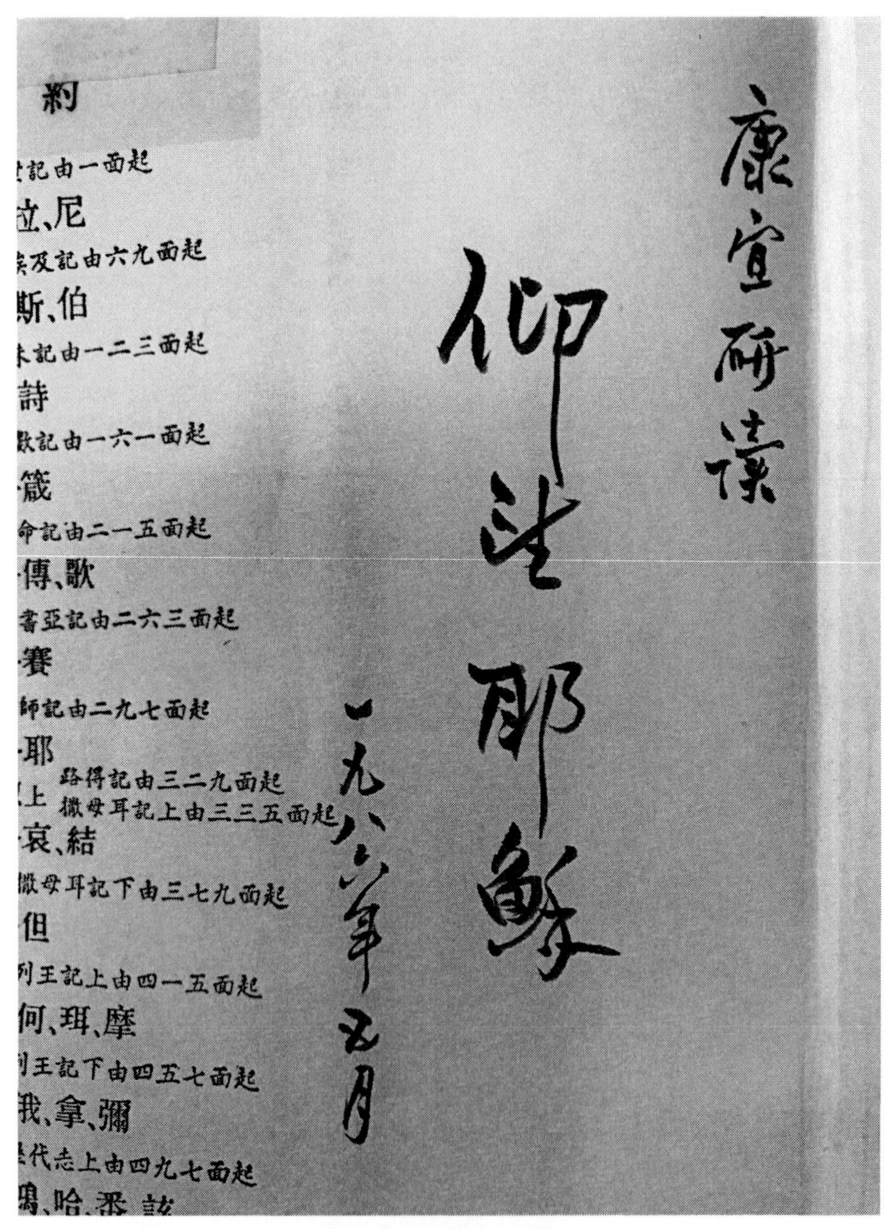

書法54（康宜研讀仰望耶穌）

書法五十五：封面題字《陳子龍柳如是詩詞情緣》

一九九一年，經過黃進興博士的推薦，李奭學先生開始將我的英文書*The Late Ming Poet Ch’en Tzu-lung: Crises of Love and Loyalism*（Yale University Press, 1991）譯成中文，準備次年由台灣的允晨文化公司出版（當時的編輯是廖志峰先生）。就在那個時候，家父為該書的中文版封面題字：「陳子龍柳如是詩詞情緣」。

除了封面的毛筆題字之外，父親還親手為我抄錄全書所引用的中文詩詞（共有七十多首之多）。有關家父為該書所抄錄的古典詩詞，請參見本書輯二「孫保羅其他手跡」的第四部分「抄錄古典中國詩詞」。

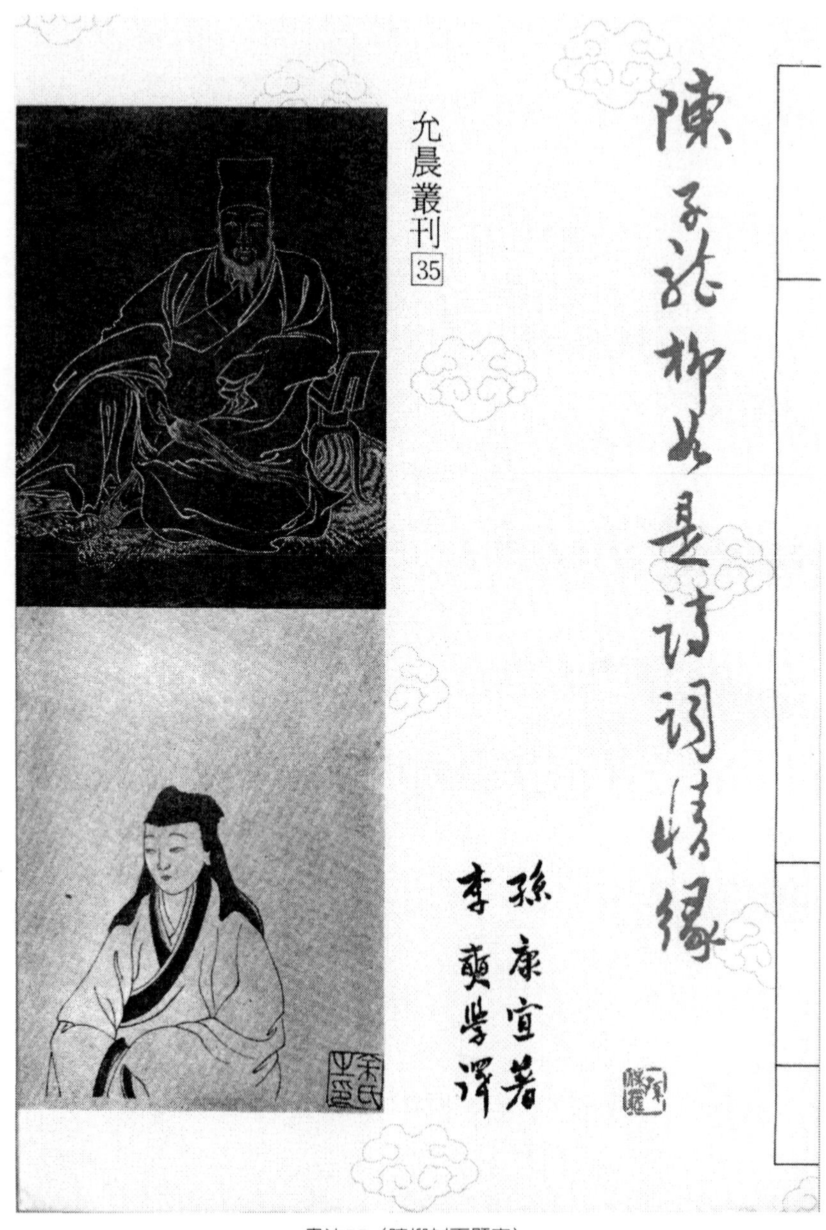
陳子龍柳如是詩詞情緣
允晨叢刊
35
孫康宜著
李奭學譯

書法55（陳柳封面題字）

書法五十六：題寂園圖

這是家父為我的耶魯同事康正果所寫的「題寂園圖」書法。

以下是正果先生對他的「題寂園圖」詩、和有關我父親的書法之敘述：

寂園者，先祖父息影之園林也。家中舊藏寂園圖一幅，移居美國，遂攜之榆城新居。乙亥春，書房失火而焚。丙子秋，小弟正觀請畫家臨原畫之照片而重繪於蓉城，裝裱寄至新港家中。因賦詩一首，請孫保羅先生書於新圖之上。

蹈海魯連不帝秦[1]，餘生欲老紐英倫。

遊魂不復識歸路，聊寫丹青作夢巡。

[1] 用蘇曼殊句。

書法56（題寂園圖詩）

輯二

孫保羅其他手跡

第一部分

隨感片段

手跡一：結婚二十載紀念

一九六三年五月二十三日是我父母結婚二十周年紀念。當時父親剛出獄三年，在我母親的熱心鼓勵之下，他已開始勤讀聖經。於是父親當天就在他擁有的第一本《新舊約全書》的首頁寫道：

結婚廿載紀念
同心愛主、
攜手共奔十架路

主後一九六三年五月廿三日

光（裕光）
真（玉真）同獻

這段題字象徵著父親走向信仰基督道路的起點。就在同年的十二月十五日父親正式接受當地後勁佈道會牧師侯格蘭（Rev. Jan Haugland）的施洗。

在受洗之前，父親已讀完他擁有的第一本《新舊約全書》，而且每頁都寫滿了密密麻麻的評語心得。

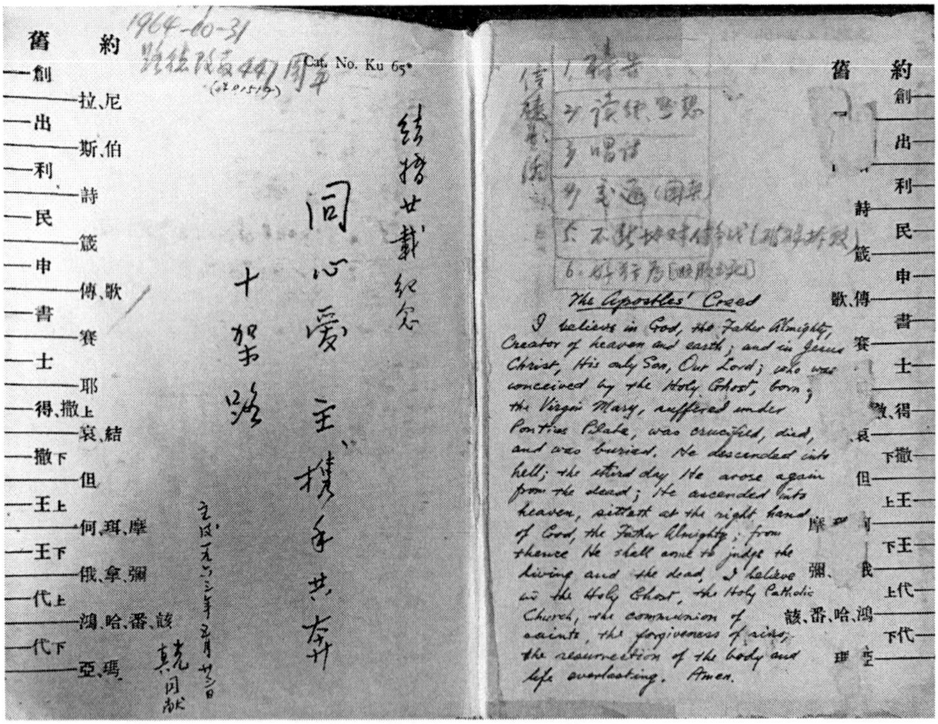

手跡1（父母結婚20載紀念聖經）

手跡二：洗禮聖經

一九六四年初，父親剛受洗不久，他又開始研讀另一本全新的《新約全書》（附詩箴），並於八月間讀畢，書中又寫滿了許多眉批和引言。我把父親這本新約聖經稱為「洗禮聖經」。可以說，正是這本聖經奠定了他後半生的讀經習慣——他習慣把聖經從頭到尾一讀再讀，同時參考許多與聖經有關的書籍，所以多年來他累積了無數帶有眉批的聖經本子。

家父在這本「洗禮聖經」的扉頁上寫道：「救主能力何等宏遠浩大，基督愛心無限長闊高深」，另外還附有他手抄的Alexander Pope的詩句：To err is human, to forgive divine。又，聖經的末頁則附有父親手抄的英文格言O God, thy sea is so great & my boat is so small。

此外，父親還在整本聖經裡加入了許多他親自手抄的《舊約》金句，以為隨時參考之用。他的許多評語都一針見血地點出了舊約聖經與新約聖經的不同之處。例如：

舊約主題——人的罪；
新約主題——神的愛，
舊約——律法（預言、應許）——講病（讓人知罪，認識自己）；
新約——恩典（完成、應驗）——講藥（救法：因信基督罪得赦免，承受永生，顯明神愛）

如今半個多世紀之後，我重讀家父的這些評語，仍覺得大有用處。

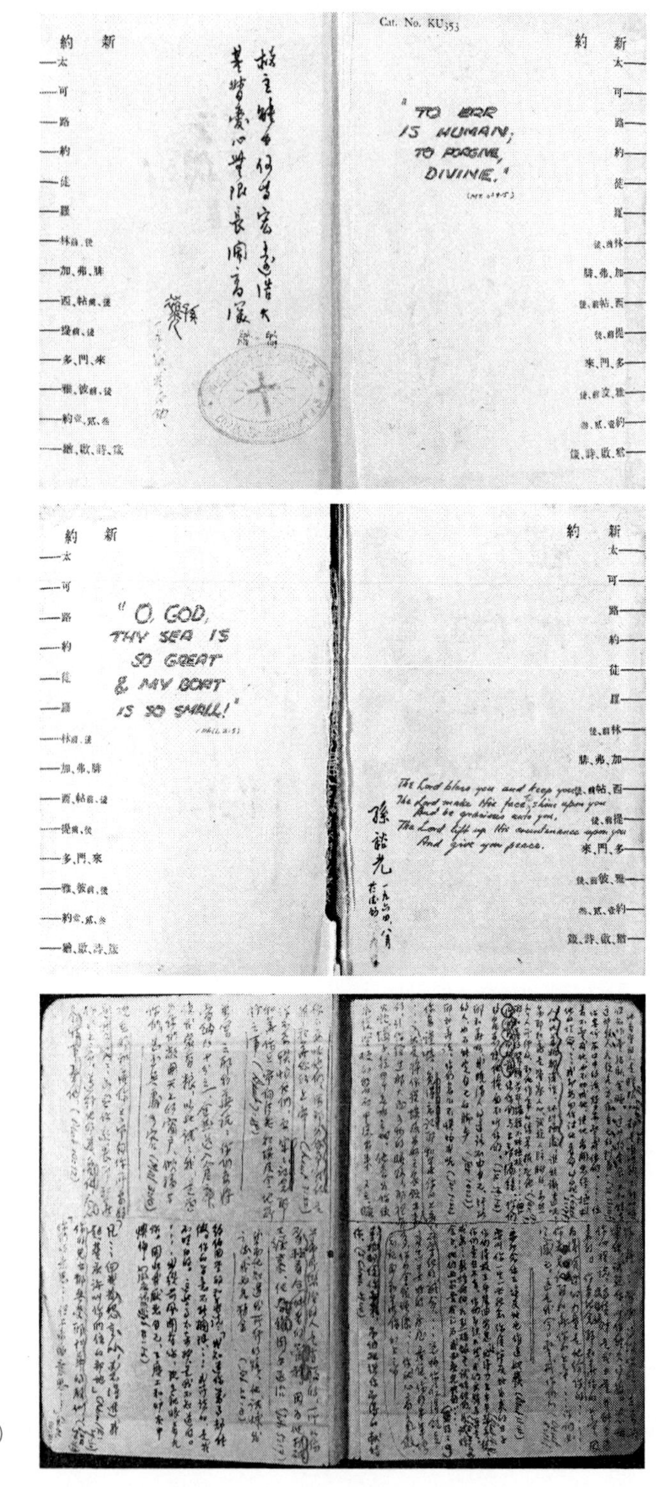

上：手跡2（to err is human）
中：手跡2.1（O God, thy sea）
下：手跡2.2（舊約金句）

手跡三：「康宜藏書」手跡

一九七七年春天，我正在普林斯頓大學撰寫博士論文，突然接到母親來電，說父親病危。當時我立即放下一切，急忙趕回台灣。後來父親經過肺部手術，漸有好轉。在他養病的期間，我從台北藝術圖書公司買來了一本《中國印譜》的書，以便讓他隨時瀏覽。有一天，父親興致來了，就用紅色原子筆在該書的扉頁上為我「刻畫」了一個「康宜藏書」的「印章」，並用藍筆註明：

丁巳仲春　宜兒歸省　伺余病　因戲作留念。

同時他也為我「刻」了個私人圖章，並書「丁巳仲春，父筆。」

且說，多年之後（二〇一〇年的春天），我正計劃將康州家中潛學齋的八千多本書贈給北京大學收藏（通過馬大任的「贈書中國」管道）。有一天，我和欽次正忙著為這些書打包時，眼前突然出現了這本《中國印譜》，發現書中居然有父親多年前為我「刻印」的手跡，一時感慨萬千。所以我立刻請大弟康成聯絡台灣的表弟黃宗斌，吩咐他在台北請人根據家父當年所寫的「康宜藏書」手跡刻印。

後來嚴志雄先生親自把其中一個「康宜藏書」印章交給北京大學國際漢學家研修基地的主任袁行霈教授，並請該基地助理將每一本贈書蓋上「康宜藏書」之印。

這就是「康宜藏書」手跡的故事。

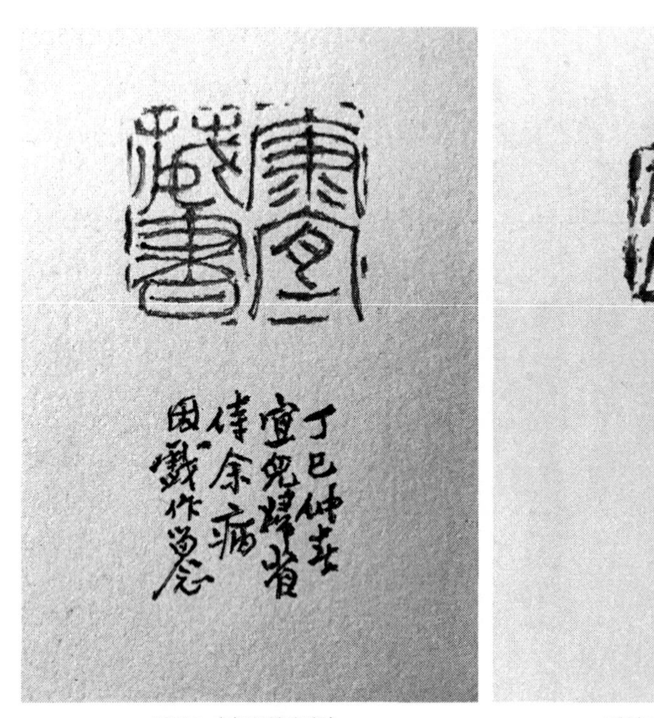

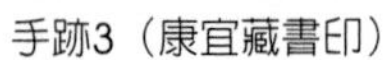

手跡3（康宜藏書印）

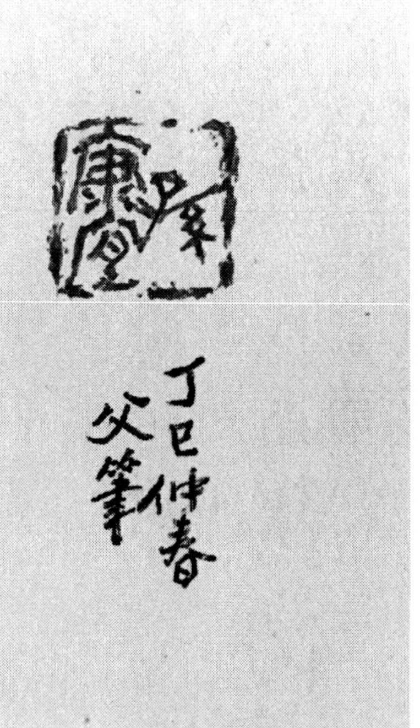

手跡3.1（孫康宜藏書印）

手跡四：有關元史的譯稿

一九七八年初夏（即他們移居美國的第一個夏天），父親將我一篇有關元史闡釋的英文稿（On the Historiography of the Yuan: A Case of 1333-1341）譯成中文。當時我已從普林斯頓大學取得博士學位，但教書工作尚未有著落，所以一時找不到合適的雜誌來刊登此文。後來因為生活事業兩忙，也就把這事給忘了。

一直到父親過世之後，有一天正在整理他的書信和遺稿時，才偶然發現這篇三十多年前父親為我撰寫的譯文，一時對自己沒能在父親生前出版此文，感到十分遺憾。後來我請友人趙鵬飛女士將父親的手稿整理並打印出來，這篇文章終於在二〇一二年六月由北京大學《國際漢學研究通訊》出版。

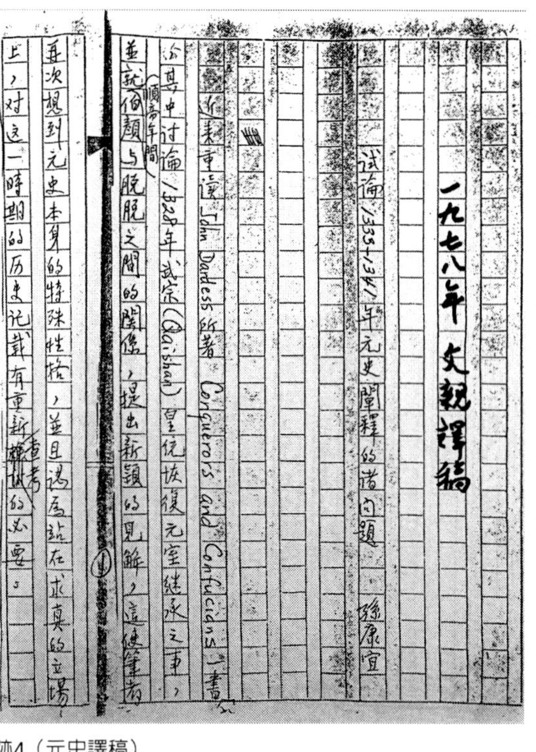

一九七八年 父親譯稿

試論1333-1341年元史闡釋的若干問題　孫康宜

近來重讀John Dardess所著Conquerors and Confucians一書，對其中討論1328年武宗（Qaishan）皇統恢復元室繼承之事，並就伯顏與脫脫之間的關係，提出新穎的見解，這使筆者再次想到元史本身的特殊性格，並且認為站在求真的立場上，對這一時期的歷史記載有重新檢考的必要。

最早的元史資料當推1320年權衡編輯的庚申外史，本文擬取其中1333-1341編年紀事部分，以伯顏脫脫為中心，參較其他元史著作，檢討歷史闡釋的各種可能性。公元1333年是順帝即位之年，因而代表伯顏政治生涯的起點，1341年則是伯顏失勢與脫脫抬頭的轉捩點。庚申外史雖常被認為是民間傳說之類，但有關順帝在位一段史實，本書提供了重要的原始資料。在敘事技巧上，庚申外史似乎特別着重其戲劇性的效果，這一點，與其他元史材料相比，是本書的一大特色。關於本文所研究的這段時期，作者權衡以小說筆法，自文宗臨終的吐露隱情開始，寫到元朝

No. 1　(24×25)　金龍牌

手跡4（元史譯稿）

手跡五：旅美一週年

一九七九年二月三日是我父母移民美國一週年紀念日。當天父親在亞利桑那州的鳳凰城寫了一首打油詩：

二月初三怎能忘
飛出天羅去地網
有女孝心感天地
免我葬身汙泥塘
台島屈辱成軼話
祖國河山夢飄香
一生際遇何足計
唯慶中華國運昌

但一直到一九八八年（他們來美十年後）父親才從馬利蘭州寄來這首打油詩，信中寫道：「今天是我們來美十周年紀念。我們同心感謝主恩，也不能忘記你兩人竭力奔走、歷盡波折、終於絕處逢生，蒙主把我們帶了出來！詩篇一二四篇七節寫道「……我們好像雀鳥從捕鳥人的網羅裡逃脫……。」

（Your thoughtfulness meant so much more than words can ever say!）

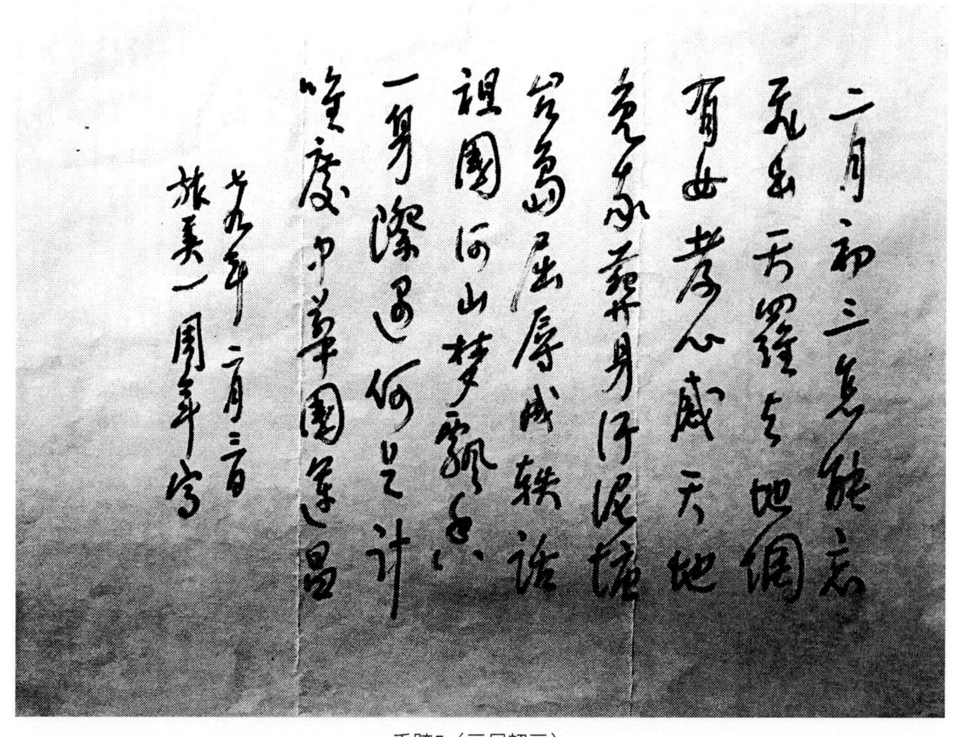

手跡5（二月初三）

手跡六：翻譯《時代周刊》「愛因斯坦百年生辰」一文

家父一直對「相對論」很感興趣，年輕時還寫了有關這一方面的文字。一九七八年春季，在我父母抵美之後不久，我曾帶他們參觀普林斯頓的高等研究所（Institute for Advanced Studies），同時在從前愛因斯坦的白房子前面拍照。當時我們聽說，再過一年就是愛氏誕辰一百周年紀念，將在普林斯頓的高等研究院（即愛氏一生中最後二十二年工作的地方）召開紀念會，所以我們都感到十分興奮。

次年，《時代週刊》（一九七九年二月十九日）為了紀念愛因斯坦，特地出版了一篇長文（The Year of Dr. Einstein Centennial fever rises over the man whose idea reshaped the universe）。家父很快就將那文章譯成中文，題為〈艾因斯坦百年生辰——舉世紀念一位重新描繪宇宙的巨人〉[1]。當時父親之所以翻譯該文只是為了練筆，所以並沒考慮出版。他把該篇譯文作為給我和欽次的禮物。

最近耶魯博士生李程特別將此稿全文打印出來，我把它一併捐給了耶魯神學院圖書館，收入我父親的特藏中（The Paul Yu-kuang Sun Collection），作為紀念。

1 父親譯文原稿使用「艾因斯坦」的譯名，但因「愛因斯坦」目前較為廣泛使用，今使用之。

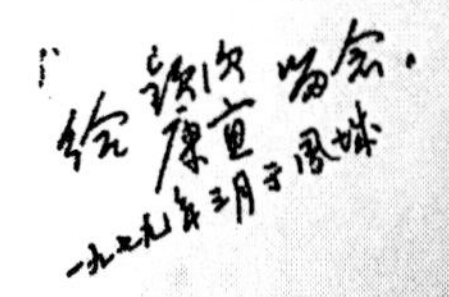

①

艾因斯坦百年生辰

——举世纪念一位重新描绘宇宙的巨人

(原载时代周刊79-2-19号)

艾因斯坦是谁？

他——是这位二十世纪的奇才，凭他设想出来的关乎空间时间的神奇观念，永远改变了人类对宇宙及自身的认知。他是相对论之父，又因有名的公式 $E=mc^2$ 而成为原子时代的先驱者。然而他单纯的人道精神从未受威名之累，对于社会的不义他勇于斥责。到了晚年，这位衣衫宽如布袋、头发蓬松象牧羊犬的伟人，常为少年人解几何习题，且常每天奏莫扎儿小提琴曲，并大写其打油诗。阿伯特·艾因斯坦——他去世迄今已近四分之一世纪，他的名字、他的相貌，至今还是无人不知的。

科学家们对他也是崇敬备至，因为在本世纪的科学家里，他无疑是最杰出的，在某些人看来他简直是有史以来最伟大的科学家。诺贝尔奖得奖人 I. I. Rabi 说："当今物理学的一切观念，很少不是从艾氏工作的成果所产生。"麻省理工学院的 Irwin Sapiro 补充说："他使我无颜比称自己为物理学者。"

艾因斯坦在1879年3月14日生于德国伍尔木城，今年恰逢一百周年，世界各国都将参加纪念行列。在美国、欧洲、亚洲、南美，无不实把艾氏思想视为无价的贡献，各地学者诚拟筹备其独特的献礼。

其中最盛大的纪念活动将在下月举行于普林斯顿的高级研究院(在此艾氏度过一生的最后二十二年)，和耶路撒冷的希伯来大学(该校是艾氏协助成立的)。Syracuse 大学相对论学者、~~Peter G. Bergmann~~ 昔日曾与艾氏协力合作的 Peter G. Bergmann 说："这简直是令人叹为观止的盛举，各人都想从中撷取一份反映的光荣。"剑桥大学的 Martin Rees 说："科学家而成为崇拜对象的，除艾因斯坦没有第二人，连科学家们也一样地崇拜。"

其实这股百周年纪念热潮早已越出学界之外。美国、西德等国家都将发行艾因斯坦纪念邮票，另外出了许多有关艾氏的新书，其中包括在中国印行的两卷艾氏作品。许多博物馆，象华府的史密森博物院、巴黎的展览社中心都正筹备艾因斯坦展览会，在纽约市，全美物理学会正在收集艾氏纪念事项，准备作巡回展出。东德也正装修柏林附近 Caputh 地方艾氏旧日的夏居。日本的艾因斯坦迷则计划到访他在欧洲一些居留之地。此外，电视台亦数意也将推出特别节目，包括 BBC-WGBH 合

手跡6（翻譯愛因斯坦）

手跡七：記憶中的北平地圖

北京（原名北平）是我的出生地，所以一九七九年夏天的大陸之行就成了我的尋根之旅。為了讓我能順利找到我們從前的家，父親特地為我畫了一個記憶中的北平圖，並對我屢次叮嚀：「你的出生地是：和平門裡（即和平門內）北新華街二十三號乙，在中南海的對面，切記，切記……。」

話說，一九七八年初，在我父母剛抵美之後不久，我們就開始尋找離別多年的大陸親人。當初我們試過所有可能的管道，但都石沉大海，一直到一九七八年底，小弟觀圻才通過香港中國銀行的協助，終於與大陸的親人聯絡上了。在感恩節之前，爸媽收到了叔叔寄來的第一封信，全家人欣喜若狂，多年來的思念一時湧上心頭，一發而不可收拾。

正巧一九七九年元旦，美國宣佈與中華人民共和國正式建交。於是父親決定於該年的秋季回大陸探親，我則決定立刻動身。於是在短短的幾個月之間，我已辦好了簽證，終於在一九七九年六月二十日前往大陸探親。

在那以前，除了這張記憶中的北平地圖，父親還為我畫了另一張所謂的「內城圖」（其中包括中南海），並加注說明：「宜兒週歲時，每晨余輒抱往南海散步，歸來歇腳輒將宜兒置南海門前大石獅上，使騎之，常樂而不返，此卅數年前事也。」

父親所繪的「記憶中的北平圖」與「內城圖」原件，今存藏於耶魯大學神學院圖書館特殊館藏（Special Collections）部門。

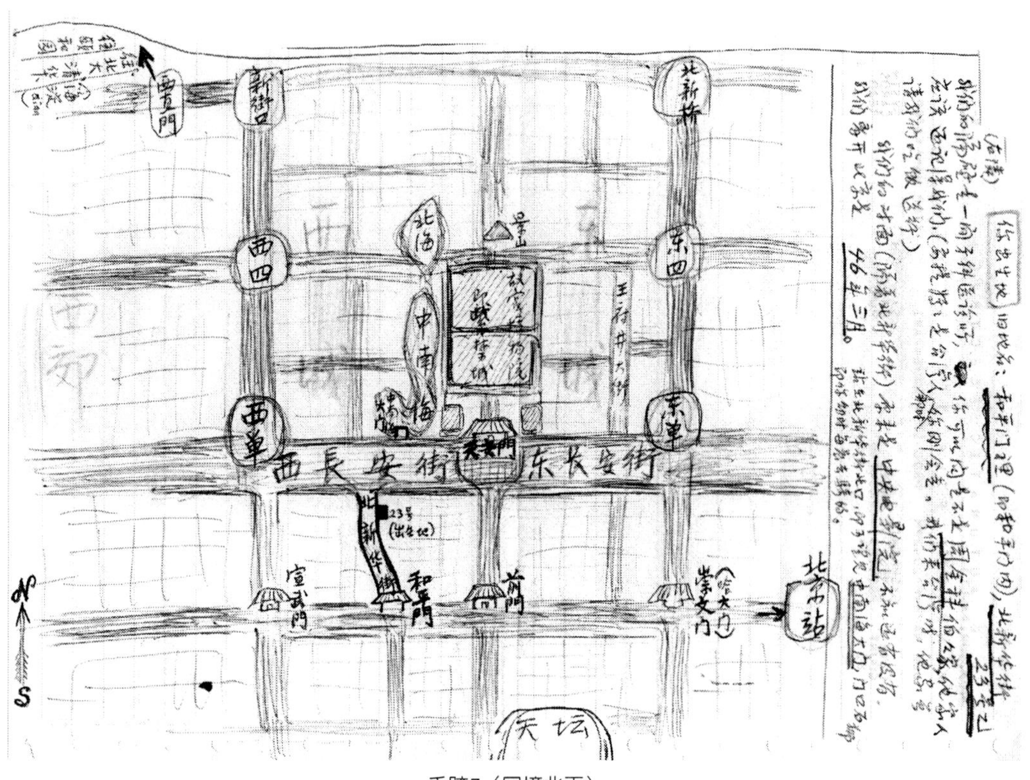

西直門
新街口
北新橋
北海
景山
西四
東四
中南海
王府井大街
西郊
西單
東單
西長安街
天安門
东长安街
北新华街
23号
宣武門
和平門
前門
崇文门
北京站
天坛

手跡7（回憶北平）

手跡八：舊約與新約——如何讀舊約？

父親這段有關「舊約」與「新約」的評語寫在他的一本《舊約全書》的扉頁上，讓人讀來一針見血：

> 舊約和新約在性質上有所不同。耶穌基督雖在肉身生為猶太人，我們的信心卻與猶太人或猶太民族全無關係。上帝對人類的啟示是隨著人類歷史而漸進的，直到耶穌基督來到，才達到完全的啟示。耶穌基督的福音稱為新約，是屬天的，已經取代了猶太主義的、屬地（肉體）的舊約。這位救主是萬人的救主，不同於拯救猶太民族的彌賽亞。因為彌賽亞只是「預表」一位更美的、為全人類心靈解放的救贖主！因此，對耶穌基督的門徒而言，舊約只有「預表」的意義，只當從屬靈的角度來解釋。耶穌基督屬天的福音與任何世界邦國，任何民族的或政治的活動了無相干。謹防野心家利用或褻瀆聖經。人能否引用聖經的經節來支持他多妻或不道德的性關係？人能否引用舊約的經節來支持自己的國家去侵略別國？人能否引用舊約經節去支持以色列以「子母彈」濫炸鄰國無辜平民呢？耶穌的福音永遠是赦罪重生的福音，個人靈魂的救恩。
>
> 一九八三年元月廿一日感記

必須一提的是，家父這本含有以上評語的聖經，今已存藏於耶魯大學神學院圖書館特殊館藏（Special Collections）部門。

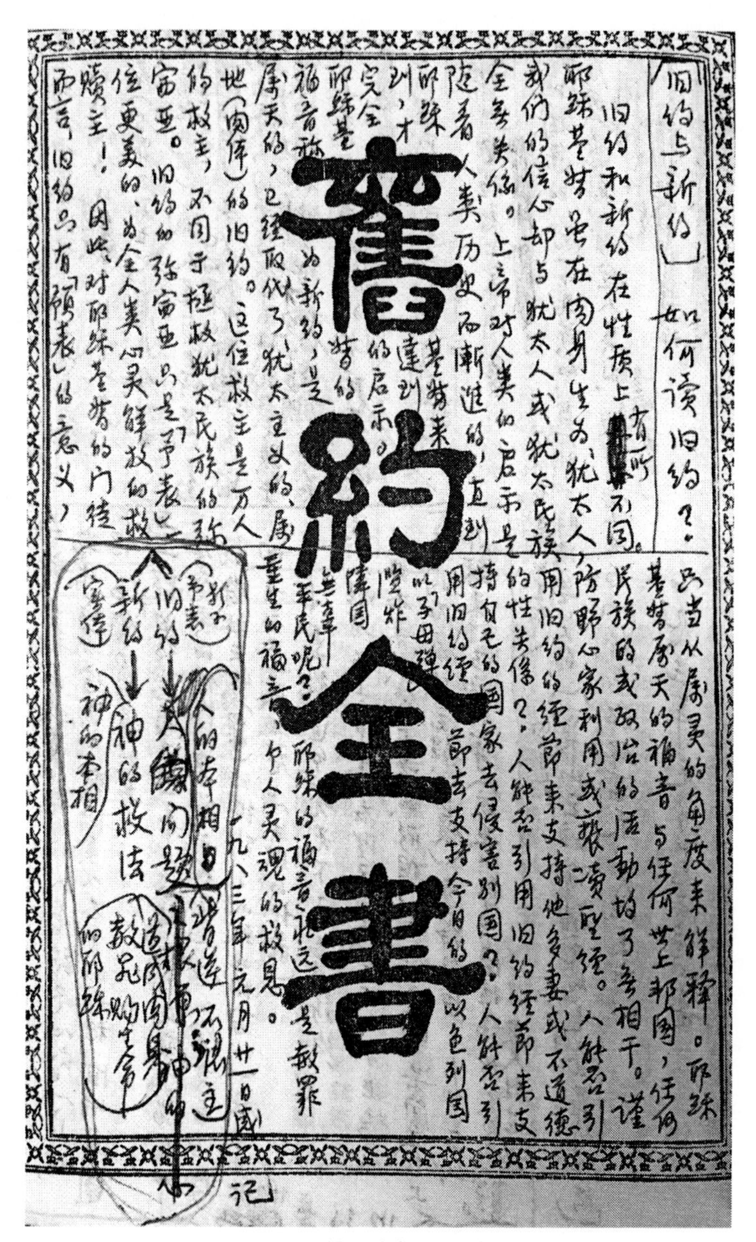
舊約全書

旧约与新约

如何读旧约？

旧约和新约在性质上有所不同。
耶稣基督是在肉身生为犹太人，
我们的信心却与犹太人或犹太民族
全无关系。上帝对人类的启示是
随着人类历史而渐进的，直到
耶稣基督来
到，才达到
完全。的启示
耶稣基督的
福音书为新约，是
属天的，已经取代了犹太主义的、属
地（肉体）的旧约。这位救主是万人
的救主，不同于拯救犹太民族的弥
赛亚。旧约的弥赛亚只是予表，
位更美的、为全人类心灵解救的救
赎主！因此，对耶稣基督的门徒
而言，旧约只有「预表」的意义，

只当从属灵的角度来解释。耶稣
基督属天的福音与任何地上邦国，任何
民族的或政治的活动均了无相干。谨
防野心家利用或亵渎圣经。人能否引
用旧约的经节来支持他多妻或不道德
的性关系？人能否引用旧约经节来支
持自己的国家去侵害别国？人能否引
用旧约经节去支持今日的以色列国
以子母弹
轰炸
邻国
无辜平民呢？
耶稣的福音永远是救罪
重生的福音，个人灵魂的救恩。
一九八三年元月廿一日
记

手跡8（舊約與新約之別）

手跡九：有關包忠傑牧師（Rev. Paul Bartel）

這是家父第二次見到包忠傑牧師（Rev. Paul Henry Bartel）。第一次與包牧師見面是在亞利桑那州的鳳凰城，那是一九八〇年代期間，有一年包牧師到鳳城佈道會講道，父親對他的講道印象深刻，尤其佩服包牧師註解《詩篇》的功力。

第二次兩人相遇是在馬利蘭州的Derwood城。一九九三年十月正是蓋城華人宣道會（Gaithersburg Chinese Alliance Church）成立八周年，當時附近的華人基督徒一同聚集在Derwood華人宣道會（Derwood Chinese Alliance Church）展開聯合紀念大會。[1]就在那次會中，父親與久別的包忠傑牧師再次見面，所以特別愉快。那年父親七十四歲，包老牧師已經九十歲。（後來包牧師於二〇〇一年去世，享年九十七歲）。

包忠傑牧師的背景十分特殊。他於一九〇四年出生於中國河北省，在中國大陸的環境中長大。他的父母都是虔誠的宣教士，尤致力於扶助孤兒的慈善事業。包忠傑自幼即受雙親的影響，很早就從事宣教及研究中文聖經的工作。後來他回美國唸書，先後獲得芝加哥大學的碩士學位（一九四六年）以及Fuller神學院的神學士（一九六二），並在加拿大聖經學院（Canadian Bible College）開始教書。

有關包忠傑牧師的採訪錄音，目前存藏於伊利諾州的葛理翰檔案館Billy Graham Center Archives in Wheaton, Illinois, USA），編號#453.

---

[1] 有關Derwood華人宣教會及Gaithersburg華人宣教會的相對地理位置，我要感謝Wing-chi Chan（陳詠智）先生及其夫人Mina的幫忙。因為他們住在馬利蘭州，而且也知道我父親的身世，所以我特別請他們幫忙查考有關當地教會的信息。

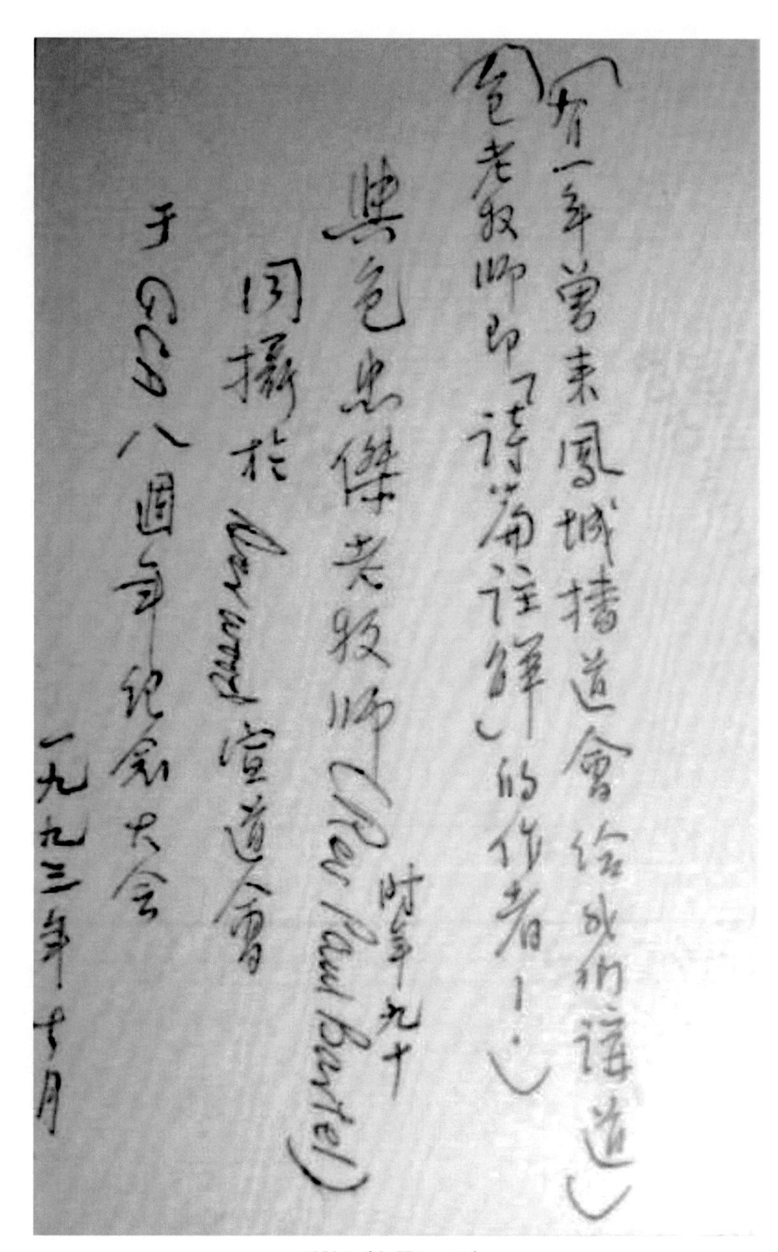

（有一年曾來鳳城播道會給我們證道）
（包老牧師即「詩篇註解」的作者！）
與包忠傑老牧師（Rev Paul Bartel）時年九十
同攝於Berwood宣道會
于GCA八週年紀念大会
一九九三年十月

手跡9（有關Bartel）

插圖2，這是孫保羅第二次見到包忠傑牧師（Rev. Paul Henry Bartel）。

手跡十：愛是恆久忍耐

父親這份手跡寫於一九九七年七月十五日，是為了祝賀我的大弟康成和麗娜結婚二十四週年紀念日。這份手跡十分寶貴，它見證了家父在逆境中的堅定信仰和凡事感恩的態度。當時母親已病入膏肓，可想而知父親正處於百般焦慮之中，但他仍記得自己的兒子和媳婦的結婚紀念日，並向他們感恩：

> 至深感謝你夫妻、為我們所付上的辛勞、所擺上的犧牲；
> 惟願主耶穌親自報償與你一家。

父親顯然把兒女的孝心比成至愛的表現，所以他特別引用《哥林多前書》（第十三章，四至八節）中聖徒保羅有關「愛」的一段話：

> 愛是恆久忍耐……凡事包容，凡事相信，凡事盼望……愛是永不止息。

愛是恒久忍耐，、凡事
包容，凡事相信，凡事
盼望，愛是永不止息。
康成
娜娜結婚廿四週年感恩紀念
爸媽禱祝
更深感謝你夫妻，為我們
所付上的辛勞，所擺上的犧牲……
唯願主耶穌親自報償與你一家。

手跡10（愛是恆久忍耐）

手跡十一：關於藍老師

家父這份手跡非常寶貴，因為涉及我們家的大恩人藍順仕老師。在一九五〇年代台灣白色恐怖的期間（當時家父還在坐牢），藍老師曾多次為我們家雪中送炭。他本來與我們互不相識，卻因為同情我們一家人的遭遇，把我們姐弟三人當成自己的孩子來教育。後來家父出獄之後，藍老師仍盡力幫忙我們，把我們當家人看待——他喊我母親作「三姊」，喊我父親做「三姊夫」。即使後來我們全家到了美國，他仍與我們家通信不斷。

一九九七年秋季我的母親去世後，藍老師給我父親的信中寫道：

……三姊回到天上後，三姊夫為三姊安排她生平最羡慕的舊金山幽美地區作為她的安息地，三姊夫又為三姊精心設計那麼美的墓碑，我以「親弟弟」的身份向三姊夫叩謝。

父親收到藍老師此函，自然十分感動，所以他說：「寥寥數行，已足以看出他夫婦待我們的感情遠勝於我們血緣之親……。」

彥宣：收到藍老師寄來（回我的信）
字字表達，已足以看出他對
待我們的感情，遠勝於我們
血緣之親!! 我很受感動，也很感慨。
這封信送給你收存好了。
主恩常與你一家同在
父字
11/22

手跡11（關於藍老師）

手跡十二：《一粒麥子》手稿

這是父親《一粒麥子》最初手稿的封面。父親在一九九八年七月的一封信中說道：「我陸續已寫了一些短篇靈修文字……現暫收為一輯，作為媽媽離世歸天一週年的紀念。因找不到裝訂的地方，只好散頁寄去。給你留作紀念。」

但不久之後，父親終於找到一家印刷所，遂自費將《一粒麥子》印成一本小書，以紀念母親逝世一週年。

二〇〇七年父親去世後，我發現他生前有兩本特別的《一粒麥子》「自用本」，書中他作了許多修正，增補了不少資料，其中一本還在書皮上註明是「修訂本」。所以我下定決心，無論如何一定要盡力把父親的「修訂本」整理出來，期待能將它早日出版。

目前秀威資訊即將出版家父的《一粒麥子》「修訂本」，終於成全了我多年來的願望，令我感激不盡。

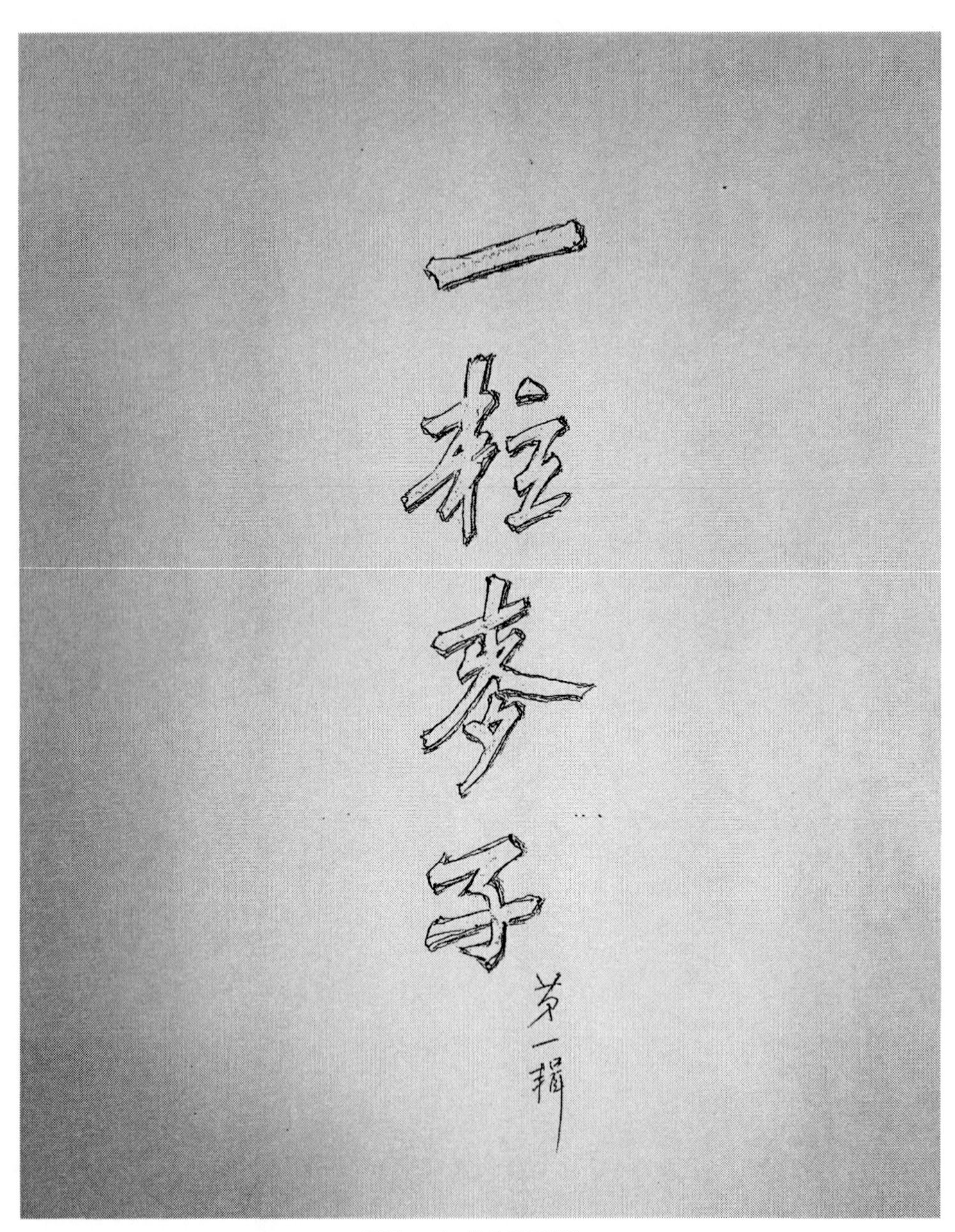

手跡12（一粒麥子手稿）

手跡十三：敬畏神

在母親逝世六週年那天，父親贈我一本全新的《新約全書（附詩箴）》，他的題字是：

康宜存念：
「基督耶穌降世
為要拯救世人」
（《提前》1:15）
二〇〇三年九月十日。

同時，父親也寄來了一份「敬畏神／尊敬人／恭聽聖靈指引」的贈語。足見父親期盼子女靈性成長的用心之苦。

手跡13（二〇〇三年贈康宜聖經）

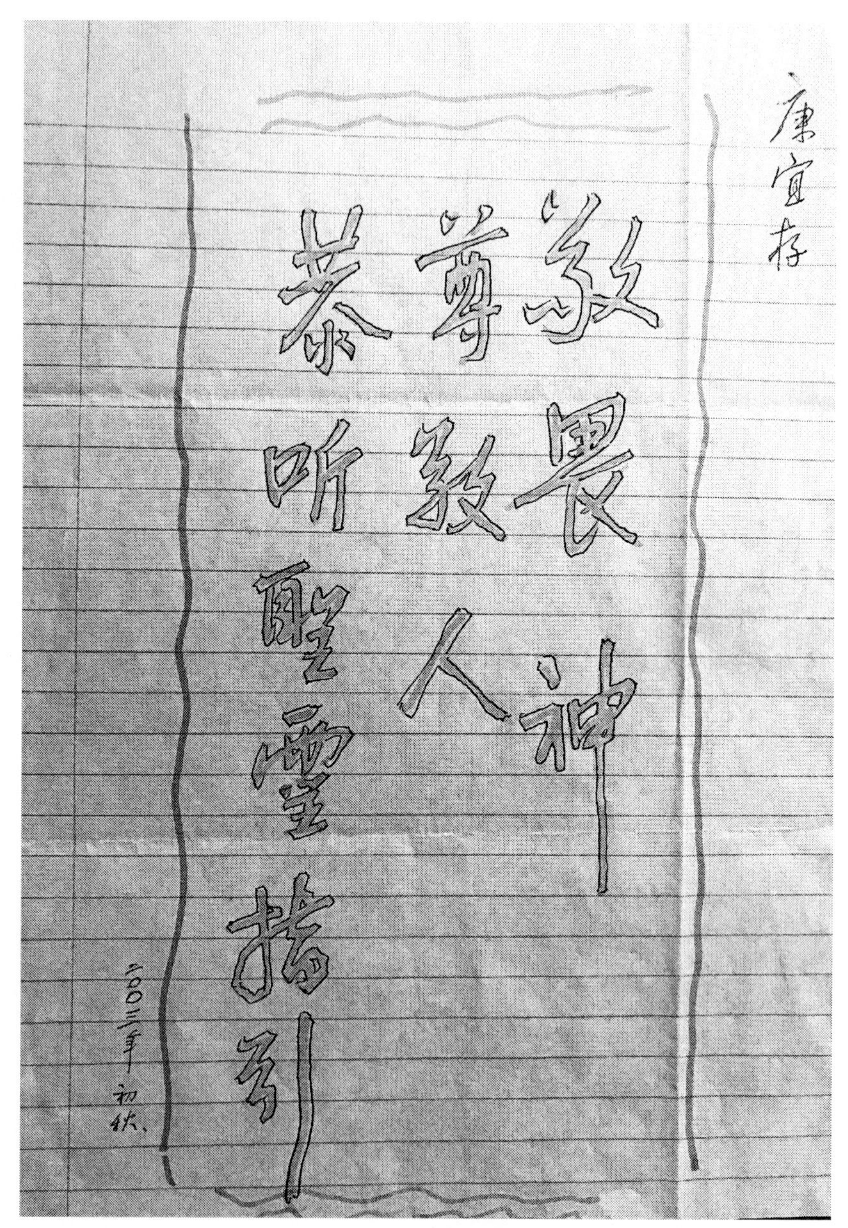

手跡13.1（敬畏神）

手跡十四：老當益熟

家父每日勤讀聖經，其努力專注的程度，可以從他那密密麻麻的許多聖經眉批和評語中明顯看出。直到今日，我已過了七旬之年，而父親的聖經評語仍使我獲益良深。例如，《詩篇》（92:14-15）寫道：

> 他們年老的時候仍要結果子，
> 要滿了汁漿而常發青。
> 好顯明耶和華是正直的，
> 他是我的磐石，在他毫無不義。

有關這一段經節，家父特別用紅筆標出，並加上「老當益熟」四個字，意即年老的人應當繼續「結果子」，應當越老越成熟。同時他還加上一句引言：

> They will be full of life and vitality.
> 充滿生命與活力——RBV

另外，他還指出，以上詩篇章節可以參照*Joshua* 14:6-14（《約書亞》第十四章，六至十四節）：

> ……看哪！現今我八十五歲了，我還是強壯……

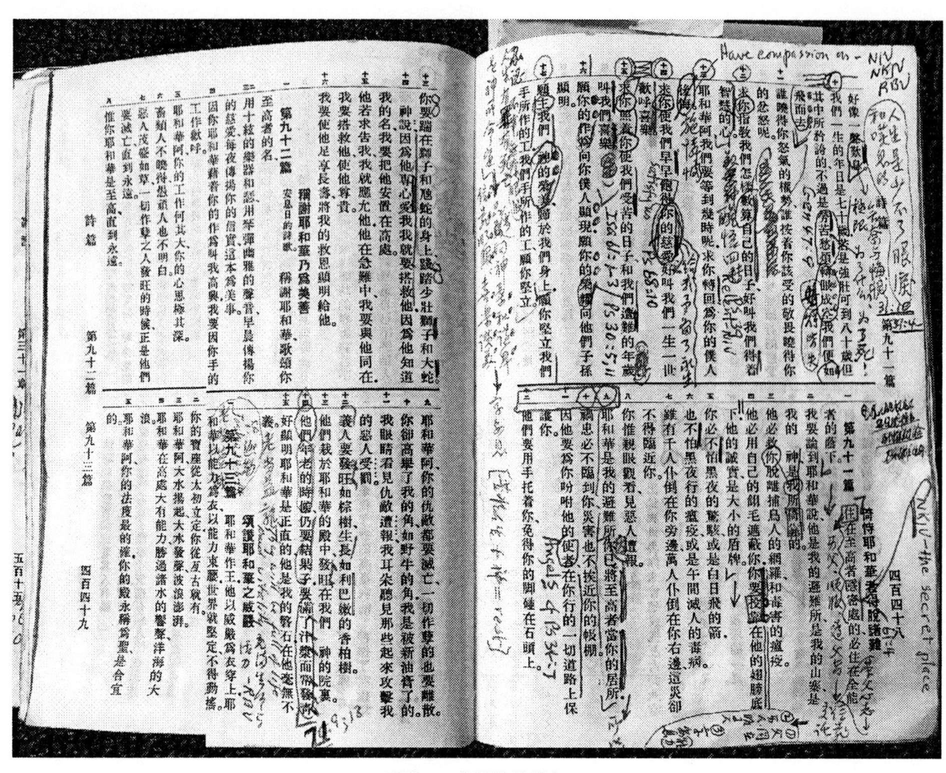

手跡14（老當益熟）

這就是父親所謂「老當益熟」的意義——那就是，一個上了年紀的人應當繼續結果子、繼續「強壯」。[1]

[1] 康宜注：據家父的摯友沈渠智（也是加州Milpitas北區基督徒會堂CCIC-NV的虔誠會友）所說，父親一直到他生命中的最後幾年，仍積極參加主日崇拜、以及查經班等教會活動，並隨時協助青年人解答聖經的各種問題。沈渠智以為，家父驚人的精力來自上帝的恩賜，以及他多年持續的禱告和堅定的信仰。（His strength, I guess, came down from Heavenly Father through his prayers and his faith in God.）然而，即使如此，當他後來更加年老體衰時，家父也曾對沈渠智說過：「要守住主的道，越老越不容易呀」。

手跡十五：一步一步

一步一步
作成主託付
至死忠心
榮耀主耶穌

這幾句話是父親寫在他生命中擁有的最後一本聖經（《新約全書》）末頁上的話。那是他在晚年歷經了許多生活上的艱難試煉之後、對生命終極意義的肯定。

且說二〇〇四年六月底，父親的身體情況突然急轉直下，一時變得衰弱無比。於是我們安排讓他住進Fremont Retirement Villa的養老村（41040 Lincoln Street, Fremont, CA 94538-4316），後來又搬去另一家附近的養老村（35490 Mission Blvd., #222,Fremont, CA 94536），從此就在養老村和醫院之間兩地奔波，一直到二〇〇七年五月離世。

這本《新約全書》顯然是父親最後隨身攜帶的本子，因為這本聖經的封面和扉頁上都有他最後居住的養老村地址：35490 Mission Blvd., #222,Fremont, CA 94536。

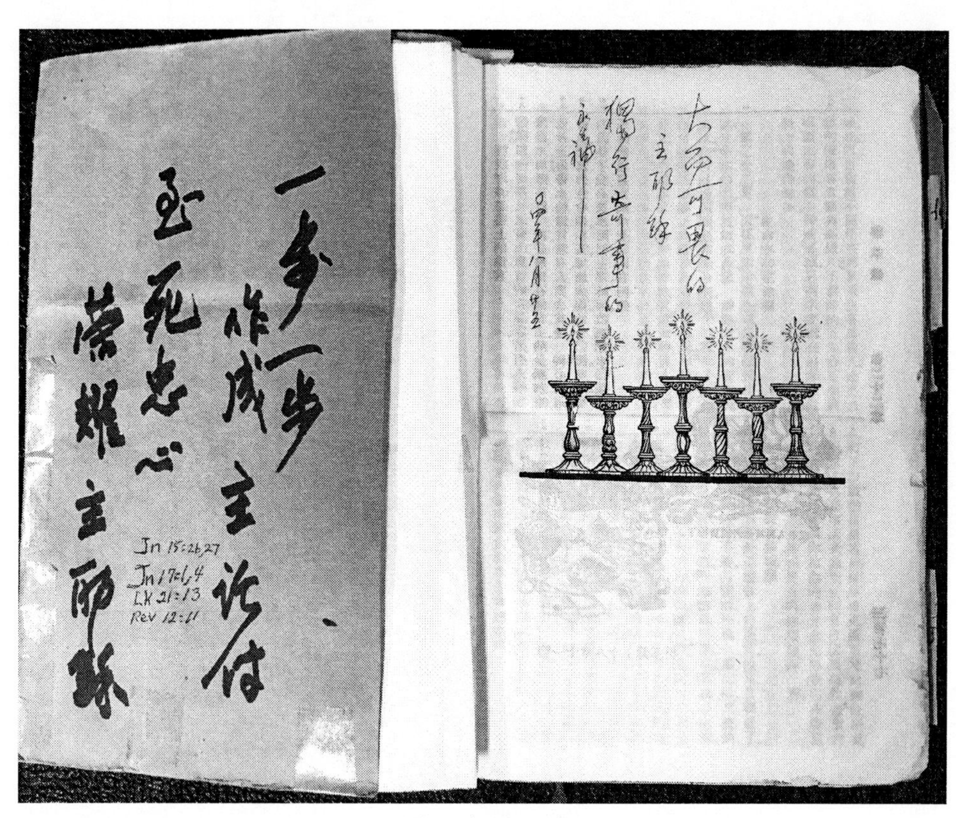

手跡15（一步一步）

手跡十六：為蕭牧師重譜「蘇武牧羊歌」

大約從一九八八年開始，家父喜歡吟誦聖歌，有時也為聖歌作詞。

二〇〇二年蕭招和牧師寫了一首聖歌詞，名為「耶穌：世界的救主」，家父就把該歌詞工工整整地抄贈給蕭牧師，同時他也為蕭牧師譜出此詞的唱法（調用「蘇武牧羊歌」）。然而，父親聲明，這個重譜的「蘇武牧羊歌」只是「憑記憶」寫出，恐與民間傳統的「蘇武牧羊詞」唱法「稍有出入」。

有關「蘇武牧羊」的正確唱法，父親後來也說：「小時會唱……『蘇武牧羊』全詞背不出來了。『調』是照我記憶抄下來的，一定有錯。」

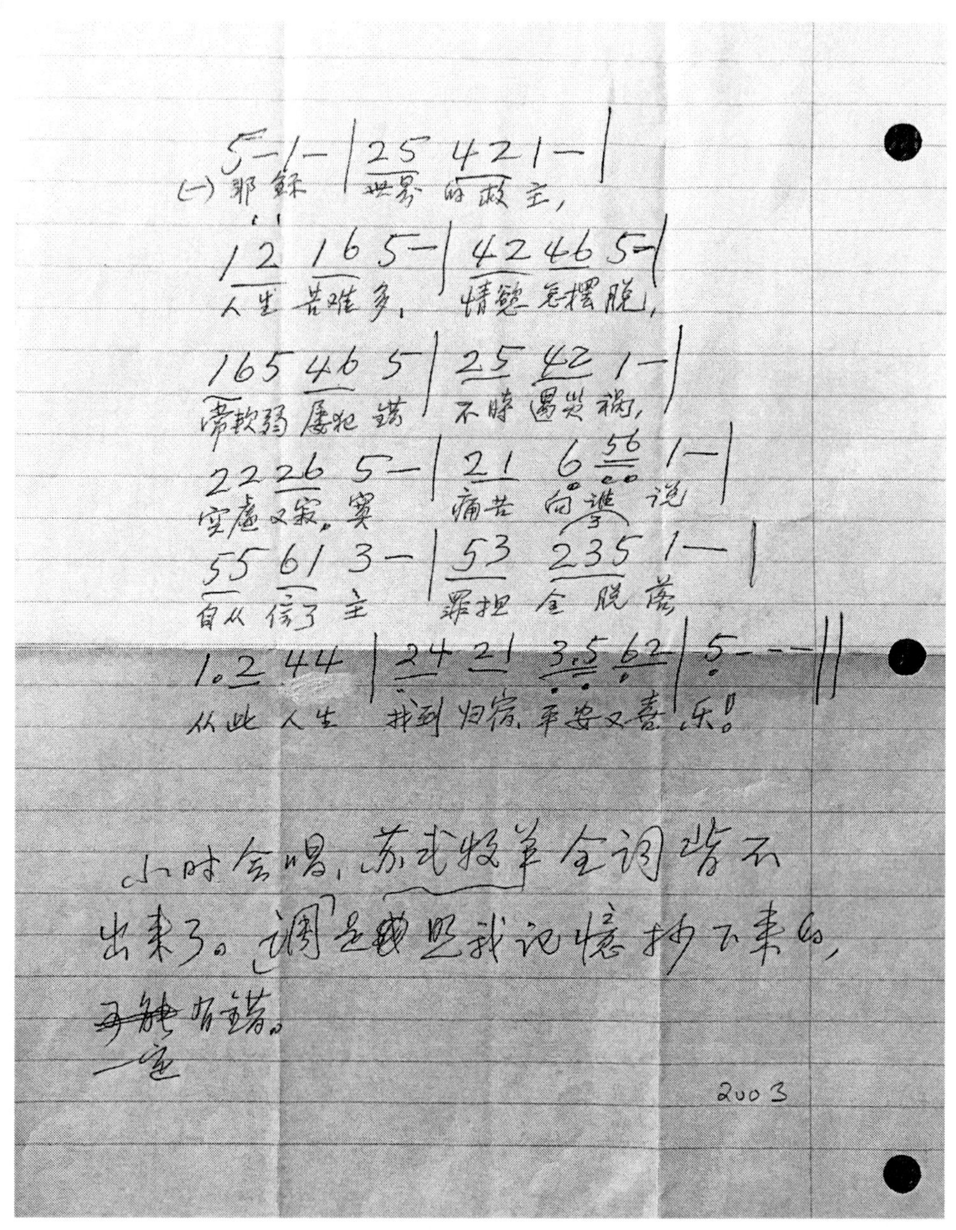

手跡16（為蕭牧師重譜蘇武牧羊）

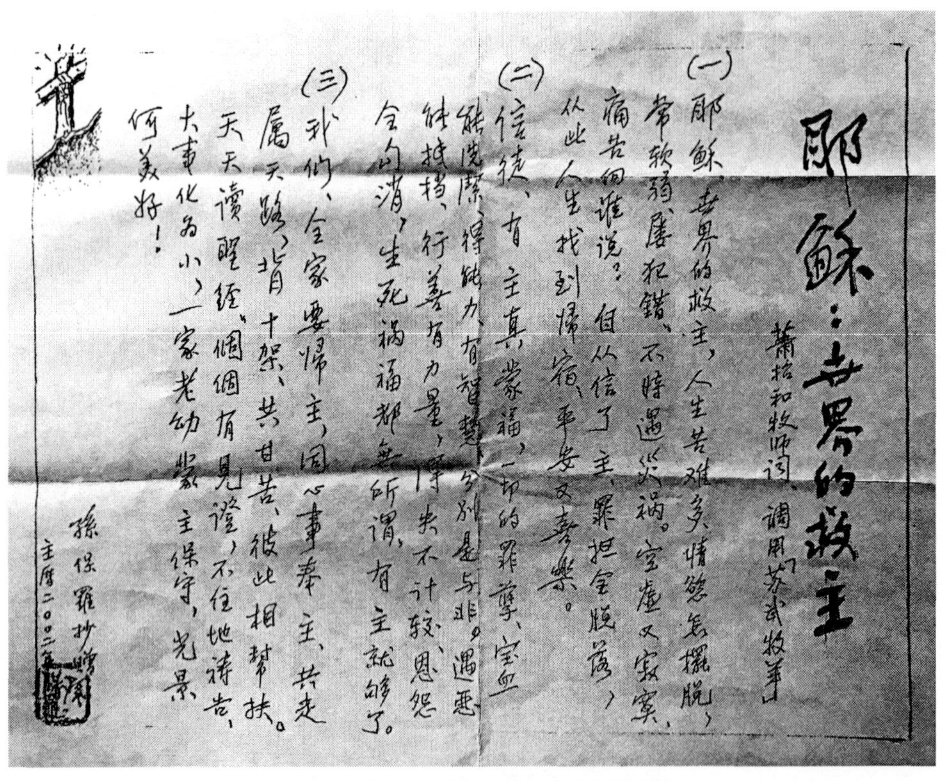
耶穌：世界的救主

蕭招和牧師词，调用苏武牧羊

(一) 耶穌，世界的救主，人生苦难多，情慾怎擺脱，常软弱，屡犯錯，不時遇災禍。空虛又寂寞，痛苦向谁说？自从信了主，罪担全脱落，从此人生找到歸宿，平安又喜樂。

(二) 信徒，有主真蒙福，一切的罪孽，宝血能洗除，得能力，有智慧，分别是与非，遇恶能抵擋，行善有力量，待人不计較，恩怨全勾消，生死禍福都無所谓，有主就够了。

(三) 我們，全家要歸主，同心事奉主，共走屬天路，背十架，共甘苦，彼此相帮扶。天天讀聖經，個個有見證，不住地祷告，大事化為小，一家老幼蒙主保守，光景何美好！

孫保羅抄贈

主曆二〇〇二年

插圖3，孫保羅手抄蕭招和牧師所作的聖歌詞

手跡十七：計劃追思禮拜唱詩三首

在父親離世的前幾年，他不但寫好給兒女各家的「遺願」，而且還為自己來日的追思禮拜籌劃細節——包括「臨別的話」、以及追思禮拜唱詩三首。

由這份手跡可知，他特別註明那首「全程主頌」（All the Way My Savior Leads Me）的唱詞一定要用王明道先生的譯詞。

後來於二〇〇七年五月十四日家父的「安息禮拜」典禮中，這三首聖詩都收入了節目中，一切都按家父生前的囑咐。

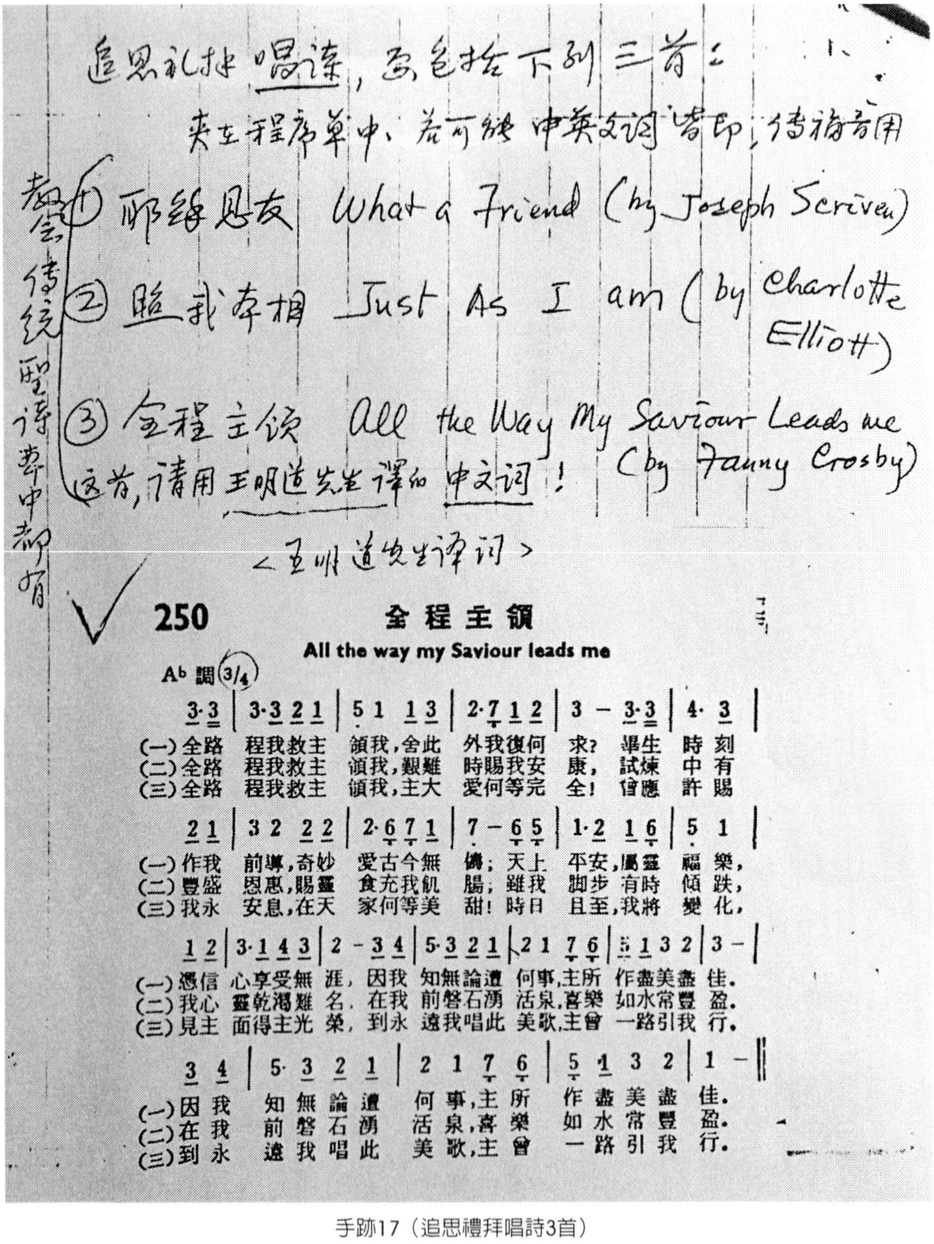

追思礼拜唱诗，盼包括下列三首：

夹在程序单中，若可能中英文词皆印，俾能合用

教会传统圣诗本中都有

① 耶稣恩友 What a Friend (by Joseph Scriven)

② 照我本相 Just As I am (by Charlotte Elliott)

③ 全程主领 All the Way My Saviour Leads me (by Fanny Crosby)

这首，请用王明道先生译的中文词！

<王明道先生译词>

250　全程主領

All the way my Saviour leads me

A♭ 調 3/4

3·3 | 3·3 2 1 | 5 1 1 3 | 2·7 1 2 | 3 – 3·3 | 4· 3 |

(一) 全路 程我救主 領我，舍此 外我復何 求？導生 時刻
(二) 全路 程我救主 領我，艱難 時賜我安 康，試煉 中有
(三) 全路 程我救主 領我，主大 愛何等完 全！曾應 許賜

2 1 | 3 2 2 2 | 2·6 7 1 | 7 – 6 5 | 1·2 1 6 | 5 1 |

(一) 作我 前導，奇妙 愛古今無 儔；天上 平安，屬靈 福樂，
(二) 豐盛 恩惠，賜靈 食充我飢 腸；雖我 脚步 有時 傾跌，
(三) 我永 安息，在天 家何等美 甜！時日 且至，我將 變化，

1 2 | 3·1 4 3 | 2 – 3 4 | 5·3 2 1 | 2 1 7 6 | 5 1 3 2 | 3 – |

(一) 憑信 心享受無 涯，因我 知無論遭 何事，主所 作盡美盡 佳。
(二) 我心 靈乾渴難 名，在我 前磐石湧 活泉，喜樂 如水常豐 盈。
(三) 見主 面得主光 榮，到永 遠我唱此 美歌，主曾 一路引我 行。

3 4 | 5· 3 2 1 | 2 1 7 6 | 5 1 3 2 | 1 – ||

(一) 因我 知無論遭 何事，主所 作盡美盡 佳。
(二) 在我 前磐石湧 活泉，喜樂 如水常豐 盈。
(三) 到永 遠我唱此 美歌，主曾 一路引我 行。

手跡17（追思禮拜唱詩3首）

孫保羅伯伯安息禮拜

Memorial Service of Mr. Paul Sun

【*October 29, 1919 – May 9, 2007*】

Chapel of the Roses, Fremont, California

二零零七年五月十四日　上午十一點正

主禮：薛忠勇　Officiator : Balex Sit

序樂 Prelude		黃瑋玲 Wai-Ling Lee
唱詩 Hymn	耶穌恩友 What A Friend We Have In Jesus	會眾 Congregation
祷告 Prayer		馬寶強長老 Elder Gary Ma
獻詩 Duet	除你以外 Whom Have I But You	劉琳、薛忠勇 Lin Liu, Balex Sit
讀經 Scripture	彼前 5:2-4 I Peter 5:2-4	孫康成、張欽次 K.C.Sun, C.C.Chang
信息 Message	「榮耀的冠冕」 "The Crown of Glory"	李力彌長老 Elder Aleck Lee
唱詩 Hymn	照我本相 Just As I Am	會眾 Congregation
紀念影片 Video		禮堂服務員 Chapel Service
孫伯伯臨別的話 Final Words		孫觀圻 Michael Sun
追憶 Remembrance		沈渠智、趙新新 Chu-Chi Sheng, Grace Wu
唱詩 Hymn	全程主領 All The Way My Savior Leads Me	會眾 Congregation
致謝 Acknowledgement		孫康宜 Kang-I Sun Chang
祝祷 Benediction		李力彌長老 Elder Aleck Lee

耶穌恩友

耶穌是我親愛朋友，擔當我罪與憂愁，何等權利能將萬事，
帶到主恩座前求。多少平安屢屢失去，多少痛苦白白受，
皆因未將各樣事情，帶到主恩座前求。

或遇試煉或遇引誘，或有煩惱壓心頭，切莫灰心切莫喪膽，
來到主恩座前求。何處得此忠心朋友，分擔一切苦與憂，
耶穌深知我們軟弱，來到主恩座前求。

是否軟弱勞苦多愁，掛慮重擔壓肩頭，主仍是我避難處所，
來到主恩座前求。親或棄我友或離我，來到主恩座前求，
在主懷中必蒙護佑，與主同在永無憂。

照我本相

照我本相，無善可陳，惟你流血替我受懲，
並且召我就你得生，救主耶穌，我來，我來！

照我本相，來到主前，我無能力自洗罪愆；
惟靠救主寶血洗淨，救主耶穌，我來，我來！

照我本相，你肯收留，賜我生命赦我罪尤；
你既應許必定成就，救主耶穌，我來，我來！

照我本相，蒙主大愛，除我一切罪孽障礙；
今願歸主永遠屬主，救主耶穌，我來，我來！

除你以外

除你以外，在天上我還能有誰？
除你以外，在地上我別無眷戀。
除你以外，有誰能擦乾我眼淚？
除你以外，有誰能帶給我安慰？
雖然我的肉體和我的心腸，漸漸地衰退，
但是神是我心裡的力量，是我的福份直到永遠。

火葬禮

Cremation immediately followed
Irvington Memorial Cemetery, Fremont

土葬禮

Interment on May 15, at 11 AM
Alta Mesa Memorial Park, Palo Alto

插圖4，這是2007年5月14日孫保羅的追思禮拜節目單，所有的聖歌詞都是他生前早已安排好的。

插圖5，在孫保羅的追思禮拜中，那首「全程主頌」（All the Way My Savior Leads Me）的唱詞果然是採用王明道先生的譯詞（正如孫保羅生前所策劃的）。

第二部分

為聖歌作詞

手跡十八：聖歌詞（一）「離世歸家歌」

在母親的追思會中（一九九七年九月二十七日），會眾所唱的歌曲之一就是家父為她所作的「離世歸家歌」。

那是母親去世當天（一九九七年九月十日），家父為她作的一首聖歌詞，副標題為：「保羅作詞，調用『日落之那邊』」：

（一）地上工作畢
　　主接我回家
　　眾聖天上迎
　　喜樂何大
　　罪人蒙救贖
　　安然見我主
　　寶血我所靠

亦我所誇

（二）
靠主爭戰畢
脫去帳篷苦
我今帶傷痕
歡然見主
蒙恩實不配
一生主領扶
榮光寶座前
永讚耶穌

手跡18（聖歌詞1，離世歸家歌）

手跡十九：聖歌詞（二）「我樂意跟從耶穌」

父親這首歌詞「我樂意跟從耶穌」（調用B.B. McKinney的曲，Wherever He Leads I'll Go）定稿於二〇〇一年，那是為了準備在耶魯大學中國學生查經班上演講而作的。（有關二〇〇一年四月六日家父孫保羅在耶魯查經班演講的實況錄音，請見https://www.youtube.com/watch?v=Z6ub9Hq1qf0&t=6417s）。

後來父親這首歌詞又在耶魯校園的Dwight Chapel教會裡被中國學生們傳唱。二〇〇八年三月十六日我曾收到一封電子函，來自一位名叫Rebecca的學生，她的信中寫道：

Dear Professor Chang,

Today I was so excited, because we sang your father's song "Wherever He Leads I will Go" [in Chinese] in our church. It is really a beautiful song! Walter also gave me five minutes to share your parents' story with the sisters and brothers. I told the story in English, so all the people in the church could know this touching story. Today is such a wonderful day! Here I share my happiness with my dear dear dear Prof. Chang!

Love,

Rebecca.

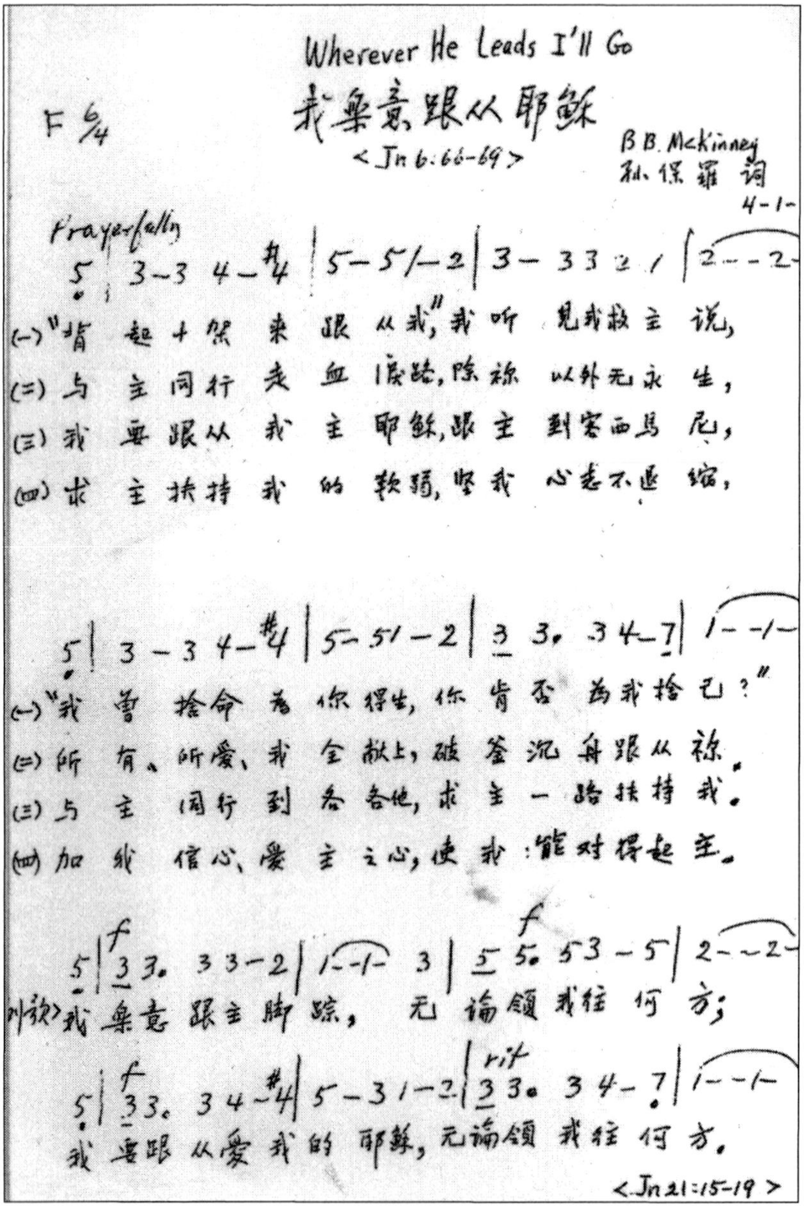

收到那封信令我既高興又傷感。高興的是，父親所播的福音種子已經有所收穫，但令我傷感的是：父親當時已經不在人世了。

手跡19（聖歌詞2，我樂意跟從耶穌）

手跡二十：聖歌詞（三）耶穌寶血
手跡二十一：聖歌詞（四）「我願」
手跡二十二：聖歌詞（五）人生在世

這裡所列出家父的三首自作詞，分別作於一九八七年元月至七月（一九八八年再錄）、一九九二年十月，和一九九二年歲暮，而且都用毛筆抄錄下來。那段歲月似乎是父親作詞的高峰時期。

後來到了晚年，父親更加熱愛唱詩，所以他的聖經本子總是夾滿了一頁頁的手抄詩歌，有些是自作詞的草稿，[1]有些是隨意抄錄他特別喜愛的現成詩歌。

從父親一系列歌詞的手跡中可以看出，吟唱詩歌顯然對他的靈性修養極為重要。例如一九九五年八月二十五日他在「凌晨睡中」，「自然唱出」一曲，「及時記下」。該曲名為「臨終吟」，題目是「夜間讚美」。其中第二段歌詞是：「抱著我，抱著我，主耶穌抱著我，主啊抱著你的小羊，抱我安然到天家。」多年之後，他在臨終前不久的禱文詩句居然是：「主！抱著你的小羊，抱我直到天堂。」

父親平生最愛唱的聖歌就是「耶穌恩友」、「普世歡騰」、「數算主恩」、「耶穌聖名你當敬佩」、「當轉眼仰望耶穌」、「耶穌我來」等曲子。所以他經常抄寫這些曲譜和歌詞，並自吟自唱。二〇〇一年聖誕節那天，他抄寫「數算主恩」這一首，並加上說明，以為紀念：「斗室獨樂，有主在旁，邊抄邊唱，恍在天上。二〇〇一年紀念救主耶穌降臨。」

有時父親抄寫聖歌，為了贈送友人。最近就有一位住在馬利蘭州的友人周有恆先生寄來一些家父生前為他抄寫的曲譜和歌詞，其中一份手稿註明：「主小駒半瞇雙眼、讚美主、口唱心和（主後二

---

[1] 康宜注：有關家父自作詞的草稿，今存於耶魯大學神學院圖書館的Paul Yu-kuang Sun Collection特藏中。

○○二年春手抄）」。另一份則寫道：「老眼昏花，塗錯何妨，邊抄邊唱，自樂自賞。二○○三年十二月五日。」

耶穌寶血 耶穌寶血
所誇所靠 唯主寶血
耶穌屬我 我屬耶穌
別無所愛 唯愛我主
為主而活 尊主為大
凡事榮主 求像耶穌
儆醒禱告 靠主勝魔
順服聖靈 平安喜樂

作於一九八七年元月至七月間
一九八八年保羅再錄於梅州

手跡20（聖歌詞3，耶穌寶血）

我心願撇一切惟要得耶穌
為要被主得着願同主受苦
人間有何言語能形容主愛
我心渴慕愛主非口舌能述
因主完全屬我我願全屬主
跟主到各方他獻己而順服
耶穌是我喜樂是我的拯救
天地都要廢去祂永遠是主
我是小小驢駒馱着主耶穌
活乃為主榮耀死為榮耀主
是主選定道路我就讚美主
知道大小苦難都鍊我像主
十架雖然沉重定睛看耶穌
眼中雖然流淚心中讚美主
扶犁忠心向前做成主託付
無論在地在天惟願能愛主

〔右「我願」歌四闋 調用 I Surrender
一九九二年十月 孫保羅作并記

手跡21（聖歌詞4，我願）

人生在世 多羊迷路
魔鬼圍攻 罪性束縛
危難變幻 憂愁無助
誰能拯救 唯主耶穌
主是良牧 寶血已流
死亡坑中 將我救出
賜我永生 主手安住
一路領我 保護攙扶
我心所願 更深愛主
除我本性 榮耀耶穌
抵擋惡魔 得勝靠主
扶犁向前 莫將主負
永遠倚靠 謙卑順服
俯伏敬拜 主旨主路
一切環境 讚美耶穌
凡事謝恩 喜樂滿足

一九九二歲暮感恩言志
調用 Where Jesus is 'Tis Heaven

手跡22（聖歌詞5，人生在世）

第三部分

有關聖經的圖表

手跡二十三：圖表一（聖經各卷名稱略字表）
手跡二十四：圖表二（舊約重要年代）
手跡二十五：圖表三（新約重要年代）

大約一九九九年左右，我開始立志要有系統地勤讀聖經。於是父親先後為我作了各種圖表，以幫助我的閱讀。

首先，我對聖經的篇名一向不熟，所以父親為我準備了一張「聖經各卷名稱略字表」。那張表成為我一直以來研究聖經的鑰匙。

再者，有關舊約時期（尤其與中國商周時期相當的年代），我一直沒有清楚的概念。所以父親就為我作了一張「舊約（OT）重要年代」表。這個圖表相當有用，甚至對我的教學也起了很大的啟發作用。例如，每回教《詩經》時，我都採用此表。當學生們發現大衛王在位期間就是周昭王、周穆王的期間，而所羅門王在位期間相當於周穆王、周懿王時，總是興奮異常。

此外，父親為我作的「新約（NT）年代」表糾正了我對基督教早期歷史的基本認識。例如，一般人總以為耶穌生於公元一年（即A.D.1），但根據多數聖經學者推算，耶穌降生的年代大約是公元前五年（即5 B.C.），正當中國的漢哀帝時期。耶穌開始傳教的時間大約是公元二十六年，即東漢光武帝的時代。

總之，父親的這些圖表對我讀經的幫助實在太大了。

第　頁

附录：聖經各卷名称略字表

<OT>

1. 創世紀：创 / Genesis
2. 出埃及记：出 / Exodus
3. 利未记：利 / Leviticus
4. 民数记：民 / Numbers
5. 申命记：申 / Deuteronomy
6. 约書亚记 書 / Joshua
7. 士师记 士 / Judges
8. 路得记 得 / Ruth
9. 撒母耳上 撒上 / I Samuel
10. 撒母耳下 撒下 / II Samuel
11. 列王 上 王上 / I Kings
12. 列王 下 王下 / II Kings
13. 历代 上 代上 / I Chronicles
14. 历代 下 代下 / II Chronicles
15. 以斯拉 拉 / Ezra
16. 尼希米 尼 / Nehemiah
17. 以斯帖 斯 / Esther
18. 约伯记 伯 / Job
19. 诗篇 诗 / Psalms
20. 箴言 箴 / Proverbs
21. 传道书 传 / Ecclesiastes
22. 雅歌 歌 / Song
23. 以赛亚 赛 / Isaiah
24. 耶利米 耶 / Jeremiah
25. 耶利米哀歌 哀 / Lamentations
26. 以西结 结 / Ezekiel
27. 但以理 但 / Daniel
28. 何西阿 何 / Hosea
29. 约珥 珥 / Joel
30. 阿摩司 摩 / Amos
31. 俄巴底亚 俄 / Obadiah
32. 约拿 拿 / Jonah
33. 弥迦 弥 / Micah
34. 那鸿 鸿 / Nahum
35. 哈巴谷 哈 / Habakkuk
36. 西番雅 番 / Zephaniah
37. 哈该 该 / Haggai
38. 撒加利亚 亚 / Zechariah
39. 瑪拉基 瑪 / Malachi

<NT>

① 馬太 太 / Mt Mathew
② 馬可 可 / MK Mark
③ 路加 路 / LK Luke
④ 约翰 约 / Jn John
⑤ 使徒行傳 徒 / Acts
⑥ 罗馬 罗 / Romans
⑦ 哥林多前 林前 / I Cor Corinthians
⑧ 哥林多后 林后 / II Cor
⑨ 加拉太 加 / Galatians
⑩ 以弗所 弗 / Ephesians
⑪ 腓立比 腓 / Philippians
⑫ 歌罗西 西 / Colossians
⑬ 帖撒罗尼加前 帖前 / I Thes Thessalonians
⑭ 帖撒罗尼加后 帖后 / II Thes
⑮ 提摩太前 提前 / I Timothy
⑯ 提摩太后 提后 / II Tim
⑰ 提多 多 / Titus
⑱ 腓利门 門 / Philem
⑲ 希伯来 来 / Hebrews
⑳ 雅各書 雅 / Js James
㉑ 彼得前 彼前 / I Peter
㉒ 彼得后 彼后 / II Peter
㉓ 约翰壹書 约壹 / I Jn John
㉔ 约翰貳書 约貳 / II Jn
㉕ 约翰叁書 约叁 / III Jn
㉖ 犹大書 犹 / Jude
㉗ 启示録 启 / Revelation

20×25=500　國立臺灣大學

Done by father, June 1999

手跡23（圖表1，聖經各卷名稱）

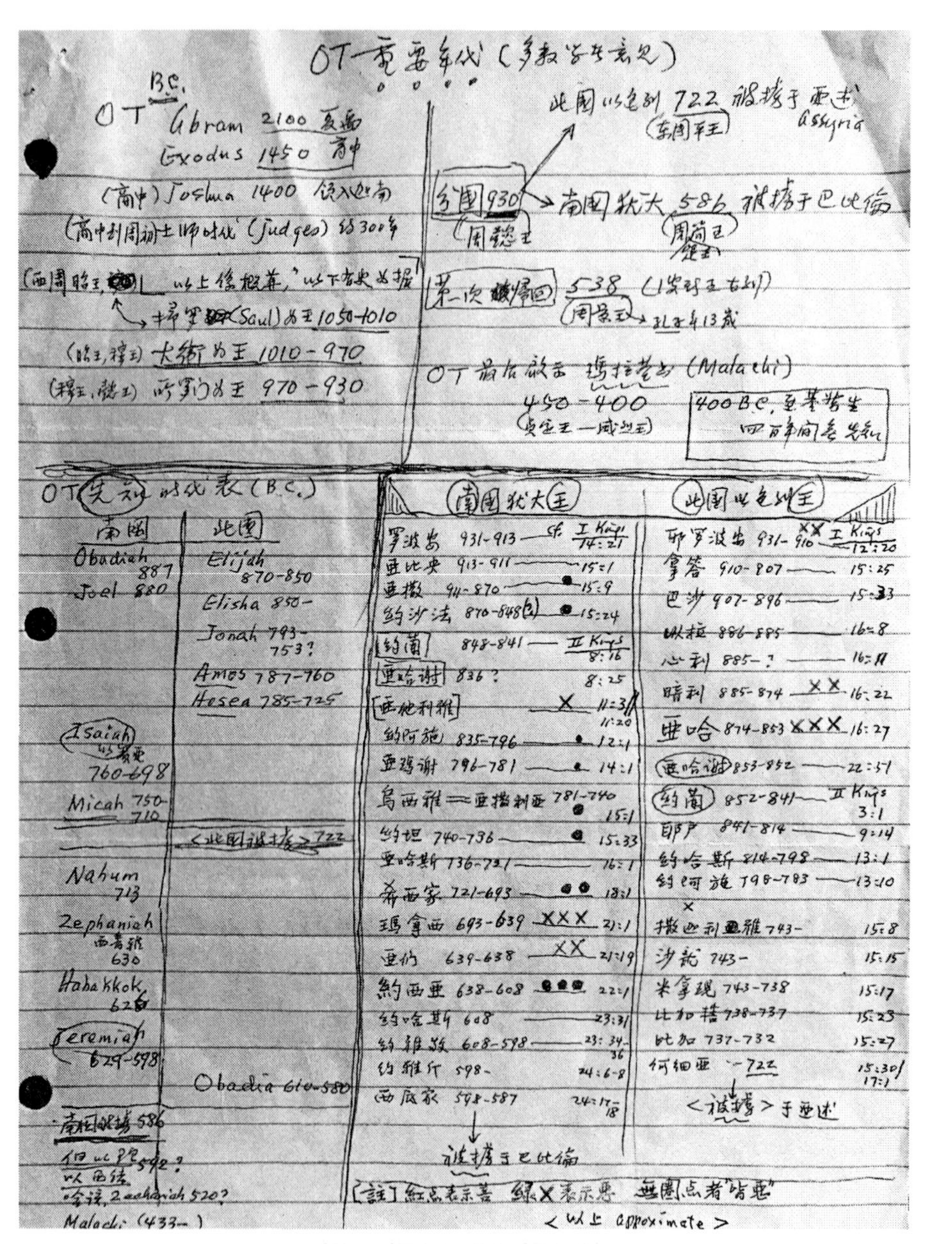

OT重要年代（多数学者意见）

OT B.C.

Abram 2100 夏商

Exodus 1450 商中

（商中）Joshua 1400 领入迦南

（商中到周初士师时代（Judges）约300年

（西周昭王）以上係概算，以下当史为据

掃罗（Saul）为王 1050-1010

（昭王，穆王）大衛为王 1010-970

（穆王，懿王）所罗门为王 970-930

分国 930（周懿王）

北国以色列 722 被掳于亚述 Assyria（东周平王）

南国犹大 586 被掳于巴比倫（周簡王）

第一次歸回 538（古列王七年）（周景王）孔子年13歲

OT 最后啟示 瑪拉基书（Malachi） 450-400

400 B.C.至基督生 四百年间无先知

OT先知时代表（B.C.）

南国	北国
Obadiah 887	Elijah 870-850
Joel 880	Elisha 850-
	Jonah 793-753?
	Amos 787-760
	Hosea 785-725
Isaiah 以賽亞 760-698	
Micah 750-710	
<北国被掳> 722	
Nahum 713	
Zephaniah 西番雅 630	
Habakkok 620	
Jeremiah 629-598	
	Obadia 610-580
南国被掳 586	
但以理 592?	
以西结	
哈该，Zechariah 520?	
Malachi (433-)	

南国犹大王	
罗波安 931-913	I Kings 14:21
亚比央 913-911	15:1
亚撒 911-870 ●	15:9
约沙法 870-848 ●	15:24
约蘭 848-841	II Kings 8:16
亚哈谢 836?	8:25
亚他利雅 X	11:3
约阿施 835-796 ●	12:1
亚玛谢 796-781 ●	14:1
烏西雅＝亚撒利亚 781-740 ●	15:1
约坦 740-736 ●	15:33
亚哈斯 736-721	16:1
希西家 721-693 ●●	18:1
瑪拿西 693-639 XXX	21:1
亚们 639-638 XX	21:19
約西亚 638-608 ●●●	22:1
约哈斯 608	23:31
约雅敬 608-598	23:34-36
约雅斤 598-	24:6-8
西底家 598-587	24:17-18

被擄于巴比倫

北国以色列王	
耶罗波安 931-910 XX	I Kings 12:20
拿答 910-807	15:25
巴沙 907-896	15:33
以拉 886-885	16:8
心利 885-?	16:11
暗利 885-874 XX	16:22
亚哈 874-853 XXX	16:27
亚哈谢 853-852	22:51
约蘭 852-841	II Kings 3:1
耶户 841-814	9:14
约哈斯 814-798	13:1
约阿施 798-783	13:10
撒迦利雅 743-	15:8
沙龍 743-	15:15
米拿现 743-738	15:17
比加辖 738-737	15:23
比加 737-732	15:27
何细亚 -722	15:30 / 17:1

<被擄>于亚述

〔註〕紅点表示善 綠X表示恶 無圈点者"皆恶"

<以上 approximate>

手跡24（圖表2，舊約重要年代）

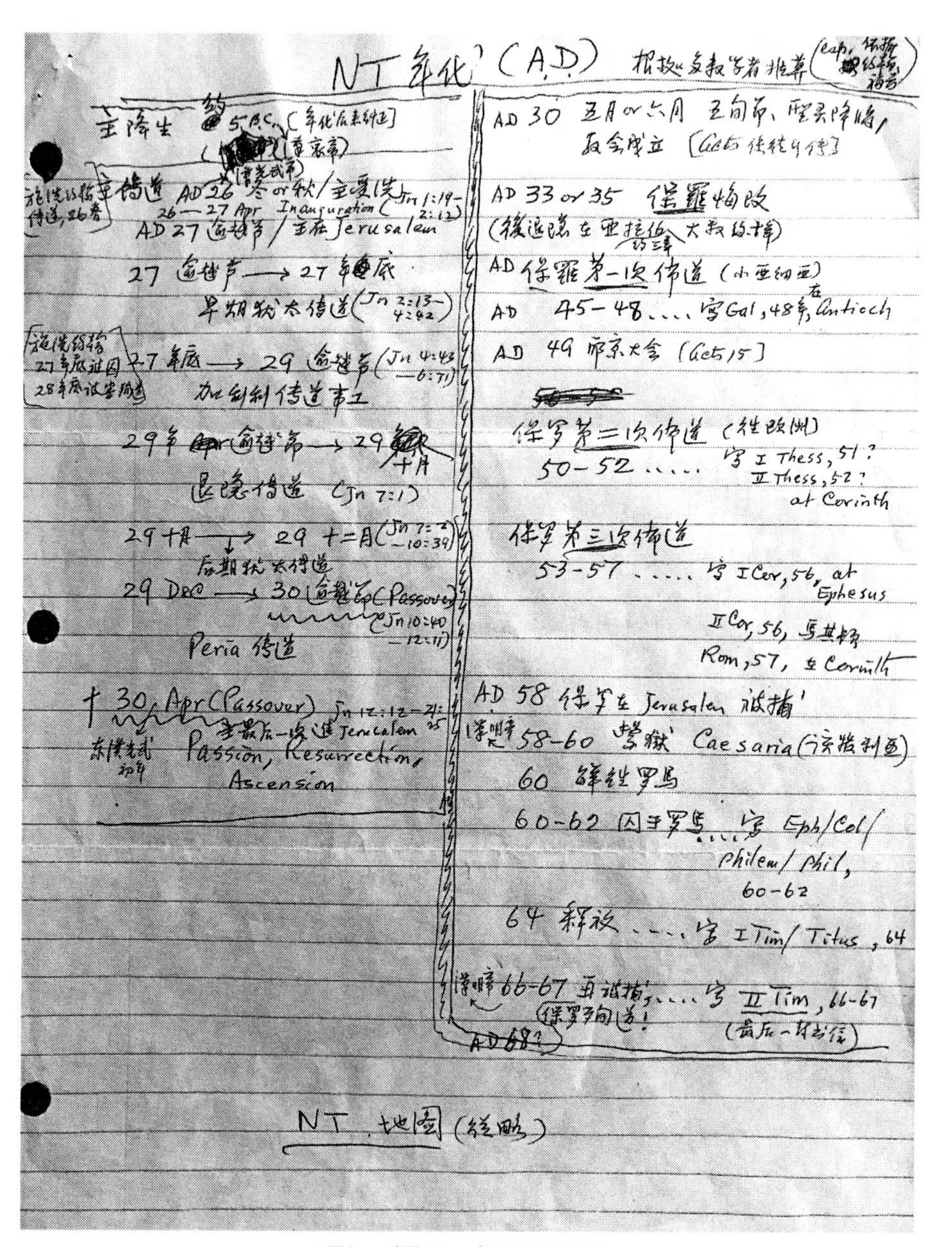

NT年代 (A.D.)

主降生 約5 B.C. [年代尚未糾正]

施洗約翰傳道 AD 26 冬or秋／主受洗 (Jn 1:19–2:12)

26–27 Apr Inauguration

AD 27 逾越節／主在Jerusalem

27 逾越節 → 27 年底

早期猶太傳道 (Jn 2:13–4:42)

27 年底 → 29 逾越節 (Jn 4:43–6:71)

加利利傳道事工

29 年 Apr 逾越節 → 29 十月

退隱傳道 (Jn 7:1)

29 十月 → 29 十二月 (Jn 7:2–10:39)

后期猶太傳道

29 Dec → 30 逾越節 (Passover) (Jn 10:40–12:11)

Peria 傳道

† 30 Apr (Passover) Jn 12:12–21:25

主最后一次進Jerusalem

Passion, Resurrection, Ascension

AD 30 五月or六月 五旬節、聖靈降臨，教會成立 [Acts 使徒行傳]

AD 33 or 35 保羅悔改

AD 保羅第一次佈道 (小亞細亞)

AD 45–48 …… 寫Gal, 48年在Antioch

AD 49 耶京大會 [Acts 15]

保羅第二次佈道 (往歐洲)

50–52 …… 寫 I Thess, 51? II Thess, 52? at Corinth

保羅第三次佈道

53–57 …… 寫 I Cor, 56, at Ephesus

II Cor, 56, 馬其頓

Rom, 57, 在Corinth

AD 58 保羅在Jerusalem被捕

58–60 監獄 Caesaria

60 解往羅馬

60–62 囚于羅馬 …… 寫 Eph/Col/Philem/Phil, 60–62

64 釋放 …… 寫 I Tim/Titus, 64

66–67 再被捕 …… 寫 II Tim, 66–67 (最后一封書信)

保羅殉道！

AD 68?

NT 地圖

手跡25（圖表3，新約重要年代）

手跡二十六：圖表四（教會大事簡記）

手跡二十七：圖表五（新約作者／年代）

手跡二十八：圖表六（保羅生平大要）

父親的「教會大事簡記」年表大大幫助了我了解基督教歷史的大方向，其中許多事件及年代都是我從前不甚熟悉的。例如，保羅於公元三十三年改信耶穌，而他給各個教會的書信居然早於前三部福音書（即《馬太福音》、《馬可福音》、《路加福音》）。尤其是，我從前並不知道《約翰福音》一直到公元九十年左右才完成。

至於「新約（NT）作者／年代」和「保羅（Paul）生平大要」年表乃是父親生前為我所作的最後兩張圖表（作於二〇〇三年九月）。

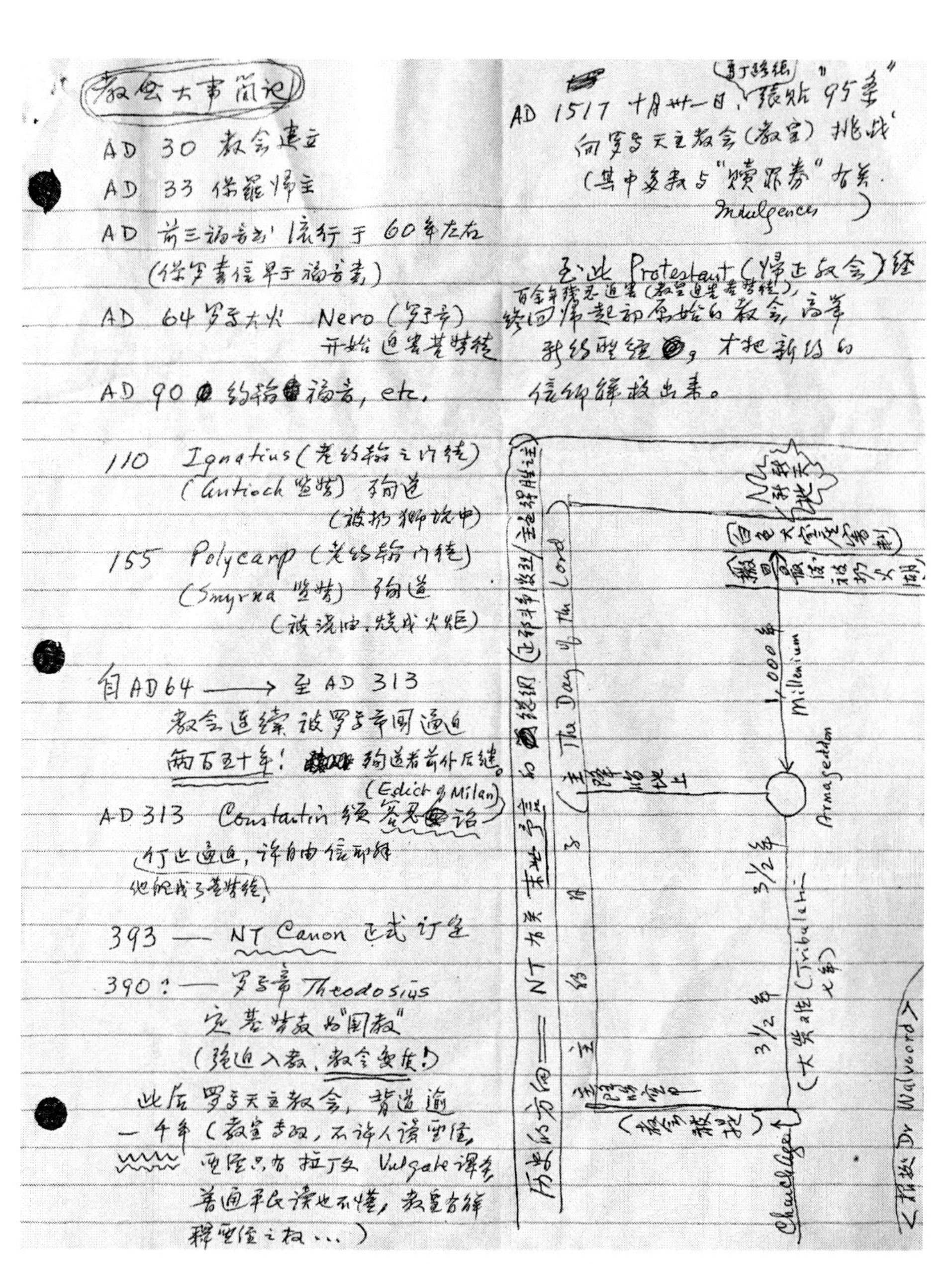
教会大事简记

AD 30 教会建立

AD 33 保羅归主

AD 前三福音书流行于60年左右
(保罗书信早于福音书)

AD 64 罗马大火 Nero(罗马帝)
开始迫害基督徒

AD 90 约翰福音, etc.

110 Ignatius(老约翰之门徒)
(Antioch监督) 殉道
(被扔狮坑中)

155 Polycarp(老约翰门徒)
(Smyrna 监督) 殉道
(被浇油, 烧成火炬)

自AD64 ——→ 至AD 313
教会连续被罗马帝国逼迫
两百五十年! 殉道者前仆后继。

(Edict of Milan)
AD313 Constantin 颁发宽容诏
(终止逼迫, 许自由信仰
他就成了基督徒,

393 —— NT Canon 正式订定

390? —— 罗马帝 Theodosius
定基督教为"国教"
(强迫入教, 教会变质!)

此后罗马天主教会, 背道逾一千年(教皇专权, 不许人读圣经,
圣经只有拉丁文 Vulgate 译本,
普通平民读也不懂, 教皇有解释圣经之权 ...)

AD 1517 十月卅一日、(马丁路德)張貼"95条"
向罗马天主教会(教皇)挑战
(其中多数与"赎罪券"有关
Indulgences)

至此 Protestant(归正教会)经
百余年残忍逼害(教皇迫害基督徒),
终回归起初原始的教会, 高举
新约圣经, 才把新约的
信仰解救出来。

手跡26(圖表4,教會大事簡記)

NT 作者/年代　（公認結論）一般的推論

目次順序 / 书名	作者	A.D.年代	地点
Mt	使徒马太?	60	
MK	彼得的同工马可?	50	
LK	保罗的同工(医生路加)	60	
Jn	老约翰(使徒)	85-90	
Acts	路加(医生)	60以后	
Rom	保罗	57 (III次传道中)	Corinth 哥林多
I Cor	"	55 or 56	Ephesus 以弗所
II Cor	"	56	Macedonia 马其顿
Gal	"	48 (I次传道归来)	Antioch 安提阿

Eph	保罗	60-62	罗马监禁中
Phil	"		
Col	"		
I Th	"	51-52 (II次传道中)	Corinth
II Th	"		
I Tim	"	63-64	(从罗马释放后) 地点不详
II Tim	"		
Tit	"		
Philm	"	61	罗马监禁中

以下 General Epistles 只记三本

Heb	无定论	64-68
I Pet	老彼得	63-65
I Jn	老约翰	90

<预言>

Rev	(一般认为)老约翰	90-95

手跡27（圖表5，新約作者年代）

<Paul 生平大要>

AD 33 or 35 Conversion

42–43 —— 与Barnabas 一同在 Antioch教会事奉

44 —— 与巴拿巴 同上耶京

45–47 I 次旅行佈道

47–48 —— 在Antioch

49 耶京大会 辩论外邦人问题

50–52 II 次旅行佈道 (往欧洲)

53–57 III 次旅行佈道

58 —— 在Jerusalem 被捕

58–60 在Caesarea 被囚

60 —— 送往Rome

60–62 在Rome 被监禁

62 被释放

64 罗马大火 (Nero开始大迫害 直至AD 313 Constantin 下诏停止迫害，共 250年)

66–67 二次被捕于Rome

67–68? 殉道

记在Acts 13:1–15:35

" 15:36–18:22上

" 18:22下–21:17

I 次佈道 (AD 45–47)

II 次佈道 (50–52)

III 次佈道 (53–57)

手跡28（圖表6，保羅生平年代）

第四部分

抄錄古典中國詩詞

手跡二十九：陳子龍詩詞（一）

手跡三十：陳子龍詩詞（二）

手跡三十一：陳子龍詩詞（三）

一九九一年父親為我的中譯本《陳子龍柳如是詩詞情緣》（李奭學譯）的封面題字（參見書法五十五：陳柳封面題字）。除此之外，他還親手為我抄錄全書所引用的中文詩詞（共有七十多首之多），作為允晨出版社編輯部的參考之用。

以下的三首詩詞選自父親為該書第六章「忠國情詞」所抄錄的陳子龍詩詞。必須一提的是：「忠國情詞」一章涉及譬喻（figura）的作用，它關係到中西文學闡釋學的比較，也是家父比較喜歡的一章。

桃源憶故人：南樓雨暮

小樓極望連平楚
簾捲一帆南浦
試問晚風吹去
狼籍春何處

相思此路無從數
畢竟天涯幾許
莫聽嬌鶯私語
怨盡梨花雨

點絳唇：春日風雨有感

滿眼韶華
東風慣是吹紅去
幾番烟霧
只有花難護

夢裡相思
故國王孫路
春無主
杜鵑啼處
淚染胭脂雨

手跡29（陳子龍詩詞1——「桃園憶故人」和「點絳唇」）

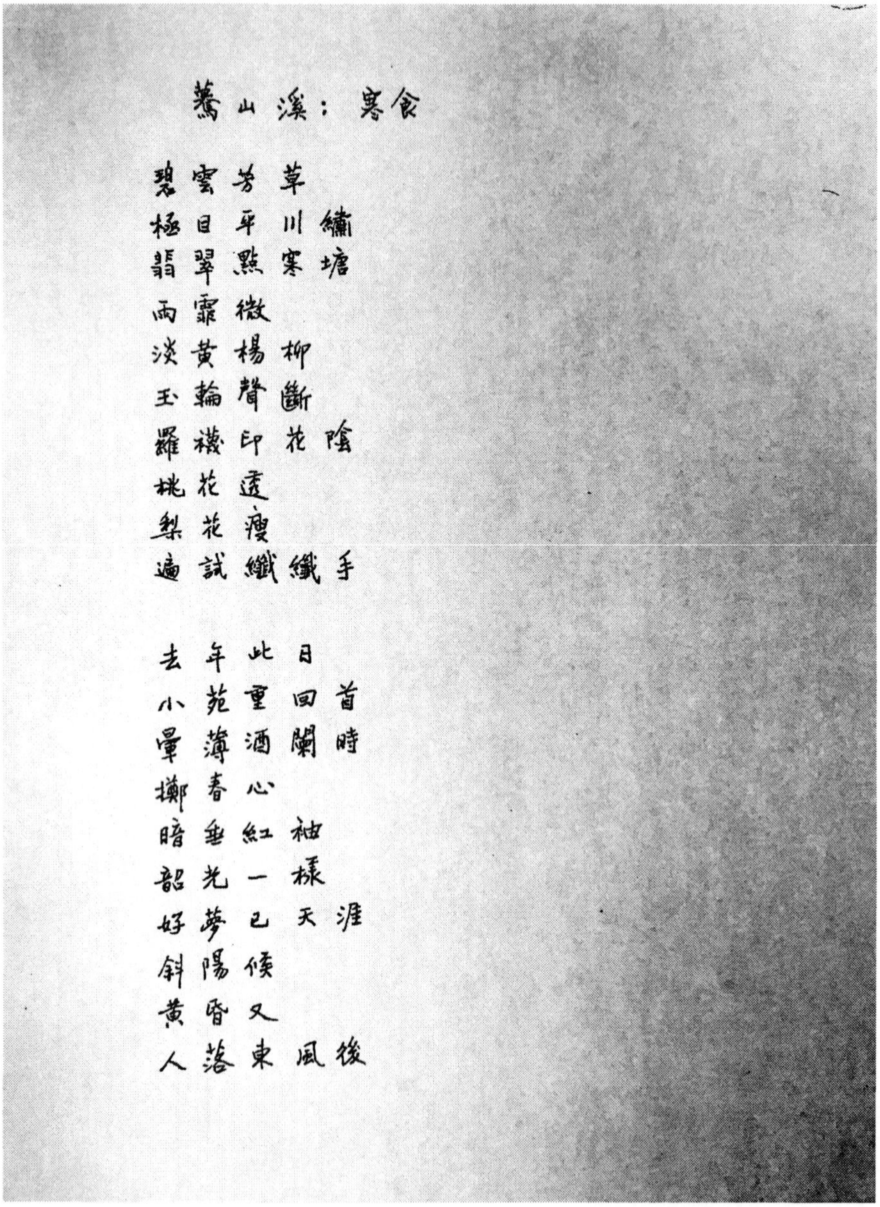

驀山溪：寒食

碧雲芳草
極目平川繡
翡翠點寒塘
雨霏微
淡黃楊柳
玉輪聲斷
羅襪印花陰
桃花透
梨花瘦
遍試纖纖手

去年此日
小苑重回首
暈薄酒闌時
擲春心
暗垂紅袖
韶光一樣
好夢已天涯
斜陽候
黃昏又
人落東風後

手跡30（陳子龍詩詞2——暮山溪：寒食）

唐多令：寒食

時聞先朝陵寢，有不忍言者

碧草帶芳林
寒塘漲水深
五更風雨斷遙岑
雨下飛花花上淚
吹不去
雨難禁

雙縷繡盤金
平沙油壁侵
宮人斜外柳陰陰
回首西陵松柏路
腸斷也
結同心

手跡31（陳子龍詩詞3——唐多令：寒食）

輯三

孫保羅書信選錄

第一部分

一九七〇年代書信

信件一

欽次　康宜　結婚二周年紀念日，抄贈短詩一首以為賀：

I cannot understand
The why and wherefore
　of a thousand things;
The burdens and annoyances,
　the daily stings—
I annot understand;
　But I can trust,
For the perfect trusting
　perfect comfort brings...

I cannot see the end,
The hidden meaning of each trial sent,
The pattern into which
each tangled thread is bent—
I cannot see the end;
But I can trust,
And in God's changeless love
I am content.
—Anonymous

一九七〇年八月三日
爸媽、康成、觀圻

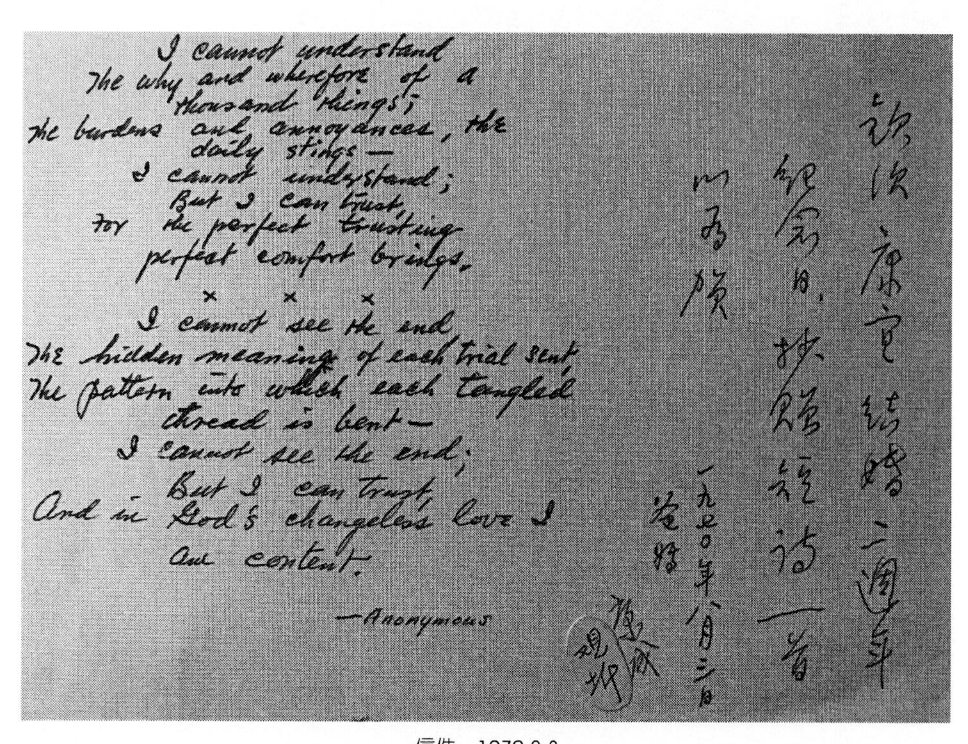

I cannot understand
The why and wherefore of a
thousand things;
The burdens and annoyances, the
daily stings—
I cannot understand;
But I can trust,
For the perfect trusting
perfect comfort brings.

× × ×

I cannot see the end
The hidden meaning of each trial sent,
The pattern into which each tangled
thread is bent—
I cannot see the end;
But I can trust,
And in God's changeless love I
am content.

—Anonymous

為汶康寶結婚一週年
紀念日，抄贈短詩一首
以為賀

一九七○年八月三日
保羅

信件 1970.8.3

信件一

March 9, '72

Mrs. W. F. Chamberlin
735 Prospect Ave
Princeton, N.J. 08540
U.S.A.

Dear Gram,

Thank you very much for your letter (Feb 29). It's always my greatest pleasure to read your handwriting. I'm sorry for not having written to you for a long time. Eleanor had told me in detail about your visit to Brookings. The delight your visit brought to Eleanor and Chezy was beyond description![1] They know very well how much you mean to their lives! Besides, what kindness of your nephews and nieces!

Stephen and Mike had also told me of the invitation they had last Christmas from Mrs. Savill at Washington, D.C.[2] It's really very kind of you to invite Stephen and Mike again. I do wish that Stephen would be able to spend some time with you at "Viewpoint" during the Easter holidays, especially because he's planning to leave the States after graduation (M.S.) late in May. (He insists on doing so despite Eleanor's earnest persuasion for him to stay. His reason is there

1 康宜注：我和外子張欽次的英文名字分別為Eleanor和Chezy。
2 康宜注：Stephen and Mike指我的大弟孫康成和小弟孫觀圻。

seems to be little chance for him to get full scholarship to finance his Ph.D. program).

Mike's academic load also seems very heavy. So far he has "survived" a succession of exams!

Back in here, life is just the same as ever. Maria (Eleanor's mother. She has adopted this English name) is getting healthier than before.[1] She always dreams about seeing you on the New Continent. (And how I wish to hear you talk face to face!)[2]

As for Ruth, Chezy's sister, it seems that she has given up the idea of visiting America.[3] She's very well and now working at a junior college at home. Chezy's parents and brothers are all very well, too.

The world sometimes seems to be changing a bit too rapidly!—to confuse some and perplex many. But we are among those who already know the changeless, the true Savior of mankind, the Lord Jesus Christ. Men come, and men go. Hsitory changes. Still God's words guide us all the way.

May this letter carries the love from all the Changs and the Suns at Tsoying.

---

1 康宜注：Maria是我的母親陳玉真女士的英文名字。

2 康宜注：幾個月之後（即一九七二年春），Gram（Edith Chamberlin）果然親自到台灣左營煉油廠拜訪我的父母及欽次的家人。當時Gram已是高齡八十三。（請參見照片三：Gram到台灣，一九七二年）。

3 康宜注：此處Ruth似乎有誤。Ruth是欽次大姐張冬吟的英文名字。但這兒可能指欽次的大妹張媖妙；媖妙的英文名字應為Jane。

P.S. I earnestly hope that Stephen and Mike will be considerate enough not to cause you too much trouble when they visit Princeton.[1]

Affectionately

Paul

（From: Paul Sun

Kuokuang Middle School

Kaohsiung Oil Refinery

Taiwan

左營宏毅二路南五巷五十一號

孫裕光）

[1] 康宜注：家父的英文手跡酷似Gram的手跡，所以收到家父這封信後，Gram就在信封上寫道："I am told that Paul Sun copies my hand writing and he does such a good job it fools me."

Mar 9, '72

Dear Gram:

Thank you very much for your letter (Feb 29). It's always my greatest pleasure to read your handwriting. I'm sorry for not having written to you for a long time. Eleanor had told me in detail about your visit to Brookings. The delight your visit brought to Eleanor + Chezy was beyond description! They know very well how much you mean to their lives! Besides, what kindness of your nephews and nieces!

Stephen and Mike had also told me of the invitation they had last Christmas from Mrs. Savill at Washington, D.C. It's really very kind of you to invite Stephen + Mike again. I do wish that Stephen would be able to spend some time with you at "Viewpoint" during the Easter holidays, especially because he's planning to leave the States after graduation (M.S.) late in May. (He insists on doing so despite Eleanor's earnest persuasion for him to stay. His reason is there seems to be little chance for him to get full scholarship to finance his Ph. D. program).

Mike's academic load also seems very heavy. So far he has "survived" a succession of exams!

Back in here, life is just the same as ever. Maria (Eleanor's mother. She has adopted this English name) is getting healthier than before. She always dreams about seeing you on the New Continent. (And how I wish to hear you talk face to face!)

As for Ruth, Chezy's sister, it seems that she has given up the idea of visiting America. She's very well and now working at a junior college at home. Chezy's parents + brothers are all very well, too.

The world sometimes seems to be changing a bit too rapidly! — to confuse some and perplex many. But we are among those who

信件　1972.3.9 Gram（頁1）

I am told that Paul Sun copies my handwriting and the downstroke is good, yet it fails in.

Mrs. W. F. Chamberlin
735 Prospect Ave
Princeton, N.J. 08540
U.S.A.

AÉROGRAMME ∴ 國際航空郵簡 ∴ PAR AVION

寄件人姓名住址及郵遞區號
Sender's name, address & postal zone number

From Taiwan
左營宏毅二路南三巷51號
孫諾光

From:
Paul Sun
Kuokuang Middle School
Kaohsiung Oil Refinery
Taiwan

如郵簡內裝有附件即由水陸路寄發
If anything is enclosed this letter will be sent by ordinary mail

P.S. I earnestly hope that Stephen and Wade will be considerate enough not to cause you too much trouble when they visit Princeton.

請由此處開拆
To open cut here

交通部郵政總局發行
Printed in Taiwan, Republic of China

come, and men go. History changes. Still God's words guide all the way.
May this letter carries the love from all the Chings + the Suns at Tsoying.
Affectionately
Paul

信件　1972.3.9 Gram（頁2）

信件三

康宜：

前天收到你十月十六日來信，也是你到Princeton後第一封信，（已轉寄給康成）。這一陣子你們的變動太大了，我們覺得除了把你們交託在主手裡以外，似乎不能做什麼。欽次幾乎每一封信都表示完全支持你，使我們放心不少，Princeton是你住慣的地方，有Cram在，朋友也不少，我們自然可以安心了，只是覺得欽次的犧牲太大了……[1]

普大的課業繁重是可以想像的，不過一切要思想主的旨意，自不致緊張著急。人若照自己（我）的意思行事，身心感到壓力是無法避免的。凡世上的事物，叫人滿足，只是暫時的，到頭來一切空虛，老年的所羅門王，犯罪背悖，離開了主以後，他對人生的感觸為何？（他是空前絕後「有智慧」的人！）但他那卷傳道書說「……虛空的虛空，虛無的虛空，凡事都是虛空……」耶穌基督的「福音」真理，其寶貴超過一切，因為它能「救人」！能給人生賦與意義，給人能力，勇氣，和希望！在這一點上，世上一切的學問加在一起也抵不了神的話一點一劃。「人活著不是單靠食物，乃是靠神口裡所出的一切話！（Mt 4:4）當人升入學問堂奧的時候，就當時刻停下來思想，自己儆醒，免得離棄了神而陷入迷宮。主耶穌的話敲打著世世代代迷失的人類的心扉：「人若賺得全世界，賠上自己的生命，有什麼益處呢？[2]」（Mt 16:26）。今天跟隨基督的人的悲劇，是有一天他竟被世俗的學問思想

---

1 康宜注：一九七三年九月我開始在普大攻讀博士學位，而欽次則在聖路易城工作（為了在工程界賺錢供給我的學費），所以家父信中說「只是覺得欽次的犧牲太大了」。此後五年兩人各居一地，十分辛苦，直到我於一九七八年從普大拿到博士學位。

2 康宜注：家父信中沒有引用「有什麼益處呢？」這一句話，今加上。

擄去！然而你卻不可忘記你從小的經歷，我們全家的經歷！我們算什麼，主卻讓我們親手摸過親眼看過祂榮耀的權能與恩典！主更不斷地藉住在我們身上的聖靈改造我們，成為新人——所以我們知道主的福音，耶穌捨己的大愛；非人有限的頭腦所能瞭解，而我們深知祂真是那救世的主。

你的老師許牧世先生，你要常常領受他的教訓，你附近若有什麼真信奉聖經的教會或查經班，要不間斷地去參加崇拜聚會，不管功課多忙；每天的禱告更屬重要。「我不以福音為恥，這福音本是上帝的大能……（Rom 1:16）一個基督徒當效法基督，獨來獨往，堅持原則（神的）。在舉世背逆蔑視耶穌的世代，我們要持守信心到底。縱使我們會軟弱，失望，有得罪神的時候，然而我們要永遠抓住主，祂必拯救我們到底，『我從不撇下你，也不丟棄你。』」（Heb 13:5）

我九月十六日論觀圻的事那封信，你早已轉給他了吧？他已將近一個月沒有消息了，願主保守扶持引領他。Nov.12娛妙在台北結婚，媽媽會往台北一趟，順便可看看康成他們。我們都好，盼你常以禱告支持我們。願主分別保守你們倆個人，當與你們同在。

以後我寫信，你就看好了，不必立即回信。

父字10/26/73

（From Taiwan，左營宏毅二路南五巷五十一號）

PS：[1]

昨天校慶放假，我曾利用下午時間去訪問一間孤兒院（育幼院），準備帶我班上的學生在聖誕節去看望那些小孩子們。／問Gram好。

媽媽叫你不可睡得太晚，得了學問，弄壞身體，就得不償失了！

書兩年念不完，就可以念三年，勉強是沒有意義的。

[1] 康宜注：此處加PS，因是附筆。（以下所有「附筆」，將一律加PS）。

康宜：

前天收到你10/16來信，也是你到Princeton後第一封信（已轉寄給康成）。這一陣子你們的變動太大了，我們覺得除了把你們交託在主手裡以外，似乎不能做什麼。欽次幾乎每一封信都表示完全支持你，使我們放心不少，Princeton是你住慣的地方，有Gram在，朋友也不少，我們自然可以安心了，只是覺得欽次的犧牲太大了……

普大的課業繁重是可以想像的，不過一切要照著主的旨意，自不必緊張著急。人要照自己（本）的意思行事，身心感到壓力是無法避免的。凡世上的事物，叫人滿足，只是暫時的，到頭來一切空虛。老年的所羅門王，離開了主以後，他對人生的感觸和慕嘆為何？（他是空前絕後"有智慧"的人！）但他都在傳道書說"……虛空的虛空，虛空的虛空，凡事都是虛空……"耶穌基督的福音真理，其寶貴超過一切，因為它能救人！能給人生新的意義，給人能力勇氣，和新生！這一點上，世上一切的學問加在一起也抵不了神的話一點一劃。"人活著不是單靠食物，乃是靠神口裡所出的一切話！"（Mt 4:4）當人進入學問堂奧的時候，就當時刻停下來思查自己，免得離棄了神而陷入迷宮。主耶穌的話敲打著世世代代迷失的人類的心扉："人若賺得全世界，賠上自己的生命……"（Mt 16:26）。今天跟隨基督的人的悲劇，是有一天他竟被世俗的學問思想擄去！然而你卻不可忘記你從小的經歷，我們全家的經歷！我們算什麼，主卻讓我們親手摸過親眼看過祂榮耀的作為與恩典！主更不斷地藉住在我們身上的聖靈改造我們，成為新人——所以我們知道主的福音，耶穌捨己的大愛，非人有限的頭腦所能瞭解，而我們深知祂真是那救世的主。

你的老師許牧世先生，你要常常領受他的教訓，你附近若有什麼真信奉聖經的教會或查經班，要不間斷地去參加崇拜聚會，不管功課多忙；每天的禱告

信件　1973.10.26（頁1）

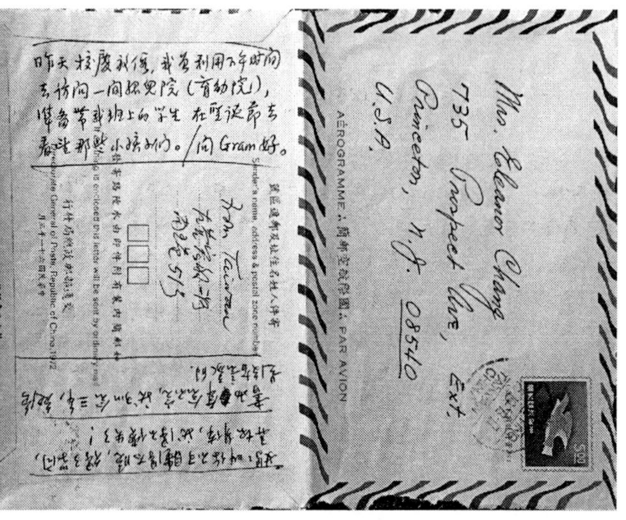
更屬重要。"我不以福音為恥，這福音本是上帝的大能……（Rom 1:16）"一個基督徒當彰信基督，獨來獨往，堅持原則（神的），在舉世背逆蔑視耶穌的世代，我們要持守信心到底。縱使我們會軟弱，失足，而得罪神的時候，然而我們要永遠抓住主，祂必拯救我們到底，"我總不撇下你，也不丟棄你"（Heb 13:5）。

我9/16論欽次的事那封信，你是否已轉給他了吧？他已將近一個月沒有信息了。願主保守扶持引領他。Nov.12媛妹在台北結婚，媽媽會往台北一趟，順便看看爺爺奶奶他們。我們都好，盼你常常禱告支持我們。願主保守你們倆個人，常與你們同在。

以後我寫信，你就看好了，不必……

父字　10/26/73

昨天接康成信，我曾利用下午時間去訪問一間孤兒院（育幼院），準備帶教會班上的學生在聖誕節去看望那些小孩子們。／問Gram好。

Mrs. Eleanor Chang
735 Prospect Ave,
Princeton, N.J. 08540
U.S.A.

AÉROGRAMME 航空郵簡 PAR AVION

信件　1973.10.26（頁二）

信件四

欽次、康宜結婚紀念日

「當從心裡彼此切實相愛……
因為凡有血氣的　盡都如草，
他的美榮都像草上的花
草必枯乾　花必凋謝，
惟有主的道是
永存的……」
（IPet 1:22f）

"The Lord delighteth in thee."
(Isaiah 62:4)

爸媽賀
8/3/74

欽次
康宜 結婚紀念日

當從心裡彼此切實相愛……
因為凡有血氣的盡都如草、
他的美榮都像草上的花
草必枯乾花必凋謝、
惟有主的道是
永存的……
(I Pet 1:22ff)

爸媽賀

8/3/74

"The Lord delighteth in thee."

ISAIAH 62:4

信件 1974.8.3

信件五

小紅：[1]

昨天收到你八月十三日來信，今早又收到照片一大包和照相機一包，包裝極其仔細，內容均完好無損。照片分類也清清楚楚，十月我回去都會帶回去的。看了那一包相片感慨無量，正是江山依舊人物全非。如今的叔叔姑姑還有周伯伯，和我記得的他們，中間有一大段無可奈何的空白！深覺對人生的感嘆，古往今來，並無兩樣。

想起這次你回中國，踏上了祖國的大地，吊憑了出生的舊居，看見了四千年文化史蹟，承擔中華文化的這一輩人也都見了，總算不虛此行。即使因家事紛擾，有乘興而去敗興而歸之憾，其中也有不少經驗教訓，還是值得的。

我想第一個教訓該是，中庸之道的做人態度是值得深思的。「過份」熱情的天性，需要理智來調節。凡事「豈能盡如人意，但求無虧我心！」就夠了。第二個教訓是了解一個人是很難的，除非長時間共過患難，經過各種考驗，否則不能憑著感情輕易信任一個人，待人接物我們未嘗不可從「信任」出發，但需打著問號，步步觀察，步步修正。正如古人所說「害人之心不可有，防人之心不可無」！當然，任你怎麼謹慎，人活著還是一大堆麻煩的，有些更是人所無能為力的。因此先賢勉人知命，不無道理。我常想，如能將我國古人教人「樂天知命」之理，與西哲注重「奮斗自強」之義，互相調劑，共為人生南針，庶幾得其中道矣。

---

[1] 康宜注：小紅是我的小名。

一到公寓，首先要把環境打量瞭解清楚，再詳細檢視門戶是否各個安全？[1]飲食不可省，營養不可缺，錢不夠時隨時來電話！（把重要電話號碼貼在電話旁邊）有事白天辦，天暗後避免單身出門！我現在對Pinyin（Romanization）已頗熟諳，你教書若用拼音，有何疑問，可寫信問我。此外，教了十周中文，也知道了一些學漢語的好教材。

我回國日期已改訂為十月五日由PHX出發，十月三十一日由上海啟程回美，十一月一日返抵PHX。

志明[2]信附寄，從照片中看他是頗瘦弱。

79.8.16父字

1 康宜注：一九七九年度我在波士頓的Tufts University任教，週日獨自一人住在波士頓的公寓里（週末才回普林斯頓的家中）。所以家父信中說「一到公寓，首先要把環境打量瞭解清楚，再詳細檢視門戶是否各個安全。」

2 康宜注：此指我的表弟李志明（Jeremy Lee），他是我姑姑孫毓嫻的兒子。

小红：

昨天收到你8/13来信，今早又收到照片一大包和照相机一包，包装极其仔细，内容均完好无损。照片分外地清清楚楚，十月我回去都会带回去的。看了那一包相片感慨无量，正是江山依旧人物全非。如今的叔叔姑姑还有周伯伯，和我记得的他们，中间有一大段无可索仿的空白！深觉对人生的感叹，古往今来，并无两样。

想起这次你回中国，踏上了祖国的大地，寻访了出生的故居，看见了四千年文化史迹，和担中华文化的这一辈人也都见了，总算不虚此行。即使因家事纷扰，有乘兴而去败兴而归之憾，其中也有不少经验教训，还是值得的。

我想第一个教训该是，中庸之道的做人态度是值得深思的。"过份"热情的天性，需要理智来调节。凡事"岂能尽如人意，但求无愧于心！"就够了。第二个教训是了解一个人是很难的，除非长时间共过患难，经过各种考验，否则不能凭着感情轻易信任一个人。待人接物我们当然可以从"信任"出发，但需带着问号，步步观察，步步修正。正如古人所说"害人之心不可有，防人之心不可无"！当然，任你怎么谨慎，人活着还是一大堆麻烦的，有些更是人所无能为力的。因此先贤勉人知命，不无道理。我常想，如能将我国古人教人"乐天知命"之理与西方注重"奋斗自强"之义，互相调济，共为人生南针，庶几得其中道矣。

× × ×

一到公寓，首先要把环境打量瞭解清楚，再详细检视门户是否万分安全？饮食不可省、营养不可缺，钱不够时随时来电话！（把这里电话号码贴在电话旁边）有事白天办，天暗后避免单身出门！

× × ×

我现在对 Pinyin (Romanization) 已很熟谙，你教书若用拼音，有何疑问，可写信问我。此外，教了十周中文，也知道了一些学汉语的好教材。

× × ×

我回国日期已改订为
10/5 由 PHX 出发， 10/31 由上海
启程回美 11/1 返抵 PHX

来照信附寄，从照片中看他是颇瘦弱。

安宁
79.8.16
AUG 16 1979

信件　1979.8.16

信件六

小紅：

以上是今晨電話後將日常筆記整理所得，我以前學的是注音符號和Wade-Giles。所以這裡所反映的，是從我的背景出發再學Pinyin system所感到的特殊應該注意之處，不一定適合別人需要，好在只是給你參考的。隨便寫來並未仔細整理。

近日戲作打油詩一首，如下：

悲戚滿人間
但求於心安
自強須奮斗
知命而樂天

己未孟秋客寓美國鳳城
79/9/15父字

波斯頓天冷，勿因省電費而生病！

⑦ 音节划分

xian 先 / xi'an 西安
yanan 雅南 / yan'an 延安
xinan 西南 / xin'an 心安
minge 民革 / ming'e 名額
nü'er 女儿

⑧ 汉语中声韵结合（Final-Initial Combinations）
共有 412 個（可能稍有出入，參看《汉語基础，上冊》p8 后附表）
聲韵调结合（~~Final~~ Initial-final-tone cominations）
据我所知約有 1260-1300 左右

小紅：
以上是今晨電話后將日前筆記整理所得。你以前學的是注音符号和 Wade-Giles。所以這里所反映的，是從你的背景出發再學 Pinyin system 所感到的特殊應該注意之處，不一定適合別人需要，好在只是給你參考的。隨便寫來並未仔細整理。

近日戲作打油詩一首，如下：

此處游人間
但求於心安
何須頂奮斗
知命而樂天

己未重秋寫
美國鳳城 [seal]

79/9/15 父字

近秋轉天冷，勿因着涼而生病！

信件 1979.9.15

信件七

和平賓館#225

小紅：

自從我到上海到南京，一直是忙個不停，所以沒得給你寫信。我想媽媽會由電話中把我情況告訴你的。

我在姑家住三天即去南京，又住了一個禮拜，可以說一切應該了解的都已了解了。大家說得十分融洽，我心情身體都非常好。今天已到達北京。（還是趙家林同志幫忙找的和平賓館）。北京正是旅遊旺季，旅館，車票，都很「緊張」。

我想先辦點公事，找沈先生[1]，然後見周大夫，再自己在城裡到處轉轉，我不想到外地去遊覽，想早一點回上海去，日期未定（可能的話想在二十二日或二十三日去上海）。百聞不如一見，家人，社會一切的情況，我自己來一趟，可以說都了解了。收獲甚豐。

想說的太多，只是沒時間寫了。我照Schedule，是Nov.1到Phoenix。等我回去再慢慢說吧。

欽次到家了嗎？[2]

父字

79.10.18

於北京

1 康宜注：此指沈從文先生。

2 康宜注：當時欽次還在泰國出差，即將返美。

和平宾馆 #225

小红：

自从我到上海到南京，一直是忙个不停，所以没有给你写信。我想将来会由电话中把我情况告诉你的。

我在张家住三天即去南京，又住了一个礼拜，可以说一切应该了解的都已了解了。大家谈得十分融洽，我心情身体都非常好。今天已到达北京。（还是老乡林同志帮忙找的和平宾馆）北京正是旅游旺季，旅馆，车票，都很"紧张"。我想先办妥公事，找沈先生，然后见周大夫，再跑京城里到处转转，我不想到外地去游览，想早一点回上海去，日期未定，（可能的话想在22日或23日去上海）

百闻不如一见，家人，社会一切的情况，我跑来一趟，可以说都了解了。收获也甚丰。

想说的太多，只是没时间写了。我的schedule，是Nov. 1到Phoenix。等我回去再慢慢谈吧。

你该到家了吗？

安宁

79.10.18
于北京

Oct. 18, 1979

信件　1979.10.18

第二部分

一九八〇年代書信

信件一

小紅：

今日李老師（李華柱老師）來信，說萬老師在八月十七日下午一時五十三分忽然辭世。我家與李萬二師相交二十年，可稱知己。李老師在憂傷之中還寫通知我們，也是把我們以親人相待，情義非同平常。萬老師又是你可得乾媽，如今溘然長逝，我們心中都十分悼念。我已寫信一封請李老師節哀，隨信又附美金壹佰元，請李老師代我們在萬老師靈前獻上鮮花一束，以託哀思……**（康宜按：此處刪去一段）**。

（一九八〇年八月下旬）[1]

PS：十六日下午正做餃子，忽然倒下。大兒伯康、大媳、二兒伯台，均在側。臨終安詳無痛。廿日下午二時半已火葬。[2]

---

1 康宜注：家父此函沒有簽名，也沒有日期。估計日期為一九八〇年八月下旬。

2 康宜注：家父兩年後曾為李華柱老師的《回憶錄》寫跋，其中說道：「……萬師一生為賢妻良母，為良師益友，如今她默默地走了。一切懷念她的人現在不能看見她，卻看見她在世上所遺留的佳美腳跡，繼續不斷發光照耀。萬師篤信基督，我們確信她不是死了，而是暫息此世之勞，榮歸天家，永享與主同在的福樂」。

信件二

康宜：

今天收到你姑姑來信，看到你的著作她興奮之情溢於言表。她是看你從小長大的，難怪這麼高興了。現在把來信剪寄，還有信中附了一幅小漫畫，非常之妙，值得玩味。

我十二月八日大考後即放寒假。問欽次好。

你怕冷，在家時溫度要開得夠。

父字

十二月三日

一九八〇

PS1：[1]我有一本《紅樓夢》，字實在太小了，看起來太費眼。你若有多餘的，可寄一本來。沒有便作罷。又及

PS2：又學生常問我、紅樓夢的英譯本、哪一本較好。如果你知道，盼將譯者名、出版社名稱等等告知。

PS3：我寒假要放到元月廿一日，所以利用這段時間拔牙。

PS4：你要常抽空看看僑報，否則中文會「生銹」。

---

[1] 康宜注：這是父親寫在信封背面的PS（附筆）。今按PS 1, PS 2, PS 3, PS 4的順序在此重新排列。又，從信封上的郵戳看來，這封信顯然是次日一九八〇年四月十二日才寄出。（請參見照片二十二（信封一）一九八〇年十二月四日）。

AMERICAN GRADUATE SCHOOL OF INTERNATIONAL MANAGEMENT
THUNDERBIRD CAMPUS
GLENDALE, ARIZONA 85306

康宜：

今日收到你特特來信，看到你的著作，她興奮之情溢于言表。她是看你從小長大的，難怪這麼高興了。現在把來信剪寄，還有信中附了一幅小漫畫，非常之妙，值得玩味。我十二月八日大考後即放寒假。向欽次好。

你怕冷，在家時溫度要開得暖。

父字 十二月三日

1980

信件　1980.12.3（毛筆字）

PS3 我寒假要放到元月廿一日，可以利用這些时间拔牙。

PS4 你要常抽空看々僑报、否则中文会「生銹」。

PS1 我有一本「紅樓夢」，字实在太小了，看起来太费眼。你若有多餘的，可寄一本来。沒有便作罷。 又及

PS2 文学生常問我，紅樓夢的英譯本，哪一本較好，如果你知道，盼將譯者名、出版社名称等々告知。

信件　1980.12.3（信封附筆）

信件三

小紅：

日前聽說你在看聖經，我覺得主實在奇妙。我也是近日蒙主感動才恢復讀聖經的。來美三年我完全離開聖經，也就遠離主了。主要是找不到教會。自己一個人要努力讀聖經，心裡也熱不起來。美國人的教會全然世俗化，變成一種組織，或社交俱樂部的玩意兒，我們不願意去。而中國人教會又找不到。最近非常奇妙。去年康成有一天帶我們去野餐，碰見幾位黃皮膚的人，不由得打起招呼來，方知是香港和印尼來的中國人，其中一位且是牧師，一談之下方知此地剛剛成立華人教會，（主要用廣東話，少數譯國語），但因地點相距太遠，娜娜那時還在念書，星期天也非常忙，不可能載我們去。我們心中想望等娜娜畢業或可開始去聚會。誰料最近主感動一位年青信徒（康成公司的同事，台灣來的）自願每禮拜天載我們去做禮拜（康成他們有空也帶我們去過了，因要上freeway，路又太遠，我不敢開去），這才心裡漸漸靠近主，每天我又開始讀聖經了。教會總有人為的缺點，但信主是個人與主耶穌的關係，到了教會，我們只聽神的聲音，思想神的作為，聽道自然多少總得益處。聚會的人之中也總有真信主的，一起相聚在信心上互相勉勵，也是美事。許牧世先生是你敬愛的老師，又是真信主者，有機會可以去他家參加聚會。當然自己下工夫讀聖經是很重要的，要以受教的心讀聖經，藉著聖靈，以至認識耶穌，以至讀出「耶穌的愛」來。耶穌基督何等令人敬仰。我們信主固然是為了將來靈魂得救，但也是為了今生認識自己，改變自己，以獲得充實的人生意義與目的。

你寄來的甲骨文資料太珍貴了。費了你不少工夫吧。

上次電話中聽說你將有日本之行。日本確是值得一遊，但台灣不必再去了。媽媽說如果你日本去得成，則想託你買一樣東西——假髮。記得在普林斯頓時，Lucy Loh說過她媽媽都用日本的假髮。[1]其優點是只有一小片，罩在頭頂髮稀的部位，既方便又舒適。現在寄給你一點頭髮樣子，以便選配顏色。

問欽次好。阿嫫上禮拜曾打電話來，[2]多年沒聽到她的聲音了。她說台灣我的學生們還是都很想念我。我們也問候了二姨父二姨。

以馬內利

八一，六，十五，於鳳城

父字

1 康宜注：Lucy Loh（高天香，一九三五—二〇一四）是我在普林斯頓大學唸書時的同學兼摯友。她專攻日本文學，於一九八四年獲普林斯頓大學博士。（在那之前，她已於一九六二年獲得普林斯頓神學院碩士）。她曾任教於香港信義宗神學院及台灣神學院，著有《推倒隔絕的墻》（Breaking Down The Dividing Wall of Hostility），高天香作，周淑玲編（台北：台灣神學院，二〇〇八）。

2 康宜注：家父曾經是張嫫鶯（欽次的小妹）當年在台灣國光中學唸書時的英文老師。

信件四

康宜：

今日收到你們電話，聽到你們的聲音，（很久沒聽到欽次的聲音了），這就是最好的禮物了。（昨日電話忘記提了，你選的那張卡片非常之美）。想到今年我竟然會開車了，一切都是十分奇妙，也因而想到四年前你們為了接我們出來而奔走，居然成功，也是一樣地不可思議：想到這一切，我不禁充滿感恩的心。你問我快樂不快樂，我順口說了一句：「你們快樂我們就快樂了」——這是無意中說的，仔細想想卻也很有深意。

早稻田大學的大隈講座（Ohkuma Kōdō）聽說還在，你可在前面攝影留念。大學圖書館不知健在否，那是我每天埋首看書之處。Edgar Snow寫的*Red Star Over China*是第一次在早大圖書館讀的，印象頗深。早大附近一帶當年劃在牛込區之內，校園前邊有一條大學街，叫鶴卷町，其北有一條小河曰江戶川，河邊有一小小公園叫江戶川公園，是我年青時朝夕暝思默想之地。再往北在大塚區有鬼子母神墓地，其中有文學家夏目漱石之墓。也是當年我同你媽媽你大舅、常往憑吊之所。早大附近最熱鬧的地區叫新宿，昔日已甚繁華，我初到東京先住中央線上的東中野學寮，後遷神田區的學寮。神田是東京最負盛名的書店街，彷彿北京的琉璃廠（北新華街往南，出和平門不遠即是）。[1]書的吸引力太大了，我當年幾乎天天逛神田的書店，留連忘返。以上這幾處是我在東京住得最久的，也是極懷念的地方，不過經過二次大戰，盟軍轟炸，可能大部已夷為平地，正如詩篇所說，「人算什麼……」。

現在鳳凰城這裡太熱了，這兩天都是110°。以上。等冬天盼你來住些日子，媽媽要為你補一補。

[1] 康宜注：家父信中寫的是「琉琍廠」，今改為「琉璃廠」。

好了　即祝

平安

父字　一九八一年父親節[1]

PS：Gram近來好嗎？Roberta呢？我們很惦著她們。

我今天在學校忘了去看信箱，

你寄來的文件當已收到。

現在先趕著把這封信寄出。

孫綱[2]已正式獲暑期獎學金，現已搬到學校附近，與兩位同學合租了一間房子，他一切都好。

1 康宜注：一九八一年的父親節是六月二十一日。

2 康宜注：孫綱是我的堂弟，是我的叔父孫裕恒的長子。當時一九八一年孫綱還在University of Georgia攻讀碩士，後來他又轉到Brown University攻讀化學博士學位。畢業後，他先在IBM Research Center及Oce, N.V.工作，後來輾轉成為Honeywell公司的Vice President & General Manager，接著又成為JA Solar Co. Ltd. 的Chief Operating Officer。目前他是Amprius Inc.的CEO。可謂一路走來，前程似錦。

康宜：今日收到你們電話，聽到你們的聲音，（很久沒聽到欽次的聲音了）、這就是最好的禮物了。（昨日電話忘記提了，你們送的那張卡片非常之美）。想到今年我竟然會開車了，一切都是十分奇妙，也因而想到四年前你們為了接我們出來而奔走，居然成功，也是一樣地不可思議！想到這一切，我不禁充滿感恩的心。 你問我快樂不快樂，我順口說了一句："你們快樂我們就快樂了"——這是無意中說的，仔細想想，卻也很有深意。

「早稻田大學的大隈講堂(Ohkuma Kodo)」你說過去，你可在前面攝影留念。 大學圖書館不知健在否，那是我每天埋首看書之處。 Edgar Snow 寫的 Red Star Over China 是第一次在早大圖書館讀的（印象特深）。早大附近一帶當年則在牛込區（ウシゴメク）之內，母校園前邊有一條大學街，叫鶴巻町（ツルマキチョウ），其北有一條小河曰江戶川（エドのカワ），河邊有一小小公園叫江戶川公園（エドのカワコーエン），是我年青時朝夕暝思默想之地。再往北有（在大塚區）鬼子母（キシボ）神（ジン）墓地（ボチ），其中有文學家夏目漱石（ナツメソウセキ）之墓。也是當年我同你媽媽、你大舅、常往憑弔之所。 早大附近最熱鬧的地區叫新宿（シンジュク），當日已甚繁華。 我初到東京

信件　1981.6.21父親節（頁1）

走住中央線上的東中野（ヒガシナカノ）学寮，后遷神田區（カンダク）的学寮。
神田是東京最負盛名的書店街，彷彿北京的琉璃厰（与北新華街往南出和平門不遠即是）。書的吸引力太大了，我去年几乎天天跑神田的書店，留連忘返。以上這几處是我在東京住得最久的，也是撞協会的地方，不過經過二次大戰，盟軍轟炸，可能大部已變為平地，正如詩篇所說，「人算什么……」。
現在鳳凰城這裡太热了，這兩日天都是110°以上。等冬天時你來住些日子，將要為你補一補。
好了，即祝
平安
父字
一九八一年父親節

Gram近來好嗎？Roberta呢？我們很掛着她們。

我今天到了去看信箱（在学校），你寄來的文件皆已收到。
現在先寫着把這封信寄出。

孫綱已正式獲暑期奨学金，現已搬到学校附近，与兩位同学合租了一间房子，她一切均好。

信件　1981.6.21父親節（頁2）

信件五

欽次康宜：

遊大峽谷相片寄給你們幾張留念。（相片都是我照的，還是用你給我的相機）。其中有一張我最喜歡的，難得有這樣流露個性的鏡頭。這張就作永久的紀念吧。

九月是魯迅先生百週年生辰。先生是真中國人，中國的真偉人，是近代苦難中國的靈魂催生者。我用毛筆寫了他的兩句詩「橫眉冷對千夫指，俯首甘為孺子牛」，明年去東部再帶去給你們。

祝好。

父字八月十八日

（一九八一）

PS：康宜在日本早稻田大學寫的打油詩：

獨在異鄉尋根源
早稻田裡聽松風
誰解日暮惆悵人
流水一去四十年

我意改為：

早稻田園聽松風
獨在異鄉尋根源
誰解日暮惆悵客
流水一去四十年

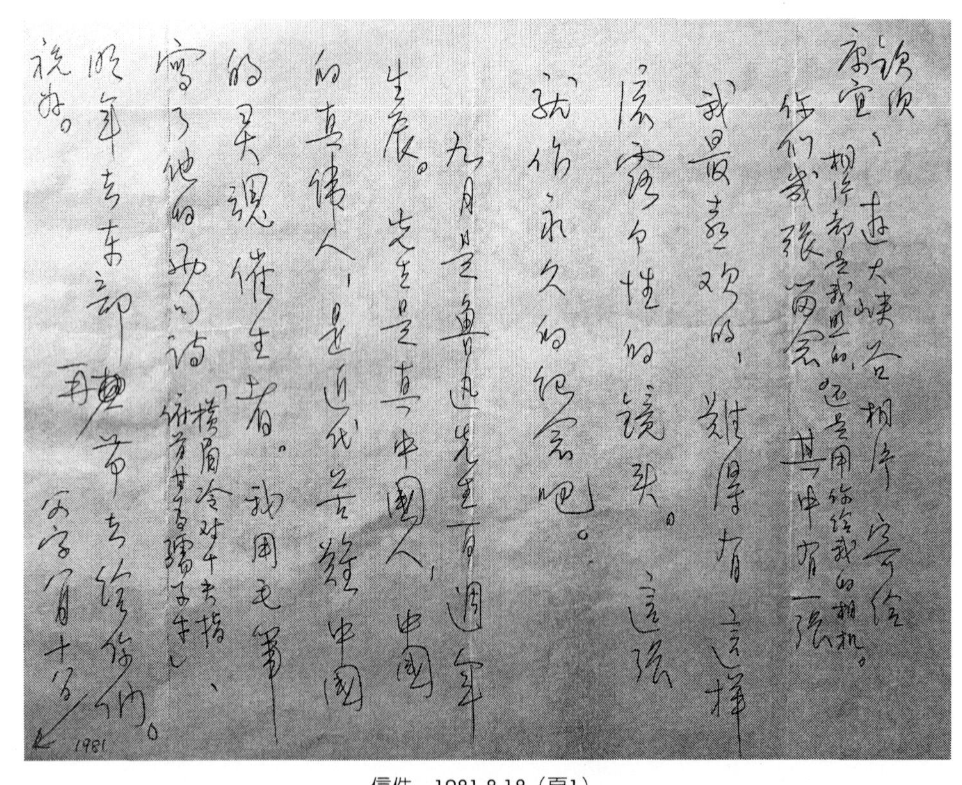
欽次、
康宜、在大峽谷相片寄給
你們我幾張留念。其中有一張（相片都是我照的，還是用你給我的相機。）
我最喜歡的，雖是有這樣
很露個性的鏡头。這張
就作永久的紀念吧。
九月是魯迅先生百週年
生辰。先生是真中國人，中國
的真偉人，是近代最艱難中國
的靈魂催生者。我用毛筆
寫了他的兩句詩「橫眉冷對千夫指、俯首甘為孺子牛」
明年去東部再帶去給你們。
祝好。
安字 八月十八
1981

信件　1981.8.18（頁1）

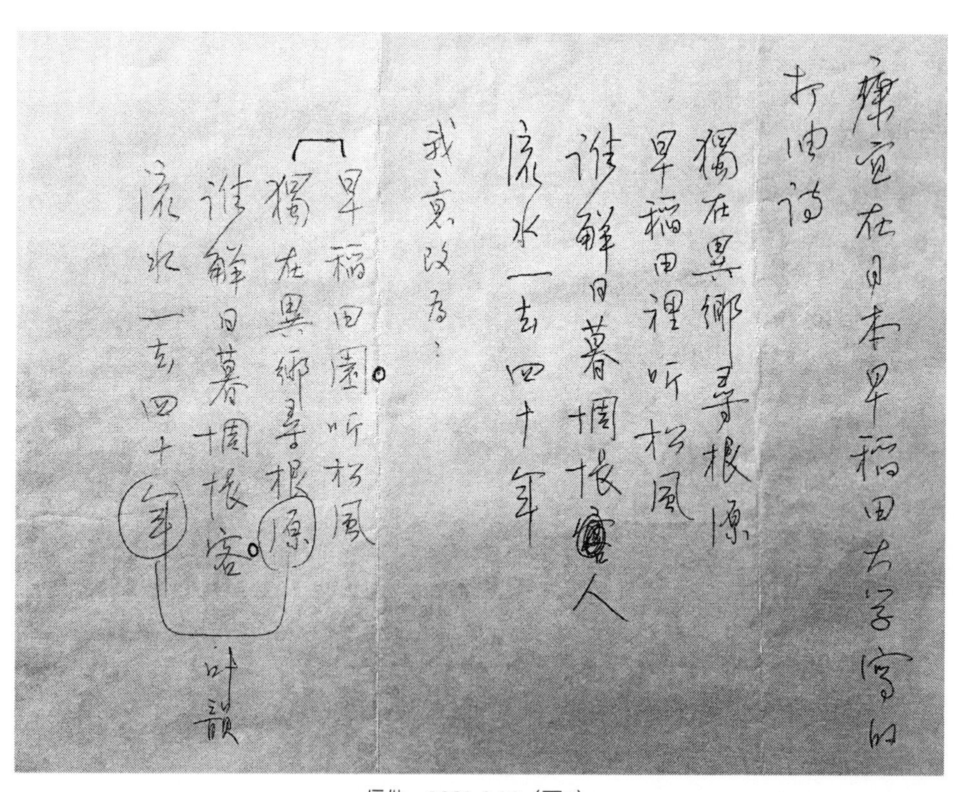

康宜在日本早稻田大學寫的
打油詩

獨在異鄉尋根源
早稻田裡听松風
誰解日暮惆悵人
流水一去四十年

我意改為：

「早稻田園听松風。
獨在異鄉尋根源
誰解日暮惆悵客。
流水一去四十年

叶韻

信件　1981.8.18（頁2）

信件六

小紅：

你寄來的文章我已用稿紙抄畢，另信（附你原稿）同時寄出。現在是禮拜一，預計至遲星期五該寄到了。若星期六尚未收到，就來個電話。〔為了預防萬一，我已把抄好的文稿複印了一份〕。

星期日報載Senator Clifford Case老先生去世了（享年七十七）。我深深感念他當年給我們的幫助。[1]

父字3/8/82

[1] 康宜注：其實家父這封信還附上兩頁他從別處抄來的詩（他寫道「想起以前看過的一段詩，題為*Perfect Trusting*，你可以抄下來……」）。但因為該詩的內容與一九七〇年八月三日信件中所抄的那首詩重複了，故從略。又，Senator Clifford Philip Case（美國新澤西州的國會議員代表）是我們家的大恩人。當年，他很同情我父親在台灣白色恐怖期間的不幸遭遇，故自動與台北的美國大使館取得聯絡，好讓我父母很順利地於一九七八年初拿到了美國的簽證。所謂飲水思源，我們一家人永遠難忘Senator Case的恩惠。

小红：

你寄来的文章我已用稿纸抄毕，另信（附你原稿）同时寄出。现在是礼拜一，预计至迟星期五该寄到了。若星期六尚未收到，就来个电话。〔为了预防万一，我已把抄好的文稿复印了一份〕

星期日报载 Senator Clifford Case 老先生去世了（享年七十七）。我深深感念他当年给我们的帮助。

父字 3/8/82

信件　1982.3.8 Senator Case

信件七

康宜：

最近聽到兩件令人悲痛的消息，告訴你們。人你們都認識，都是煉油廠的。

第一是觀圻的同班同學徐英傑。他在紐約市內開了一間中國店。日前遭搶匪殺死。有一個小孩才一歲，他姐姐徐英玉給抱去養了（徐英玉在N.J.）。他媽媽剛從台灣來美。〔此事係張道成[1]告訴觀圻的〕。〔由此也連想到，你幸而沒去哥倫比亞。紐約千萬不能住啊〕。

第二件是：我們十二月底在狄斯奈樂園巧遇煉油廠翟媽媽（翟為璞先生夫人）及他們長公子夫婦，你記得吧。（翟家和二姨家很熟，欽次必定認識他們）。

元月卅日他家（台灣）突遭慘禍，事因翟先生在舊歷正月初五親自駕車載全家遊合歡山，歸途因閃避來車，不幸墜入山谷二百公尺處，（車幸未再下墜，下面還有二百公尺）。結果長女翟瑛和幼子翟斌當場身亡（翟瑛大約三十二三歲，和她丈夫均執教國光，翟斌大學剛畢業），翟先生自己斷了兩根肋骨。翟瑛的丈夫重傷無生命危險，其他人輕傷。

這件事是上月中王校長自加州來信告訴我的。王校長在信中說：「……死者已矣，生者今後將何以堪……上帝為何如此苦待他們一家？……」

對於王校長這個問題，我回信中只說「……唯耶穌能醫治人世創傷。」我能說什麼呢？

許多事人無法明白為什麼。（為什麼我是我？）許多事人根本無能為力（能叫生命延長一刻嗎？）但人很不容易接受，人就是不服氣。

1 康宜注：張道成是欽次的弟弟。

人生的災禍痛苦，人無力解決。聖經上說：「除耶穌以外，別無拯救」。（Acts 4:12）。這句話現在我是相信了。但我到達相信，是經過一段漫長的歲月，經過長時期內心掙扎，當然也是受過上帝相當的管教的。（你知道，我曾撕過三本聖經）。

在與上帝的管教掙扎搏鬥一番之後，很幸運地，我看見了自己實在是「無知」，實在是「無能」。這時候我準備承認上帝了（向上帝低頭了）。但真正信服耶穌，那是另外一個條件成熟以後的事情了——就是看見自己實在是「有罪」。看不見自己有罪而信上帝，只不過是不得已的「認命」。看見自己是大罪人而信的，（如使徒保羅），乃是甘心順服，感恩圖報。看不見自己的罪而信的上帝，那上帝仍是抽象的（好像中國人也敬「天」）。看見自己是罪的奴僕以後，才切實需要耶穌。而任何人到耶穌面前來的，沒有不照見「自己的罪」的。新約聖經對我們特別重要，其理在此。（主耶穌不但醫治人的創傷，擔當人的重擔，而且賜我們新生命）。

所以，我無論如何軟弱，無論心中對聖經某些地方有何疑問，我對主耶穌的崇敬，敬愛，對主救恩的感激，對主耶穌復活的信心是不改變的。

我常喜歡念誦的一首禱告文，可說是一首小詩，如下：

（作者不明）

My Prayer

Day by day, dear Lord
Of three things I pray--
To see You more clearly
To love You more dearly

To follow You more nearly

Day by day

我的禱告

親愛的主

我每日祈求三件事：

見主更真

愛主更深

跟主更近

日復一日

它把基督徒的生活目標都包括在內了。實在是好。

對於上述遭難的兩家家人，我們唯有求主感動他們，能接受耶穌的救主，使他們因禍得福。

父字3/10/82

PS：還有一件事，在美國做禮拜上教會問題很多。如果以後學校有學生團契，查經班最為理想。假若去教會，他們無論有什麼奉獻的要求，你都不必理會，你現在還負債。

我覺得還是中國人的團契或教會比美國人的教會好些。西方今天的教會（當然，中國教會也不是完美的）有名無實，甚且多行不義助紂為虐，是必然的。首先西洋文化是承繼希羅文化，基本上與聖經的人生觀背道而馳的。今日歐美的生活方式，（尤其男女關係）完全是得罪上帝的。他們一方面隨從世俗放縱情慾，一方面做禮拜，可謂為假冒為善。你的看法如何？

康宜：最近听到两件令人悲痛的消息，告诉你们。人你们都认识，都是炼油厂的。

第一是 观圻的同学/同班 徐英傑。他在纽约市内开了一间中国店。日前遭搶匪殺死。有一个小孩才一歲，他姐姐徐英玉给抱去养了（徐英玉在N.J.）。他妈妈刚从台湾来美。[此事係張道成告诉观圻的]

[由此也連想到，你幸而没去哥伦比亚。纽约千万不能住啊]

第二件是：我们十二月底在狄斯奈乐园巧遇煉油厂翟嫂嫂（翟为璞先生夫人）及他们长公子夫妇，你记得吧。（翟家和二姨家很熟，钦次必定认识他们）

元月廿日他家突遭惨祸，事因翟先生在（台湾）旧历正月初五親自驾車載全家遊合欢山，归途因闪避来車，不幸墜入山谷二百公尺处。（車幸未再下墜，下面还有二百公尺）。结果長女翟瑛和幼子翟斌当场身亡（翟瑛和她丈夫大约三十二三岁均執教国光，翟斌大学刚毕业）翟先生自己断了兩根肋骨。翟瑛的丈夫重伤无生命危险，其他人輕伤。

这件事是上月中王校長自加州来信告诉我的。王校長在信中说：“……死者已矣，生者今后将何以堪……上帝为何如此苦待他们一家？……”

对於王校長这个问题，我回信中，只说“……唯耶穌能医治人世创伤。”我能说什么呢？

许多事人无法明白为什么。（為什么我是我？）许多事人根本无能为力（能叫生命延长一刻吗？）。但人很不容易接受，人就是不服氣。

人生的災禍痛苦，人无力解决。聖經上说，“除耶穌以外，别无拯救”。（Acts 4:12）这句话現在我是相信了。

但我到達相信，是經过一段漫長的歲月，经过長时期内心掙扎，当然也是受過上帝相当的管教的。（你知道，我曾撕过三本聖經。）

在与上帝的最後摔跤掙扎一番之后，很幸運地，我看見了自己實在是“无知”，實在是“无能”。這時候我学會承認上帝了（向上帝低头了）。但真正信服耶穌，那是另外一个条件成熟以后的事情了——就是看見自己實在是“有罪”。看不見自己有罪而信上帝，只不过是不得已的“認命”。看見自己是大罪人而信的，（如保羅使徒），乃是甘心順服，感恩圖報。看不見自己的罪而信的上帝，那上帝仍是抽象的（好像中国人也敬“天”）。看見自己是罪的奴僕以后，才切實需要耶穌。而任何人到耶穌面前来的，没有不照見“自己的罪”的。新约聖經对我们特别重要，其理在此。（主耶穌不但医治人的創傷，担当人的重担，而且賜我们新生命）

信件　1982.3.10（頁1）

所以，我无论如何软弱，无论心中有何疑问，我对主耶稣的崇敬，敬爱，对圣经某些■地方（对主耶稣复活的信心）对主救恩的感激，是不■改变的。

我常喜欢念诵的一首祷告文，可说是一首小诗，如下：

（作者不明）

My Prayer	我的祷告
Day by day, dear Lord	亲爱的主
Of three things I pray	我每日祈求三件事：
To see You more clearly	見主更真
To love You more dearly	爱主更深
To follow You more nearly	跟主更近
Day by day	日復一日

它把基督徒的生活目標都包括在内了。实在是好。

对于上述两家（遭难的）家人，我们唯有求主感动他们，能接受耶稣为救主，使他们因祸得福。

父字
3/10/82

还有一件事，在美国做礼拜上教会问题很多。如果以后学校有学生团契，查经班最为理想。你若去教会，他们无论有什么奉献或要求，你都不必理会，你现在还负债。

我觉得还是中国人的团契或教会比美国人的教会好些。（当然，中国教会也不是完美的）西方今天的教会有名无实，甚且多行不義助纣为虐，是必然的。首先西洋文化是承继希罗文化，基本上与聖經的人生观背道而驰。今日歐美的生活方式，（尤其男女关系）完全是得罪上帝的。他们一方面隨從世俗（放纵情慾）一方面做礼拜，可谓为假冒为善。你的看法如何？

信件　1982.3.10（頁2）

信件八

康宜：

九月十二日來信及相片、風景照片（Yale Grad Studies Hall）均收到。能幫你們買一輛小車是我們最高興的事。（不必再謝了，已經謝了上百次了）。預料今後冬季將有酷寒，房間與兩輛車子的暖氣系統最關重要，務須事先檢修完善。花粉敏感症，打針可能較好，娜娜上次也是打針才得控制，要買一條毛質的圍巾，天冷時早晚戴著。

來信說，因禱告讀經，「使生活上平靜喜樂了許多」，這使我們深得安慰。人生永遠有難處有問題，人一切努力皆屬虛空。我們需要上帝。唯上帝能填滿人的空虛，賜人在一切環境下都得平安喜樂。讀聖經是聽主的話，自己禱告包括祈求讚美，是向主說話。我們心靈裡必須與主耶穌保持不斷的交通，才得享受主所賜的安息。因此便知主是活在我心裡，因此便有永生的確據。務必每天讀經禱告，也為家人親友等禱告，為與自己為敵的人禱告，照主耶穌的教訓，饒恕一切的人，常常在主面前承認自己的罪，並獻上感恩，上帝所賜的平安必經常與你同在。

最好能有一本小新約（詩箴）隨身攜帶。如果你沒有，來信告知！

父字9-17-82

康宜：　9/12来信及相片、風景照片（Yale Grad Studies Hall）均收到。能帮你们买一辆小車是我们最高兴的事。（不必再谢了，已经谢了上百次了）預料今后冬季將有酷寒，房间与两辆車子的暖氣系统最关重要，務須事先检修完善。花粉敏感症，打针可能较好，娜娜上次也是打针才得控制。要买一條毛質的圍巾，天冷時早晚戴着。

来信说，因祷告读经，"使生活上平静喜乐了许多"，這使我们深得安慰。人生永遠有难處有问题，人一切努力皆属虚空。我们需要上帝。唯上帝能填满人的空虚，賜人在一切環境下都得平安喜乐。读聖經是听主的话，自己祷告（包括祈求讚美）是向主谈话。我们心灵里必须与主耶穌保持不断的交通，才得享受主所賜的安息。因此便知主是活在我心里，因此便有永生的確據。

務必每天读经祷告，也为家人親友等祷告，为与自己为敌的人祷告。照主耶穌的教训，饒恕一切的人，常常在主面前承认自己的罪，（並献上感恩）上帝所賜的平安必經常与你同在。

最好能有一本小新约（诗篇）随身携带。如果你没有，来信告知！　父字 9-17-82

信件　1982.9.17

信件九

康宜：

收到九月二十七日來信及附件，知你當選參加China Conference，這是極大的榮譽，也是難得的機會，我們再次為此感謝上帝。

為了這個會，可能你又需做不少準備工作。若有什麼我幫得上忙的，儘管寄來。

回國時第一要注意謙遜虛心。在美國住慣了的人，常忽略對尊長的禮貌。你有學問，人家不一定欣賞，但謙卑待人，一定為人所賞識。中國話裡，最好的一個字是「您」字，多用這個字沒有錯。（對於像Prof James Liu等人，應以長輩之禮相待）。[1]

其次在國內買東西要留心，聽說現在凡賣外國人（包括外藉華人）的東西特別貴，且往往有騙詐之事，一切要小心以免受騙上當。

在適當的時候，可以把這件事同時告訴叔叔和姑姑。告訴他們行程只有一週，恐怕無法去看望他們。（即使可能見面，你也不必再帶給他們任何東西）。

志明考上上海第二醫學院，而且是醫科，[2]真是感謝上帝。他這次假使萬一考不上學校，我心裡將會何等愁煩！自從收到志明的好消息以後，媽媽也睡得香甜了。

我們一切都很好，我十月八日可能是參加教會的同工退修會（一天一晚）。

---

[1] 康宜注：家父此函原信作「Prof James 劉等人」。為了避免誤會（恐怕讓人誤以為Prof. James和劉是兩個人，故改為James Liu，即劉若愚教授）。必須一提的是，後來由於教課太忙，我最終取消了那次的中國之行。

[2] 康宜注：事實上，我的表弟李志明於幾個月之後（即一九八二年底）就來到了美國唸書。他曾於一九九〇年入選Kennedy Space Center的實習生（從一百人中選一人），同年入美國籍，之後又進Johns Hopkins University研究所深造。畢業後一直在美國政府機構服務，相繼任職於NASA, NAVY, FAA，成績非常優秀。

我們不住地為你們倆人禱告。我們的禱告常與你們同在。願主親自與你們同在，賜平安給你們。問欽次好。

八二年，十月一日父字
（中秋節）

PS：謝謝你查到爺爺給觀圻命名的出處典故，我一直不知道。你見了他可以把這件事告訴他。

信件十

欽次、康宜：

這次東部之行，是無比地快樂，我們要感謝主的宏恩，看到二姨父迅速康復，比什麼都高興。在台灣的我們親戚們歸主可說全是由二姨父帶領的，他是我們信心的元勳，所以我不斷地在主面前為他代求，相信主也垂聽了我卑微的禱告。與奕明元敬新婚夫婦相見，也是一樂。今年又逢你們結婚十五周年，我們心裡對欽次有說不出的感激。……**（康宜按：此處刪去一行）**。我不會忘記為你們禱告。我隨時隨地時時刻刻，都為你們感謝、祈求。你們是我們的驕傲。我們勸你們要常存感恩之心。一切所有的都是從主而來的。對於信靠順服上帝的人，對於愛耶穌的人，一切都值得感謝；連患難也要感謝，因主智無窮，患難也是主賜福的方法之一。我勸你們在極繁忙的生活之中，早起之後，及晚睡之前，向主獻上簡短的默禱。早上求主保守一天的腳步，求主賜智慧能力處理今日一切事物，求主賜平安。晚上則感謝主保守平安，免遭危險試探，並賜下一切需要。也常為家人親友之需要代禱。

回來後收到王校長來信。[1]王校長是我家的恩人之一。上次康成娜娜去渡假，我囑他們去看看王校長。結果反讓她破費，請了康成他們一頓。我去信致謝，順便提起胡新南太太（胡新南先生夫婦也是我的恩人，換一個人，我進不了煉油廠）。王校長這封信裡說了許多心底的話，我愈見她的偉大，不由得景仰佩服，所以印一張給你們看看，看她的信乃知她不同於一般人，不是盲從附和去信耶穌的。她真知道信主是什麼意義。還有，收到你轉來的李師母的匯款以後，我立即復了一信致謝，李師

[1] 康宜注：此指王琇校長。王琇從前在台灣高雄煉油廠國光中學擔任校長的職位。一九六〇年家父剛出獄時，當地沒人敢聘用他，唯獨王琇校長破例聘用家父為國光中學的英文教師，所以誠如家父所說：「王校長是我家的恩人之一」。

母現又回了一封信，略述土地之情況，後頭有一句話：「我想是主願意給我們的，我們就要，看神的旨意吧。現在你們一切都很好，孩子也長大中用了，又住在不遠的地方，什麼心事也沒有了，真為你們欣喜……。」言下頗有羨慕我們之意……。**（康宜按：此處刪去一行）**。

康宜的乾爸李華柱老師，去年寫了一本稿子（回憶錄），主要為紀念你乾媽萬忠德老師。把文稿全部寄我過目，並叫我寫跋。[1]我留了一份底，寄你看看。

這些照片寄給你收起來，都是寶貴的鏡頭（與譚大夫合照的，似乎不太好看，所以我沒寄給許老師。其他兩張很好，我已直接寄去給許先生了）。[2]

PS：番泄葉（叔叔的，漢藥治便秘）

每次可取十至十五葉左右，開水泡飲（為泡茶之法）特效，絕無習慣性或副作用。外出旅行可帶一些。

（一張許府門前全體合照，只缺欽次因是照相師）。

（另一張是欽次的傑作，在飯館中許師與我二人合照，好極了，等加洗一張後再寄給你們）。

（康宜按：此處刪去一行）

一九八三（五月）

---

1 康宜注：我的乾媽萬忠德老師於一九八〇年八月十七日日逝世。一九八二年家父為李華柱老師（我的乾爸）的回憶錄《來去匆匆》寫跋，其中寫道：「……我以為作者伉儷一生對社會最突出之貢獻，除春風化雨作育英才之外，就要算他們在家庭生活中永恆不渝、忠貞不二、馨香愛情的楷模了……自萬老師辭世之後，李師一段淒惻之情，唯我知之最深……」。（並請參見一九八〇年八月間家父給我的來信）。

2 康宜注：「許先生」指許牧世先生，他曾是我在東海大學的老師。「譚大夫」指譚天鈞醫師，他是許牧世先生的妻子，她長年服務於Sloan-Kettering癌科研究中心。他們當時住在紐約州的Hastings-on-Hudson城，離康州不遠，所以一九八三年五月間我們特地帶我的父母去拜訪他們。（參見照片十三（與許牧世合影））。

信件十一

欽次、康宜：

得康宜元月十六來信，你們說從六月起要寄錢給我們，我們知道你們的孝心，但我們也知道你們開銷特別大，所以我們想，你們若有餘力，寄五十元就好了。我退休後還有醫療保險，主保守我們不生大病，花不了多少錢。我們感謝上帝，雖然在以往的日子，對兒女多有虧欠，（特別是「我」，沒能盡到做父親的責任！），但兒女們卻一致地孝順我們，實在是我們不配得的恩典。舉目四望，不乏虔誠愛主的人，然而他們的子女為何？不孝的頗多。即偶有孝順的，也很少是家中每個兒女全都如此。所以我常想：上帝對我有偏心——為什麼獨賜給我們如許的恩典，我們哪一點比別人強？想到這裡，愈發感恩（1 Chronicles歷代志上17:16-18）。父母所要於兒女的，不是什麼有形的物質上的供應，乃是他們的心。同樣我們的天父，我們的主所要求於我們的，也不是要我們為祂做什麼大事，乃是要我們能體貼主的心，愛祂，順服祂的旨意，使祂在我們身上得著榮耀。

康宜今年都四十歲了，還有父母在，欽次四十三了，父母都健在，你們應該感恩。特別想到我們倆人過去三番四次蒙主從死亡的坑中把我們拉上來，如今我們都仍靠主活著，且有健康，豈非神蹟，豈非恩典。我現在每晨早起禱告，隨時寫默想札記。我在主面前為你們所求的所感謝的，乃是你們有信靠主的心（知萬事都有主的美意，凡事交託，仰望耶穌，滿有平安喜樂），有悔改認罪的心（常常自潔，日日蒙聖靈更新）有感恩的心（不可忘恩：不忘主的恩，不忘人的恩，）夫婦二人同心愛主，必在今世、永世都蒙主的祝福。學習禱告，莫如常讀詩篇。我特別盼你們常常誦讀其中的三篇→23, 50, 103。反復誦讀，漸漸背下鑰節，體會默想，以禱告的心去讀，讀時彷彿讀父母的來信一般，以孝順遵行的心來讀。每早晨即使短短幾分鐘，實行禱告是必要的。這時心要跪下，跪在主前承認一切的虧欠一切的罪，求主憐憫，寶血潔淨，隨時預備好了，到「那日」好叫我們能以坦然無懼，無可指責，歡歡喜喜，安然見主。每早晨要以喜樂的心，在主面前歡呼讚美，感謝祂的救恩，數算祂的恩典，並為家人、及親友一一禱告代求。在平安順利的日子需要禱告，免於犯罪，走錯了路；在密雲黑暗的日子，更需要禱告，需要從主領受能力脫離迷惑與憂懼。總之，基督徒生活中最重要的事是「個人」「直接」「單獨」在主面前與主密切相交往。

末了，聖經說（Eph 6:3）：「孝敬父母是第一條帶應許的誡命」。願主照祂自己在聖經中的應許，賜福給你夫婦。

願主與你們同在，直到永遠。

一九八四年元月廿日父字

钦次、康宜：

得康宜元月十六来信，你们说从六月起要寄来给我们，我们知道你们的孝心，但我们也知道你们开销特别大，所以我们想：你们若有余力，寄五十元就好了。我退休后还有医疗保险，主保守我们不生大病，花不了多少钱。我们感谢上帝，虽然在以往的日子，对儿女多有亏欠，（特别是我，很难尽到做父亲的责任！）、但儿女们却一样地孝顺我们，实在是我们不配得的恩典。举目四望，不乏虔诚爱主的人，然而他们的子女如何？不孝的颇多。即偶有孝顺的，也很少是家中儿女全都如此。所以我常想：上帝对我有偏心——为什么独赐给我们如许的恩典，我们哪一点比别人强？想到这里，愈发感恩（I Chron 历代志上 17:16-18）。父母所要于儿女的，不是什么有形的物质上的供应，乃是他们的心。同样我们的天父，我们的主所要求于我们的，也不是要我们为祂做什么大事，乃是要我们能体贴主的心，爱祂，顺服祂的旨意，使祂在我们身上得着荣耀。

康宜今年都四十岁了，还有父母在，钦次四十三了，父母都健在，你们应该感恩。特别想到我们俩人过去三番四次蒙主从死亡的境中把我们拉上来，如今我们却仍蒙主保着，且有健康，岂非神迹，岂非恩典。我现在每晨早起祷告，随时写默想札记。我在主面前为你们所求的，所感谢的，乃是你们有信靠主的心（知道了都有主的美意、凡事交托、仰望耶稣、满有平安喜乐）、有悔改认罪的心（常常自省、日日崇[illegible]、灵里更新）、有感恩的心（不可忘恩：不忘主的恩、不忘人的恩）、夫妇二人同心爱主，以在今世[illegible]永世都蒙主的祝福。以学习祷告，莫如常读诗篇。我特别盼你们

信件　1984.1.20（頁1）

常常誦讀其中的三篇 → 23 51 103 反復誦讀，斷斷背下牢記，以

體會默想，以禱告的心去讀，讀時彷彿讀父母的書信一般，以

孝順遵行的心來讀。每早晨即使幾幾分鐘實行禱告是必

要的。这时心要跪下，跪在主前承认一切的亏欠一切的罪，

求主憐憫，宝血潔淨，隨时預备好了，到那日好叫我们能以

坦然無懼，無可指責，欢欢喜喜，安然見主。每早晨要以

喜樂的心，在主面前欢呼讚美，感谢祂的救恩，數算祂的

恩典，并为家人、及親友一一禱告代求。在平安順利的日子需要禱告，

免于犯罪、走錯了路；在密雲黑暗的日子，更需要禱告，需要

从主領受能力勝過迷惑与憂懼。總之，基督徒生活中

最重要的事是「個人」与主「單獨」在主面前与主密切相交往。

末了，聖經說（弗6:3）：「孝敬父母是第一条带应許的誡命」

願主照祂自己在聖經中的應許，賜福給你夫婦，

願主与你们同在，直到永遠。

一九八四年元月廿日 父字

信件　1984.1.20（頁2）

信件十二

欽次、康宜：

我今天正式退休了。教書生涯於今日結束。昨午我教的三班學生連合起來偷偷地為我預備了一個party，下課後把我「騙了」去的。他們並送了我一個Pewter紀念牌，上面刻好了我的名字，反而是一首孟浩然詩和畫，十分雅緻。確是費了不少心思。連蛋糕上的字都是中文的「春風化雨」四個字，難得。此外，又照了不少相片留念。教書固然是苦，這時候倒也覺得頗有安慰。[1]這次在美國教書，居然還留下這麼一個快樂的紀念，沒有想到。

我印了一張身份資料，給你們一份備用。

你們給媽媽的母親節卡片，給凱音的小衣服都收到了。

Ian Levy那本書畫冊，[2]十分珍貴，等我得空時再慢慢地抄些聖經金句。

主耶穌的恩惠慈愛常與你們同在

五月十日父字
一九八四

---

1 康宜注：此處有些字不太清晰，暫且作「這時候……」。

2 康宜注：Ian Levy是我的普大同學，專攻日本文學，畢業後曾在母校普林斯頓大學任教，後定居日本。

欽俊、
康宜、 我今天正式退休了。我的教書生涯亦於今結束。昨午我的三班學生連合起來偷偷地為我準備了一個「Party」，下課後把我騙了去的。他們並送了我一個「紀念牌」，上面刻好了我的名字，反面是一首王維的詩和畫，十分雅緻。確是費了不少心思。這塊牌上的字都是中文的「春風化雨」四個字，難得。又照了不少相作留念。十分開心是真，也時候倒也覺得，頗有感慨。這幾年在美國教書，居然還留下這一個快樂的紀念，沒有想到。 我印了一張另外資料，給你們一份備用。
你們給娟娟的母親節卡片，給欽音的小衣服都收到了。
Ian Lung 那本書畫冊，十分珍貴，等我得空時一再慢慢地[illegible]。
主耶穌的恩惠常與你們同在

五月十日 父字
1984

信件 1984.5.10

上：插圖6，1984年學期末了，孫保羅從American Graduate School of International Management（Thunderbird Campus）正式退休。學生們偷偷為他預備了一個退休party，並贈他禮物。

下：插圖7，退休party上所用的napkin。

信件十三

Gram年九十五

〈兩個月後將屆九十六高齡〉[1]

但據康宜說，Gram已記憶模糊，氣力大衰。

十二月十五日早四時康宜打電話去，

Gram說：I'm not far from there.

永遠懷念所親愛的GRAM

---

1 康宜注：家父這封短函（親筆寫在至友Gram [Edith Chamberlin]的聖誕賀卡上）極其寶貴。那是一九八四年的聖誕節之前，我們一家人都分別收到來自Gram 的聖誕卡，卡片上印有Gram的一首短詩，題為"Assurance"（信心）："My eyes cannot reach the opposite shore/But its reflection in the quiet lake/Tells me that it is there." 大意是："我的眼睛看不見湖的彼岸／但它的倒影映在安靜的湖面上／讓我知道它的存在。" 那時Gram已經年高九十五，再過兩個月就是九十六歲了，我們都非常關心她的身體狀況。因此收到卡片後，我立刻打電話給Gram。電話中Gram的聲音極其薄弱，她說："I'm not far from there."（意即：「我離死亡不遠了」）。父親這封短函就是記載當時的情況，以及我們對Gram的關切。沒料到Gram於一九八四年發出的聖誕卡竟然是她平生設計的最後一張卡片，而她在卡片上所用的那首詩也是她所寫的最後一首詩。（Gram於一九八五年二月二十二日去世，享年九十六。臨終前，她囑家人將她的骨灰撒入她最心愛的卡耐基湖[Lake Carnegie]中）。

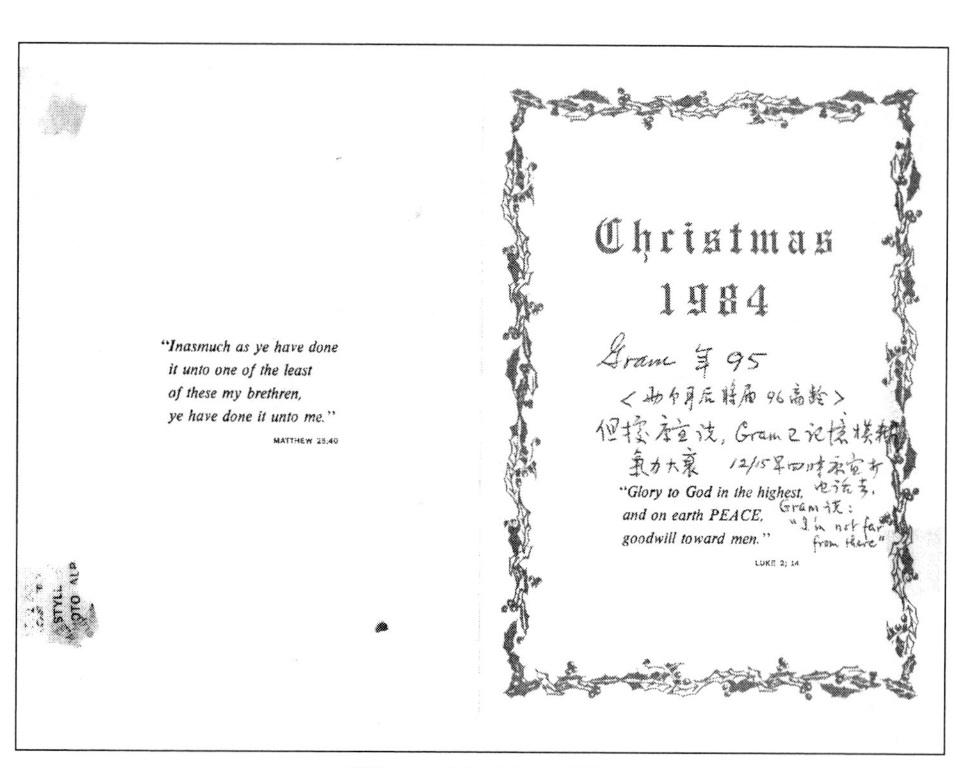

"Inasmuch as ye have done
it unto one of the least
of these my brethren,
ye have done it unto me."

MATTHEW 25:40

Christmas
1984

Gram 年95
<两个月后将届96高龄>
但据承宣说，Gram已记忆模糊
氣力大衰 12/15早四时承宣打电话来，
Gram说：
"I'm not far from there"

"Glory to God in the highest,
and on earth PEACE,
goodwill toward men."

LUKE 2; 14

信件　1984.12（Gram頁1）

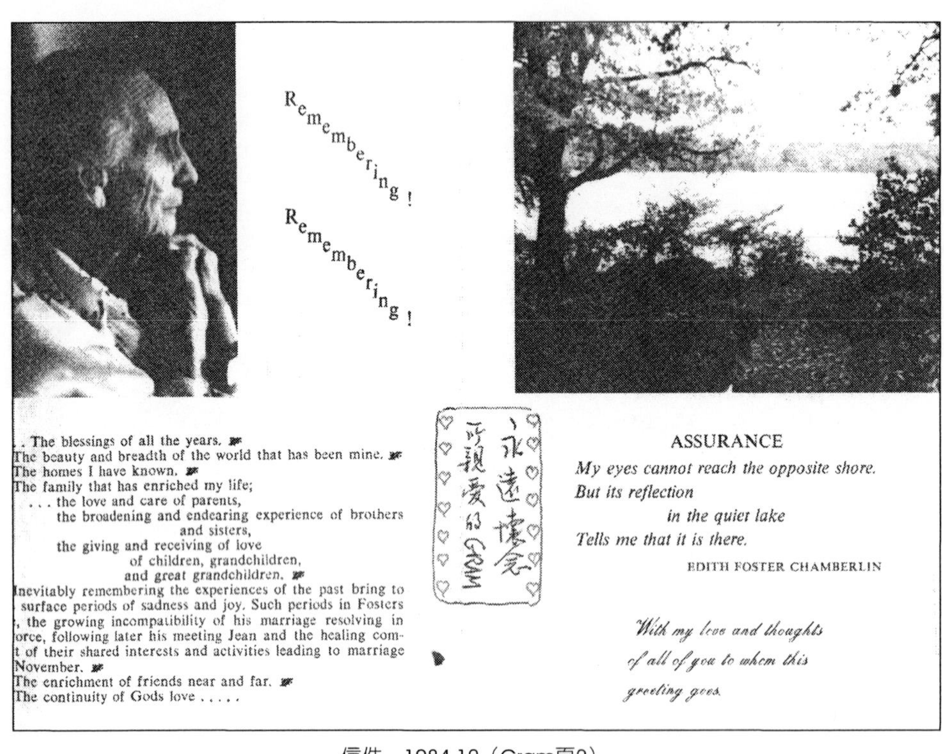

Remembering!

Remembering!

. . The blessings of all the years.
The beauty and breadth of the world that has been mine.
The homes I have known.
The family that has enriched my life;
. . . the love and care of parents,
the broadening and endearing experience of brothers and sisters,
the giving and receiving of love
of children, grandchildren,
and great grandchildren.
Inevitably remembering the experiences of the past bring to
surface periods of sadness and joy. Such periods in Fosters
, the growing incompatibility of his marriage resolving in
orce, following later his meeting Jean and the healing com-
t of their shared interests and activities leading to marriage
November.
The enrichment of friends near and far.
The continuity of Gods love . . . . .

ASSURANCE

My eyes cannot reach the opposite shore.
But its reflection
in the quiet lake
Tells me that it is there.

EDITH FOSTER CHAMBERLIN

With my love and thoughts
of all of you to whom this
greeting goes.

信件　1984.12（Gram頁2）

信件十四

小紅：

今天忽想起，要抄一張重要文件清單，給你和觀圻也各存一份。（康成這裡有一份，在我文卷一起）……**（康宜按：此處刪去數行）**。

跟隨耶穌確不容易，但靠主恩典盡量學習忍耐而已。雖然如此，仍常失敗，對不起主。

父字

10/22/85

PS：國旗是我成公民時領到的，質料甚美，值得做紀念。（也給你）

信件十五

康宜、欽次：

1. 詩89:1／詩59:16『早晨要高唱主的慈愛』

詠慈（歌頌主慈愛）[1]

2. 我在主裡的老師，也是天天為我們全家禱告的劉德馨老牧師已在十二月卅日蒙主接到主的榮耀裡去了。他去年元月中風，三日不省人事。主行神跡叫他很快康復，也無半身不遂。七月是他七十六歲生日，我寄了卡片還寄一封很長的信去（感恩）。八月收到牧師親筆回信，字也很清楚（收信後我才知他一月中風等等情形，我立刻又寫了一封信寄了五十元去）。十二月五日牧師給我一封信，說錢已收到。已取其中一半用我的名義獻給後勁教會翻修之用。字也很清楚，但最後說：「我腦子有點糊塗」又說「我老了」。

日前學生顧玉仙由台返美來電話，才知牧師在十二月廿五還證道，還給人施洗。十二月卅日與人談話時，忽然頭一低，碰到桌子上。就此去了。（據說：牧師在中風痊癒後自己說：「我到主那裡去的時候，求主叫我不要再麻煩人」，主真是恩待祂的忠心老僕，就照他所求的賜給他了！

3. 我以前講道的稿子，搬家時卻丟了。

上主日（元月十二）下午主日學：我講詩篇廿三篇。

稿子大綱抄給你們一份，暇時看看。

---

[1] 康宜注：「詠慈」是家父當時為我們將要出生的女兒Edith（Edie）所起的中文名字。又，我們給女兒取名Edith，乃為了紀念好友Edith Chamberlin（Gram）。

主耶穌的恩常與你們同在。

八六，元月十五

給康宜：

①詩89:1 詩59:16 詠 慈 歌頌 主慈愛

早晨要高唱主的慈愛

②我在主裡的老師，也是天天為我們全家禱告的劉德馨老牧師已在十二月廿日蒙主接到主的帳幕裡去了。他去年元月中風，主行神蹟叫他很快康復，也無半身不遂。七月是他七十六歲生日，我寫了卡片還寫一封很長的信去（感恩）。八月收到牧師親筆回信，字也很清楚（收信後我才知他一月中風等情形），我立刻寫了（又寫了一封信）五十元去。十二月五日牧師給我一封信，說錢已收到。其中一半用我的名義奉獻給佈道會，翻修之用。字也很清楚。但首次說：我腦子有點糊塗了，又說：我老了。

日前學生顧玉仙由台返美來電話，才知牧師去

信件　1986.1.15（頁1）

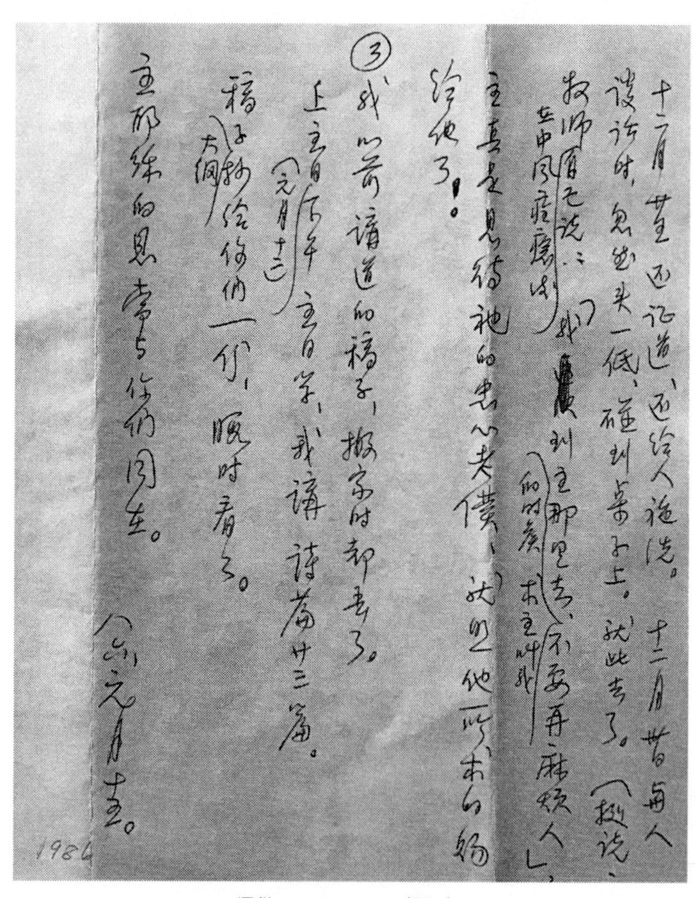
十二月廿五还讲道，还给人施洗。十二月廿日与人谈话时，忽然头一低，碰到桌子上。就此去了。（据说，牧师自己说（在中风症发时）：「我到主那里去（的时候，求主叫我），不要再麻烦人」，主真是照着祂的忠心老仆，就照他所求的赐给他了！

③我以前讲道的稿子，搬家时都丢了。

上主日下午（元月十二）主日学，我讲诗篇廿三篇。

稿子和大纲给你们一份，暇时看看。

主耶稣的恩惠与你们同在。

保 元月十五。

1986

信件　1986.1.15（頁2）

信件十六

宜兒：

爸爸一定為你一家面臨的難處，特別為你自己，向主祈求，求主憐憫幫助。人生就是許多的無奈、受苦。不然神兒子主耶穌為什麼必須降世受苦，背負我們的罪與憂患呢？你自己也要心裡隨時隨地不住地禱告主耶穌，這樣，外面難處雖然還在，你裡面能充滿主的平安。

你當效法媽媽，受苦時靠主堅忍的榜樣。須知我們一切的遭遇都是神所許可的，神所按排的，既出乎神，我們就當學習「順服」，「不與神爭」！遇到試煉，心中可以向主訴苦，但絕不可「埋怨」，不可質問神「為什麼」。主耶穌給我們開的路，就是「存心順服神」！遇拂逆之事，流淚謝恩，即得安息！主的旨意，人測不透，就俯伏敬拜。明天事交託給主！我們什麼都不能（不能控制），憂慮也無助於事。一有憂慮，就立刻帶到神面前，由主引導前路。這世界不是我們的家，我們的真盼望是天上的家鄉。感謝神，祂凡事賜你聰明智慧。沒有過不去的事，受苦也轉眼即過……願主耶穌的憐憫平安常與你同在。

父字2/25/1986

信件十七

小紅：

回來十天了，一直想給你寫信……（**康宜按：此處刪去兩段**）。

正寫信時，收到欽次給康成娜娜的信。他這封信叫我們實在很感動，提到我們二人的地方，更叫我們覺得慚愧不配。欽次的牙，治完了嗎？想到詠慈，我為她感謝上帝，不但因為主給她健康的身體，可人的脾氣，更因她有你們二人這樣對孩子關懷無微不至的父母！（尤其是一位這麼能幹的父親）。

娜娜手術已快復原了，為此事，二姨曾打電話來，阿惠也特地打電話來，正太全家又寄來卡片，相信道成的犧牲並未徒然。[1]盼你們為我禱告，使我蒙主憐憫，能再起來忠心服事祂。我也為你們禱告。求主親自幫助你們，使你們能堅心倚賴祂，而心中真有平安和力量。

父字

七月廿六（一九八六）

PS：李華柱老師（小紅乾爸）紀念萬老師的那本書出來了。名「來去匆匆」。其中有我寫的一篇「跋」，可惜裝幀的人太糊塗了，竟把這篇跋放在全書的前頭了。

我回來的時候把大小兩本皮面聖經全帶回來了，心想要把我記的一些資料都抄到大本上，再把小本寄回去。現在抄完了，我卻改變主意了，覺得還是小本方便。大本仍給你留存，作為紀念。（可惜我在裡面又劃又注的。——

[1] 康宜注：「二姨」指欽次的母親陳玉鑾。「阿惠」是欽次的小弟張道惠。「正太」是欽次的大哥張正太。當時欽次的另一個弟弟張道成剛病逝不久，故家父信中說道：「相信道成的犧牲並未徒然」。

這不是好習慣，但我有這個毛病）。我已把書包好，日內抽空即可去郵件寄了……**（康宜按：此處刪去數句）**。

觀圻日內即可返由台灣回來。又及。

信件十八

（內附Cashier's check一紙）

小紅：

媽媽說要送你這四百元，是為了慶祝你得tenure的。每想到上帝在你身上所顯明的格外的恩典，我們就不能不感謝。但願你每天早起都思念主的大愛、耶穌的大恩。每日以感恩圖報的心面對主所賜的新的一天（詩篇59:16）。

（康成就暫時不寄錢給你了）。

康成定三月底先一個人去Boston上班。我們卻要等到賣房子的事辦完以後才能搬去。讓我們「凡事謝恩」！不看前面的環境的難處，只看這位曾救我們脫離死亡的恩主在我們面前領著。

主耶穌的恩常與你們一家同在。

父字
二月廿八
一九八七

PS：剛好，信寫好了，就收到Tenure證書!!!真巧！

小紅：〈內附 Cashier's Check 一張〉

媽媽說要送你這四百元，是為了慶祝你得 Tenure 的。每想到上帝在你身上所顯明的格外的恩典，我們就不能不感謝。但願你每天早起都思念主的大愛所賜的大恩，每日以感恩、喜樂的心面對主所賜的新的一天（詩篇59:16）

（家成就暫時不寄錢給你了）

家成定三月底先一個人去 Boston 上班，我們都要等到賣房子的事辦完以後才能搬去。讓我們凡事謝恩！不看前面的環境的難處，只看這位曾救我們脫離死亡的恩主，在我們面前領著。

主耶穌的恩惠與你們一家同在。

父字 二月廿八日 1987

剛好你寫好了，就收到 Tenure 証書!!! 真巧！

信件　1987.2.28

信件十九

康宜吾女：

牧世先生同你們合照收到了。非常高興得見許老師夫婦蒙主的恩，健康快樂。

我很感謝主，我雖沒有他們那樣優越的環境，但我因有主耶穌，就是無限的寶貝，勝過世上一切美物。我是十分軟弱，但我的主總不丟棄我。祂無條件地接納我，無止境地忍耐我，無限度地愛我。祂使我看見自己的軟弱無用，就心悅誠服地更加倚靠主。因此主的能力就再加給我，使撒旦羞愧。祂的恩典真夠我用。我有了什麼難處、痛苦，並不需要度假散心，自有我主隨時幫助扶持，「祂使我靈魂甦醒」，吸引我全心愛慕祂，於是轉憂為喜。

想到已往歲月中，我一生眾罪，我主已全為我付上贖價，而今日我的罪，主寶血也隨時洗淨赦免我，我心裡充滿何等的感謝啊。因此我可以靠主宏恩，預備自己隨時可以坦然迎見祂。

我想告訴你，這兩年來，我特別在兩件事上感謝主恩：

（一）祂使我一天一天更多認識祂。

（二）祂使我一天一天更加愛慕祂。

這不是憑自己的努力，而是主親自在我心中所作的。

願主救主耶穌基督的恩常與你同在。

一九八七年

父字八月四日晨

信件二十

小紅：

收到「末代皇帝」文在報上刊出，一眼望去，標題字體大得離譜。巧的是下半版登出的竟是曉風的文章！

※ ※ ※

讀了你所寫的兩封信，看得出來你中文寫得不錯了。不過我還是吹毛求疵，挑了一些小毛病。

至於這篇詞學的文章，有幾處我意思看不清楚，卻又不知如何改法，因我對這個題目是外行。（末片影評一文，因我看過電影、所以修改時我沒有什麼顧慮）。總之，我改是改了，很不滿意。你要仔細斟酌，若有「以詞害義」的地方，不可採用，還是保存你的原文為宜。……**（康宜按：以下刪去一段）**。

父字

6/23/88

信件二十一

欽次、康宜：

忽有所感，寫幾個字留給你們。

（將來若有人去台灣，可託人把它裱一下）。[1]

Edie畫的好有趣，那本月曆要留著將來給她作紀念。

（康宜按：此處刪去二行）。

聖誕快樂

一九八九聖誕節

父字

---

[1] 康宜注：請見後來裱好的書法：「主懸十架／恩臨我罪人／打破玉瓶／誠心愛耶穌」。（見下頁）。

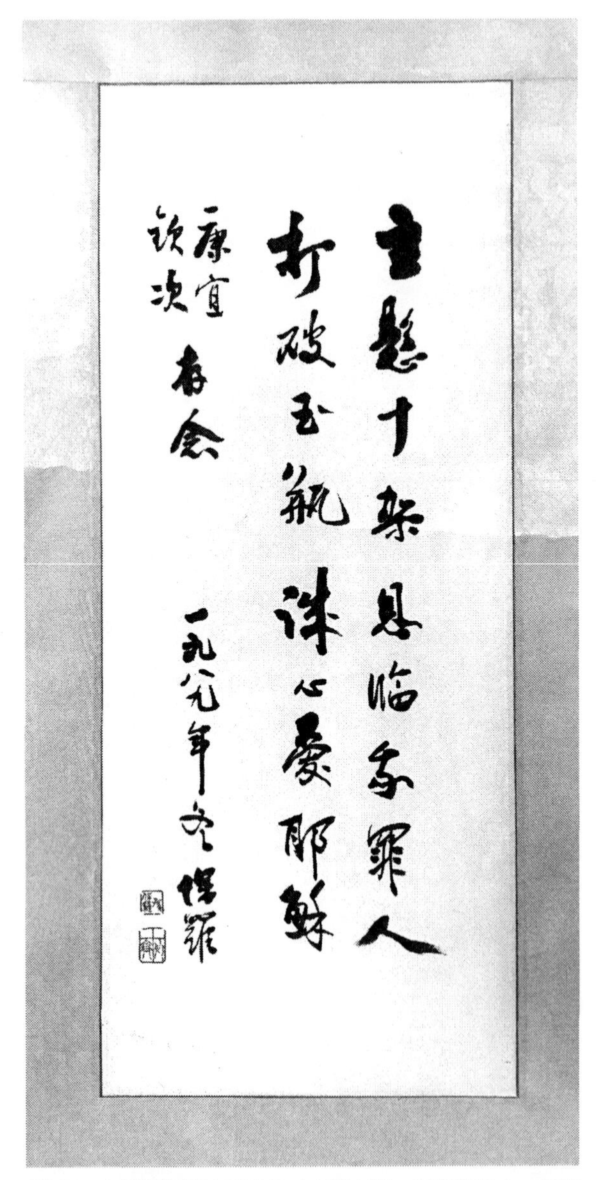

插圖8，有關這幅書法和詩句（主懸十架，恩臨我罪人。打破玉瓶，誠心愛耶穌），以及孫保羅後來又寫出的不同格式書法，請參見本書輯一，書法2。

第三部分

一九九〇年代書信

信件一

欽次：

謝謝來信，知小紅行程一切順利，Edie又很聰明也很乖，我們很高興。若說小紅今日有些成就，則一切都當歸功於你已往對她在各方面的犧牲與幫助。沒有你的辛勞，不可能有她今日的榮譽。

願

主賜福與你們

三姨

三姨父[1]

8/16/91

[1] 康宜注：家母家父自稱「三姨、三姨父」，因為外子欽次是我的表哥，他稱呼我的父母為「三姨父、三姨」。

欽次：謝謝來信，
知小紅行程一切順利，Edie
又很聰明也很乖，我們很
高興。
若說小紅今日有些成就，
則一切都當歸功於你
已往对她在各方面的犧牲
与幫助。沒有你的辛勞，不
可能有她今日的榮譽。
願
主賜福与你們
三姨
三姨父
8/16/91

信件　1991.8.16（給欽次）

信件二

康宜：

1. 這次你回台講學，受到各方的歡迎與敬重，我們因你而感到光榮，更為此感謝神。

2. 媽媽今年二月在此間華人教會婦女團契做的見證（由我的學生趙純誠筆記）印出來了，現寄一份給你留念（文字經我潤飾過的）。

3. 今春你和欽次詠慈來看我們的時候，我竟又向你們發了脾氣，不僅傷害了你們，更是羞辱了主。我向主認罪，也向你們認罪（本來早就該說的了）。

4. 我以前存放在你那裡的「遺囑」、盼過兩天你有空時，給我寄來（因需要update了）。

願主的恩惠平安與你們一家同在。

父字

8/23/91

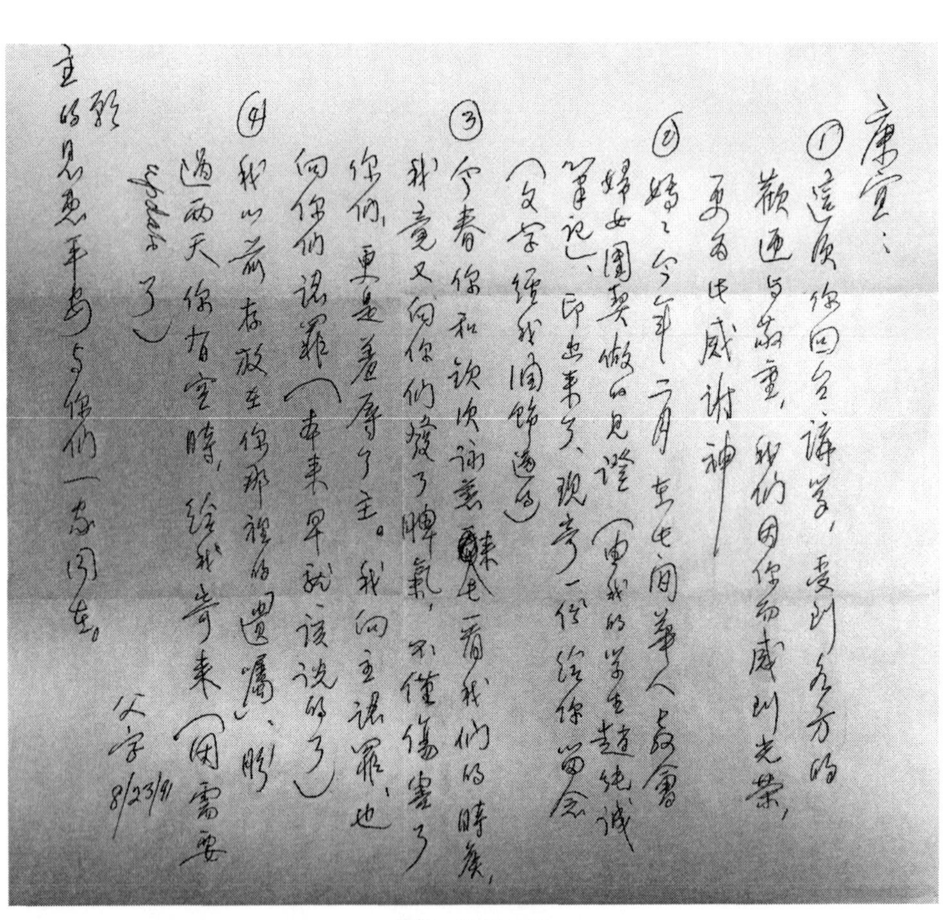

康宜：

① 這次你回台講學，受到各方的歡迎與敬重，我們因你而感到光榮，更為此感謝神。

② 媽媽今年二月在此間華人教會婦女團契做的見證（由我的學生趙純誠筆記）、印出來了、現寄一份給你留念（文字經我潤飾過）

③ 今春你和欽次詠慧來此一看我們的時候，我竟又向你們發了脾氣，不僅傷害了你們，更是羞辱了主。我向主認罪，也向你們認罪（本來早就該說的了）

④ 我以前存放在你那裡的遺囑、[illegible]過兩天你有空時，給我寄來（因需要update了）

父字
8/23/91

願主的恩惠平安與你們一家同在。

信件　1991.8.23

信件三

小紅：

1. 我很簡要的片斷的說說我們信仰的要義（不是全部，是你現在需要知道的）。

（1）「人」是被造的！誰是造我的主？不是父母，乃是那位創造宇宙的主宰，生命的主！

（2）無論人信不信，神還是永遠存在的。誰是神？創造的主，賜生命的主，掌生死的主，審判的主，祂才是獨一的真神！

神不是人造的神，乃是造人的神！神不是人摸索出來的，更不是假神或偶像[1]！（偶像假神的背後隱藏的是撒旦）。

（3）人如何能認識神？答：不可能！因為神（獨一真神）是靈，神是無限的，人是有限的（人有理性的限制，有肉身的限制）。「有限」的絕不能認識「無限」，人能找到的，不是假神，就是哲理，不然就是偶像！

（4）人雖然墮落了，還是帶著「神的形相」，所以多多少少也能知道有神，也能知道神是與罪不兩立的（所以自古各民族都有獻祭的制度）；人還有良知，所以也有是非之心，羞惡之心，惻隱之心，但人的良心已受撒旦控制而不發生作用了。（「立志行善由得我，行出來由不得我！」（Rom 7:18））。

（5）總之，人找不到神！人只是瞎子摸象！

（6）那麼，人怎樣才能認識神？只有一個方法就是「神」啟示祂自己！／神如何啟示祂自己

[1] 康宜注：原文作「偶相」，今改為「偶像」。

呢？／神有一個難處：因人（罪人）不能看見神，神如果被人看見（祂的榮光，人受不了）人必定死！（Ex 33:20）。

（7）神要啟示祂自己，只有一個辦法，就是成為人的樣式來到世上！

（8）神已經成了肉身來了！（Jn 1:14, 1:18, ITim 3:16……）。

神放棄了祂天上的榮耀，權利，自由，甘願到世上來受限制，受苦，受死！這就是主耶穌！（完全的神，同時也是完全的人）（Jn 1:18）。

（9）耶穌降世為人的目的：第一要表明神（Jn 1:18, 14:6），第二要救罪人，救這受苦的（走向滅亡的）（失喪的）世人！（Mt 1:21）

人若不藉著耶穌，就不可能認識神（Jn 14:6, 9 / IPet 1:21）。

人若不藉著耶穌，就不可能到神那裡去（因為罪把人與神隔絕了）。

（10）耶穌自己說祂是神（Jn 10:30），門徒說耶穌是神，我們信的人說耶穌是神。如果耶穌不是神，這個人必定是個大騙子！（有人說，耶穌是聖人，道德最高尚的人，是人的模範。請問，大騙子怎麼是人的模範！）如果耶穌不是神，這耶穌必是個瘋子！（奇怪，兩千年來這世界迫害聖經，反對耶穌，但這個瘋子仍受這麼多人敬拜！甚至不信耶穌的人如甘地者，也十分崇敬這個瘋子，豈有此理）。／耶穌無罪，證明祂是神（Jn 8:46 / Lk23:47 / Mt 27:4）／耶穌被釘十架，第三天又從死裡復活，這更証明祂是神。（注意：主復活，不是精神不死，乃是身體復活，主耶穌現在坐在天父右邊，祂身上還帶著釘痕傷痕！當然，身體變成一個榮耀的屬靈的身體了！）主復活是歷史的事實！兩千年來未見有人提出反證！

（11）耶穌能趕鬼，更是証明祂是神，是全能大主宰，是已經「擊敗撒旦的」那位萬王之王，萬主之主！今天任何真誠信靠順服主耶穌的信徒，都能奉主耶穌的名，憑著主寶血的權能，趕逐撒旦！（Mt 28:18 / Lk10:19 / Rev 12:1 / IJn 3:8, 4:4, Heb 2:15, Col 2:15）

鬼怕耶穌，鬼惟獨怕耶穌，鬼也認識耶穌，因耶穌是神！

（12）靈界的實在！

這個世界有可見的人事物，也有眼不能見的靈界！唯獨「人」是有「靈」的！所以人不能脫離靈界的關係！（無論信耶穌，不信耶穌，人人都活在靈界裡。有人意識得到，有人不自覺）。信耶穌的，活在神國裡受聖靈管制；不信耶穌，活在撒旦的國裡，受邪靈管制。「鬼」不是迷信！是真實存在的（C. S. Lewis說「撒旦最大詭計就是設法騙人，使人認為根本沒有鬼這回事！」所以，今日心理學心理分析學等等的學，都說鬼是潛意識的現象，是幻覺！也可以說，這些鬼話都是撒旦指使他們說的！）

2.「鬼」，世人都是亂猜，只有「新約」聖經，把他的本來面目揭穿了！／／鬼本來是神所造的天使，後來墮落了，背叛神，與神為敵了，鬼的王就是撒旦（devil），手下有無數的軍隊就是鬼（demons）。

撒旦和他的國度現在霸占了這個地球，是這世界的王，管轄一切的人，在人心裡運行！唯有基督徒是已經脫離他的權勢了的（Acts 26:18）。我們信主的人有天使在我們周圍保護我們，但同時在我們外面有魔鬼到處遊行，如吼叫的獅子，也要傷害攻擊基督徒！這就是靈界的實在！

全宇宙有一場靈戰在進行，基督徒心裡也是這戰場的一部分！聖、邪相爭！／撒旦攻擊基督徒，目的是要叫我們懷疑神，遠離神，叫我們不順服神，藐視神，叫我們情緒低落，看不見神（同在）！

（1）主在十字架上的得勝：第一，寶血除去了「罪」的權勢！人有罪，人生在罪中，代代遺傳都有罪性，人被罪捆綁。神是聖潔公義的，與罪不兩立，所以「罪的工價乃是死」。主耶穌是無罪的，替我們成了罪身的樣式，死在十架，滿足了神公義要求，「罪」已經受了應得之刑罰，「罪」再不能轄制人了。

第二，主十字架的死與復活，除去了「死」的權勢！主耶穌從死裡復活了，「死」再不能轄制人了（Heb 2:14-15）IITim 1:10，（ICor 15:54）。

第三，主在十架受死復活，解除了撒旦的武裝，定了他的罪（撒旦是罪的元凶，也是掌死權的，但如今「罪」的權勢沒有了，撒旦的權柄也取消了。撒旦只有戰兢等候所定的日子，[1]被扔在地獄火湖中）。

撒旦及魔鬼現在知道他們日子不多了，正在作困獸垂死之斗，所以現在在世界更形猖狂。

（神許可這些事！我們不能明白Deut 29:29）。

（2）我們信耶穌得什麼？

第一，罪得赦免，免去罪刑（地獄……）

第二，得永生（神的新生命）！凡信耶穌的，都受了聖靈！聖靈永遠住在你我心中，我們的靈與聖靈合為一靈！／／這新生命能除去舊生命，使我們更新變化，日漸更新。

（3）有了耶穌，人生才有意義！耶穌是永生，人唯有和「永恆」連上，他的存在才有意義！

（4）有了耶穌，人生有盼望。我們死的時候，是靈魂與肉體分離，（死不是消滅，乃是分離。未來審判時，不信耶穌的人的靈魂要下地獄受永死，那不是永遠消滅，乃是永遠與神隔

[1] 康宜注：此處原文作「……戰驚等候所定的日子」，今將「戰驚」二字改為「戰兢」。

離。人的真我是靈魂，靈魂是有「意識」的部分，靈魂不會消滅）。

不信的人死時，他的靈魂要去陰間，等候主再來以後，最後的審判，落入永刑。

基督徒離世時，我們的靈魂立刻被帶到樂園與主耶穌同在，等主再來。（第二次降臨為了在地建立有形的天國，為了審判，為了把撒旦魔鬼扔到火湖裡，為了帶來新天新地。）

基督徒死了，等主再來時主就把他們帶來，到空中，立刻一瞬間就復活，得著一個榮耀的身體，與靈魂連合，像主耶穌一樣。

所以基督徒活著，知道是往那裡去！對終點有把握。我們在世度日不過是客旅寄居帳篷，指望歸家之日，脫離一切嘆息勞苦眼淚。

（5）有了耶穌，生活有目的有方向，每天活著，無論作什麼，都是為耶穌活，為了榮耀主。

有了耶穌，生活有力量！天天時時靠耶穌活，在這苦難的世上，主不離開我們，與我們一同經過，安慰，鼓勵，幫助。聖靈永住我內，聖靈就是神的靈，就是耶穌的靈，聖靈是大能！這無窮生命的大能，在我裡面使我能勝過罪，勝過撒旦，勝過憂愁，懼怕，痛苦。

有了耶穌，靈裡有安息！除主耶穌，再無任何可得安息之處！「在世上你們有苦難」，但「在我裡面有平安」！「你們可以放心」，因「我已勝了這個世界。」（Jn 16:33）

3. 基督徒要靠近主！盡可能主日要敬拜主！盡可能讀經，要隨時不住禱告！（心中，口中）（雅各書Js 4:8上）。你親近主，你才經歷到「主親近你，主與你同在」。

同時要注意：

1. 不可接近任何邪術（如算命，打坐，氣功，TM，yoga，占星術，手相，感應盤，ouija，碟仙，撲克牌算命，扶乩，卜卦，唸符咒，姓名學，etc，etc.都是神所憎惡！凡靠近的，都會招惹邪靈的侵害，又要受主的咒詛和刑罰！）

千萬不可對邪術有好奇心！要遠離，要逃避！萬一無意遇上，要奉主耶穌名趕逐邪惡者，求寶血潔淨！

如果以前曾犯過以上什麼事，現在就要跪在主面前認罪，求赦免！

2. 身上，家中，不可有任何偶像，及與邪術有關之物。一般邪惡的，可怕的圖像，如人的骷髏，一切淫蕩的東西，都要除掉！

邪惡，淫亂，暴力，背後都有撒旦！

（1）無論何時，在夢中受到撒旦搔擾，或白天，遇到撒旦什麼攻擊，都要隨時奉主耶穌的名，趕逐邪惡！（每個屬主耶穌的人，都有此權柄）。

（2）主耶穌的名字，是我們護身的至寶！活在這邪惡控制的世上，我們有主耶穌的保護！哈利路亞！讚美主耶穌！

附：

你為教學的需要，無可避免的會涉及世上各種宗教有關的東西，這是不得已的。但自己清楚，不受它的影響，就好了！

願主耶穌充滿你

八月十九日晨父字
一九九四

信件四

孫凱音：[1]

主耶穌愛你！

Dear Vivian:

Thank you for the birthday card and the beautiful pictures of you at San Francisco.

May the Lord Jesus keep you and bless you and be with you always.

Love,

From Grandpa (yeye)

Oct. 94

Washington, D.C.

---

1 康宜注：孫凱音（Vivian Sun）是大弟康成夫婦的女兒。

孫凱音：

主耶穌

愛你！

Dear Vivian:

Thank you for the birthday card and the beautiful pictures of you at San Francisco.

May the Lord Jesus keep you and bless you and be with you always.

Love,

From Grandpa (yeye

Oct. 94 Washington, D.C.

信件 1994.10

信件五

康宜：

聽說日前你曾昏厥，是否經常失眠所致？失眠可能有生理的原因，可能營養不足，也可能工作壓力太大，也許是心中有怨有氣，有什麼人不能饒恕，或有事掛慮，心不釋放。

人生總是受苦，無人能免，人的重擔，非己力所能承受，我們需要倚靠耶穌。

要儘可能去教會聽道聚會，儘可能自己有些讀經禱告，這樣，能扶持靈裡剛強，那麼每當「老我」發動，就能隨時靠著主耶穌的十字架，把它一點一滴地對付掉。

此外要常存感恩的心，要謙卑在神面前，看見一切是出乎神。離開耶穌，我們是軟弱無助。所以自己若有什麼得著，就當感謝神；有所失，也照樣感謝，因為神是神，我們不是神。感恩是「敬畏」、「順服」的表現，凡事謝恩，雖然環境依然拂逆，心靈卻能靠主有平安。

人生真實的願望是「永生」，世界無任何盼望，我們必須專一仰望耶穌。心常與主相連，就能由天看地，由永恆看短暫，許多痛苦便能忍受，憂愁能交託給主了。

——這些事都要靠「不住禱告」去操練經歷。不住禱告，就是隨時隨地禱告主，隨時一有需要就求主耶穌幫助！因聖靈住在你心裡，祂要隨時幫助，拯救你。

（康宜按：此處刪去一大段）。

〈經句〉

詩篇46:1「神是我們的避難所，是我們的力量，是我們在患難中隨時的幫助。」

馬可8:34「主耶穌說：若有人要跟從我，就當捨己，背起他的十字架來跟從我。」

帖前5:16-18「要常常喜樂，不住地禱告，凡事謝恩」。

願主耶穌的平安常與你同在。

父字

11/8/94

信件六

慶順、玉美、博、晶、萃：[1]

今天最大的喜樂，是我聽到你們的聲音！我聽到的是說不盡的愛！我感謝神，祂按排我有機會，在短暫而只有一次的人生路上，與你們一家相交，知心，如自己親人，更勝過自己親人！我現在離世的時候快到了，我要把一生所得最大的寶貝傳給你們——這寶貝就是耶穌！

聖經是叫人認識「真神」，同時也是叫人認識「自己」！聖經沒有應許人信耶穌就沒有苦難、諸事大吉、一帆風順；耶穌不說謊，祂說：「你們在世上有苦難！」接著說，「我……是要……叫你們在我裡面有平安！」耶穌是救世主，為要給世上受苦之人、有罪之人、絕望之人帶來「真實的盼望」和靈裡的「安息（平安）」。

聖經應許「信耶穌得永生」！（永恆的生命，與神同在的生命）。又因有了「永生」，人每天活著能有力量，能勝過罪，勝過世界的引誘，勝過各種苦難，勝過死亡。

我為你們禱告，就是你們全家得救——能離棄虛假的偶像，歸向真神和神獨生子耶穌！我們的禱告是，你們的後代都能信靠耶穌，走平安的道理！你們若想念我，就願你們去教會聽道，「學」聖經，以致接受耶穌為你們個人（各個人自己）的救主！阿媽從前是拜偶像最厲害的，你們知道。有無數人作見證，說他們以前是如何跟著祖宗拜偶像，後來如何因聽道而認識耶穌，得了救恩。人都以為偶像是神，其實偶像是假神（是人造的神，人心所想的神，人一廂情願的神，人云亦云的神，虛無縹

---

[1] 康宜注：這封信寫給鄧慶順老師（我們稱他為鄧大哥）及其家人。過去在一九六〇—一九七〇年代，當我們姐弟三人相繼離臺出國之時，我的父母都虧鄧大哥一家人的照顧。後來家父家母到了美國之後，他們仍繼續保持聯絡，凡事體貼周到，無微不至。

緲的神！）信耶穌乃是認識獨一真神，創造宇宙、掌管萬有的、至高至聖、全能永活的主宰！這位神是造人的神！人生命是從神而來！（人藉父母所生，但不是父母造的，是神造的！父母豈能按自己心意、憑自己本領、造一個這麼奇妙不可思議的「身體」？（更不用說人的心靈了）。

聖經叫人看見，這位「真神」是人的父親！（天上的父）。神愛世人（就是愛一切世上有罪的、受苦的人、走向死亡的人），於是差獨生子耶穌，成了肉身，降生世界，把這位真神顯給人看。耶穌一生與我們認同，與人一同受苦（但耶穌是「無罪」，耶穌是真神又是真人），最後被人釘死在十字架上，替我們受死（因世人都有罪，該受審判，受永刑），並且「擔當我們的痛苦，背負我們的憂患」！

這樣，耶穌給人開了一條路，使人可以見神（因人有限，有罪，不可能認識神，更不能靠近神），並且可以進到神面前（神是靈，無形無相，人不能「眼見」），與神相交。

人因信耶穌，就得著一個新生命，得了新生命（永生）以後，人生觀改變，生命改變，個性脾氣改變，命運改變！〔人對神的關係改變了，與神「和好」了，人與自己才能和好。人與自己（人內心）和好了（沒有衝突），才能與人和睦。〕

這個新生命是能力。人有了神的生命，為耶穌而活，就有能力不犯罪！（人天然本性是不能行善的，聖經說，那些自以為行善、夠資格上天堂的人，乃是「自以為義」，「假冒為善」，是自欺欺神的）。不但有能力不犯罪，並且有能力勝過環境，使心中無怨、無氣、無惑（有方向，有亮光，減少許多不必要的痛苦、錯誤、失敗、後悔），無憂、無懼（有平安有力量）。信耶穌是走「活路」（神的路），不信耶穌是走「己路」（是「死路」）。

我的話權充「臨別贈言」，盼你們全家大小都讀一讀！我的禱告就是你們全家得救！

願賜平安的神，信實憐憫人的主，親自施恩，使你們向神謙卑，信靠主耶穌，蒙永生平安之福！

阿公

一九九六年

二月十九

舊正月初一

（阿媽想念你們，為你們所存的心願，和我一樣）。

信件七

欽次康宜：

感謝你們，每當我們大受試煉之時，你們總是我們心裏的安慰，鼓勵，扶持。

我特別感謝欽次，為我們而付出的一切犧牲。願愛我們的主耶穌親自報償，厚賜與你們一家。

父字5/17/97

PS：謝謝你們寄來的照片，你們的電話，卡片，禱告…現又收到一包Priority，有轉交娜娜的，有給媽媽的信（信中充滿了愛，愛裡又含蘊著智慧。但願媽媽因女兒的勸慰，而成全我們在她身上的心願。）[1]

1 康宜注：當時我的母親已經生病了，所以全家人都陷入緊張憂慮的狀況。有關我那次電話的內容，請參見以下輯四「孫保羅日記」一九九七年五月十六日。

钦次 康宜：

感谢你们，每当我们大受试炼之時，你们總是我们心裏的安慰、鼓勵，扶持。

我特别感谢钦次，为我们而付出的一切牺牲。愿爱我们的 主耶穌親自報償厚賜與你们一家。

父字 5/17/97

读了你们寄来的照片，你们的电话，卡片，祷告…，现又收到一包 priority，有转交娜娜的，有给媽媽的信〔信中充满了爱，爱里又含蕴着智慧。但愿媽媽因女兒的勤懇，而成全我们在她身上的心愿。〕

信件　1997.5.17

信件八

康成、麗娜、凱音：[1]

你們的孝心和辛勞是我所不配得的，惟願我們主、照祂的應許（弗6:2）、記在祂的生命冊上（腓4:3）。

無盡的感謝，
永恆的祝福。

主座前再相見。

Love Joy Peace

爺爺
奶奶

1 康宜注：一九九七年九月十日，母親病逝於加州Fremont城的華盛頓醫院。與一般的父親不同，家父居然在如此悲傷的時刻舉起筆來，寫下這封不尋常的短箋。這封信寫給我的大弟康成和他的妻子麗娜、以及他們的女兒凱音（Vivian）。「主座前再相見！」那是一句何等虔誠而震撼人心的話。它表達了一個基督徒至死不渝的信仰。尤其感人的是，父親在信中所加的注：「你們的孝心和辛勞是我所不配得的，惟願我們主、照祂的應許（弗6:2）、記在祂的生命冊上（腓4:30）。」

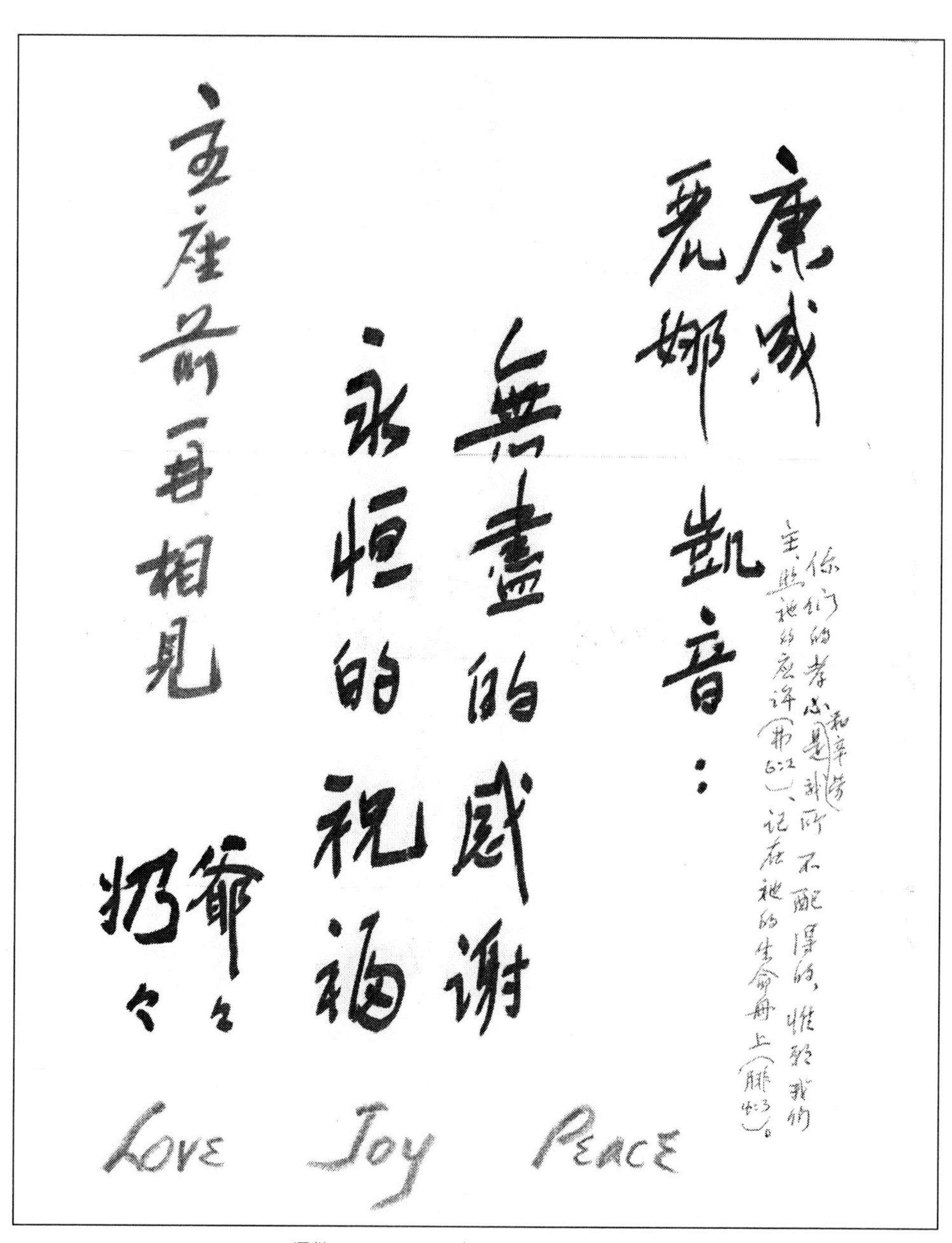

康成
麗娜 凱音：
無盡的感謝
永恆的祝福
主座前再相見
爺爺
奶奶

你們的孝心和辛勞是我所不配得的，惟願我們的主、照祂的應許（弗6:2）、記在祂的生命冊上（腓4:3）。

LOVE JOY PEACE

信件　1997.9.10（to KC, Lena&Vivian）

信件九

欽次、康宜：

我一下飛機，娜娜就說：「去東部養胖了！」我回來比去時的確精神好多了。最快樂是與青年人一同談道，講聖經。[1]我去這趟，你們為我花的錢太多了，支票不能收。十一月份再寄吧。

因媽媽被主接去，願我們彼此勉勵，在信心上能有增長。問康正果好。Edie的楓葉送給Vivian了。

主的恩惠平安，

常與你們同在。

父字[2]（一九九七年十月下旬）

---

1 康宜注：家父於一九九七年十月八日（即家母去世後四個星期）飛到東岸，幾天後在馬利蘭州的蓋城華人宣道會中講道，後來又到New Haven，引領新港華人宣道會的查經班，最後於十月十八日返回加州。

2 康宜注：父親這封信可能寫於一九九七年十月下旬（即返回加州後不久）。

信件十

1. 找到媽媽六十生日遺照，你可以留作記念。[1]
2. 有一些過去寫的經句（送給主日學學生的）和其他，你可選幾張存念。[2]（現在寫不出來了）。

願賜平安的神常與你同在。

九七，十，卅一

父字

PS：我講道錄音的只有這幾卷[3]——是因為當時常常要昏倒，他們才想到這個辦法。以後再也沒有錄了。這幾卷給你留作紀念。

---

1 康宜注：請參見照片十（陳玉真六十歲生日）。

2 康宜注：有關這些經句，請見以上輯一「孫保羅書法」，第一部分：「聖經金句選錄」。

3 康宜注：父親這些講道的錄音（cassette tapes）分別錄於一九九五年九月、十月、十一月間。（是馬利蘭州蓋城華人宣道會的年輕人合力錄成的）。目前這些cassette tapes已轉成CD，並由耶魯大學神學院圖書館Paul Yu-kuang Sun Collection收藏。

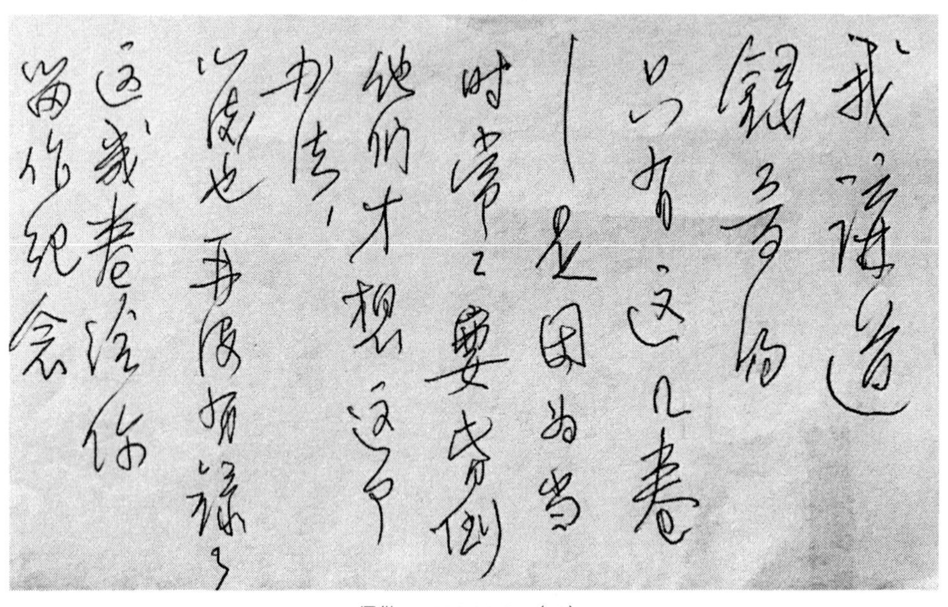

我知道
錄音的
只有这几卷
一是因為當
时常々要我倒
他们才想起这声
加上，
以後也再沒好錄了
这几卷送你
留作纪念

信件　1997.10.31（PS）

信件十一

給慶順玉美的信[1]：

謝謝電話！眼淚都快掉下來了！你們放心，我已靠主站起來了，一切恢復正常。

阿媽去了，我所感安慰的是：

1. 她已受了不少病痛折磨，若再下去，不堪其苦了，太可憐了！但感謝神，及時把她接回去了（何況她已七十五歲半了），永遠脫離這苦難有罪的世界了。

2. 她先我而去，留下我獨嚐受傷的苦杯，這是神的恩典，是我向神求來的。

3. 她在世時曾說：「……我不要作寡婦……」，神真聽了她的禱告，使不可能變為可能。

4. 最要緊的，她臨終前心中一直滿有平安，臨終前一些日子，已在半昏迷狀態中，清醒時說：「我現在在天空飛……看見神的榮光……我把你們都忘了……」，反復說了不知多少次。她去世前所說的話，所關心的事，以及她離世後，家人所看到的一切事，都使我們深知她已進入天堂，與主耶穌同在了。在那裡，無罪，無淚，無痛，真是好得無比。而且不久我也要去與她相會。

5. 我親自送她離世，從那日（九月十日）中午以至四時許，我站在她身邊，一直出聲禱告，求神快些把她接去。我又大聲反復向她說：「玉真！你平平安安地去吧……」。這是最後一句話。到下午五點剛過，她果然就走了！平平安安。我能親手把她交給天使帶往天家，我能服事到臨終，這都是神的恩典、聽了我的呼求。我親手為她蓋被，親身送她遺體到火葬場，就眼看著被

[1] 康宜注：這可能是該信的草稿，因為它出現在一九九七年家父的日記本裡。這封信寫給鄧慶順老師（鄧大哥）和他的夫人玉美。

推進焚爐，聽見焚化的火聲，我親自取她骨灰，親自為她（和我）選了最美麗開闊、安靜的墓園……我十分滿足。這也算是我報了一點她一生待我之恩，是神的憐憫。

6.她一生為我受苦，沒有隻字怨言，她走了，給這世界留下了「愛」！這是我們全家的光榮。卡片，花圈出奇之多，還有……，最感人者，離世第三日收到一張慰唁卡，是洗腎中心的護士們寄來的！許多人愛她，許多人為她流淚。這是我們全家的光榮。

※　※　※

你們放心！我必盡可能看顧自己身體，但你們當知道，我將七十九歲了，心臟、眼睛都壞了，我求神也把我早日接去。

我感謝我的主我的神，回想我一生，在這世界，神把你們一家人賜給我們，親如骨肉，勝於骨肉，三十年知心之交，有幾人能享此福！你們永遠在我們禱念之中。我又感謝神，賜我們兒女三家都十分孝順，又彼此相愛。主恩浩大！

從阿媽歸天家，這七個半禮拜，這是我第一次述說阿媽的事，以及內心積壓的話。以後也不可能再寫了。你們深知我心，所以敢向你們傾心吐意，至於別人，我不敢輕易觸動我內心的傷處。

願神賜福與你們全家大小。

阿公　十一月三日

一九九七

信件十二

小紅：

收到Aloe Lotion將試用。收到照片（「早稻田大學」校徽下面有媽媽的一張遺照，很寶貴），又收到「遺悲懷」。你這篇文章寫的太好了，應該送給宇宙光（？）刊出來。

看完此文，我即刻在日記上寫道：

「今日女兒寄來她給學生講元積的「遣悲懷」一詩的感受。「昔日戲言身後事，今朝都到眼前來。衣裳已施行看盡，針線猶存未忍開」。詩人畢竟是不凡，簡簡單單，二十八個字，把我內心積壓的一切全寫盡了。我就是怕看玉真的東西，她用的，她作的，一切一切，每逢看見，就令我難以接受這個事實啊！我內心逃避這些東西，所以叫女兒把媽媽的衣物都趕快帶走了。相信這種悲傷，非身歷其境的過來人無法想像……所以我感謝神，神讓我〔而不是她〕來承受這個苦杯！想到這裡，便似乎得了些安慰。」

（康宜注：此處刪去一大段）。

我這個月「可能」還要交一個月租金（公寓的規定）所以收下你這$250。但此後你不要再寄錢來了，你們三家我都不收了。若遇什麼需要，再告訴你們。

※　※　※

昨天馬利蘭教會曾牧師和一位弟兄順道來看我，那位弟弟囑我寫幾個字給他們的團契（要印在他們的月刊上）。[1]

勉強寫了，手無力且發抖，請你為我放大一張，再縮小一張看看樣子。再連「原稿」一同寄回，不忙，不必用Priority，不怕摺。

主恩與你同在。

父十一月十日
一九九七

PS：九六年三月底的日記中，有一塊小布條夾在日記中，其中我曾寫這樣的話：「…為耶穌的緣故而忍受，堅持跟主到底，背架跟主心志不改變——只因信耶穌是真的，祂的話，教訓、應許是真的。信有神、有天堂地獄，有公義的審判，有神報仇的日子——所以，能為耶穌的緣故，甘心忍受……。」沒想到，這幾句話正是今天我心中的寫照。

---

1 康宜注：這可能就是後來贈給明道團契的那幅「愛主順服像耶穌」的書法。（請參見輯一，第二部分「孫保羅靈修書法」，書法四十八）。

信件十三

康宜：

告訴CC，我每晨早起禱告，都披著他送我的袍子，暖和舒適，好極了。謝謝他。

又有一張字，想托你得空時給我縮小幾張，縮成大約2"×2 ½"

信……

望……

愛……

一九……

孫……

以後我不寫Xmas card了。若別人寄來，我就在空白卡片上貼一張這個小條，寫兩個字致謝就算了。

世界日報已刊出你的文章，並無錯字。該寄給鄧老師、藍老師！

願主愛充滿。

父字

11/18/97

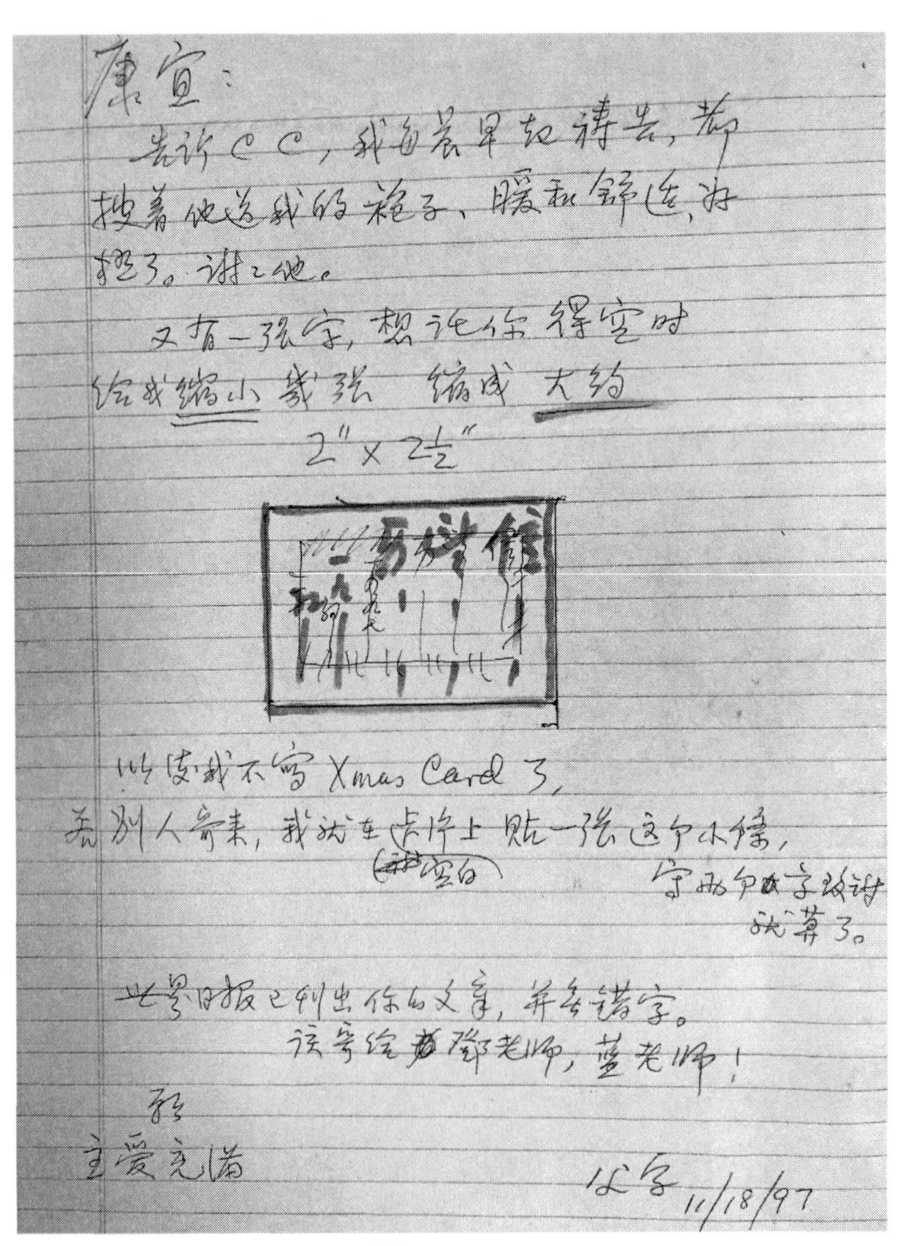

康宜：

告訴CC，我每天早起祷告，都披着他送我的袍子，暖和舒适，好极了。谢谢他。

又有一张字，想托你得空时给我缩小几张，缩成大约

2"×2½"

以后我不寄 Xmas Card 了，若别人寄来，我就在卡片上空白贴一张这个小像，写两句致谢就算了。

世界日报已刊出你的文章，并无错字。该寄给郑老师，蓝老师！

祝
主爱充满

保罗
11/18/97

信件　1997.11.18

信件十四

宜兒：

收到你小卡片，讀了你那兩句話，心裡果然感覺振作起來了。感謝神，主奇妙的恩典一直托住我，否則今天還怎能站得住呢！

今天忽然回想九十五年底開始康成工作遇大危機，那時我記得只有憑信心禱告（主給了我兩句應許的話Ex 14:13f / Lk 8:50），沒有幾天加州的消息就來了，心裡真是感謝。九十六年夏我忽然摔倒在地，竟然全身一無損傷，我就覺得希奇，看見主恩浩大。／唯獨想到媽媽的事，我一直不明白是怎麼回事，為什麼這次主不救我們？……今天才蒙主光照。主指示我，這個大痛苦，其實是化裝的祝福！

假定我先被接回天家，（在人看，這是勢所必然），那麼剩她一個人，她如何能活下去？即使活下去是怎麼個活法？（不敢想！）兒女孝順，也不可能有誰能終日照顧她，她又不會英文！（好像七月中旬左右開始，她上廁所已經都需要我抱住扶她起來了！）往後如何？一切不堪設想！就這樣，神在她過了七十五歲生日之後，就預備接她回去了，免得她在地（上）受更大的苦!![1]而她離世時，家人都平安無事，她也沒有掛慮。所以她去時是那樣的平安！

感謝主，使她對所信的耶穌有確確實實的把握，（她平時常提Lk 23:43主那個應許，對「離世立刻與主同住」滿有確據），也因此見證了主的真實、主的大愛、主的大能，為主作了美好見證——主向我說：你該感謝！這是極大的恩典！

——我似乎恍然大悟。

---

[1] 康宜注：原文作「免得她在地受更大的苦」，今加「上」字。

這時接到你卡片。

※　※　※

有一件事很奇妙：我們租的apt.本來簽了一年的約，九十八年二月滿期，現在我們臨時決定搬家，我心想，只好損失幾千塊錢了。那知，今日收到他們來信，說只收我們半個月的房租！（主感動他們，聽說我搬家的原因，他們很同情）。

（我也寫了一封感謝的信明天寄去）

還有，本來ＳＳＡ已經來公函說：我的ＳＳＩ（福利金），他們已經給我停了！但今天又接公函說：「十一月份起照常給我每月$575！」（幸而我們搬家搬得快，去報告說明的也快）。

※　※　※

張牧師信寫得很誠懇。自從媽媽生病，直到最後，他都格外照顧我們。（我們也送了他禮金$1000）

只可惜「基督之家」教會到如今我們認得的才只有五六個人！（**康宜按：此處刪去幾個字**）。所以我們可能要換到「基督徒會堂」來（年青有熱心…）想想有些對不住張牧師、林長老，但也沒有辦法了〔康成他們也喜歡這裡〕。

※　※　※

你們一家「四口」（plus Blackie）[1]全家福照得很美，是很好的紀念。

給我印的字（愛神當像主耶穌）[2]收到了。謝謝。我又寄了一張去，這個沒有時間限制，有空再作！

藍老師的信，滿是真情。你的文章已刊出，無錯字。〔是否該印一份給鄧老師（鄧慶順）和藍老師？〕

這裡早晚也冷了，我晨起靈修，披上欽次給我的大袍，又舒服又暖和。謝謝他。

即頌，

主的恩惠，憐憫，平安，常常與你們同在！

父字

11/19/97 晚

---

1 康宜注：原文作"plus Blacky"，今改為"plus Blackie"。Blackie是我們的一隻黑貓。

2 康宜注：後來這副「愛神當像主耶穌」的書法改為「愛主當像主耶穌」（請參見輯一，書法四十八）

信件十五

小紅：

收到一大包（Priority mail），裡面好多寶貝！兩篇作業，太精采了！愛不釋手。還有你的「序文」，還有生命季刊，還有卡片〔怎麼會有這麼漂亮的？〕，還有支票。

生命季刊，我該謝謝程建平弟兄，你有他的地址，or電話？如果有，盼告知。

支票這次就收了，下不為例！我一個人福利金就用不完，錢太多了，千萬不可再寄了！（這幾萬塊錢是媽媽省吃儉用積攢的，可惜沒來得及叫她享用！……所以想到這筆錢，心裡難受）。

我一切很好，你放心。主不丟棄我（我雖常常跌倒，但我心還是愛主的，還是主的羊，主都知道）。所以每逢我軟弱乏力，主都給我機會，及時拉我站起來。現在我想斷斷續續地寫一些傳福音的文字，所以也很忙碌。

Edie，你，都好了？看來欽次最健康。今年virus聽說是香港來的，一種奇怪的很厲害的virus（變種？）。人犯罪，殃及整個宇宙，自然環境，自然秩序都亂了。Aids那裡來的？Virus愈來愈凶——証明人的罪和神的審判。

願主耶穌的恩惠平安常與你一家同在。

父字　12/21/97

PS：前兩天接到馬利蘭宣道會一位年青姐妹寄來聖誕卡，其中有這樣的話：（摘錄一部分）

> ……上回看了孫媽媽的錄影，感觸甚深、圍繞心中久久不能除去。人生真像一個故事，美與不美完全在我們付出多少。孫媽媽的一生，是一個很美的故事，她的一生，不停地在付出。從少女時代花一樣的年華，到為人妻，人母，到晚年與您相依相愛。我當時坐在下面看著孫媽媽的錄影，心中真是滿了感觸。但願將來當我走完我的人生時，我的故事能同孫媽媽的一樣美。人們會說，她這一生，有甘有苦，但絕不缺少的是愛。……。

這幾句話非常有意義。

媽媽的死，豐富了許多人的生命。（其中我也在內）。

前几天接到馬利兰
宣道会一位年青姊妹寄来
圣诞卡，其中有這樣的話：
[摘錄一部分]
"……上回看了孫媽媽
的錄影，感触至深，围繞
心中久久不能除去。人生
真像一个故事，美与不美
完全在我们付出多少。
孫媽媽的一生，是一个很
美的故事，她的一生，不停
地在付出。从少女时代花
一样的年華，到为人妻，人母，
到晚年与您相依相爱。
我当时坐在下面看着孫媽媽
的錄影，心中真是满了
感触。但愿將来当我走完
我的人生时，我的故事能同
孫媽媽的一样美。人们会
說，她這一生，有甘有苦，但
絕不缺少的是愛。……"

這几句话非常有意义。

媽媽的死，豐富了许多
人的生命。（其中我也在內）

信件　1997.12.21（PS）

信件十六

康宜：

收到電話，同時也接到來信，那幾張相片是很好的紀念。凡事有主的美意，應當感謝。

恰好也收到你姑姑的來信。（只有你姑姑每年記得媽媽的生日！）內中有幾句話說：

> 大嫂生日那天，我望著大嫂的相片，大嫂總是微笑。我自幼在家幾乎沒見到過笑臉，每日擔心吊膽地過日子，只有大嫂留給我美好的回憶。我還記得和大嫂一塊做饅頭，一邊做，一邊吃，一邊說笑，那氣氛是我在家裡從不曾有過的。
>
> （姑姑八歲失母，爺爺心情不好……）

我給你姑姑回了一封信，說：「……你待你嫂的情分，尤勝於她的親骨肉，我非常感激……。最遺憾的是，她一生因為我的緣故飽受痛苦折磨，我內心不勝其疚……」

日前我把墓碑照片寄給藍舅舅，他回信來，真摯之情溢於字裡行間，我把它也貼在媽媽的紀念冊上了。你來了可以看看。

即祝，

主耶穌的平安常與你一家同在。

父字

2/22/98

信件十七

康宜：

感謝神，祂賜你智慧能力，使你能在多樣難處中靠主得勝。人生實難，一切皆是無奈，唯獨耶穌最寶貴，使我們在患難中，能靠祂常常喜樂，流淚讚美。對於我們，一切的苦都是為主受的，一切不願作的事，都是為主而作，魔鬼就對我們無可奈何！使徒保羅一生為耶穌受苦，以致他離世前能說——「那美好的戰我已經打過了，當跑的路，我已經跑盡了，所信的道我已經守住了……」（提摩太後書，四章七節以下）。他心裡只有耶穌，眼中只有天上的榮耀冠冕。

※　※　※

給你寄一點錢去，備不時之需，因現在欽次不在家，什麼事能花錢作就花錢作。（放心，我錢放著無用）有什麼急用，隨時再打電話來！

願賜平安的主耶穌是你的安慰，你的避難所，你的好牧人。

父字[1]

九八年六月十一

1 康宜注：父親這封信所用的信箋是欽次和我為他特別設計的，上頭印有父親於一九九七年感恩節所寫的書法「信耶穌／望耶穌／愛耶穌」。（請參見以上輯一，書法四十七）。

PS：我九五年夏秋開始心（臟）病漸重，但我仍每週日講一次道（在主日學），有時幾乎昏倒在講台上，我照常講。現在我在寫一些信耶穌的心得。

我也是與時間賽跑，若主不許我寫完，將來你把這些稿子拿去吧。也許對其他基督徒有助。（書架一個大封套上寫著「待印」「每周默想」的即是。）[1]

禮物，稿帋（也是禮物），均收到，謝謝！

[1] 康宜注：有關「每週默想」的內容，請見《一粒麥子》修訂本（孫保羅著、孫康宜編註，秀威版）的附錄：「每週默想」。

信件十八

康宜：

我感覺今天自稱基督徒的人，多數胡里胡塗。只知道作基督徒就是受洗，捐錢，事奉（工作）……不懂得福音的目的是叫一個「人」「改變」！

一個天然人（有罪的人，自我中心的人），要變成一個新造的人（得勝罪惡、得勝苦難、得勝世界、得勝撒旦的人）！如何變呢？神的辦法就是用十字架！耶穌釘在十字架上才能救我們，我們照樣要經歷十字架的被釘，才能得救！

受苦是個奧秘。人誰樂意受苦？[1]但神必需用受苦為工具、才能叫一個人有價值。例如詩篇66篇10-12節，沒曾經歷過釘十架之痛的，沒有受過神打擊與剝奪的，沒有嚐過傷心流淚嘆息掙扎的人，是無法明白的。

一個人的「己」是最頑強的。可[2]8:34上面說「捨己」（deny self），接著說背十字架。唯獨十字架能對付己。人總想改變人（別人），甚至想改變神，但福音是叫我們能改變自己。[3]人一切的痛苦，都是由於不承認「我是被造」，所以不以神為神，自己要當神，「我」要Control，凡事都要如我的意——怨氣憂懼由此而生，痛苦了！為什麼？我不是神。神定的旨意，神安排的道路，我沒有資格問「為什麼」，因我不過是塵土。在神面前，人只當俯伏敬拜，謙卑順服。凡神所給的都欣然接受——不與神爭，不與人比，不自怨自憐，就平安喜樂了。最要緊是知道，一切的受苦，神都有目的，

1 康宜注：原文沒有問號。今加上問號。
2 康宜注：指新約聖經的《馬可福音》。
3 康宜注：原文作「我自己」，今改為「自己」。

（cf. Jer 29:11），叫我們受神的千錘百鍊，以致能在驚濤駭浪中，也靠主享平安！

愈忙愈要有安靜在主面前的時間，晚上睡前可抽十分鐘，坐在主前默想！讀聖經、快沒有用，默想要緊。一邊禱告一邊讀經，久而久之，聖靈就光照你。

我建議你從四福音開始慢慢研讀，（不懂的放在那裡）。最好四福音倒著讀——先約翰，再路加，再馬可，最後Mt，[1]主要是從其中認識「耶穌」的所是、所作、智慧、美德。

願主的恩惠憐憫平安常與你及你一家同在。

父字

六月二十四日

一九九八

[1] 康宜注："Mt"指馬太福音。

信件十九

康宜：

我陸續已寫了一些短篇靈修文字，是為了原來我們在馬利蘭宣道會帶領信主的（初信）幾位弟兄姊妹，給他們作參考的。現在暫收為一輯，作為媽媽離世歸天一週年日的紀念。[1]因找不到裝訂的地方，只好散頁寄去。給你留作紀念。

主耶穌的恩惠、憐憫、平安常與你並你一家同在。

父字

（一九九八年七月）[2]

1 康宜注：這就是父親《一粒麥子》的初稿。請參見以上輯二，手跡十二。

2 康宜注：這封信沒有註明日期，但我是一九九八年七月二十三日接到這封信的。

Received 7/23/98

康宜：

我陆续已写了一些短篇灵修文字，是为了原来我们在马利兰宣道会带领信主的（初信）几位弟兄姊妹，给他们作参考的。现在暂收为一辑，作为妈妈离去归天一周年日的纪念。

因找不到装订的地方，只好散页寄去。给你留作纪念。

主耶稣的恩惠，怜悯，平安常与你并你一家同在。

父字

信件　1998.7.23（received）

信件二十

康宜：

讀了你的「序」[1]，可用四個字來形容我的感想——蓬蓽增輝！你的中文愈來愈成熟了，感情自然流露，文詞也無造作。我讀了兩遍，你好像知道我的心！面面俱到。

那兩張縮小的印版也很棒！

神特別賜恩給你，願你常存向　主謙卑感恩之心。

祝喜樂平安。

父字

（一九九八年八月初）[2]

1 康宜注：這篇「序」指的是我一九九八年為父親《一粒麥子》初版所寫的序。

2 康宜注：我於一九九八年七月二十九日寫成該序之後，立刻寄給父親。所以他這封信大約是八月初寫的。

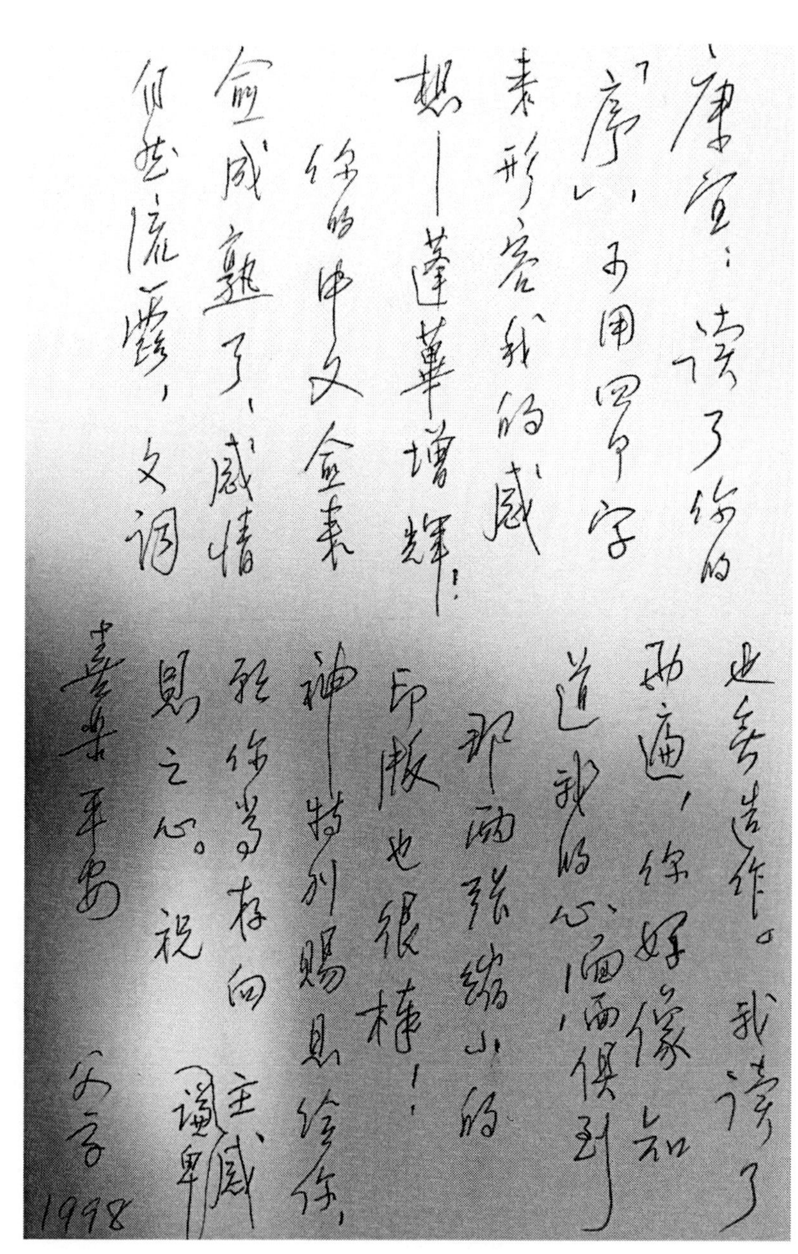

康宜：讀了你的序，不用四個字來形容我的感想——蓮華增輝！你的中文愈來愈成熟了，感情何其流露，文詞也甚老練。我讀了兩遍，你好像知道我的心，面面俱到。那兩張繪山的印版也很棒！神特別賜恩給你，願你常存向主感恩之心。祝

喜樂平安

[illegible]

1998

信件　1998.8（序）

信件二十一

康宜：

經過百般曲折，印刷又再四拖延，冒著隨時心臟停擺、眼目失明之險，這本小冊終得出版、獻給在天家的媽媽。

一切全靠神的恩典保守，願頌讚歸與替我罪人受死、又從死復活的主、救主耶穌基督。

父字

（一九九八年十二月）[1]

[1] 康宜注：這是父親給我的《一粒麥子》贈書上的題字，但也可以視為一封極其寶貴的信。題字的日期大約是一九九八年十二月初。這本《一粒麥子》目前藏於耶魯大學神學院圖書館的「特殊館藏」部門（The Paul Yu-kuang Sun Collection）。

一粒麥子

孫保羅

康宜：經過百般曲折，印刷又再四拖延，冒著隨時心臟停擺、眼目失明之險，這本小冊終得出版獻給在天家的媽媽。

一切全靠 神的恩典保守，願頌讚歸與替我罪人受死又從死復活的主救主耶穌基督。

父字

信件　1998.12（給康宜簽名本）

信件二十二

康宜：

勘誤表，要給正果一份。

有一個字，在P.64第二段，約翰「福」音、竟打成約翰「禍」音！心裡有點不舒服，錯得未免太離譜了，怪我「打字稿」校對兩遍都沒看出來。但過一會兒，忽然想到，這個錯字，錯得很妙，因為：

神的福音（神差祂獨生兒子替罪人受死刑）並不是說神的恩典太多了，天上堆不下了，就拿到地上來大減價拍賣，不是！

福音的作用是警告罪人，審判將到，大禍臨頭了。信耶穌的人自然得著了福音（得救），但對拒絕耶穌的人就成了他的禍音！（在審判定罪之下！）

所以福音也包括禍音。你說奇妙不奇妙。《cf. P.146倒數第二段》

（一九九九年一月）[1]

1 康宜注：父親此函沒有註明日期，但他的《一粒麥子》「勘誤表」（連同這封信）應當是一九九九年一月中旬左右寄給我的。

信件二十三

正果：

首先向您致歉，本答應了寫「四時讀書樂」，前幾天試筆，忽發現已經有心無力了。一執筆（毛筆）根本寫不成字，手一直抖，不聽指揮。不能寫了，請原諒。

得來信，不禁雀躍。以您一位從未接觸過基督福音的學人，能對我的心思，有如此深切的透視，非常敬佩，更覺榮幸。

我說個笑話：從前台灣某大學哲學系一個學生，一日對他教授說：「老師，聽說愛因斯坦相對論，全世界只有十個人懂啊，而老師您講的，沒有一個懂得！」我《一粒麥子》小冊，共寄出二五〇本，到昨天為止只有四個人懂，今天您是第五位，使我的知音者增至2％了，比愛因斯坦還聊勝一籌。一笑！

曾有人稱我為烏托邦派基督徒，這個我不敢當。不過我的確是堅持實踐新約聖經的advocate。我從前教書，出名地厲害，今天我信耶穌，也是對自己嚴格要求。

我堅信耶穌，並不是因為聖經有什麼高深哲理吸引我，而是使我經歷到耶穌奇妙的能力，救了我這個天生高傲自大悲觀痛苦的人。今年四月間曾去Phoenix講道，碰到一個卅多年未見的學生，一見我面，就興奮地喊起來：「……在我記憶中，孫老師不會笑的！……」我嚇了一跳，但心中也充滿了感謝。耶穌真改變了我這個人。歷盡人生各樣打擊折磨之後，使我能有喜樂平安。

好了，不囉嗦了，何時得便路過金山，盼來舍下小住。比起新英（格）蘭來，西岸全無文化，舊金山尤其惡名昭著，是一切道德敗壞的淵藪，邪教邪術的大本營。值得一提的，[1]倒是有幾家中國館

[1] 康宜注：原文作「值得一題……」，今改為「值得一提……」。

子，能嚐到北方家鄉味。謹此覆謝。敬願健康快樂。

孫保羅敬啟　7/20/99晨

正果：

首先向您致歉，本答应了写四时读书乐，前些天试笔，怎奈我已经有心无力了。一执笔（毛笔）根本写不成字，手一直抖，不听指挥。不能写了，请原谅。

得来信，不禁雀跃。以您一位从未接触过基督福音的学人，能对我的心思，有如此深切的透视，非常敬佩，只觉荣幸。

我说个笑话：从前台湾某大学哲学系一个学生，一日对他教授说："老师，听说爱因斯坦相对论，全世界只有十个人懂呀，而老师您讲的，没有一个懂的！"我《一粒麦子》小册，共寄出250本，到昨天为止只有四个人懂，今天您是第五位，使我的知音者增到5名了，比爱因斯坦还聊胜一筹。一笑！

曾有人称我为乌托邦派基督徒，这个我不敢当。不过我的确是坚持实践新约圣经的advocate。我从前教书，出名地厉害，今天我信耶稣，也是对己严格要求。

我坚信耶稣，并不是因为圣经有什么高深哲理吸引我，而是使我经历到耶稣奇妙的能力，拯救了我这个天生高傲自大悲观痛苦的人。今年四月间曾去Phoenix讲道，碰到一个卅多年未见的学生，一见我面，就兴奋地喊起来："……在我记忆中，孙老师不会笑的！……"我吓了一跳，但心中也充满了感谢。耶稣真改变了我这个人。历尽人生各样打击折磨之后，使我能有喜乐平安。

好了，不啰嗦了，何时得便路过金山，盼来舍下小住。比起新英兰来，西岸全无文化，旧金山尤其恶名昭著，是一切道德败坏的渊薮，邪教邪术的大本营。值得一提的，倒是有几家中国馆子，能尝到北方家乡味。谨此覆谢，并颂
健康快乐。

孙保罗 敬启 7/20/99 晨

信件　1999.7.20（給康正果）

第四部分
二〇〇〇年代書信

信件一：遺願〈給兒女各家〉

1. 我若大小便不能自理時；或痴呆、中風，以及其他情況致失去言語或思考能力時——老人公寓即不准我住下去了。

那時就要請家庭醫生送我去Nursing Home or Long-term Care（我有聯邦Medicare A and B，以及加州Medi-CAL全部福利）。

注意：任何情況，你們都不能承諾送我到任何兒女家去住！〔老人公寓是我最後住所，而且我是一人獨居！不得不請政府收容〕。你們也不可承擔替我付任何醫藥費用。

2. 其他Emergency之處理，我已簽有加州法定文件（Durable Power of Attorney for Health Care）授權康成為執行人，康宜為候補執行人——照我心願辦理。（正本放在娜娜那裡）。
3. 後事處理原則：簡，快，少麻煩人。
4. 家庭告別式在殯儀館，只由家屬參加，（可請教會長老或弟兄主持簡短儀式）。
5. 蓋棺時，要把我自己手縫的那件紅十字架布單蓋在我身上。
6. 火化：希望由康宜按鈕。

7.追思禮拜請親友們參加（但外地來賓我們不能接飛機，請他們自行按排）。

8.追思禮拜希望在北區基督徒會堂舉行，請長老或弟兄主持。會場不放棺木，不放照片。

9.追思禮拜節目中，不要「生平報告」之類的節目。在世學經歷一概不提，歌功頌德的話一句不說。只請出席親友臨時作見證，榮耀神。

10.借用會堂，舉行追思禮拜，事後勿忘奉獻給教會。主持人另外酬謝。

11.禮金一概謝絕！若有郵寄來的禮金，要一一登記地址姓名，以便事後退還，並加謝卡。

12.一切大小開支，要一一記帳。全部開銷由我款中取用（包括從老人公寓搬出家俱的費用）。萬一不夠，由三家均攤。

若有剩餘，則照媽媽遺願，三家平分。（由各家自行奉獻教會或捐贈慈善機構。）

我離開世界，主接我歸家，你們當喜樂，感謝神一切的厚恩。我一斷氣，立刻去與主耶穌同在了，實在好得無比。期待日後我們都在主那裡一同聚集，在榮耀裡一同頌讚神羔羊、我們主耶穌的寶血救贖之恩。

臨別的話：

滿身罪污，寶血為袍，
救主宏恩，垂老未報，
一息尚存，竭力奔跑，
忠心證主，主得榮耀。

禱告：

願永在永愛的

主救主耶穌基督，

常常充滿你們的心，

使你們愛耶穌，遵行

祂的旨意，一生靠主，

始終不渝，直到那日，

阿們，阿們。

另附「資料」一張（身分資料，保險，死亡通知，etc.）

保羅親筆

二〇〇一年元月〈updated〉

遺願<給兒女各家>

① 我若大小便不能自理時；或痴呆、中风，以及其他情况致失去言语或思考能力時——老人公寓即不准我住下去了。
那时就要请家庭医生送我去 Nursing Home or Long-term Care
【我有联邦 Medicare A and B，以及加州 MediCAL 全部福利】
注意！任何情况，你们都不能承诺送我到任何儿女家去住！
[老人公寓是我最后住所，而且我是一人独居！即不得不请政府收容]
（你们也不可承担替我付任何医药费用。

② 其他 Emergency 之处理，我已签有加州法定文件（Durable Power of Attorney for Health Care）授权康成为執行人，康宜为候補執行人——照我心愿办理。（正本放在娜娜那里）

③ 后事处理原则：简，快，少麻烦人。

④ 家庭告别式在殡仪馆，只由家属参加，（可请教会长老或弟兄主持简短仪式

⑤ 盖棺时，要把我亲手缝的那件红十字旗布单盖在我身上。

⑥ 火化：希望由康宜按钮。

⑦ 追思礼拜请亲友们参加（但外地来宾我们不能接飞机，请他们自行安排）

⑧ 追思礼拜希望在北區基督徒會堂举行，请长老或弟兄主持。
会场不放棺木，不放照片。

⑨ 追思礼拜节目中，不要"生平报告"之类的节目。在世学经历一概不提，歌功颂德的话一句不说。只请出席亲友临时作见证，荣耀神。

⑩ 借用会堂举行追思礼拜，事后另应奉献给教会。主持人另外酬谢。

⑪ 礼金一概谢绝！若有邮寄来的礼金，要一一登记他们姓名，以便事后退还，并加谢卡。

⑫ 一切大小开支，要一一记帐。全部开销由我款中取用（包括从老人公寓搬出傢俱的费用）
万一不够，由三家均摊。
若有剩余，则照妈妈遗嘱，三家平分。（由各家自行奉献教会或捐给慈善机构。）

⑬ 我离开世界，主接我归家，你们当喜乐，感谢神一切的厚恩。我一断气，我立刻去与主耶稣同在了，实在好得无比。期待日后我们都在主那里一同聚集，在荣耀里一同颂赞神羔羊，我们主耶稣的宝血救赎之恩。

临别的话：
「为身罪污，宝血为洗，
救主宏恩，无从未报，
一息尚存，竭力奔跑，
忠心跟主，归主得荣耀。

祷告：
愿永在永爱的
主救主耶稣恩情，
常常充满你们的心，
使你们爱耶稣，遵行
祂的旨意，一生奉主，
始终不渝，直到那日。
阿们，阿们。

保羅親筆
2001年元月
<updated>

另附"资料"一张
（[illegible]）

信件　2001.1（遺願）

∞ 臨別的話 ∞

我離開世界，主接我歸家，你們當喜樂，感謝神一切的厚恩。
我一斷氣，立刻去與主同在了，實在好得無比。
期待日後我們都在主那裡一同聚集，
在榮耀裡一同頌讚　神羔羊，我們主耶穌的寶血救贖之恩。

「滿身罪污，寶血為袍，
救主宏恩，垂老未報，
一息尚存，竭力奔跑，
忠心證主，主得榮耀。」

禱告：

願永在永愛的主救主耶穌基督，
常常充滿你們的心，
使你們愛耶穌，遵行祂的旨意，
一生靠主，始終不渝，
直到那日。
阿們，阿們。

保羅 親筆
2001 年元月

插圖9，後來在2007年5月14日舉行的「孫保羅安息禮拜」中，所採用的孫保羅「臨別的話」就取自這封早已寫成的「遺願」（2001年元月）。

信件二

通和弟如晤：你們都好！

自從九七年夏天以來，我心裡一直有一件事、就是——當時，在電話中，我說的話、曾有得罪你的地方。我為此事，多次向神認罪，而今晨起身，聖靈三次吩咐我，叫我立刻提筆向你道歉賠罪、求你饒恕。因此寫這封信。

順便一提：因我深知你三姐心裡最疼的是你這位弟弟，最關心的是你的得救，所以，趁我還活著，再次提醒你，[1] 勸你早日接受救主耶穌的福音，脫離虛妄，歸向真神，進入永生，是所至盼！

書不盡意。順頌

閤府平安

問素月好，兒孫各家蒙福。

三姐夫

二月九日

二〇〇二

[1] 康宜注：原信作「題醒你」，今改為「提醒你」。

通和弟媳：你们都好！

自从九七年夏天以来，我心里一直有一件事、就是——当时、在电话中、我说的话、曾有得罪你的地方。我为此事，多次向神认罪，而今晨起身，圣灵三次吩咐我，叫我立刻提笔向你道歉赔罪、求你饶恕。因此写这封信。

顺便一题：因我深知你三姐心里最疼的是你这位弟弟，最关心的是你的得救，所以趁我还活着，再次题醒你，劝你早日接受救主耶稣的福音，脱离虚妄，归向真神，进入永生，是所至盼！

书不尽意。顺颂

阖府平安

阖熹月好，儿孙各家蒙福。

三姐夫 二月九日 2002

信件　2002.2.9（給陳通和）

信件二

小紅：

我想起什麼來，趁著我還在世上就先向你說一說。

1. 你在〈虎口餘生記〉裡，[1]最後記了我那首打油詩，我自己都忘了，你寄來給我那張原稿，我愈想愈有紀念性，（我當時的感受躍然紙上。）我想——是否可以把全詩印在書中，（你稿裡只寫了前半）。並且盼能加上一張相片（把寫毛筆的字印下來）。

Caption：「作者父親墨跡。」

全文如下：

二月初三怎能忘，
飛出天羅與地網，
有女孝心感天地，
免我葬身污泥塘，
台島屈辱成軼話，
祖國河山夢飄香，

---

[1] 康宜注：〈虎口餘生記〉是我的自傳《走出白色恐怖》的其中一章。

一身際遇何足計，

唯慶中華國運昌。

（請參見本書輯二，手跡五）

2. 書出版後，記住給鄧老師一本[1]（鄧慶順，台灣左營後昌路六二五巷二十五號，你可以稱呼他們大哥大嫂。）你們三個續繼出國，都走了，媽媽和我……（康宜按：此處刪去一行）都幸虧他們對我們的愛心，成為我們靠著活下去的唯一支柱。三十多年來，感情不褪色！

他家三個孩子都是我給起的名字（博文，晶文，萃文，他們都叫我阿公）。我們逃出來前後，家裡一切事情，全是他們替我們辦的（例如，把行裝、書籍、用品裝箱郵寄美國，家裡傢俱的處理，etc.）

在高雄火車站，火車開了（可能我們永遠分別了），車一面挪動，鄧（我們稱他為老鄧）跟著車跑，一面跑，一面哭！……以哭送別。

後來二姨告訴我們，煉油廠知道我們跑了以後……（康宜按：此處刪去二字）菜市場賣菜的，賣魚的，賣肉的都「哭了」！[2]

1 康宜注：原文沒有「一本」，今加「一本」二字。

2 康宜注：原文作「……買菜的、買魚的、買肉的……」，今將「買」均改為「賣」字。

最後，一九九六我們離開馬利蘭教會，他們為我們舉行了一次送別的禮拜，（那塊plaque就是那天教會頒贈的）[1]，那一天許多人也哭了！

愛是超過言語的。

想什麼寫什麼，太亂了。願主恩充滿你。

父字　七月廿四
二〇〇二

[1] 康宜注：這裡的plaque指的是一九九六年七月二十一日（在我父母離開馬利蘭州的最後一個禮拜）蓋城華人宣道會會友們頒贈給他們的一個紀念金牌。金牌上寫的是："Presented in gratitude to PAUL SUN, our first elder, for teaching us by example, in loving God with all your heart, with all your mind, and with all your strength."（獻給孫保羅長老——我們教會的首位長老——感謝您作我們的榜樣，感謝您教給我們如何全心、全意、全力愛主）。

Presented in gratitude to
PAUL SUN
our first Elder, for teaching us
by example, in loving God with all
your heart, with all your mind, and with all
your strength.
From the Congregation of
the Gaithersburg Chinese Alliance Church
July 21, 1996

插圖10，1996年7月，孫保羅與陳玉真將要離開馬利蘭州、前往加州的前夕，蓋城華人宣道會會友們特別頒給孫保羅這個紀念牌（plaque）。

信件四

麟武兄嫂平安：

接到來信，不勝欣喜，首先恭賀二位蒙主賜抱孫之福，為你們感謝神，也分享你們的喜樂。附件都已讀過。〈箴言箋注〉不是「白費」，為主所作的，沒有白費工夫的。至於工程方面的著作，也當把自己一生專業知識、經驗、心得寫出來，能造就別人，鼓勵後學，這是當盡的一份責任，不能說是虛榮。

兄說：「奉教獲救以來，自身靈修之進程極緩」，我覺得凡有追求的基督徒都同有這樣的感受。我們「慢」不要緊，但是總要進。不進則退，基督徒沒有中間路線。

每次展讀來書，都有同樣的一個感想，就是總會想起六十多年來與兄相交，直至今日，主何等恩待我！往事浮現眼前，不是感傷，而是感謝。不能忘的是遭難之日，蒙兄嫂特別關切，出獄之後，又承慷慷相助，送給我一本《英和大辭典》，仍放在我書架上。找到工作後，又承寄來成套的語言學著作（日本出版的）。全靠這些書，當年才能在油廠立足！如今二位信了主，更能在主裡彼此鼓勵。在這幽暗、邪惡、詭詐的世界裡，有幾個人能享受這樣的「友情」呢！主實在恩待我。

知我者莫如兄。我本是一個生性狂傲，自以為是，目中無人，任性妄為的人，自己把我前半生斷送了。主實在憐憫，恩慈，有無限的忍耐、在我身上。祂救了我後半生！從死亡坑裡把我拉出來，又把我自己過去所糟蹋的光陰、補還給我，把我的罪行、失敗，以及頑梗的天性，一筆勾消，把一切的「借方」都改記入「貸方」！祂改變了我的生命、改變了我和我一家大小的命運。這是我的見證。在教會裡服事，我不會講道，也不會用文字傳道，我只有這見證。回憶往事，我能活到今天，兄最清楚，這是不可思議的奇事。然而，我向人作見證不提這個，只說主把我粉碎，壓傷，錘煉，使我向主投降，祂重新造了一個人（！）這件事。

好了，太囉嗦了！

我每晨禱告，如為人感謝祈求，「每天」不忘記你們。盼兄也為我代禱，求神用祂大能恩典的手托住我，使我一息尚存、永不偏離。

我如今病都帶著，力氣衰敗了，但想到歸家之日在望，心中喜樂。

書不盡意。敬祝

主恩充滿

闔府喜樂

問嫂夫人安

黃紹周様[1]也問候你們。

弟Paul

七月卅日

二〇〇二

Love Joy Peace

[1] 康宜注：「様」是日語，意即「先生」。黃紹周先生是我的弟媳黃麗娜的父親，他也是湯麟武先生的老朋友。

〈覆汤伯伯信〉 (1)

麟武兄嫂平安：

接得来信，不胜欣喜，首先恭贺二位蒙主赐抱孙之福，为你们感谢神，也分享你们的喜乐。

附件都已读过。〈箴言笺注〉不是"白费"，为主所作的，没有白费工夫的。（至于工程方面的著作，也当）把一生专业知识、经验、心得写出来，能造就别人，鼓励后学，这是当尽的一份责任，不能说是虚荣。

兄说："奉献获救以来，自问灵修之进程极缓"，我觉得凡有追求的基督徒都同有这样的感受。我们"慢"不要紧，但是总要进。不进则退，基督徒没有中间路线。

每次展读来书，都有同样的一个感想，就是总会想起六十多年来与兄相交，直至今日，主何等恩待我！往事浮现眼前，不是感伤，而是感谢。不能忘的是遭难之日，蒙兄嫂格外关切，出狱之后，又承慷慨相助，

信件　2002.7.30（湯麟武，頁1）

送给我一本汉和大辞典，仍放在我书桌上。
找到工作后，又承寄来成套的语言学著作
(日本出版的)。全靠这些书，当年才能在
油厂立足！ 如今二位信了主，更能
在主里彼此鼓励。 在这幽暗、邪恶、诡诈、
的世界里，有几个人能享受这样的"友情"呢！
主实在恩待我。

知我者莫如兄。我本是一个生性狂傲，
自以为是，目中无人，任性妄为的人，几
把我前半生断送了。主实在怜悯，恩慈，有
无限的忍耐，在我身上。祂救了我后半生！
从死亡坑里把我拉出来，又把我那过去所
糟蹋的光阴，补还给我；把我的罪行、失败，
以及顽梗的天性，一笔勾销，把一切的"借方"
都改记入"贷方"！ 祂改变了我的生命，改变了
我和我一家大小的命运。这是我的见证。在教
会裡服事，我不会讲道，也不会用文字传
道，我只有这见证。回忆往事，我能活到今天，

信件　2002.7.30（湯麟武，頁2）

只最清楚，这是不可思议的奇事。然而，我向人 ③

作~~我我~~见证不提这句，只说主把我粉碎，

压伤，锤炼，使我向主投降，祂重新造了

一个人！这件事。

好了，太"罗"嗦了！

我每晨祷告，为多人感谢祈求，每天不忘记你们。盼兄也为我代祷，求神用祂大能恩典的手托住我，使我一息尚存，永不偏离。

我如今病都带着，力气衰败了，但想到归家之日在望，心中喜乐。

书不尽言。敬祝

主恩充满

阖府喜乐

周嫂夫人安

並给周樸也问候你们　弟 Paul　七月卅日－02

信件　2002.7.30（湯麟武，頁3）

信件五

光正先生[1]賜鑒：

頃接小女孫康宜轉寄、您贈我的兩本珍貴文獻著作，喜不勝收，非常感謝！我年青時有幸結識令尊是一件極榮幸的事。那時我不過是個初出校門踏入社會的後生小子，而令尊已是聞名的學人了。然而他並不嫌棄我的幼稚莽撞，處處對我提攜扶助，令我感動。那時我在令尊身上看見，在這污濁的社會中竟還有如此耿直可敬的長者，深受鼓舞。但那時我對令尊的文學造詣、並他對台灣文史的貢獻、並沒有什麼認識。在短短兩三年的交往中，唯獨他那熱愛祖國的情懷、持守正義的志節、以及高貴的品格、吸引了我。不知不覺，耳濡目染，即在我心，對我日後有深遠的影響。

信手翻閱書中那些寶貴的照片，一時又浸沉在往日的回憶中，心情激動。痛失良師益友，悲從中來。更慨嘆老成凋謝，後繼乏人！這一代的台灣青年，對他們父祖輩的心志節操，遺忘殆盡，令人痛心。此時，您的大作面世，我額手稱慶，但願這兩本書，在台灣沉迷的青年中，起一點奮興的作用，幸甚幸甚。至於對我，更不用說了，使我能藉此更深一層的認識令尊其人的偉大遺產了。

書不盡意，謹先馳謝，即頌

久安

孫保羅敬謝

二〇〇二年十二月十七

---

[1] 康宜注：張光正（長期住北京）是張我軍先生的長子，也是著名人類學家張光直教授的大哥。在一九四〇年代，家父曾是張我軍先生的忘年之交。當時我父親剛從日本早稻田大學政經系畢業，開始在北大當講師。張我軍先生（比我父親年長十七歲）則早已在北大以教明治文學聞名。

光正先生賜鑒：

頃接小女孫康宜寄、您贈我的那本珍貴文献著作，喜不勝收、非常感謝！

我年青時有幸結识令尊，是一件極榮幸的事。那時我不过是个初出校门踏入社會的陌生小子，而令尊已是聞名的学人了。然而他並不嫌弃我的幼稚莽撞，处处对我提携指助，令我感动。那时我在令尊身上看見，在这浮躁的社会中竟还有如此耿直可敬的長者，深受鼓舞。但那时我对令尊的文学造诣，并他对台湾文史的贡献，並沒有什么认识。在短短两三年的交往中，唯独他那热爱祖国的情怀，持守正义的志節，以及高贵的品格，吸引了我，不知不觉耳濡目染，即在我心，对我日后有深远的影响。

信手翻阅书中那些宝贵的照片，一時又浸沉在往日的回忆中，心情激动。痛失良師益友，悲从中来。更慨叹老成凋谢，后

信件　2002.12.17（致張光正，頁1）

继乏人！这一代的台湾青年、对他们
父祖辈的心志節操，遗忘殆尽，令人
痛心。此时，您的大作面世，我额手称庆，
但愿，这两本书，在台湾沉迷的青年
中，起一点奋兴的作用，幸甚！！。
至于对我，更不用说了，使我能藉此更
深一層的認识、会尊其人的伟大遗
產了。
书不尽意，谨先致谢，即颂
文安

孫保羅 敬启
二〇〇二年十二月十七

信件　2002.12.17（致張光正，頁2）

信件六

九月九日上午有學生從外地來出差，他來看我說他有空，要帶我出去走一走，於是我就同他去Palo Alto——掃墓，剪剪草，插插花（花是我挑的左邊是「榮耀」，右邊是「喜樂」）照了幾張相片留念。（請參見本書輯五，照片十九（二〇〇三掃墓））。

Sept. 9, 2003

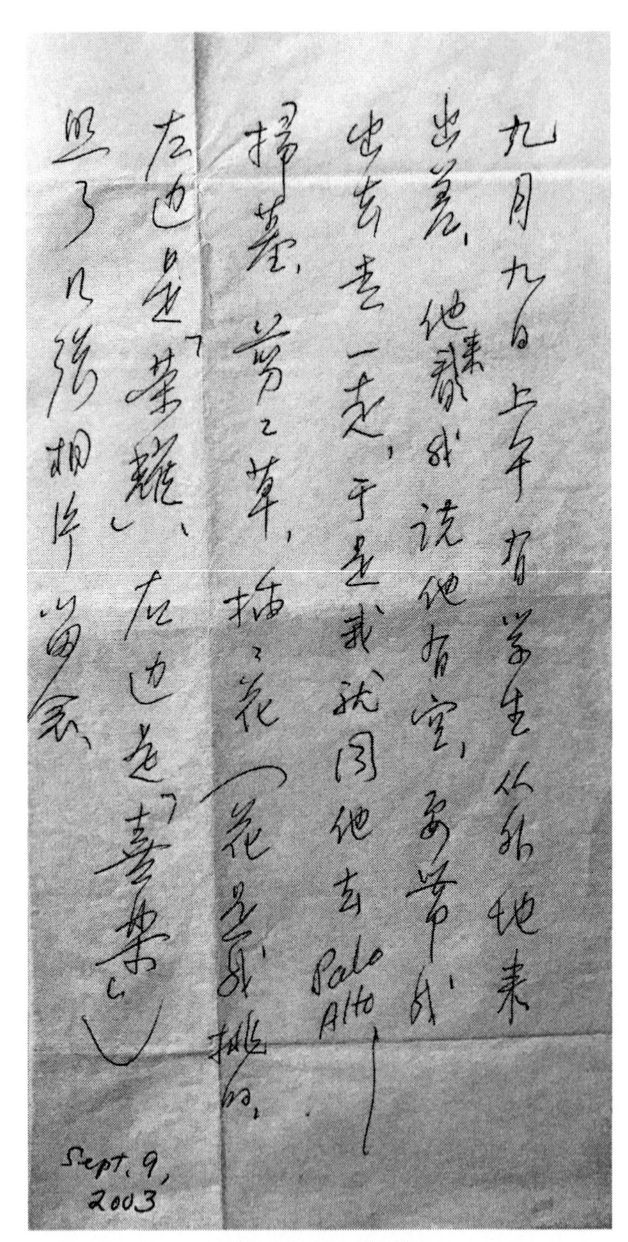
九月九日上午有学生从外地来
出差，他来看我，说他有空，要带我
出去走一走，于是我就同他去Palo Alto
扫墓，剪剪草，插插花（花是我挑的，
左边是「叶萝」、左边是「嘉乐」）
照了几张相片留念，

Sept. 9, 2003

信件　2003.9.9（掃墓）

信件七

二〇〇三年九月十日，

玉真榮歸天家六周年，以愧歉和感恩的心紀念她一生為我留下的榜樣。[1]

（一）

憑信走世路，

定睛望耶穌，

苦難顯堅真，

死生榮耀主。

（二）

與主同心，

與主同行，

背起十架，

跟主腳蹤。

保羅感記，康宜存念。

父字

1 康宜注：父親這封信尤其令我珍惜。為了紀念母親逝世六週年，父親特別寫下他的衷心感言和兩首短詩。

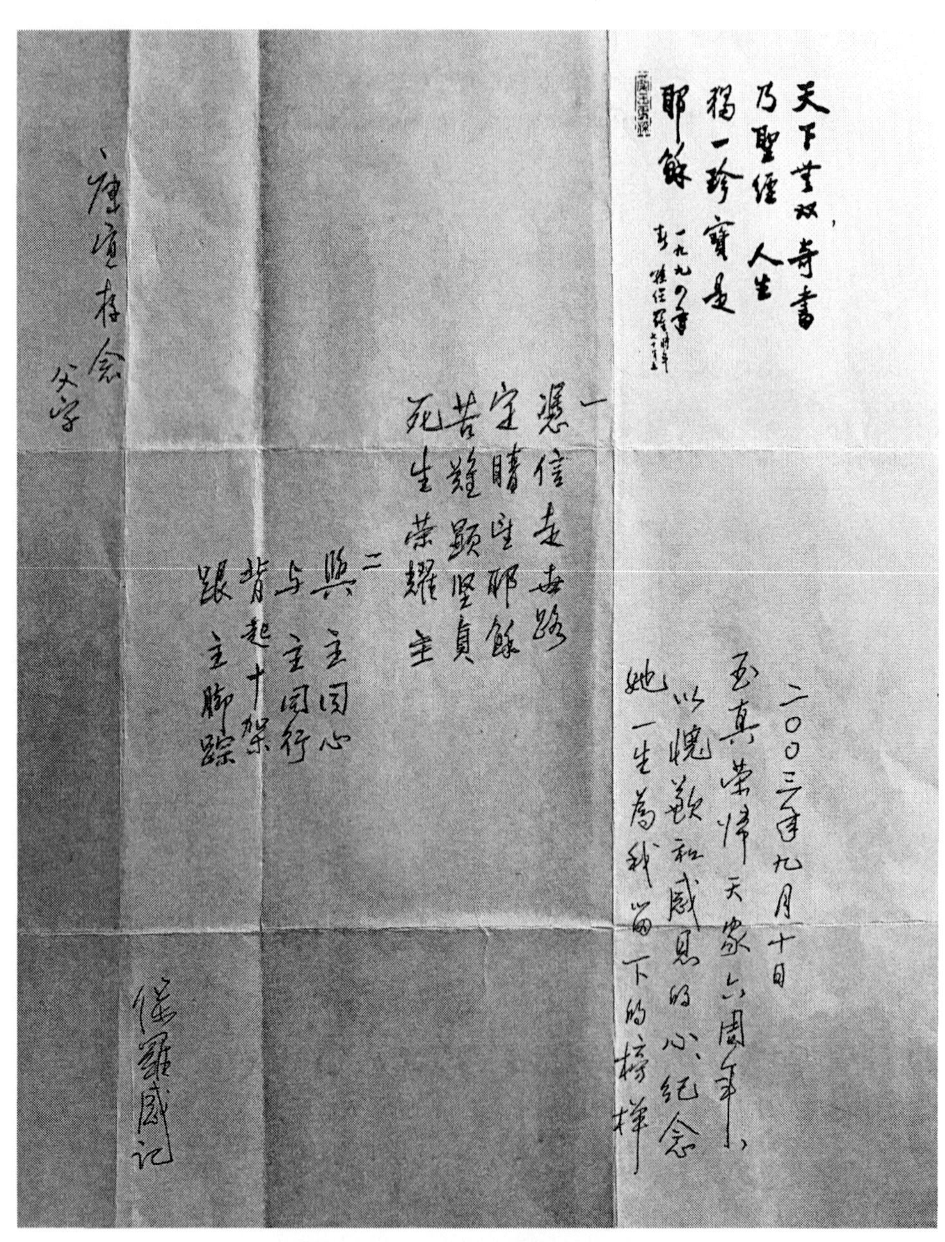
天下無双奇書
乃聖經 人生
獨一珍寶是
耶穌

二○○三年九月十日
玉真榮歸天家六周年、
以愧歎和感恩的心、紀念
她一生為我留下的榜樣

一 憑信走安路
守瞻望耶穌
苦難顯堅貞
死生榮耀主

二 與主同心
与主同行
背起十架
跟主腳踪

、[illegible]存念
父字

保羅感記

信件 2003.9.10（玉真榮歸天家6周年）

信件八

Fred：[1]

謝謝九月八日來信、及文稿一大包。

許久未通信，但在禱告中不住為府上各位禱告感謝。

提到康宜這本書[2]，我從起初就不支持。不是反對，是說她現在忙到這般地步、哪有時間寫呢。我的意思是，等退休後再說。但她遺傳了我一付急性子。書出來了，我總覺得寫得過於匆促。稿子我看過，但我只能挑錯字，其他幫不上忙。出獄以前一切過去的事，我忘得一乾二淨。有時回想也都是模模糊糊，所以我給康宜的資料，難免錯誤百出。幸得兄不憚煩勞，一一指正。以後若再版，當可增補訂正了。

囑轉康宜的那封信（三頁，鉛筆寫給我的）還要過幾天才能寄給她。這一陣子開學不久，非常煩忙，加上校內瑣事人家也推給她。最糟的是，近來秘書集體罷工，一切停擺，她只好兼作秘書工作，苦不堪言矣。

信中關於觀圻「生日」一事，我倒真搞糊塗了。慢慢回想，才想起、生他之時，家裡一直很忙，「到梧棲來」戶口登記，遲延未辦，大概是到「三月」（？）才辦的，只好將錯就錯了。

關於我的肺病（結核）始於火燒島，送回軍監後，同室一難友日夜大口吐鮮血，我則肺病加劇，幸靠家中寄藥，一直撐到出獄（奇跡！）才得正規治療。**（康宜按：此處刪去數行）**。

[1] 康宜注：Fred是湯麟武先生的英文名字。這是父親寫給湯麟武先生的一封回信；至於湯先生給家父的信（日期為二〇〇三年九月八日），請見本書「附錄」第二部分（親友寫給孫保羅的信）。

[2] 康宜注：指拙著《走出白色恐怖》（台北：允晨文化，二〇〇三）。

※　※　※

兄〈養生叮嚀〉一文，現身說法，可以救許多老年人。〈皓首讀經記〉我只發現排錯了一個英文字（應作Gaithersburg，文中多方見證兄信主之心路歷程。這類見證比講道更實際，必能吸引「知識分子」，發人深省。〈有人要我寫回憶錄〉這個題目需要改嗎？這是一篇歷史見證的寶貴文獻，藉兄一生經歷所立的典範、以及為人處世的諍言，必能激勵後進，世代傳誦。

※　※　※

弟自今年，突顯衰退，離世與主同在，或不遠矣。天家在望，不勝喜樂。

謹覆，願多珍重。問，

湯太太好。兒孫蒙神祝福。即頌，

中秋快樂。

弟

Paul敬覆謝

9-16-03

信件九

康宜：

日前聽說你想把聖經有系統地讀一遍，這很重要。我想到幾點、提一下：

1. 入門參考書：

一是*NIV Study Bible*

二是*Bible Knowledge commentary*（NT已經寄給你了，可再買上冊（OT））。

這兩本是按節註釋的，大體上立論正確，錯誤不多。

2. 中文譯本：

現在仍通用的「和合」本，是由五位西教士（C.W. Mateer[1]狄考文，C. Goodrich富善，FW Bowler鮑康寧，G. Owen歐文[2]，S Lewis陸依士[3]）費時三十年合力完成的（藉幾位中國學者的幫助）。OT部分一九〇七年出版，NT一九一九年出版。和合本在當時是第一本用「口語」譯的中文聖經。當時正值五四運動興起，和合本此一創舉，對中國語文革命有相當大的貢獻。這個譯本是直接從原文（Heb-GK）譯出的（不是從英譯本轉譯的。讀來令人感到有聖靈的恩膏。尤其是便於記憶（「背」

---

1 康宜注：原文作C.B.Mateer，今改為C.W. Mateer.見蘇精，《鑄以代刻：傳教士與中文印刷變局》（台北：台大出版中心，二〇一四），頁五三五。

2 康宜注：「歐文」一作「文書田」。見《和合本中文聖經翻譯》，尤思德著，蔡錦圖譯（香港：國際聖經協會，二〇〇二），頁二一二。

3 康宜注：「陸依士」一作「鹿依士」。見《和合本中文聖經翻譯》，尤思德著，蔡錦圖譯，頁二一五。

誦）。

這八十多年來，中國語文、用詞已有極大的變革，所以和合本之後，中國聖經學者又有許多新譯本，但直到如今，還沒有一本能取代和合本的。

近三十年內有兩個新譯本值得一提。其一是Lockman Foundation出的《新約聖經新譯本》，對於了解一些詞義有幫助，值得參考。其二是ABS出版，由許牧世先生主其事的《現代中文譯本》……（康宜按：此處刪去三行）。

3. 英文譯本：

我喜歡用的有兩本：一是NIV（New International Version）是一般英語教會所採用的，二是NASB（New American Standard Bible）。前者較注重譯筆的「達」，後者則重「信」，互補長短。

4. 譯經之難：

新約聖經（NT）原文是Greek，就是兩千年前「世界」（地中海為中心的）的lingua franca，猶太人也都會的。原文文體是當時通用的一種「口語」（Koine）。但書寫時，字母相連，字與字，句與句中間，沒有間隔，不分段落，更無標點（似中國古文），所以解釋起來會有不同。（今日聖經之標點分段，是很久以後，天主教時代的事：AD 1236 Cardinal Caro及AD 1551 Robert Stephens相繼完成的。其中很多「分段」頗有爭議，但並不重要）。

古時沒有印刷，全憑手抄，輾轉抄傳，錯誤難免。據說NT的「抄本」（原文最初的原本已蕩然無存），現今存留的，有五千件之多！其中沒有兩件是完全相同的。奇妙的是，信仰要義都保存完整。在當時的條件下，抄本的保存也很困難。一因是寫在埃及艸帋papyrus上面，草質很脆，二因教會自Nero以後連續兩百五十年受大逼迫，流血成河。人只能自己手抄幾節偷偷藏在身上！到今天抄本還保存五千件，是神的保守。

據說這五千件中，最小的一片，也是最早的一片，現存英國Manchester的Rylands Library。[1]其大小為3½"×2½"（內容是Jn 18:31-33），學者估計是AD 100-150年的抄本，從埃及的埋地下的垃圾堆裡發現的。

5.我也保存了一小片，送給你。

這是一九八八年五月十日（當日的筆記也給你看看）[2]你帶我到哈佛參觀珍本藏書（各種中文聖經譯本）時，其中一本（馬太傳福音書（文言），一八五一年咸豐元年?的譯本）一打開，盡是碎片，散落地上，我撿了一小塊，推測是Mt 6:13和Mt 8:23-27附近（?）。

這可能是世上現存的，最小的一片了，歸你保存。（是印刷的，非手抄）。想到這本聖經才經過一百多年，已成碎片，而二〇〇〇年前寫在papyrus上的碎片，怎可能保存下來，實在是奇跡！

9/21/03

父字

1 康宜注：原文作Ryland Library，今改為Rylands Library。

2 康宜注：有關當天的筆記請參見以下插圖十一：哈佛筆記一九八八年五月十日。

康宜：日前听说你想把圣经有系统地读一遍，这很重要。我想到几点，提一下：

① 入门参考书

一是〈NIV Study Bible〉

二是〈Bible Knowledge Commentary〉（NT已经寄给你了，可再买上册（OT）

这两本是按節註釋的，大体上错误不多，立论正確。

② 中文譯本 现在仍通用的"和合本"，是由五位西教士（C.B. Mateer 狄考文、C. Goodrich 富善、F.W. Bowler 鲍康宁、G. Owen 欧文、J. Lewis 陆佐）费时30年合力完成的（获几位中国学者的帮助）。OT部分1907年出版，NT 1919年出版，和合本在当时是第一本用"口语"译的中文圣经。当时正值五四运动兴起，和合本此一创举，对中国语文革命有相当大的贡献。这个译本是直接从原文（Heb-Grk）译出的（不是从英譯本转译的）。读来令人感到有圣灵的恩膏。尤其是便于记忆（背诵）。

近八十多年来，中国语文、用词，已有极大的变革，所以和合本之后，中国圣经学者又出了许多新譯本，但直到如今，还没有一本能取代和合本的。

近三十年内有两个新译本值得一提。其一是 Lockman Foundation 出的〈新约圣经 新译本〉，对于了解一些词义有帮助，值得参考。其二是 ABS 出版、由许牧世先生主其事的〈现代中文译本〉，读来如读小说，神髓全失，且翻译过程过于草率，错误不少，不可取也！

③ 英文譯本

我喜欢用的有两本：一是 NIV (New International Version) 是一般英语教会所採用的，二是 NASB (New American Standard Bible) 前者較注重译笔的"達"，后者则重"信"，互補長短。

④ 译经之难

新约圣经(NT)原文是 Greek，就是两千年前世界（地中海为中心的）的 lingua franca，犹太人也都会的。原文文体是当时通用的一种"口语"（Koine）。但书写时，字母相连，字与字、句与句中间、没有间隔，不分段落，没有标点（似中国古文），所以，解释起来会有不同。（今日圣经之标点分段，是很久以后，天主教时代的事：AD 1236 Cardinal Caro 及 AD 1551 Robert Stephens 相继完成的。其中很多"分段"颇有争议，但不属重要）。

古时没有印刷，全凭手抄，辗转抄传，错误难免。按现存 NT 的"抄本"（原文最初的原本已荡然无存），现今存留的有 5,000 件之多！其中没有两件是完全相同的。奇妙的是，信仰要义都保存完整。在当时的条件下，抄本

信件 2003.9.21（頁1）

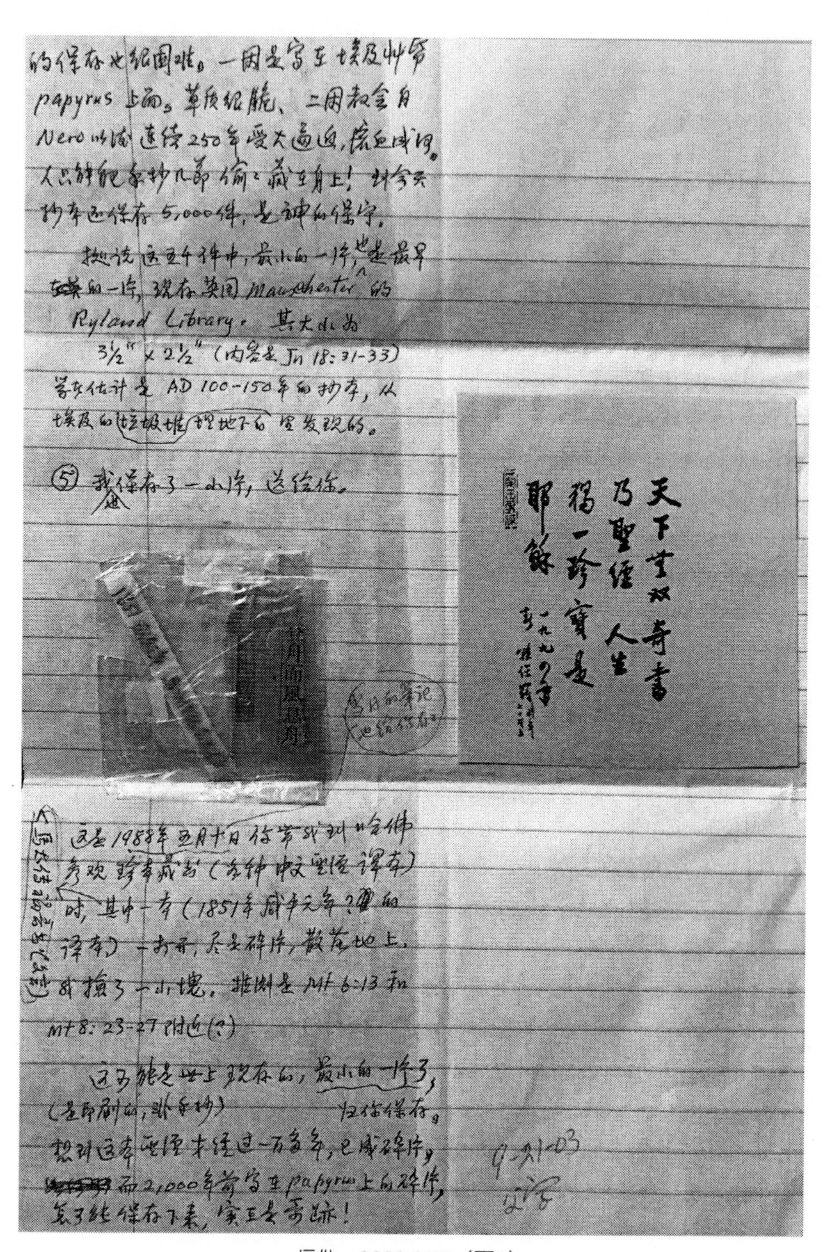

的保存也很困难。一因是写在埃及草纸papyrus上面，草质很脆、二因教会自Nero以后连续250年受大逼迫，流血成河。人只能冒死来抄几节偷偷藏在身上！到今天抄本还保存5,000件，是神的保守。

据说这五千件中，最小的一片，也是最早的一片，现存英国Manchester的Ryland Library。其大小为3½"×2½"（内容是Jn 18:31-33）学者估计是AD 100-150年的抄本，从埃及的垃圾堆埋地下的室发现的。

⑤ 我保存了一小片，送给你。

天下无双奇书乃圣经
人生独一珍宝是耶稣

这是1988年五月十日你带我到哈佛参观珍本藏书（各种中文圣经译本）时，其中一本（1851年咸丰元年？的译本）一打开，尽是碎片，散落地上，我捡了一小块。推测是Mt 6:13和Mt 8:23-27附近(?)

这可能是世上现存的，最小的一片了，（是印刷的，非手抄）让你保存。

想到这本圣经才经过一百多年，已成碎片，而2,000年前写在papyrus上的碎片，竟可能保存下来，实在是奇迹！

9-21-03

信件　2003.9.21（頁2）

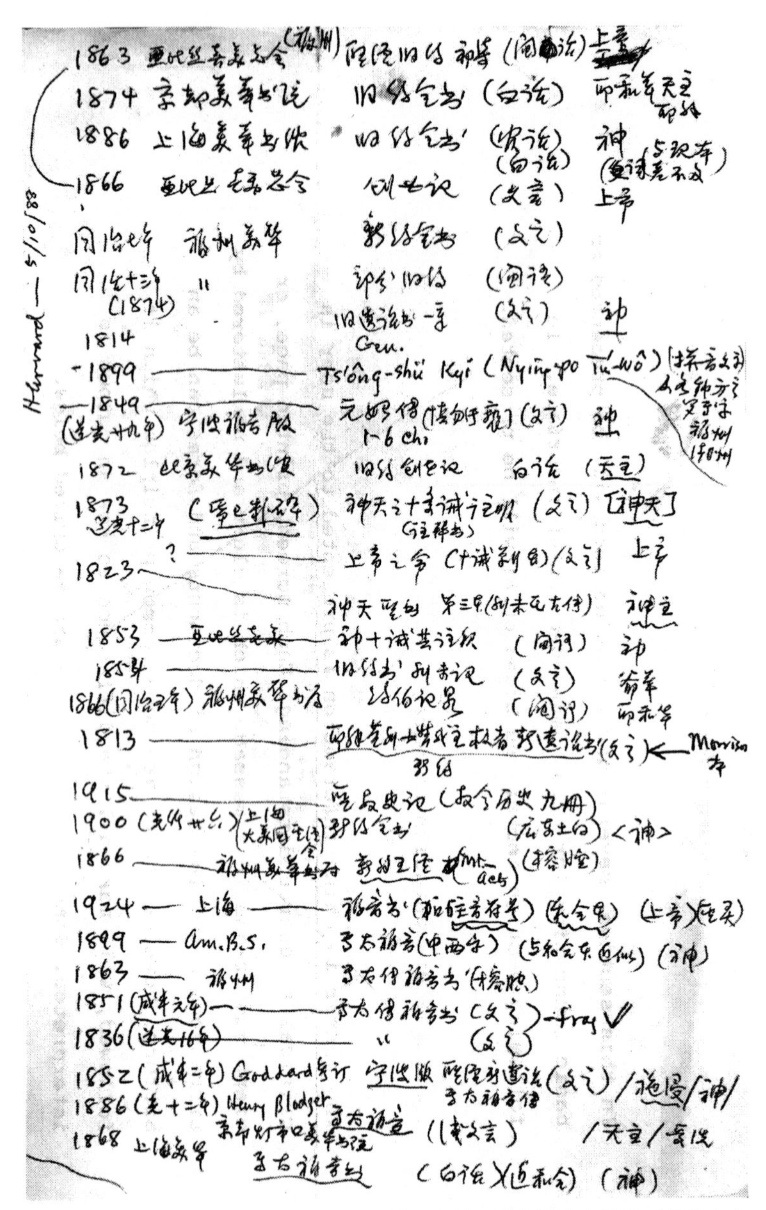

插圖11，這是一九八八年五月十日孫保羅到哈佛大學參觀珍本藏書（各種中文聖經譯本）的筆記。

信件十

A NOTE FROM Paul Y. Sun

康宜：

（一）晚上睡覺前，以禱告的心讀經默想（不必速讀，也不必一次讀很多）。

（二）每天要多散步！（維持健康，最要緊的是walking！）

（三）我們雖然不活在舊約（OT）時代，但並非說OT聖經全然無用。不過，讀OT要從NT的觀點（角度）來讀（凡是「耶和華」這名，換成「耶穌」就對了）。

（四）大衛王（1010-970 B.C.）的詩篇（占詩篇大約二分之一）其中對神的認識，對他與神的關係（信靠、順服）……都有永恆的價值，是歷代基督徒所視為寶藏的。

父字

12-6 (2003)

（1）PS（Psalms）「詩篇」中，必讀的，如：

（不必照順序！但認為重要的，要畫紅線）

16-19-23-25-31-32-34-39-46:1-51-56-57:1-61-62-63-66-73-90-100-103-119（分段讀）-121-124-127-130-131-139

（2）讀NT預言，要注意（e.g., Mt24, Mk13, Lk21，尤其是Rev啟示錄）。

一切的預言，都是要叫人知道歷史的方向，以及自己如何警醒預備。不可照私意，或強行解釋，也不必聽信人的解釋。不要想把啟示中每個字句所指為何，具體地研究出來！（神不是叫我們作猜謎遊戲，乃是叫基督徒「信」！（信神的話是信實的）。我們憑信，看啟示，自然看見「神的心意何在」。

信件十一

主內玉生教授平安：

謝謝你寄賀卡來，謝謝你的關切。特別是您那張近照，非常寶貴，如同親見您的面一樣。還有那張畢業典禮照，一邊端詳，一邊似乎我又忽然置身於那熟悉的、具有特出風格的「東海」了[1]……弟今年一年身體大幅衰退，特別是走路頭昏目眩，寫字也漸覺手指不聽指揮了。但蒙主的恩，生活一切都能自理。

你何時路經此地，盼先聯繫，俾能想見。

農年又到，敬祝，

閤府新年快樂！

弟 孫保羅致謝

二〇〇四年元月三日

[1] 康宜注：此指東海著名的路思義教堂。

信件十二

February 21, 2004

Dear Edie:[1]

Thank you so much for your lovely Valentine gifts. Behind them I see a heart of love and creativity.

How I wish to talk to you over the phone! But it's too bad that I am not able to use spoken English. In fact, even my written English is getting rusted.

Wish you happiness and success.

Grandpa Paul

---

1 康宜注：Edie是我女兒Edith的小名。

Feb. 21, 2004

Dear Edie:

Thank you so much for your lovely Valentine gifts. Behind them I see a heart of Love and Creativity.

How I wish to talk to you over the phone! But it's too bad that I am not able to use spoken English. In fact, even my written English is getting rusted.

Wish you happiness
and Success

Love,
Grandpa Paul

信件　2004.2.21（to Edie）

信件十三

小紅：

一直想寫信給你，但這封信帋郵票都不在手頭，到今天才拿到。謝謝你，為我找到的「老人退休村」，[1]這地方實在好得無比！這就是我在地上永遠的家了。（**請參見照片二十：Fremont Retirement Villa**）

謝謝你，為我買的小冰箱，飲用水，7-up，洗澡坐的墊子，處理信件的小架子……等等，我記憶力漸漸恢復，但「今天幾號，禮拜幾」總是記不得，一遍一遍地去問人。

因情緒起伏不定，你來時，我說話行事得罪主，我已向主認罪，也向你道歉，盼能饒恕我。

世路將盡，天家在望，我安靜等候主接我回家。

問欽次Edie好。

父字

七月十二

二〇〇四

[1] 康宜注：此指Fremont Retirement Villa（41040 Lincoln Street, Fremont, CA 94538-4316）。父親於二〇〇四年七月八日從醫院退院，直接住進這個「老人退休村」。

小红：

一直想写信给你，但信封信纸邮票都不在身边，到今天才拿到。谢谢你为我找到的老人退休村，这地方实在好得无比！这就是我在地上永远的家了。

谢谢你为我买的小冰箱，给用的，一切，沙发电的垫子，处理信件的小架子……等等。

我记忆力断断续续，但今天几点，礼拜几，总是记不得，一遍一遍地去问人。

因情绪起伏不定，你来时，我谈话的事得罪主，我已向主认罪，也向你道歉。盼你饶恕我，

也快将尽，天家在望，我安静等候主接我回家。向镜依 Edie 好。

七月十二 保罗
2004

信件　2004.7.12

信件十四

康宜：

你們為我找的新居（福瑞滿退休村Fremont Retirement Villa）實在好得無比。求主紀念你的孝心。

我會照你的話——好好活，好好吃，好好睡，不但如此，我更是在此享受晚年，白天我常常散步，胃口非常好，Nana[1]常買零食來。

只是「星期幾」，「今天幾號」這些還是常常記不得，但我確信必逐漸康復。

我從前在大難中，你是我的掌上珠，今天仍是。

問欽次好。

父字

7/13 2004

PS：聽說Edie要來。一個人來不安全！

[1] 康宜注：Nana是我的弟媳黃麗娜的小名。

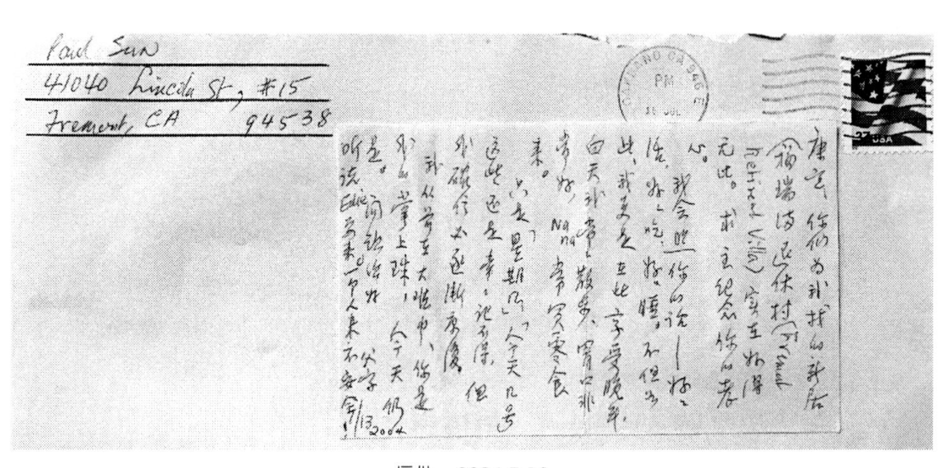

Paul Sun
41040 Lincoln St, #15
Fremont, CA 94538

康寧，你們為我找的新居
（福瑞蒙退休村（Fremont Retirement Village））實在好得
無比。求主紀念你的孝
心。
我會照你的說一樣樣
作，好好吃，好好睡，不但如
此，我並且在此享受晚年。
白天我常常散步，[illegible]非
常好，Nana常買零食
來。
[illegible]星期六，[illegible]天[illegible]
這些[illegible]，[illegible]，但
我確信不難適應。
我從前在大[illegible]中，你是
我的掌上珠，今天你們
是。[illegible]
聽說Eddie[illegible]來，[illegible]人來
[illegible]安 父字
7/13 2004

信件　2004.7.13

信件十五

康宜：

我今年以後決定不再給人回信了，一律用「便條」，而這種（見Sample）CVS Hot Colors Chunky Notes，每本一七〇張（4×6 in）很適用，請有空再寄幾本來（每本一七〇張）。

父字

八月三日

二〇〇四

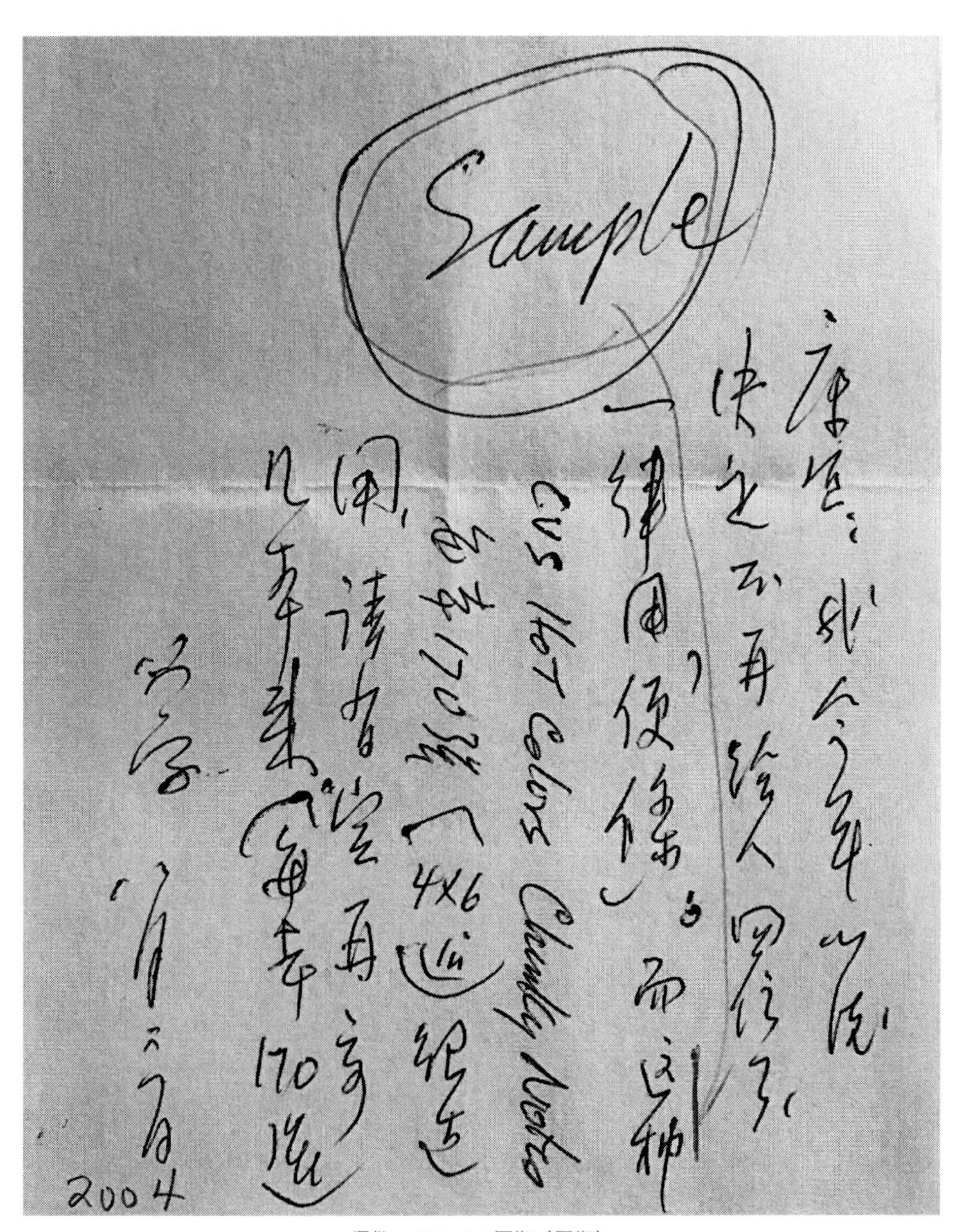

Sample

康宜：我今年以後，決定不再給人寫信了，一律用「便條」，而這種CVS 4x6 Colors Chunky Notes 每本170張（4x6英吋紙箋）用完，請者當再寄幾本來（每本170張）

祝安

保羅 八月三日

2004

信件　2004.8.3便條（便條）

信件十六

康宜：

今天娜娜帶我出去買了一雙很講究又舒適的「皮」鞋。主的恩賜，老而彌加！最要緊是我們對主耶穌要忠誠，凡事要能為主耶穌作見證，叫人歸榮耀給主。（口頭的見證還其次，生活與生命所流露出來的、主的恩典能力，能影響別人生命，更是寶貴。）

你有空時幫我買一百張domestic stamp國內應用的37 cents的郵票來！（不需要限時！）[1]

你每天要讀幾節新的聖經，默想主耶穌的榮耀與權能，清楚祂確是神而人者，是你我的救主，我家的救主，普世的救主！信心要堅定不移！學會「凡事謝恩」。

父字　八月五日二〇〇四

---

[1] 康宜注：或許是心電感應，我早已在七月三十一日（即家父寫這封信的前幾天）寄了一百張郵票給他，所以他發信之後當天就收到了郵票，可謂神奇。為了記錄這個神奇的經驗，父親就用毛筆在郵票的封袋上寫著：「康宜的一〇〇張」。後來二〇〇七年父親過世後，我就把他剩下的郵票（包括他的手跡）鑲在鏡框裡，作為紀念。

康宜：今天娜之带我出去买了一双很精究又舒适的皮鞋。主的恩赐老而弥加！最要紧是我们对主耶稣要忠诚，凡事为主耶稣作见证，叫人归荣耀给主。（以我的见证过其后，生活与生命所流露出来的，主的恩典能力，能胜过别人生命，更是宝贵。）

你有空时替我买一百张 domestic stamp 国内应用的 37分的邮票来！（不需要限時！）

你每天要读几节新约圣经，思想主耶稣的榮耀与救赎，祂确是神而人者，是你我的救主，我家的救主，喜爱的救主！仗靠心灵全然不移！"学习凡事谢恩" 父字 八月五日 2004

信件　2004.8.5

插圖12，八十五歲的孫保羅用毛筆在女兒送他的一百張郵票的封袋上寫道：「康宜的一百張」。

信件十七

欽次設計製作、康宜提議的、這些精美的小字條[1]，宛如主從天賜的時雨甘霖，降在乾旱的心田上。無限安慰。

天下無雙奇書乃聖經，
人生獨一珍寶是耶穌。

一九九四年春
孫保羅書
時年七十有五

二〇〇四年八月九日
父字

1 康宜注：早在一九九七年我們就根據父親的一些書法作品、作成各種各樣的信箋。但二〇〇四年父親住進「老人退休村」之後，我們又製作了這些小字條給他。有關父親這幅書法，請見本書輯一，書法三十八。

欽次設計製作、康宜提議的、
這些精美的小字條、宛如
主從天賜的時雨甘霖、降在
乾旱的心田上。無限安慰。

天下無雙奇書
乃聖經 人生
獨一珍寶是
耶穌

一九九四年
彭懷信 孫保羅

二〇〇四年八月九日
父字

信件　2004.8.9（聖經書法）

第五部分

給孫女路亞（Esther Sun）的十二封信

信件一

My Dear Esther[1],

It's really a surprise and joy to learn that you have been to Urbana 96! Reading through your essay I feel thankful to the Lord for seeing my dream realized in my granddaughter. Life is a continuous effort to walk with the Lord Jesus. The way is hard. But His grace is sufficient for us. May the Lord keep you and make you to have the willingness "to go and do whatever He wants (me) to do" (p.2, "Essay").

May this be our constant prayer:

"O Dear Lord,

Of three things I pray—

To know you more clearly,

---

1 康宜注：Esther Sun（孫路亞）是我的小弟孫觀圻的長女。Esther是一位醫師，並以傳教士的精神獻身於海內外的福音工作。所以家父寫給她的每一封信都與基督信仰有關。

To love you more dearly,

To follow you more nearly,

Day by Day."

願　主耶穌　的恩惠　平安

May　Lord Jesus　grace　peace

常　與你　同在！

always　be with　you

Yeye

2/10/97

Nainai's getting better.

My Dear Esther:

It's really a surprise and joy to learn that you have been to Urbana 96!

Reading through your essay I feel thankful to the Lord for seeing my dream realized in my granddaughter.

Life is a continuous effort to walk with the LORD Jesus. The way is hard. But His grace is sufficient for us. May the Lord keeps you and make you to have the willingness "to go + do whatever He wants (me) to do" (p. 2. "Essay")

May this be our constant prayer:

" O Dear LORD,
Of three things I pray—
To know You more clearly,
To love You more dearly,
To follow You more nearly,
Day by Day."

願主耶穌的恩惠平安
May Lord Jesus grace peace

常與你同在!
always be with you

Yeye
2/10/97
California

NaiNai's getting better.

信件 Esther 1997.2.10

信件一

My new address:

Paul Sun

35300 Cedar Blvd., #227

Newark, CA 94560

8-19-2000

Dear Esther:

Thank you for your letter and the little, beautiful picture. I'm busy packing to move to the Senior Home not far from here.

God's hand has always been heavy on me. He has made me wait these "four" long years before opening a new frontier for me. I thank the Lord for few people have experienced such grace and privilege.

I'm happy that though we have language barrier, we have no generation gap in Christ. I'm proud of you and Helen.[1] You have my heart. I will and always am praying for your dad. Happy to hear he decided to come home.

The message of my little book is that a Christian worth his or her name MUST suffer for the Lord's sake, to show our true loyalty and love for Him.

The way is not easy..., so, old or young, let's stand firm on our ground no matter (what)[2]...

---

[1] 康宜注：Helen（卉亞）是Esther（路亞）的妹妹。

[2] 康宜注：原文沒有"what"，今加上"what"一字。

Wen dajia hao![1]

Love, Yeye

1 康宜注：即「問大家好」。

信件三

Dear Esther,

It's always a pleasure to hear from you.

Your beautiful handwriting of the Chinese characters surprised me. Nowadays I usually have trouble reading the (Chinese) letters from my former students. I have to stop here and there to guess!

I really enjoy living here. I already started one-to-one type of studying the Bible, praying, and singing hymns together. We meet twice a week.

And I am also reviewing my diaries of the past 12 years. So I'm quite busy, though I have enough time for prayer and meditation.

The Lord Jesus is so great and wonderful that we little men can never sound the depth of 1/1,000,000,000 of God's mystery. May the Lord blesss us and use our life to glorify Him.

Love,

Yeye

10-17-00

天下無双奇書
乃聖經 人生
獨一珍寶是
耶穌

Dear Esther:

It's always a pleasure to hear from you.

Your beautiful handwriting of the Chinese characters surprised me. Nowadays I usually have trouble reading the (Chinese) letters from my former students. I have to stop here and there to guess!

I really enjoy living here. I already started one-to-one type of studying the Bible, praying, and singing hymns together. We meet twice a week.

And I am also reviewing my diaries of the past 12 years. So I'm quite busy, though I have enough time for ~~pray~~ prayer and meditation.

The Lord Jesus is so great and wonderful that we little men can never sound the depth of 1/1,000,000,000 of God's mystery. May the Lord bless us and use our life to glorify Him.

Love,

Yeage

10-17-00

信件　Esther 2000.10.17

信件四

April 13, 01

Dear Esther:

It's always my joy to hear from you.

Your aspiration for Christ fills the letter, and touches and encourages me very much!

Really it's sad to see that after 200 years the Americans come up against the faith of their ancestors by wanting the freedom NOT to believe in Lord Jesus. And I find today's US has almost become a melting pot of all sorts of occults and Satanic schemes. But we need not be discouraged—for "...the gates of Hades will not overcome it..."[1]

Advice? My "prayer" is that the Lord Himself will guide you through your life according to His loving will.

I am just back from New England, where I shared my faith with many young people. The seeds I have sown I entrust to the Hand of the Lord.

Hope to see you here in late June.

Love, always

Yeye

---

1 康宜注：此段經文出自《馬太福音》16:18：「我還告訴你：你是彼得，我要把我的教會建造在這磐石上，陰間的權柄不能勝過他」。（*Matthew* 16:18: "And I tell you that you are Peter, and on this rock I will build my church, and the gates of Hades will not overcome it."）

信件五

Love

Joy

Peace

Dear Esther:

Thank you for your card, your love and prayer, and for your letting me know of your current difficult situation.

Every morning I give thanks to my LORD for His choosing and calling you to succeed us to serve our Lord, and to realize the aspirations of your grandparents.

Surely life is full of trials and temptations, hardship and suffering. Especially for us, it takes the cross to have each Bible truth become our practice. The way is by no means easy. But we are here (in this world) with a mission, and we have our great example, the Lord Jesus Himself, who will lead you on step by step. And He is your comfort, strength and "all perseverance" and patience!

Hear what the poet saying thousands of years ago: "...You let men ride over our heads, we went through fire and water, but You brought us to a place of abundance."

May the Lord fill you always.

Finally my last 3 upper teath were extracted last wk, now trying to learn to "chew" without them. Hallelujah.

Love,

Yeye

10-26-01

4 AM

信件六

Love

Joy

Peace

(Gal 5:22)

6-2-02

Dear Esther:

Thanks for the card. I love your smiling face. You are my glory and my joy.

Every day I thank the LORD for choosing you and calling you to be His possession.

Pray for me too, that my love for Him might not decrease even when the outward me is wasting away.

Love,

Yeye

信件七

Oct. 25, 05

Dear Esther:

Thank you for remembering me even while you are under heavy workload.

I like that picture of you (taken at New Dehli). It really looks Esther-ly. I'm proud of you.

Glad to hear you join a new church where you grow spiritually.

I pray that our LORD prepare you now for your future ministry.

Love,

Yeye

信件八

My dear Esther,

Great to hear from you & see you in the magazine, though I see you everyday before dawn at the Lord's feet.

You are really a special gift from God! What wonderful grace it is that you are willing to offer your best for His glory!

I am not only proud of you, but also encouraged by you. Although I'm "outwardly wasting away," I still can serve the LORD, wherever He appoints me.

Opening your card, immediately I caught sight of the Great Bible verse quoted (Acts 20:24), which is also my favorite.

May the Lord continue to equip you, and mold you with His grace and mighty power.

With love and prayer,

Yeye

May 2, 03

愛　喜樂　平安

Ai　Xile　Ping'an

My Dear Esther:

Great to hear from you & see you in the magazine, though I see you everyday before dawn at the Lord's feet.

You are really a special gift from God! What wonderful grace it is that you are willing to offer your best for His glory!

I am not only proud of you, but also encouraged by you. Although I'm "outwardly wasting away", I still can serve the LORD, wherever He appoints me.

Opening your card, immediately I caught sight of the Great Bible verse quoted (Acts 20:24), which is also my favorite.

May the Lord continue to equip you, and mold you with His grace and mighty power.

With Love & prayer,

Yeye

May 2, 03

愛 喜樂 平安

Ai Xǐlè Píng'an

信件　Esther 2003.5.2

信件九

6/26/03

Dear Esther:

Congratulations! Finally you have concluded the academic equipement—now beginning to make preparations for the missionary work which the Lord chose and called you to do.

Every morning in my koinōnia with the Lord, I give thanks to our LORD for "you" (a "gift" from God to me as well as our whole family), and for His particular grace that we are unworthy of. 哈利路亞!

May the Lord equip you and lead the way before you that you will glorify Him.

※　※　※

P.S. Since you want to go to China, maybe you need to know (if you have not): (1) the *Hanyu Pinyin*（漢語拼音, i.e., Romanized Phonetic alphabet for the Putong Hua 普通話）; also (2) the simplified characters（簡體字）. Interestingly, some coincidence in wordplay, like 義[1]（which will be written 义）, will no longer be applicable.

---

[1] 康宜注：繁體的「義」字，上面是「羊」，下面是「我」，令人聯想到基督教裡所謂「用羊羔的血來作我的贖罪」之概念。這樣一來，上帝的概念也似乎存在於傳統中國文化裡了！所以家父在此提到"some coincidence in wordplay"（文字上的巧合）。但簡體的「义」字卻沒有這種聯想的含義。（有關這個注，我要感謝小弟觀圻和他女兒路亞（Esther）的幫忙）。

Love,
Yeye

天下無双奇書
乃聖經人生
獨一珍寶是
耶穌

一九九〇年

6/26/03

Dear Esther: Congratulations!

Finally you have concluded the academic equipment — now beginning to make preparations for the missionary work which the Lord chose and called you to do.

Every morning in my koinōnia with the Lord, I give thanks to our LORD for "you" (a "gift" from God to me as well as our whole family), and for His particular grace that we are unworthy of. 哈利路亞!

May the Lord equip you and lead the way before you that you will glorify Him.

P.S. Since you want to go to China, maybe you need to know (if you have not), ① the Hànyǔ Pīn'yīn (汉语拼音, i.e. Romanized Phonetic alphabet for the Pǔtōng Huà (普通话); also ② the simplified characters. (简体字)

Interestingly, some coincidence in wordplay, like 義 (which will be written 义), will no longer be applicable.

Love, Yeye

信件　Esther 2003.6.26

信件十

10/25/03

Dear Esther,

What a big gift you gave me! Shall I say “Thanks” or “Congratulations”?

Very happy to hear that God has prepared a God-loving companion for you in life and in the service for the Lord. I pray that the Lord continue to lead your way ahead to use both of you to be witnesses of Jesus.

As for me, since early this year I felt what old age is. Bad vision makes walking difficult, and affects reading and writing. But I praise the Lord that I also experienced the truth of his words. (II Cor 4:16).

My prayer and blessing go with this note.

Love,

Yeye

信件十一

Feb. 9, 04

Esther,

Thank you for the tape & the pamphlet, especially the beautiful picture of Kenny & you. I like to see your smiling faces.

As for the tape, however, I have to wait until there is an opportunity to view it, because I don't have a TV set.

My health degenerated a lot during the past year. Now I have difficulty walking steadily. But thank the Lord, His grace is always sufficient.

Love

Joy

Peace

問Kenny好！

Love,

Yeye

信件十二

5/3/04

My dearest Kenny and Esther:

Thanks for our letter.

Your ambition for the LORD is my joy and my pride.

Thanks for your concern for my health. I'm still ok. I can move slowly, and I can read my Bible.

No one likes sickness or death. But even death is not without LORD's good purpose and grace.

The LORD be praised!

To my regret, I can't make the trip to Tulsa. (However, GUGU[1] will be my "representative").

Love and Blessing,

Yeye

---

1 康宜注：路亞（Esther）喊我作GUGU（姑姑），因為她是我的姪女。她與Kenny的婚禮安排在Oklahoma州的Tulsa城舉行，可惜家父因為身體的緣故，無法參加自己孫女的婚禮。

第六部分

給教會友人的信

信件一

認識祢獨一的
真神並且認識
祢所差來的
耶穌基督
這就是永生（約17:3）

有恆弟兄：[1]

我們在禱告中不住地想念你，為你和你一家感謝祈求。唯願我們的神照祂榮耀的豐富、在主基督耶穌裡、使你們一切所需用的都充足。阿們。

[1] 康宜注：特別感謝周有恆先生，他曾寄來家父生前寫給他和他夫人林曼嘉幾封信的原件，還有他們珍藏多年的錄音帶，那是家父當年在馬利蘭州蓋城宣道會中帶領主日學的講道錄音。這些紀念物已存藏於耶魯大學神學院圖書館中。

主愛充盈
主恩永在

主末
孫保羅 禱祝
一九九四年五月卅日

信件　1994.5.30（致周有恆）

信件二

同蘇弟兄[1]：

感謝主給我一個機會與各位主內弟兄姊妹及慕道朋友們相識。見青年朋友們有追求真理之心，樂莫大焉。謝謝贈我你的大作。先寄上相片及題字，留念。願得機會再和弟兄姊妹交通分享。願彼此代禱。願主賜福與祂的教會，祝福各位同工的事奉。

孫保羅敬上[2]

九七、十、十八

1 康宜注：劉同蘇先生是耶魯神學院校友，也是新港華人宣道會（New Haven Chinese Alliance Church）的牧師。家父曾於一九九七年十月中旬在劉同蘇先生所主持的教會查經班證道。

2 家父這幅信箋印有他從前的書法：「天下無雙奇書乃聖經／人生獨一珍寶是耶穌」。

信件三

同蘇弟兄：

首先感謝神賜我機會能與您並宣道會各位同工、及慕道友們相識。我回來細讀大作，只覺篇篇精采，字字璣珠，愛不釋手。從中我得了很多啟發，受益良深。我感覺您的文筆無論在福音真理的認識上、或是對主耶穌的信心愛心以及為真道爭辯的熱誠上，都顯明您是神自己所揀選的。見到教會弟兄姊妹，雖人數不多，但追求真理的心火熱，有聖靈同在，使我深受鼓勵。

你今後若有什麼文筆發表，可否複印一份寄我？我近日會搬家，所以，必要時可與孫康宜連絡，她家電話203-389-6059。

我曾寫打油詩一首，順手抄寄指正——

「主懸十架
恩臨我罪人
打破玉瓶
誠心愛耶穌」

請代向席波弟兄，及各位同工（姓名一時記不住）問安，我會為新港宣道會代禱。

謹先申謝，並頌

主恩當偕

主內孫保羅敬上
九七年十月

信件四

渠智、儷娳：[1]

書[2]是個人的紀念冊，不想公開。尤其書中有許多主觀的偏激之見，不想給教會的同工們看，唯恐引起誤會爭端。收藏留念可也。

（一九九九年一月）

1 康宜注：收信人為沈渠智和他的妻子徐儷娳。有關沈渠智，請參見本書輯二：手跡十四（老當益熟）的注。

2 康宜注：此處「書」當指家父的《一粒麥子》。

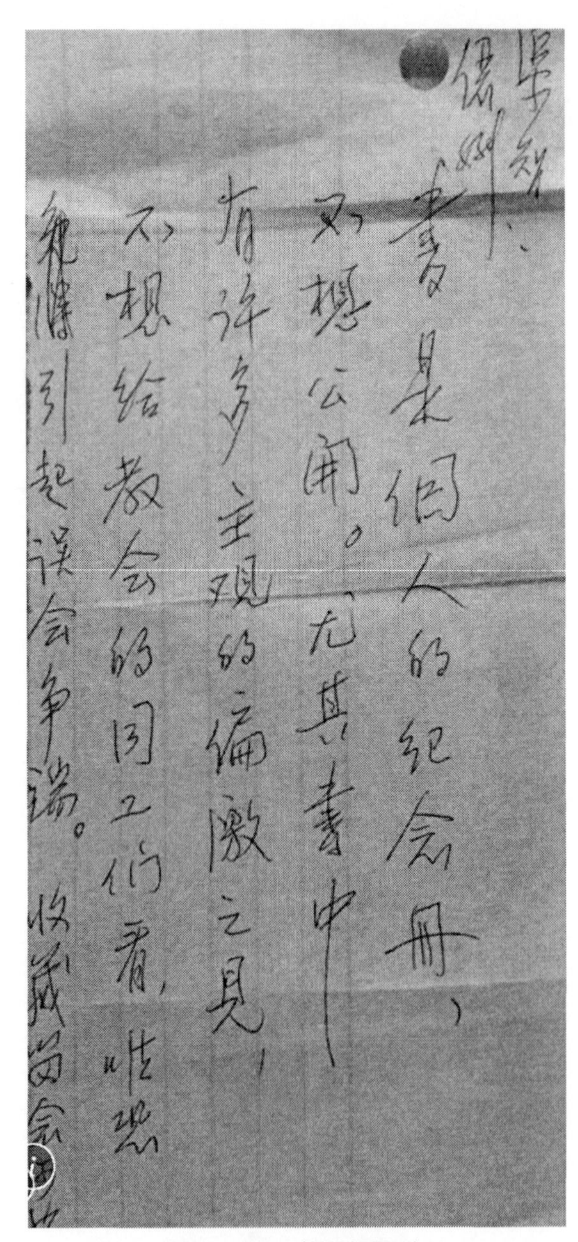

渠智
儷娳：
書是個人的紀念冊，
不想公開。尤其書中
有許多主觀的偏激之見，
不想給教會的同工們看，唯恐
純粹引起誤會爭端。收藏留念

信件　1999.1（給渠智儷娳）

信件五

敬愛的葉牧師：

（康宜按：此函是寫給台灣的葉豐霖「教師」的）。

謝謝卡片！得悉視力衰弱、已辭去宜蘭牧會工作，遷來竹南。

隔半個地球，我為牧師禱告、求主自己常常充滿您，主的醫治大能臨到您，使您日子如何力量也如何。我們現在正是經歷「外體朽壞，內心日新」，讓我們凡事謝恩吧。弟這兩年也是身體加速衰退，想做點什麼，也有心無力了。

主有時叫我們歇下工作，使我們用生命事奉祂。

敬請多多保重。

問候

師母及兩位千金好。

Peace on Earth

我極少照相，現正好有一張，寄上留念——還認得出我來嗎？

敬頌

數算主恩！

喜樂平安！

主末　孫保羅敬上

二〇〇〇年元月四日

敬愛的葉牧師：謝謝卡片！

得悉視力衰弱，已辭去宜蘭牧會工作，遷來竹南。隔半個地球，我為牧師禱告，求主自己常常充滿您，主的醫治大能臨到您，使您日子如何力量也如何。我們現在正是經歷「外体朽壞，內心日新」，讓我們凡事謝恩吧。我這兩年也是身体加速衰退，想作點什么也有心無力了。主有時叫我們歇下工作，使我們用生命事奉祂。敬請多多保重。

問候師母及兩位千金好。

Peace on Earth

我極少照相，現正好有一張，寄上留念——還認得出我來嗎？

敬頌

歲暮主恩

喜樂平安

主末 孫保羅 敬上

二〇〇〇年元月四日

信件　2000.1.4（葉教師）

信件六

（康宜按：此函也是寫給台灣的葉豐霖「教師」的）。

主內敬愛的牧師、師母平安：

在這聖誕節前夕，隔著半個地球，向府上每一位問候。求主保守牧師身體健康，並賜福闔府平安。在此兵荒馬亂、災禍頻仍、人心惶惶、朝不保夕之時，我們屬主耶穌的這「小群」卻是挺身昂首，切望主再來——這是何等的福分。此福即牧師昔日勞苦耕耘而帶給舍下一家老幼的。

弟今年體力驟減，視力尤差，行走也困難了。然而仍能自己料理一切，全是主恩。

敬頌

聖誕、新年、快樂蒙福！

主恩充滿，喜樂平安！

弟孫保羅敬賀

（二〇〇一年，十二月九日）

信件七

愛

喜樂

平安

有恆、曼嘉：

接獲卡片，得悉有恆工作已調回美國，為你們一家感謝神。謝謝你們愛我們的心，山川阻隔，相見不易，但不能減損昔日在主裏相聚的喜樂。唯願神厚賜與你全家，保守你們在主裏常常喜樂。即祝

聖誕快樂！

孫保羅[1]

十二月十九

二〇〇三

1 康宜注：家父這幅信箋印有他從前的書法：「信耶穌／望耶穌／愛耶穌」。

信件八

有恆、曼嘉：

今午忽接到你們寄來的貴重潤膚油（舶來品）！我不知要說什麼才好……。你們愛僕人[1]的心，常在我面前！但叫你們，為了我一點小事，如此費心又破費，我實在心中難安。這次我感謝領受，但願「下不為例」了！

我求鑒察人心的、我們主耶穌、親自紀念你們的心意，保守你們常在祂的愛裡。忽此復謝，並祝

閤府農年快樂！

二〇〇三年十二月三十一日[2]

1 康宜注：「僕人」指基督的僕人（家父孫保羅自稱）。

2 康宜注：家父這封信似乎忘了簽名。待查。

信件九

給紐海文華人教會主持的弟兄姊妹：

大家平安！

主若許可，我將於四月三日前往貴地。

1. 四月六日星期五下午（傍晚），預備講一堂；接著，還有問題分享。（有關新約聖經，及信仰方面一切問題均所歡迎）。最好請大家先預備好，以節省時間。

當晚講道，需至少一個小時，而問題分享討論也可能要一個小時左右——所以，聚會開始最好比平常提早些（請你們定一個時間，先通知大家，到時我們準時開始聚會。唱詩只能唱兩首（？）請你們先選好，即時出席。

不但主內弟兄姊妹，更歡迎「慕道」的朋友參加！

2. 四月八日「主日崇拜」（下午？）的「程序」，請先擬好，交孫康宜寄來，讓我先了解一下。（主日崇拜需定好領會的人（主席？）。唱什麼詩，也請印好，主日講道，約半小時左右。

3. 四月七日（禮拜六），若有人想與我有交通分享，禱告，查經……者，均所歡迎。若教會不便使用，可以在弟兄們家中聚會。（請事先通知大家：需要先定時、地，以便我按排時間。）

願

主耶穌的平安與眾位弟兄姊妹、朋友們同在。

請你們為我禱告！

孫保羅敬啟

三月三日

二〇〇一

輯四

孫保羅日記——焚餘草

前言

康宜：

雖然今年三月一日已將十五年來（八九到〇三）的日記付之垃圾箱一炬[1]，但舊習難改，還是偶而寫寫。

這是八月廿四的日記，可以收著，以後暇時一閱。

父字

August 2003

[1] 康宜注：家父在二〇〇三年以前的大部分日記已經焚毀，所以本輯就將他的日記稱為「焚餘草」。但在此刊登的「焚餘草」也只是一些片段選錄。有關「焚餘草」日記的全貌，可參考耶魯大學神學院圖書館的 Paul Yu-kuang Sun Collection特藏。

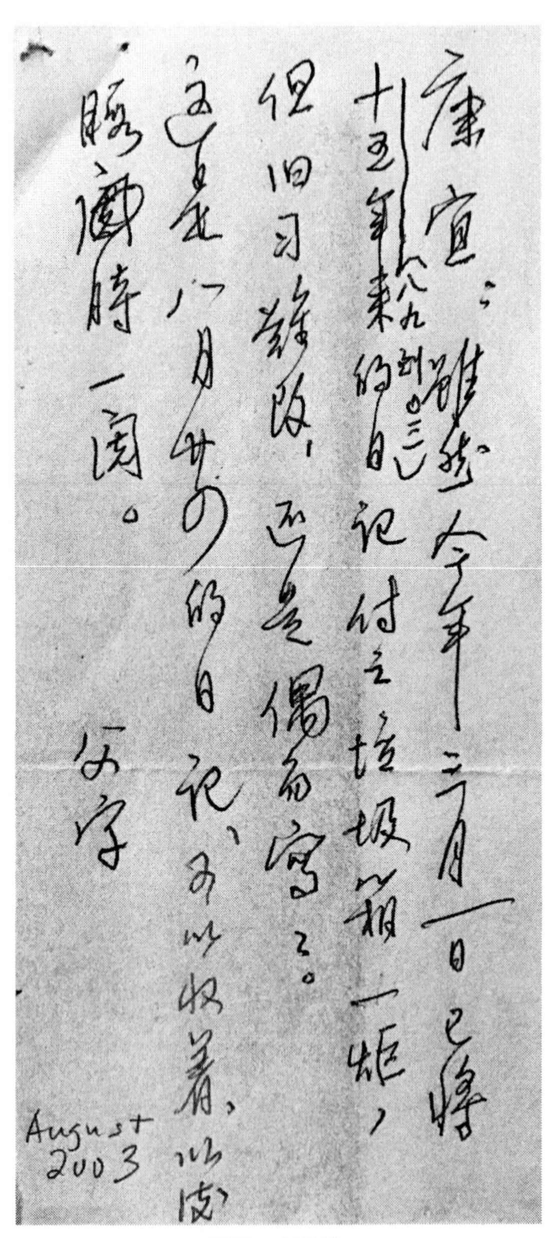

康宜：雖然今年三月一日已將十五年（八九到〇三）來的日記付之垃圾箱一炬，但舊習難改，還是偶爾寫寫。這是八月廿四的日記，可以收著，以後暇閒時一閱。

父字

August 2003

日記　（前言）

第一部分

二〇〇三年至二〇〇四年

二〇〇三年八月二十三日

昨與王同麗、俞培敏兩位信主愛主的學生、一同分享交通，彼此激勵。深覺有耶穌勝過萬有，有耶穌何等有福！感恩之心愈切。

※　※　※

〈晨禱領受〉主耶穌救恩的工作：

第一，Mk 1:21-27：主受洗後，聖靈立刻催趕耶穌去曠野，親受魔鬼試探，結果撒旦失敗，證明主耶穌「真」（cf.若）「是」神的兒子。馬可福音記主耶穌第一件工作就是帶著權柄趕鬼！要救出一切被魔鬼壓制的人（Acts 10:38; Lk 4:18, IJn 3:8, Mt 12:28-29……），使一切信祂的脫離死亡權勢（Heb 2:14-15; Col 1:12-13），並得主耶穌的新生命。（出生入死）。

第二，Jn 2:1-11：約翰福音記主行的第一個神跡是把水（洗手洗腳用的水）變成上等的酒（使人喜樂滿足）！基督徒（信了耶穌的）必須知道，救恩的目的，不止於是叫我們上天堂，更是要給我們信了神兒子的人，「換」一個新生命！一換了這新生命，我們天然的人，就要開始「變」！換了就變，變了証明裡面確實有了主的生命（永生）。（II Cor 5:17, Rom 12:2，一切看法要一八〇度轉變）；Eph 4:23（所愛所追求的，突然變了）；Col 3:10（漸漸更新，漸變成主自己的形相），Rom 8:29（我們要變成什麼樣子？）；II Cor 3:18（有主榮形）；Gal 6:15（不是外來的變，不是life style的變，也不是為主作的工，乃是internal的，對主耶穌的認識日日更新，與主耶穌的關係日日增進）；II Cor 4:16，（日日更新）；Tit 3:5-6（更新非靠自己努力，全靠聖靈）；Rom 8:13，Col 3:4（靠聖靈治死己）；Eph 5:18（要羨慕被聖靈充滿）；Eph 3:20, 1:19, II Th 1:11（經歷證明所信的是真的聖靈的大能，主耶穌真切的同在，經歷與主更深的團契、合一！）（Jn 14:20）；經歷得勝魔鬼的能力（IJn 1:13-14; Lk 10:19）；追求釘死「己」，活出「主」的實際（Cal 2:20），享受主的平安，主的喜樂！（Jn 14:21, 15:11）。不是迷信，不是鏡花水月。[1]

〈以上是，主給我的一個心志而已〉（Phil 3:12-13, 1:20）。

八月二十三日記
與你分享

二〇〇三年八月二十四日

Jn 7:17：「人若立志遵著祂（神、主）的旨意行就必曉得……。」

Jn 16:13：「只等真理的聖靈來了[2]，祂要引導你們明白（進入）一切的真理……。」

1 康宜注：「不是迷信，不是鏡花水月」二句寫在日記的左下方。今姑且加在日記的末尾。

2 康宜注：家父的日記上寫的是：「祂（真理的聖靈）來了」。今按和合本聖經，改為「只等真理的聖靈來了」。

人要認識耶穌，要明白新約的福音真道，不一定要上神學。讀神學也不一定就能認識主、明白主的話。要緊的是：

第一，立志遵行，就是有一個樂意順服（接受）的心志。

第二，神的話全靠聖靈的光照，人才能在靈里明白（不是說，不必聽道、聚會、讀聖靈書籍）。屬靈的「飯」要自己吃，自己下工夫禱告讀經，是最最重要的。你自己摸到了福音的真理，才能在聚會、聽道、讀書時「分辨」哪些是「出乎神」的話，哪些是「人的」話，去蕪存菁。

二〇〇三年八月二十五日

〈晨禱領受〉自勵：

Jn 8:31：「你們若常常遵守我的道（abide in my word）就真是我的門徒。」

Mk 8:34：「若有人要跟著我，就當否定自己（捨己），天天背起他自己的十字架來跟從我。」[1]

（cf Lk 9:23; 14:24）。

測驗自己到底是不是真基督徒（不是掛名，不是自欺）？且看以下幾方面：

1. 我有主的話在心嗎？

心裡要有主的「話」（道，word）〔重要經節常常溫習，要背，要牢記在心，俾能反覆揣摩（反芻），且能隨時應用（e.g.認罪，爭戰得勝，主應許的保證……）

[1] 康宜注：根據聖經和合本，此處應作：「若有人要跟從我，就當捨命，背起他的十字架來跟從我」。

2.主的話我遵行了嗎？

只有頭腦知識（能熟背聖經）還是不夠的，必須心中經歷過爭戰之苦，才能與主建立生命的關係（Jn 14:21, cf Mt 7:20-23），才能經歷主同在的真實（Jn 8:29）。

3.我有否「否定己」（除掉己）的心志、和Struggle的經歷？

To deny self = 「我」不再當我的「主」，絕對順服耶穌。

一個「天然人」（從肉身生的）的本性就是叛逆性——這個在聖經中稱為罪。人，天生就是目中無神，高傲剛硬，不服權威，自以為是，自己（我）要作主，都要聽「我」的，偏行「己」路！（Isa 53:6，中文譯「偏」？這個字很好：第一，我走偏了，第二，我偏要這樣）。

「己」（self，self-centeredness）是罪（sin）的核心！

罪是「死」的因／「苦」是罪的果！先有sin nature，然後有Crime（殺人，姦淫…）。人生為何受苦，佛家，儒家，西洋聖人都無答案，唯獨神兒子耶穌一語道破（Mt 9:36）。

人神關係破壞（人站到神頭上去）

→人與人關係破壞（為敵）

→人與「己」關係破壞（為敵！衝突混亂，空虛……）。心中滿是各種的鬼：驕傲鬼，自是鬼，背逆鬼，怨天鬼，情慾鬼，恨人鬼，貪心鬼，脾氣鬼，憂慮、懼怕鬼……所以，人努力對付脾氣（忍氣）是徒勞無功的。脾氣有一條根就是埋在地里的「己」！

根本問題不是改脾氣，而是斬草除根——靠聖靈治死己，（Rom 18:13 / Col 3:4），作耶穌的門徒首先就要剷除「己」！

信耶穌是什麼意思？就是「順服」耶穌！（II Cor 9:13, IPet1:2, Rom 1:5, 16:26；主的榜樣Phil 2:8, Heb 5:8-9）。

4. 我肯付代價嗎？

（Lk 19:28）

聖經應許我們只要「信」（耶穌）就得永生！但賜永生的主是付上了替我們死的代價。主應許我們「信主的有永生」，但也同時要求我們為祂deny "self"，要求我們絕對順服，順服神才能得救，順服就是由叛逆天性一八〇度的回轉——歸耶穌的順服。

順服是真門徒的記號，是我們每天時刻靠聖靈藉十字架而得勝的唯一途徑！不死不能生，「己」真死了，也真平安了。享受主同在的真實，全在順服耶穌。

我們在世一天，有肉體一天，「己」就還有可能造反篡位。但我們的心志是時刻爭戰，靠主得勝，讓主得榮耀。

附記

Christian的順服不是世人的認命（以撒旦為命運之神，是不得已而屈服，心里是怨恨不平）。我們是認識耶穌認識神，我們因愛（耶穌）而順服，甘心樂意獻上自己。「愛主」的表現不是工作，而是絕對順服。

主前七百多年的先知以賽亞（早孔子兩百餘年）在Isa 1:19中寫道：「你們（指背逆的猶太人）若甘心聽從（cf.存心順服（Phil 12:8）），必吃地上的美物，若不聽從，反倒背逆，必被刀劍所滅，這是主親口說的」[1]——神是個律，祂定了命，無人能更改！上智之人是快快順服，下智之人，被打後而順服，唯獨自以為智的人，寧願受神的責打，也硬著頸項，不肯悔改（cf Prov 29:1）。

1 康宜注：根據和合本的聖經，此處應作「這是耶和華親口說的」。

讀經心得之一

NT從頭到尾沒有一處用「耶和華」這個字。

Cf. Ps 110:1 VS Mk 12:36

Isa 61:1 VS Lk 4:18

因為聖子與聖父原為一（Jn 10:30），（Jn 1:1-3），所以在新約中（esp保羅書信中，）「神／主」是可以互換的。

且很多時候難以確定是指耶穌或指神（天父）：

Cf Tit 3:4神我們救主

3:13我們救主耶穌基督

Tit 5他（He）

可以說是指神，也可以說是指耶穌。

舊約時代已經過去了，因此，我的意見是：

今天基督徒讀Ps 13:1應讀作「主耶穌是我的牧者……」，待請教專家。

二〇〇四年一月二十三日

四十四年前今日，我結束了十年囚刑生活，兩個人都活著相見，那是主的神跡，（那時我還不明白）。

早上隨手把書架上的一本《林語堂傳》拿下來再走馬觀花地翻一翻。我年青時喜歡林語堂，是喜歡他的英文。當時他所著的，有關學習英語英文這方面的書，我幾乎全讀了。對他造詣之深無限佩服。那想到、日後以教英文糊口時，從他受益良深呢。

《傳記》的靠後面，有一篇題為「念如斯」。這短短的一篇，叫我兩次吃驚。首先是，林語堂長女林如斯是在台灣自殺死的，留給她父母的遺書裡，只短短兩句話：「…我實在活不下去了」。我大吃一驚。她不是有一位享譽國際的作家父親嗎？父親不是「幽默大師」嗎？生活不是頂尖的，要什麼有什麼嗎？……自殺？

接下去就是林語堂給如斯寫的祭文，傷心自不必說，其最末兩句竟是「夜茫茫，何處是歸宿，不如化作孤鴻飛去」（蘇東坡有一首詩寫人生感受，與此類似，又金聖嘆臨刑時說的「黃泉無客棧，今夜宿誰家」也相彷），又吃一驚。這位高舉「生活的藝術」的大師，曾有人問過他，「人生意義何在？」他順口答出五個字，「活著要快樂」！

如今面對人生最真實淺顯的一個問題，他何竟全然無奈，眼前一片黑呢？（傳記的作者，林語堂二女兒林太乙記述：他父親去世前一兩年間，天天流淚，不受安慰，見人就流眼淚……）。

讀完了，我第一個思想，就是我要俯伏在地感謝主耶穌——人生只有一次，我竟蒙主不棄，揀選我這個草包、罪人，使我（和全家老少三代）得著救恩，出死入生！何況如今老了，肉體衰退，靈卻日日更新。（恐怕若林先生聽了，一定不能相信）。

林語堂的問題是，這麼聰明絕頂的人，竟不懂得：「人生」的問題，生死之謎，非渺小的（被造的）「人」所能解答的。我有時想想：人實在很難信耶穌的福音，其難度大小與他天資的聰明多少成正比！另一方面，一個基督徒若真能向神謙卑，因而享受到永生[1]，他必定是個傻瓜！聖經就是這麼說。（參看新約哥林多前書1:18-21, 1:26-29，使徒保羅的啟示）[2]。

---

1 康宜注：原文作「永生的」，今改為「永生」。

2 康宜注：見《哥林多前書》1:18：「因為十字架的道理，在那滅亡的人為愚拙；在我們得救的人卻為神的大能」；

日記。只抄給兒女看。

1:21：「世人憑自己的智慧，既不認識神，神就樂意用人所當作愚拙的道理拯救那些信的人，這就是智慧了」；
1:27：「神卻揀選了世上愚拙的，叫有智慧的羞愧……」。

(1-23)-04

四十四年前今日，我结束了十年囚刑生活，两个人都活着相见，那是主的神迹。（那時我还不明白）。

早上随手把书架上的一本《林语堂传》拿下来再去喜欢花地翻一翻。我年青时喜欢林语堂，是喜欢他的英文。当时他所著的，有关学习英语英文这方面的书，我几乎全读了。对他造诣之深无限佩服。那想到自居以教英文糊口時，从他受益良深呢。

《传记》的最后面，有一篇题为"念如斯"。这短短的一篇，叫我两次吃惊。首先是，林语堂长女林如斯是在台湾自殺死的，留给她父母的遗书里，只短短两句话："……我实在活不下去了！"我大吃一惊。她不是有一位享誉国际的作家父親吗？父親不是"幽默大师"吗？生活不是顶尖的，要什么有什么吗？……自殺？？…

接下去就是林语堂给如斯写的祭文，傷心自不必说，其最末两句竟是"夜茫茫，何处是归宿，不如化作孤鸿飞去！"这位号称"生活的艺術"的大师，（又吃一惊）

曾有人问过他，"人生意义何在？"他顺口答出五个字，"活着要快樂"！

如今面对人生最真实深显的一个问题，

（蘇东坡有一首詩，写人生虚空，与此類似，又，金聖嘆臨刑时，说的「黃泉無客棧，今夜宿誰家」也相仿）

(16)

他何竟全然无索，眼前一片黑呢？（傳记作者，林语堂二女儿林太乙，记述：当他父親去世前一兩年间，天天流淚，不受安慰，見人就流眼淚……）

讀完了，我第一个思想，就是我要俯伏在地感谢主耶稣——人生只有一次，祂竟然不弃，拣选我这个罪魁，罪人，使我（和全家老少三代）得着救恩，出死入生！何况如今老了，外体衰退，灵里却日日更新。（恐怕若林先生听了，一定不能相信）

林语堂的问题是，这么聪明绝顶的人，竟不懂得："人生"的问题，生死之谜，非渺小的（被造的人）所能解答的。我有时想，人实在很难信耶稣的福音，其难度大小与他天资的聪明多少成正比！另一方面，一个基督徒若真能向神谦卑，因而享受到永生的，他必定是个傻瓜！聖經就是这么说。（參看新约哥林多前書，使徒保羅的启示 1:18-21 1:26-29.）

日记，只抄留给儿女看。

日記　2004.1.23

二〇〇四年一月二十五日〈主日〉

〈晨禱〉

答客問：

Q：你「為什麼」信耶穌？

A：一日，耶穌用大光照我，

我忽然、看見自己本相，

於是、我俯伏在地。

從此——

祂給了我生命的意義，

和得勝的能力；

使命清清楚楚，

「永生」滿有確據。

「為什麼？」

我也說不出來，

只覺太希奇，

太希奇！

※　※　※

奇妙，正禱告間，口裡哼出一首聖詩，只記得調，忘記了詞。一查，方知正是：I Know not why God's wond'rous Grace.

（載校園詩歌第一集#158）

深知所信

I Know not why God's wond'rous grace.

1. 我真不知神的奇恩，為何臨到我身，
我也不知不堪如我，救來有何足多。[1]
副歌：惟我深知所信的是誰，並且也深信祂實在是能，
保守我所信託祂的，都全備直到那日。
2. 我真不知「救我」的信，如何進入我心，
我也不知何以一信，便得一個新心。
副歌
3. 我真不知聖靈為何，引人知道己過，
並由聖經顯明耶穌，使人接祂為主。
副歌
4. 我真不知我的前途，到底是甘是苦，

[1] 根據另一版本，《教會聖詩》第四四八首，此處作：「……不堪如我，竟蒙救贖之恩」。

我也不知未見主前，還有什麼試煉。

副歌

5. 我真不知何時主來，那時我是何在，[1]
到底我當經過死谷，或將空中遇主。

副歌

二〇〇四年四月一日

……**信主四十年**，我的結論與忠告就是：

「生命的意義在於
　認識耶穌並為主所認；
人生幸福之路乃是，
　效法耶穌背架捨己、愛神愛人。」

二〇〇四年四月三日

「你們說我是誰？」（Mk 8:29）

- NT不是一本著作，而是幾位信徒的見證。NT不是四書五經，更不是佛經（無神論），不是一位聖人教導我們的一些道理；NT是叫人藉著這位「道成肉身」、神而人者的耶穌，而認識獨

[1] 康宜注：根據另一版本，《教會聖詩》第四四八首，此處作：「……何時主來，那時我在何處」。

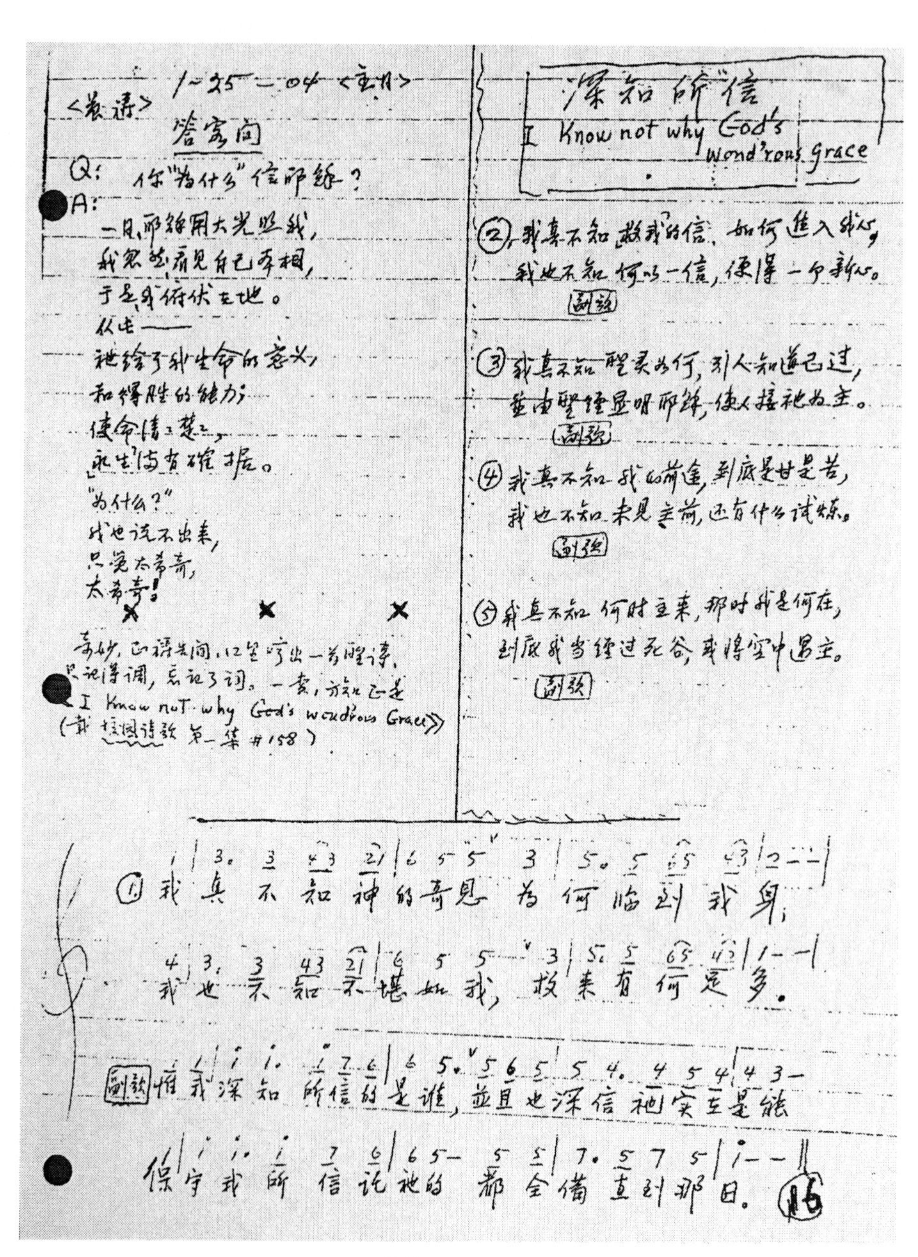

<叙诗> 1-25-04 <主日>

答客问

Q: 你"为什么"信耶稣?

A:

一日,耶稣用大光照我,
我忽然看见自己本相,
于是我俯伏在地。
从此——
祂给了我生命的意义,
和得胜的能力;
使命清清楚楚,
永生满有确据。
"为什么?"
我也说不出来,
只觉太希奇,
太希奇!

× × ×

奇妙,正待出门,12至写出一首短诗,只记得调,忘记了词。一查,方知正是
I Know not why God's wondrous Grace
(载 拾掇诗歌 第一集 #158)

深知所信

I Know not why God's wond'rous grace

(2) 我真不知救我的信,如何进入我心,
我也不知何以一信,便得一个新心。
副歌

(3) 我真不知圣灵如何,引人知道己过,
并由圣经显明耶稣,使人接祂为主。
副歌

(4) 我真不知我的前途,到底是甘是苦,
我也不知未见主前,还有什么试炼。
副歌

(5) 我真不知何时主来,那时我是何在,
到底我当经过死谷,或得空中遇主。
副歌

(1) 我真不知神的奇恩 为何临到我身,
我也不知不堪如我,救来有何足多。

副歌 惟我深知所信的是谁,并且也深信祂实在是能
保守我所信托祂的都全备直到那日。

16

日記　2004.1.25

一真神。

• 所以讀新約聖經，重點是認識耶穌。（尤其讀《約翰福音》）。主耶穌再三強調，叫我們要「認識」他。（祂不怕人認識！）

孔子、老子、蘇格拉底……（等）聖人[1]，他們都摸到一些真理（e.g.,「道」「天」），但耶穌「是」真理的本體，真理的源頭。聖人、哲人，都是「人」，人摸到的最高點還離神遠得很。（高不可及）。

• 唯獨耶穌是從天上（上頭）降下來的、神本體的真相（Col 1:15 ff, II Cor 4:4; Heb 1:3），是神的獨生子（就是神）。

以前神曾藉人、事、物，啟示了祂自己的存在和本性，但總歸是不完全的，是間接的（e.g., OT 先知說「耶和華如此說」）。

但神最後差祂的兒子到世上來，為要（一）顯明神（天父）的本體，（二）救世上罪人。耶穌來了，神的啟示已到了最高峰，此後不再有啟示了。（新約全書，即是這最高、最後、最完美、最真實的、直接的啟示！「我」實實在在地告訴你們。這是NT的權威！）

• 神（真神，宇宙的大主宰，永活的神）是「靈」，是無限的，人是有限的。人靠自己決找不到神（自古以來各民族的人，一摸到靈界，也就摸著了撒旦邪靈。人與「神的靈」已隔絕了）。

---

1 康宜注：原文沒有「等」，今加「等」字。

• 人不信耶穌，他所信的神全是假神、偶像（背後是邪靈擺佈的）。人必須「認識」耶穌才能認識神（Jn 14:6 ff）。人信耶穌，就是信神，人敬拜耶穌就是敬拜神（Jn 14:9, cf. IPet 1:21, IJn 2:23）。

人事奉耶穌，就是服事神。

• NT中沒有「三位一體」（Trinity）這個字，但全NT中，到處可見「聖父，聖子，聖靈」的合一，以及彼此的分工。

• 父神（耶穌的父，也就是「世人」的「父」（Mt 6:4「你父」etc.）是萬有的「原始者」。

• 子神（主耶穌）是從神而來（父差子），要顯明神，擊敗魔鬼的工作與權勢，而拯救人得自由。子神是「執行者」。

「萬有是靠祂（耶穌）造的，藉著祂造的，為祂造的。」（Col 1:16-17）.

Heb 1:3：「用祂全能的『話』word拖住萬有。」

「萬有都是藉著祂造的，我們（人）也是藉著祂有的。」（ICor 8:6）

祂是掌管個人生命和人類歷史的主。主耶穌說：「我是」（Ego eimi）。〔即 OT Ex 3:14的那個「我是」，是「自有永有的」。「還沒有亞伯拉罕就有了我」Jn 8:58, etc.〕

從太初，從創世紀以前，子就與父同在。

•聖靈（靈神）是聖子完成天父的使命、榮歸天堂、於是父子差聖靈到世上來（聖靈是父的靈，也是子的靈），叫祂永遠與門徒同在，藉著聖靈把聖子的所是、所作，啟示在人心裡。

•耶穌是「主」，是「救主」.;Acts 2:36.

耶穌是「主」，也是審判主!·Acts 17:31.

*我信主後，無人指點我這些真理，飄蕩了十幾年，後來「自己」研讀NT，才開始明白。

*教會有責任教導基本道理（首先是對耶穌基督的認識）。

第二部分
一九八八年至二〇〇一年

一九八八年十二月二十九日

凌晨禱告，心被恩感，跪書如下：

歲暮正天寒，倏忽又新年，
回首崎嶇艱險，
步步主手把我攙，
感恩竟無言。

舉目途程遠，巔峰待我攀，
此路非我所識，
主領我手走在前，
仰望享平安。[1]

[1] 康宜注：此篇日記的原稿已於二〇〇三年燒毀，幸而父親曾抄在他的《一粒麥子》自用本上。

（請參見本書第一輯，書法二十八）

二〇〇〇年九月二十四感記

門徒三年跟主，只見有限的耶穌，直到主死，主復活，賜下聖靈，才看見無限的耶穌。

今日在肉身中，我讀經只能見有限的耶穌，只需藉禱告，靠聖靈，才能偶有「透過有限進入無限」的經歷。

無限偉大的主耶穌，
無比榮耀的十字架，
心想不盡，心說不盡，
感謝不盡，讚美不盡。[1]

二〇〇〇年十二月二十二日晨禱領受

基督徒的困境。

Mt 26:39 / Mk 8:34 / Mt 7:13-14

To follow or not to follow, that is a question. 真基督徒道路的bottle neck就是：跟嘛，代價何其大，不跟嘛，又捨不得耶穌。

一個馬馬虎虎的基督徒，他的路是好走的。但一個真心實意追求真理，羨慕得著耶穌的平安喜樂

[1] 康宜注：此篇日記原稿已失去，今抄自父親的《一粒麥子》自用本。

的門徒，他的路一定是難的！

所以，主說：「你們要進窄門！」（付代價）

我們不要想又要永生、又走寬門大路！我們若徘徊歧路，舉步不前，陷在泥淖中，撒旦必趁火打劫，全力進犯。我們若不能突破瓶頸，可謂比不信的人更可憐！

基督徒只有一條路：「起來，我們走吧。」（Jn 14:31）這條路，靠自己沒有誰能走得下去的。感謝神，主與我們同走，我們不是孤軍奮戰：主走在前頭（Mk 10:32），我在後面跟（Mk 8:34）。什麼叫跟？一句話，就是順服耶穌！我們能順服主的順服，主耶穌就成為我們的力量，祂隨時加我們力量。我們不能捨己，不能背十架，不能跟從，不能順服，但主能！主能使我能！

讓我們樂意obey His will，樂意surrender my will！不順服，多少禱告都無益。

主給我們命令就是「你跟從我吧」。[1]

二〇〇一年八月九日

清晨萬籟俱寂，與主親密交通，有說不出來的喜樂。I am in the Lord; the Lord is in me! All is peace……

晨起散步，主示我三原則：

Pray more/Walk more/Talk less……

康宜寄來剛出版的《走在聖經的道上》（作者Bruce Feiler），感想甚多。在扉頁上康宜題字的下面，我加上了以下幾行字：

1 康宜注：此篇日記原稿已失去，今抄自父親的《一粒麥子》自用本。

歷世歷代，
人有一個偉大的夢想，
就是要尋求神，
直到耶穌基督來到。

（約翰福音一章十八節、哥林多前書一章二十三節、約翰一書二章二十三節）

我對此書的感受：初感興奮，繼而失望，終則受益。

我看著這位猶太人（作者）的信仰告白，相較之下，不禁讚嘆上帝揀選使徒保羅之奇妙。把福音和教會從猶太教（Judaism）的捆綁中解放出來的是保羅，今天普世萬民得聽福音也是保羅的功績。

我重新思想：保羅的這件工作是何等艱難而偉大，他是拚上性命才作成的。保羅和耶穌一樣，敢於砍斷一切傳統的鎖鏈而堅持真理！猶太人誇耀祖宗、律法、傳統的文化，種族的優越感……和猶太人夜郎自大、食古不化（不懂《舊約》的真義）的驕傲與愚昧，使他們不認識上帝（羅馬書十章二節），卻以上帝的「選民」自豪。

保羅自己曾說：「（從前）我……在猶太教中，比我本國許多同歲的人更有長進。」（加拉太書一章十三到十六節）又說：「我第八天受割禮，我是以色列族、便雅憫支派的人，是希伯來人所生的希伯來人；就律法說，我是法利賽人；就熱心說，我是逼迫教會的；就律法上的義說，我是無可指摘的。只是我先前以為與我有益的，我現在因基督都當作有損的……我為他已經丟棄萬事，看作糞土……。」（腓立比書三章五到八節）。

可惜，特別蒙神賜智慧的猶太人，直到今日仍是背逆上帝、不要耶穌，不認識十字架的價值，和兩千年前一樣！

猶太人是熱心事奉神，卻不是按著真知識（羅馬書十章二節），也不明白「律法的總結就是基督。」（和合本譯「總結」不好，原文是end，最好譯為「終結」。）他們不明白，在新約的時代，神自己來了，律法時代結束了，一個新的時代（new era）開始了！

關於《舊約》和《新約》的比較（參見希伯來書七章十八節、八章七節、八章十三節、七章十九節、七章二十二節、八章六節、十章一節），我認為《新約》與《舊約》不可分，但《新約》斷然超越《舊約》。在《舊約》中，上帝總是藉著先知來啟示自己，所以先知們常說：「耶和華如此說」；但在《新約》中，上帝自己開口說話，故說：「我實實在在地告訴你們」。如果說，《舊約》是written word，《新約》則是living word。這是因為神的兒子耶穌是上帝救恩的最高啟示，也是啟示的終了。福音來了，才有「舊約」這個用詞（參見哥林多後書三章六到十一節、希伯來書八章十三節）。

《聖經》裡所說的「約」（covenant）是上帝憑應許向人立的。因為人犯罪，虧缺了神的榮耀，失去了起初人被造時所有的神的形象，人不斷地走向永遠的滅亡，所以上帝才立約，應許要拯救人。上帝在歷史中所立的約有以下幾個：

第一個約：洪水之後，向挪亞（Noah）和其後代立約，以天上虹為記（創世記九章九節）。

第二個約：是向上帝自己選召的亞伯蘭（Abram）立的，以割禮為記（創世記十二章二節、十七章一到十四節、廿二章十六到十八節）。

第三個約：西奈之約（摩西之約）是藉中保摩西向以色列民族立的。《新約》中所說的「舊約」就指此「摩西之約」，是一種以律法的儀文，作為生活依據的約。

第四個約：向以色列國君大衛王（King David）立的（撒母耳記下七章十一節），應許君王將從大衛後裔而出（參見創世記廿二章十八節、馬太福音一章一節、加拉太書三章十六節）。

最後一約：新約（耶利米書卅一章三十一節預言）。因以色列人一直悖逆上帝，不遵行律法，而且不能遵行，所以「新約」是恩典時代救人脫離律法的咒詛的；新約是憑神子的寶血立約，人憑信心接受救恩。新約不是屬世的，是屬靈的，只有新約才能使信耶穌的人認識上帝，因為每個信者都能直接進到上帝面前。重要的是，新約是內裡（internal）的敬拜，全不要外表儀式（約翰福音四章二十四節、羅馬書二章二十八節、七章六節）。所以，唯新約福音能使人脫胎換骨，改變生命……。

由此，我的結論是……歷世歷代人類都一直在尋求上帝，但誰是「真神」？一直到基督來了，救恩才算完成。上帝終於找到了人，人也找到了上帝……「律法本是藉著摩西傳的，恩典和真理都是由耶穌基督來的。」也就是說，真理不是從民族文化、祖宗傳統和習俗來的？不是從摩西、律法來的……而是從神兒子耶穌來的（約翰福音十四章六節：「我就是道路、真理、生命」）。[1]

---

[1] 康宜注：此篇日記原稿已失去，今抄自《宇宙光》二〇〇一年十一月號，頁七十六—七十七。（見拙著〈父親三撕聖經〉一文的「後記」）。

第三部分

一九九七年三月至十一月（選錄）[1]

一九九七年三月三十一日

我以顫抖的手記今日的事——

今午在醫院陪我妻玉真之時，她說懷疑身有惡疾（指cancer），但她心十分平靜，渴慕歸天家，晚張牧師夫婦來禱告。玉真滿面榮光，洋溢喜樂平安，到此時才顯出她對主耶穌的信心與愛心。

我當時聽了，只向她安慰幾句，但我晚上回家分手時，我只說「禱告」二字。她說：「平安！」我路上心情難過，今晨我難以入睡，想到萬一她先走了，我能受得了嗎？

回到公寓，眼中模糊，心中憂愁……

我何等樂意伴她走完人生路程，報答她一生一世在我身上的恩。

我何等盼望把軟弱的她親自交託在天使手中，帶往榮耀天家？以前我總以為不可能，但今日將成

1 康宜注：父親這幾個月（一九九七年三月至十一月）的日記手稿之所以倖存下來，主要是因為在我母親去世之後，父親就把這本富有紀念性的日記（有關母親從生病到逝世的經過）寄來給我收存。（日記原件已捐贈給耶魯大學神學院圖書館的Paul Yu-kuang Sun Collection特藏）。在此只選錄一些日記片段。

事實，心又十分捨不得！

心中矛盾，爭戰……

我以我妻玉真為榮！我一生真是虧欠於她，但她對我了無怨言！她一生因我而受苦受窮，受盡人間辛酸，但從未一句埋怨的話！

我感謝神，在她身上看見主耶穌的慈愛、榮耀！我心有些話須向她說，但未到最後時刻，還說不出來！……

愛我們的主耶穌啊，祢的道路何等高，祢的旨意何等美！我夫妻二人一同仰望主祢的憐憫！阿們。

如今主啊，面對生命最後的歷程，我妻玉真又顯出她的堅強來。她是靠主堅強，奇妙的喜樂平安，今晚她堅持叫我們都回家，她一人在醫院過夜。

一九九七年四月一日

我妻玉真的病全因早年的受苦，心身受創，各種藥物不斷服用，乃致今日罹患重症。

玉真是人生路上的戰鬥英雄，以一弱女處身苦難，卻堅定不移，靠主撐住全家，扶養兒女成人。至今她即將榮耀凱旋，歡然返家，蒙主稱讚。

玉真若去，我也必不致久留在世，主必憐憫，使我早日歸去與玉真再相見於救主耶穌的腳前，在主永遠榮耀之中。

我在玉真身上領會到人生的意義，乃是To live is to serve, to love, to suffer！

主，祢忠心的使女陳玉真，祢如今醫治她？或把她收去？願我都感謝讚美我主耶穌。阿們。

主忠心的見證人，主耶穌的使女陳玉真，我一生因她而得救，後半生也因她而蒙福。

〈四月一日晚由醫院回公寓〉

一九九七年四月三十日

醫生對玉真的病，表示可能束手無策！（藥用重，腎能好，但會白血球下降。現用之藥是最好的藥了，換藥則效果減小）。

「親愛主，牽我手，建立我，領我走；我疲倦，我軟弱，我愁苦。經風暴，過黑夜，求領我，進光明，親愛主，牽我手到天家。」

"Precious Lord, take my hand
Lead me on, let me stand
I'm tired, I'm weak, I'm worn
Through the storm, through the night
Lead me on to the light
Take my hand, precious Lord, lead me home."

主聽我哀聲呼求！
時候是否到了？
主耶穌，托住我，
充滿我，抱著我！

4/30/97午後

擬寫advance directive（Living will）交代給兒女。

女兒康宜此來，可能救了媽媽一命……。

一九九七年五月六日

主是我的盤石，我的避難所，我的拯救，我的力量全在乎主，讚美主耶穌，我時刻為主耶穌而活，主耶穌領我一生全路程。

讚曰：

信主耶穌，人生有意義，
靠主活著，時時得能力。
耶穌領我，同行全路程，
有主同在，使我脫憂懼。

※　※　※

服在神永恆的旨意之下。
溶於主永遠生命之中，
主在我裡面，
我在主裡面。

「信就是所望之事的實底，未見之事的確據。」——所信的，是實在的，所見的是暫時的！（cf. II Cor 4:18）

苦難的為用：使我更加靠近主，使我更加摸著實在的。

「深哉！神深奧的智慧和知識……因為萬有都本於祂，藉著祂，歸於祂。願榮耀歸給祂，直到永永遠遠，阿們」。

※　※　※

一九九七年五月十五日

玉真裝洗腎管（固定的）。……**（康宜按：此處刪去數行）**

※　※　※

眼看著媳婦麗娜日見憔悴，兒子康成更瘦削，尤其小孫女凱音被剝奪了和父母一起的時間……心中何忍！兒女在遠方的，愛莫能助，只苦了康成娜娜夫妻，連凱音也跟著受苦！麗娜日夜不停，在醫院中陪伴服事，又要預備飯食、作家事、出外辦事、又要照顧凱音，我何忍給她加了這麼大的重擔呢（因我的緣故）。康成工作那麼繁忙，每晚都到醫院服事媽媽，有時到夜深才回家！——主啊！祢為何離棄我，掩面不看，掩耳不聽我的呼求呢？不！祢沒有離開我，是我看不到祢了！

為何各樣困難，種種遭遇，一下子壓下來呢？我與人談話，強作笑臉，但主祢知我是何等軟弱！主啊，只求祢托住我吧！免得讓主受辱，讓撒旦快意！

主啊，快快救我！／主啊，我不能倒下去，不能再給兒女加重擔了！但我全在祢手中，求主憐憫！然而，主道路無論為何，讓我都能流淚讚美主！

讓我俯伏在地，說：「祢是主，祢是神，祢是我主我神」。完全釘死「己」意，便得釋放！——這些道理我諄諄教導別人，臨到自己，感覺自己以前是不知所云！

一九九七年五月十六日

沒有誰能安慰我受傷、愁苦的心！唯獨那造我的主！愛我替我死的主耶穌！

我現在所臨到的一切事似乎都難明白。從前我教導聖經，我當老師。如今主把我放在祂的課堂中，叫我作學生！「這些課每天都得上！」

※　※　※

和康宜在電話中長談：

1. 娜娜，若非聖人，就是天使，是神賜給我家的寶貝（和欽次一樣）；
2. 康宜信心長進甚多（esp認識邪靈的凶惡），我自覺信心還不如女兒。她一再救了我們全家……

（康宜按：以下刪去一段）。

一九九七年五月二十五日

瑪利亞：「我是主的使女（器皿），情願照你的話成就在我身上」。〈甘心情願地順服〉。

主耶穌：存心順服（甘心、無理由地），以致於死亡（無限度地、絕對地），且死在十字架上！

〔最殘忍、羞辱的死〕。

順服＝主你無論給我什麼（傷心斷腸，甚至是死），我都接受！

（主面對十架有喜樂平安）。

讚美主道路，敬拜主旨意。

〔順服、讚美，不是沒有眼淚的〕。

※　※　※

觀圻來！

我同到醫院看玉真，她在世時候不久了！但主，仍求你拖住我！無論如何黑暗，讓我眼只望主！

（康宜按：以下刪去數行）。

一九九七年五月二十九日

康成搬家。

我們在苦難中軟弱無力，主要是因靈裡還有很多不順服。主耶穌能「存心順服」，所以面對十架，祂有平安喜樂。

「祂因那擺在前面的喜樂，就輕看羞辱，忍受了十字架的苦難……。」（Heb 12:2）

主從永恆的觀點看祂一切的遭遇，祂順服父，所以能交託，倚靠，滿有父同在。（Ps 131）。……

（康宜按：以下刪去數行）。

感謝主，玉真今天說了一句話——「還得回到神這裡來！／神要把我一切的驕傲都拔掉！」

在基督徒身上，一切的受苦、主都有目的！

※　※　※

認清楚，神是神，是造我的主。我是人，是塵土。一切都解決了。／認清神不丟棄我罪人，甚且替我死，賜我永生，凡事都能謝恩了。……（**康宜按：以下刪去數行**）。

患難中，一仰望主耶穌（永生之主、救贖主），便能喜樂了。

一九九七年六月三日

玉真出院，回家療養（包括定時的洗腎dialysis），主領我們夫婦進入人生的新境界；完全靠主（靈魂、身體）。

感謝神，保守我、扶持我、直到如今，使我還能與玉真同行這最後的一程。

感謝神，賜麗娜，為我們竭盡所能，且超乎所能地服事我們，晝夜辛勞，沒有怨言，還有兒子康成的孝心，天下少有這樣兒女，為父母犧牲擺上的，也是我二人所不配得的。

我求主耶穌、紀念這兩個孩子一家、以及女兒一家、小兒一家待父母的恩情——以主的慈愛憐憫待他們各家各人、報償他們各人的辛勞與犧牲、引導他們走平安的道路，直到見主面的日子。

一九九七年八月五日

……主恩奇妙，主恩夠用！今日主還能托住我，叫我服事玉真，何等感謝！

生命的意義，就是「愛」！就是像主耶穌，愛神愛人！服事弟兄中最小的，就是服事主！默默無聞地服事，叫主得著榮耀。因此活著有意義，也從主得著能力（神的大能！）

我年青時，樣樣都有，只是活不下去，沒有生命意義，多次萌自殺之念（Ps 90:10），後來遇大苦難，以後我被主耶穌找到，蒙主把我救了出來，如今老年受苦，我活著反有意義。讚美我救主耶穌！（Jn 6:33）若沒有耶穌，人怎能活得下去。

「我就是生命。」

「我的話，就是靈，就是生命。」（康宜按：以下刪去數行）。

※ ※ ※

生命的意義即是去愛——去服事、犧牲、受苦！

去愛，愛主愛人，盡心竭力，死而後已！——然後是極重無比、永恆的榮耀！

I Jn 2:17：「這世界和其上的情慾都要過去，惟獨遵行神旨意的，是永遠長存。」（「一杯涼水」，Mt 10:42, 25:35）。[1]……**（康宜按：以下刪去數行）**。

[1] 康宜注：「一杯涼水」的隱喻是指義人的愛人愛神的精神；那是神所喜愛的。Mt 10:42：「無論何人因為門徒的名，只把一杯涼水給這小子裡的一個喝，我實在告訴你們；這人不能不得賞賜」。

一九九七年八月八日

聖父啊，這杯實在是難！但既是你所遞的，我就俯伏敬拜，讚美主！

What is the meaning of life, if it is not to love, to serve, and to sacrifice, and to suffer? The circumstances you have arranged for me are well pleasing in your sight.〔心中默禱感記〕。……（**康宜注：以下刪去一段**）。

一九九七年八月十九日

從去年年底，發生在玉真身上的事，以及一切環境的改變，都無法明白，顯然是神的手所作的！短短不到九個月之間，如今醫生已經是束手無策！用甲藥害這裡，用乙藥害那裡！主啊，我不敢求什麼，惟求主托住我，不致給兒女造成更大的壓力，求主托住我，能與我主耶穌同行一路。

※　※　※

「求祢在這慘淡時期之內擦乾我一切暗中的眼淚。」

（倪柝聲先生遺言）。

※　※　※

主耶穌再三強調（e.g. Lk 12:16 ff）（Mk 8:35 ff）熟重熟輕：

天上／地上　／靈／肉體

永生／今生

前者是真實的，永恆的，後者是虛空的，暫時的。

然而人不面臨死亡，都把主的話當耳旁風。他們知道人必死，但都是別人的事，與己無關！

耶穌說，人要死！靈魂何去？主要再來，審判將到！要預備！

永生≠永遠活著！

（所有的人死後，靈魂都要永遠活著！永生是指永遠與神同活。相反，滅亡就是指靈魂永遠在地獄火湖中與魔鬼同在，永死）

耶穌強調人要信祂，祂賜永生！人的今生應該是為永生（永恆）作準備。

因為耶穌最重要，在世的成功富足，都是虛假的倚靠！虛假的安全感。

※　※　※

倪柝聲先生遺言：

「讓我愛而不受感戴，讓我事而不受賞賜，讓我盡力而不被人記，讓我受苦而不被人睹……倒出生命來使人得幸福，捨棄安寧來使人得舒服。不受體恤不受眷顧，不受推崇，不受安撫。寧可淒涼，寧可孤苦，寧可無告，寧可被負。願意以血淚作冠冕的代價，願意受虧損渡客旅的生涯，因為當祢活在這裡時，你也是為此過日子，欣然忍受一切的損失，好使近祢的人得安適。我今不知前途究有多遠，這條路一去，不再還原。所以讓我學習祢那樣的完全，時常被人辜負心不生怨。求祢在這慘淡時期之內、擦乾我一切暗中的眼淚，學習知道祢是我的安慰……。」**（康宜按：以下刪去一段）**。

一九九七年八月二十二日

我一直心中憂愁，惟恐我先被主接去，誰能看到玉真的臨終呢？但今日聽主聖靈說：「放心，是我，不要怕！玉真自有我看顧！我的恩典夠你們用的。」讚美主耶穌！

一九九七年八月二十三日

今天一早去醫院看玉真，見她遍體鱗傷，昏昏沉睡，手腳臉上都發腫，心中不忍，但感謝主，淚向內流，靈裡仍充滿平安，後來她清醒了，向我說：「我一直沉睡，現在醒了，我等你來……」又說：「這是回光返照吧。」我在床邊，眼睜睜看著所愛的人受病痛折磨，愛莫能助，但仰望耶穌，不久榮耀天家再相聚，心情才稍平復。

我一見她清醒了，趕快乘機問她，「醫生說打算給你作手術，把直腸割掉，你要不要？」她堅決地說：「不要！」於是我向兒女們宣布，我們尊重媽媽本人的意願，拒絕行手術。

今日她特別提醒我，叫我在她回天家以後，還要努力為主作工，並囑我把那些福音講稿，交給趙新新整理。

我和兒女看法一致，都是要設法減少她的疼痛，請醫生不再拖延她受苦的時間。

我和兒女不同的是，我不忍看她這麼受苦下去，長痛不如短痛，但康成麗娜孝順的心重，捨不得叫媽媽短痛。感謝神，苦難的時候更顯出家人的彼此相愛。

我們今天的決定，Debbie（一位基督徒護士）說是right decision！

但豈知我心中爭戰劇烈！我怎忍心坐視她先我而死呢！同時我若先死，她會何等可憐！但感謝神，主的恩典夠用！

想到我愛妻玉真自八個月前忽然莫名其妙地一病不起，我不敢相信，但我更不敢問神為什麼。為什麼是她而不是我？我只能感謝神，因我二人彼此都有永生，這就夠了。

一九九七年八月二十六日

（Tuesday）

一生與玉真三次別離。她因嫁給我，一生苦難。

第一次：一九四二年秋在東京站。
第二次：一九五〇年初在台北。
此次為第三次，亦是最後一次在地上別離。
再相見、在主耶穌腳前……**（康宜按：此處刪去幾個字）**。

※　※　※

主啊，今後幾週的任務：
（1）好好吃飯、睡覺（盡量）
（2）慢慢走路
（3）禱告
使我能終於與玉真一同行過這條苦路，送她到主耶穌那裡去。

晚從醫院回到公寓，睡前把日曆上八月二十六日這一天用黑線劃掉，心中傷痛欲絕啊！……這一切是出乎你——所以我默然不語。眼看著一個活生生的人，轉眼奄奄一息……主啊！憐憫你的使女，用你的平安充滿她，你大能慈愛的手、有釘痕的手抱著她！

※　※　※

一九九七年八月二十七日　（Wednesday）

學生張靜榮昨晚看顧師母一晚。

※　※　※

玉真實在有永生的確據，她從昏迷中清醒過來，留些遺言囑咐兒女要愛主，又鼓勵康成不可灰心，要事奉主。說話還帶著微笑。在極痛中也沒有怨言。不哭也無淚，靈裡平安。

她十分地平安，又堅強，只一心關懷別人的事……

主耶穌充分地與她同在。

榮耀天家一直是她所仰望的。她至終為主作了美好的見證，留下佳美的腳蹤。

她是人，有些難以承受的事，但最後她都靠主耶穌、從心裡饒恕了那無故誤會她、傷害她的人……（康宜按：以下刪去幾個字）。她是平凡的人，但她心裡「主耶穌的話不敢違背」，所以她影響了很多人的生命（touched people's lives）。

她在這個世界留下的是「愛」。她奉獻自己生命，養育栽培了三個子女，她又奉獻自己生命與我一生……（康宜按：此處刪去幾個字）。

因她，主耶穌的救恩進入我全家，如今她將歸家與主同住，有榮耀冠冕為她存留。

她是我們的榜樣。

主耶穌將擦乾她的眼淚；在那日必為她伸冤。……**（康宜按：以下刪去數行）**。

※　※　※

看著她受苦，我絲毫不能代替，心如刀割。但一想到主恩待她，要接她早些回家，脫離此世之苦，進入榮光之中，心不能不喜樂，雖然心已破碎。

一九九七年九月一日

（康宜按：以上刪去一段）。

在極苦之時，我不能讀經，不能禱告，我孤立無援，四面黑暗——我只能呼求主耶穌的名字：耶穌！耶穌！主耶穌！

聖靈指示我……**（康宜按：此處刪去幾個字）**。

※　※　※

……（康宜按：此處刪去幾個字）。下午與兒女三人同去Palo Alto，去選了墓地，寧靜美麗的公園。[1]心要破碎了。

我本來求主憐我，使我能為玉真送行，親自把她送離這苦難世界，親自見她被主接回天家——然而，如今主憐憫了，聽我所求了，反倒又悲從中來……！主啊，托住我！（我不能倒下去，不能給兒女添麻煩）……**（康宜按：以下刪去一段）**。

一九九七年九月二日

……〈念愛妻〉

玉真已奄奄一息，時日可數，她自己知道。有時精神稍好，但仍前言不搭後語，有氣無力，聲音出不來，眼皮睜不開。當她半昏半睡的時候，我看著她身上千創百孔，一片黑一片紫，雙腿細如麻杆，雙臂又已腫脹，身上一大堆管子，任人擺佈（醫生，護士），莫可奈何，我心痛楚無法承受，「可憐的玉真！」

但當我端詳她的臉孔時就覺驚奇：因她臉發光，病床上一副信靠順服平安、安息的臉，反照出天上的榮光來！

按人看，她太可憐，但在神看，乃是榮耀了神。按人看，玉真一生苦難，但在神看，她那被主充滿的生命，滿結果子，影響了許多人的生命。

她是人，有人的軟弱缺點，罪性，但她對主對人是誠實無偽，忠貞不二。她為主而活，為主而

[1] 康宜注：這就是離史丹佛大學不遠的Alta Mesa墓園。

愛！為主而獻己，為主受苦，為主而死！

她留給這世界的，就是神的愛和永生的確據。

她行完了神所交她的使命，安然歸家了！進入主的榮耀——這榮耀是她一生付上血淚為代價而得的。她的一生使我想到，當以什麼人生意義價值衡量？不是長命短命，健康疾病遭遇的幸與不幸——而是人活著是「為己？為主？」

「這世界和其上的情慾都要過去，惟獨遵行主道的是永遠長存。」

我想到在地的玉真，心即破碎，但一看到在天的玉真——在主耶穌榮光寶座前享受面對面與主同在的喜樂——看到好牧人主耶穌見祂小羊，帶傷回家，立刻就擦乾她眼淚——我靈就安息在主的喜樂中。

她臨終前勉子女「信主愛主」，也勉勵我「不可灰心，務要服事主。」

願一切榮耀都歸聖父聖子聖靈，永是君王、獨一的真神，從今直到永遠，阿們。

一九九七年九月四日　（Monday）

我在神面前敢說，神所賜我這三個兒女以及他們的配偶，其孝父母之心是少有人能及的，我特別求主紀念康成麗娜這一對，他們為父母獻上自己，自我犧牲，其愛父母之心，更是絕無僅有，求主按聖經上第一條帶應許的誡命，保守他們在世活在主的恩惠慈愛裡，在天蒙主稱讚賞賜報答他們。

一九九七年九月八日

玉真在醫院洗腎後發現導管有毛病，下午四時到手術室行手術，輸血若干，而手術並非一〇〇%成功，人衰弱已極。自八日中午至九日黃昏……一直昏迷（昏睡）狀態。九日早與兒女交換意見。

The die is cast—the excruciating and dreadful decision.

可憐的玉真，妳平安地去吧，天使天軍即將來到，要帶祢到主耶穌那裡去了。賜平安的神必親自與祢同在！

我今日如同痳木一般……事未到時覺得可怕，如今即將到來，反倒沒有眼淚。

主耶穌，憐憫祢的小羊，祢的使女，祢所愛的，也是愛主的玉真，如今她要帶著傷痕和眼淚進祢榮耀裡去了。

一九九七年九月十日

下午五時（PST）

愛妻玉真被主接去，極其平安。感謝主恩。

是日早上我去治牙，到達醫院，已是上午十一時多，娜娜出去以後，我獨自一人第一次也是最後一次站在昏睡的玉真身旁，看著她費力地呼吸著，我在她身旁，出聲為她求主，快快釋放主的忠心使女玉真，又出聲叫她，「老伴兒啊玉真，你平平安安地去吧！主耶穌快來接你了，天使天軍要來保護你引領你，經過死蔭幽谷，直到天家，在主耶穌榮耀的寶座前，主擦干你眼淚，何等地美！你先去吧，我跟著就去了。在地上我失去了你，但再次相會在主耶穌前，我們永不分開了！……」。反復禱告多次。

下午康成娜娜齊來，我們坐下休息一下，忽然護士走來，說：「She is gone！」讚美主耶穌，祂垂聽了我卑微的禱告，這麼快就把她接去（睡著去的）！主恩浩大！玉真走得乾脆利落，說走就走了！活時榮耀了主，臨死也榮耀了主！

我能為她親自送行，送她歸家，享主安息，我靈裡喜樂，雖然我心已破碎！一切是主恩！

一九九七年九月十一日

老伴兒啊，我心不再憂傷，因你已經到了主耶穌榮光寶座前、永遠聖潔、永遠喜樂、永遠安全的天家，我為主耶穌賜你的恩而感謝。

我的主我的神啊，感謝你賜我在地上一生的伴侶，她不但是我的妻子，內助，也是我的恩人，我全家的恩人。

※　※　※

老伴兒！今後我為你而活，你在世給我最後的囑咐是「不可灰心，要服事主」。是的，但最多不過4½年左右我就再見你了。

我們身體在世離別了，但我們的靈在主耶穌裡永遠連接在一起。

※　※　※

今日（9/11）上午十時左右Vivian（凱音）忽然在校大哭，老師打電話找父母又找不到，後來阿姨去接來，娜娜問Vivian為什麼哭，有什麼事嗎？——Vivian說，「我看見了my Grandma！」又向姑姑說：「Grandma穿白衣，長的，向我微笑……。」莫非她想叫我們知道，她已到天堂？

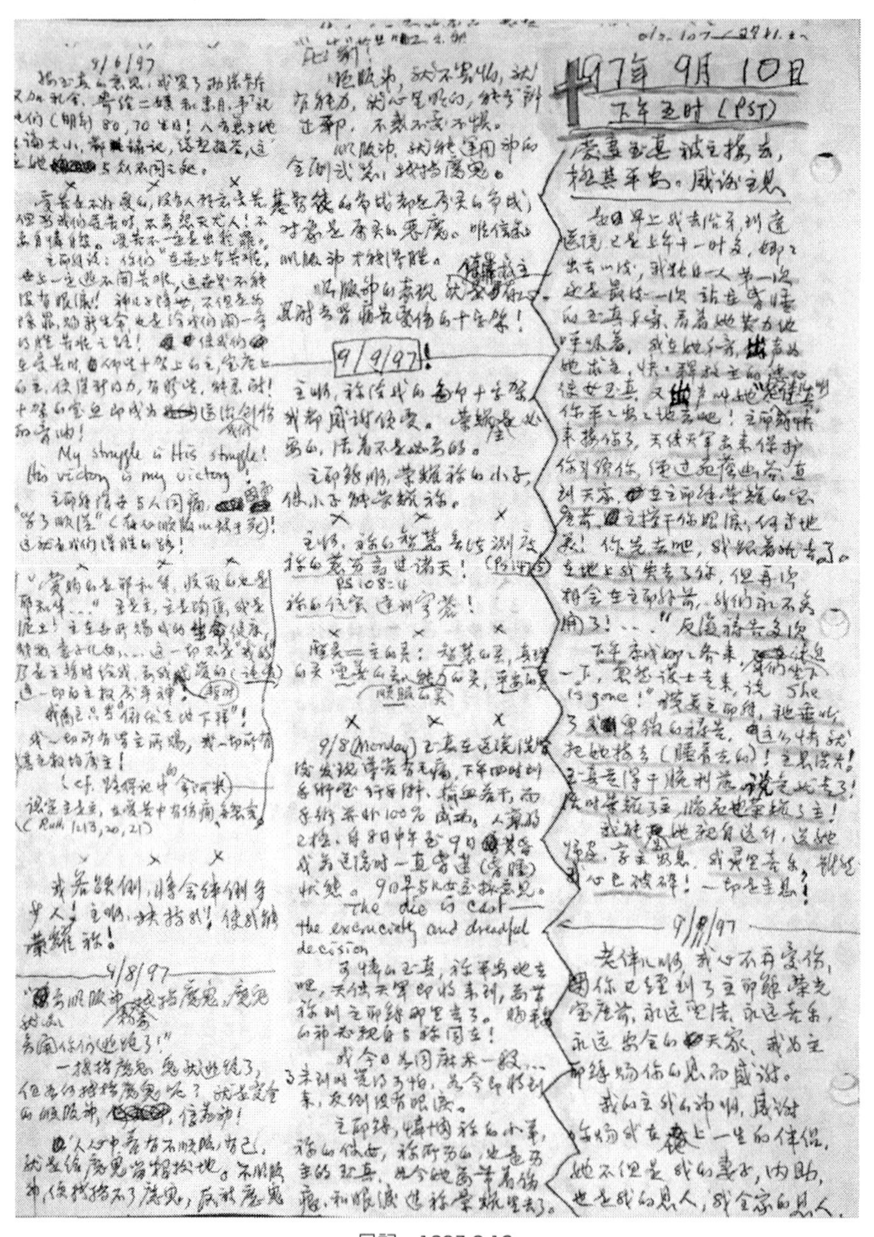

日記　1997.9.10

Hallelujah，主耶穌，祢忠心的使女，祢已經賞賜她光明潔白的衣服，即是用主寶血所洗淨的。感謝讚美主，願榮耀都歸給坐寶座的和羔羊。阿們阿們。

一九九七年九月十三日

（Saturday）

今午家人惜別禮拜。[1]一切俱見神恩浩大。願一切榮耀都歸給神。

人生的價值不是你得了什麼，而是你給了什麼。

一九九七年九月十七日

今日同康成麗娜去接取玉真的骨灰盒。[2]

我曾自以為能安慰別人，但臨到自己，卻絲毫不肯受安慰！所以我的主必須叫我經歷失去老伴兒的痛心，好叫我更加能安慰別人（II Cor 1:1-10）。

真正能安慰我的，乃是我的主。

插圖13，1997年9月13日（陳玉真過世後三天），孫保羅在「家人惜別禮拜」中，親自證道。

[1] 康宜注：在家人惜別禮拜中，父親陳述母親如何在我們的受難年代「含辛茹苦，獻出了自己的生命」的經過，以及她「或生或死都為主耶穌做了有力的見證」之事實。父親還特別引用了《詩篇》一一六章十五節那句話：「在主眼中看聖民之死，極其寶貴。」

[2] 康宜注：父親前一天（一九九七年九月十六日）的日記寫道：「同康成、麗娜赴火葬場，舉行火葬禮……。」

光伟儿！今后我为你说，你在世给我最后的叮咛是
"不可灰心，要顺服主"
[illegible]。但最多不过十年左右我就再见你了。

我们虽然在世离别了，但我们的灵在主耶稣里仍永远连结在一起。

今日（9/11）上午十时左右 Vivian（凯音）忽然在校大哭，老师打电话找父母又找不到，[illegible]去接来。妈妈问Vivian为什么哭，有什么事吗？——Vivian说我看见了my Grandma！又向妈妈说："Grandma穿白衣，[illegible]微笑……"莫非祂想叫我们知道，她已到天家？

Hallelujah，主耶稣，[illegible]的使女，祢也[illegible]她穿明亮洁白的衣服，即是用主宝血所洗净的。

感谢赞美主，[illegible]坐宝座的和羔羊。阿们阿们。

——9/13/97 Saturday——

今早家人特别礼拜。一切俱见神是伟大。将一切荣耀都归给神。

人生的价值不在你得了什么，而是你给了什么。

——9/14/97 Sunday

听说XX[illegible] 了一大笔[illegible]

五时起身祷告。

玉真不再软弱，不再需要人的侍候。主耶稣看见这只忠信跟随你的小羊，归家来了，主亲手擦干了她的眼泪，并且已给她穿上洁白光明的细麻衣，（正如小孙女Vivian所见）她已在主荣光宝座前，永远享受与主面对面同在的喜乐，在主脚前永远赞美祂。

Hallelujah，主是伟大！叫她先我而去，并且缩短了她在世受苦的日子。仰望主的，绝不羞愧！

诗116:15"在耶和华眼中看圣民之死极为宝贵"感谢主，罪人因信而称义，成为圣徒！

我们活着荣耀主，死时荣耀主，所以，被主看为宝贵。

主啊，帮助我，叫我能——
从心里饶恕、
忍痛饶恕、
以教导主的心去饶恕，
以主待我的心情[illegible]
[illegible]饶恕，
[illegible]知道：
不饶恕乃是大罪！

"主啊，鉴察我，知道我心思，
试炼我，知道我意念，
看在我里面有什么恶行没有，
引导我走永生的道路"

[illegible]

人要[illegible]的，乃是看[illegible]别人心里[illegible]，不是什么可见之物。

如今我才体会到"痛定思痛"的滋味。别人能说能笑能吃能睡，但我则为一只翅子被割掉两个翅膀。主把我心中之爱的中心回收去了，[illegible]主啊[illegible]同情我，把我也快快收回，使我能与玉真早些相见。

然而我在地上不是孤单一人，乃有主耶稣与我同在！

——9/15/97——

谦诚荣主
由主引路
安静等候
将己尽除

读Oswald Chambers "My Utmost for His Highest"
主赐我十六字

玉真先我而归天家了！
我心喜乐，却又[illegible]悲痛。

回想一年多前主领我到加州，先是封了"我一切道路，只指着青天[illegible]

主削掉我的双翼，

不到十个月，我爱妻玉真，主把她收回去了。这一段时，哀伤极痛，暗夜漫漫、孤单无援，唯独靠我救主耶稣，每分每秒不分昼夜，我紧握主手，主与我同行，步步蒙主扶持，才得免死！

夜不能眠，主赐我十六个字——主光照我心，使我看见我是如何不认识自己！如何狂妄、自是，偏行己路。主打碎我的"雄心壮志"，揭露我里面的高傲，折断我的筋骨！

——让我学习安静等候，谦卑顺服，除去己意，不靠己力。

[illegible]，主[illegible]，主[illegible]，我俯伏主地，叹息认罪[illegible]

"耶和华眼中看圣民之死，极为宝贵（PS 116:15）"

她以死荣耀了主，且[illegible]她所爱的人（丈夫，孩子）灵命长进！

玉真的死比她活在地上时，更影响了我们的生命！→ touch our lives

从玉真身上我们看到，当基督徒离世时，她留下什么。我现在要谦诚为主而活，因玉真对我的期望如此。

我今日能[illegible]，感谢主的大恩与大能，主先光照我使我知道要[illegible]为主，[illegible]。第二，是玉真的见证与心愿，激励我。

[illegible]，主光照我，使我看见我是何等地不认识自己，使我看见我的真面目，何等的人，高傲、刚愎、任性、自大自狂、骄傲……都是叫主伤心，羞辱主名的。

"连举目望天都不敢，只是（远远地站着）只捶着胸说：'神啊，开恩可怜我这个罪人'"[illegible]

日記　1997.9.11

從今而後，我——？

※ ※ ※

1.當盡力注意自己的身體、飲食、運動、生活，特別是靈修。

不再傷悲！當為玉真歸天家而喜樂。世上不可能沒有眼淚。當感謝神分外憐憫她也憐憫我，奇妙地成全了我的心願。

（主接她先我而去，免她再受老年多病之苦，主也奇妙地保全了我軟弱的身體，扶持我，使我能看顧玉真到臨終，並為她辦理一切後事，主恩何等大！）

2.不管還活幾天，幾月，幾年（？），當盡力服事主，遵行主旨意！合主心意！報主大恩！同時這也是玉真在我身上的最大期待。

3.多順服兒女心意！主所賜我是何等孝順的兒女！是我不配得的。所以我不可再為他們加添壓力！要體貼兒女的心。並為他們留下「基督徒」的榜樣！

當天天為兒女們各家各人禱告。

※ ※ ※

所見的（what is seen）是影子！所不見的（what is unseen）是實體！（II Cor 4:18）。

如今站在火化爐前！我才真正蒙聖靈光照，明白了這句話（II Cor 4:18）……**（康宜按：以下刪去三段）**。

玉真被主接回天家了，名符其實，四月到九月，將近半年，只見一陣旋風，人就被接去了！

一九九七年九月十九日

晨五時起禱告默想讀經。單獨坐在主面前，何等恩典！

•何謂認識主？指intimately的認識→獻上自己為祢、為主而活，更加愛祢，事奉祢，更加為祢而犧牲，更加榮耀祢。

•活祭：天天更新我的奉獻！（獻己給主），時時為主活！……（**康宜按：以下刪去數行**）。

※　※　※

把玉真親自送走了，我心如同一塊石頭落了地，但我是何等地疲累啊！不知主是否許可我活到二十七日，把玉真在地上該辦的事辦完呢？

一九九七年九月二十日

從人看，玉真的一生是可憐的，都未曾享過福。但從神看，她活出一個榮耀的生命。因為在天國裡，不是「得」的有福，而是捨的！玉真一生犧牲自己，成全別人，這是最有意義的人生，（她積財寶在天上）。

一九九七年九月二十一日

那想到，到這個教會（基督之家）來聚會，第一次我登台說話，竟是在老伴玉真的追思禮拜致謝詞！

神的作為大而可畏！

※　※　※

主聖靈提醒我：

「把下垂的手，發酸的腿挺起來！」

※　※　※

玉真追思紀念影片背景音樂用Near the heart of God.「靠近神懷中」。是的！

一九九七年九月二十二日

……慰唁悼念的卡片如雪花飛來：原來有一句話是最能安慰我的——「不久我們都要到天上再見她」。

※　※　※

她愛的見證：

1. 我們尚未發出通知，我的學生們便紛紛來電慰問。因為在南部人們奔走相告，傳到北部來了。

玉真在人心裡永遠活著。

2. 接到BMA Ardenwood工作人員寄來慰問卡，又驚奇又感動。玉真即使在重病之中對於服事她的護士們都是帶著笑臉，雖不會英語，但手語、表情都流露她感謝的心，因此許多護理人員都喜愛她，想念她——她喜樂的面容和溫馨的愛心是她傳福音的動力！

一九九七年九月二十四日

她（玉真）如同一粒麥子，[1]落在地裡死了，就結出許多子粒來——激勵很多人的信心（對主耶穌的信心）。

※ ※ ※

主使我受剝奪，到一乾二淨的地步，取去我心之最愛——否則我總是靠自己，由自己，高舉自己。……**（康宜按：以下刪去數行）**。

一九九七年九月二十五日

半夜醒來，心中自責痛悔難當，想到玉真的死，全是我罪所造成的。一輩子跟我受苦，至終還受重病折磨！可憐的玉真！我不必再問神為什麼，全是我的罪！她若不嫁給我，怎會如此！我害了她的一生！——但她到死沒有半句怨言，也沒有一個字責怪我，這更使我心刺痛難忍。

[1] 康宜注：後來父親撰寫《一粒麥子》一書，乃為了紀念母親。

我的神啊，我往那裡逃躲避祢的面！我的罪在我身上沉重，永遠再也不能挽回了？
我的神啊，我還能作什麼？如何活下去！……！
我的主啊，我的罪在我身上沉重。我的神，開恩可憐我這個罪人！

※　※　※

我害了妻子，不能再傷害兒女了。我要振作，至少應該不辜負我老伴玉真在我身上的期待。

※　※　※

「我的神啊，求祢在天上使玉真得主的榮耀、稱讚，補償她在地上所受的傷痛，所流的眼淚！」也信主必如此待她……（**康宜按：以下刪去數行**）。

一九九七年九月二十六日

玉真骨灰安葬於Alta Mesa Memorial Park墓園。
〈張德立牧師主禮〉

一九九七年九月二十七日

下午二時，在Home of Christ舉行追思禮拜。[1]

※ ※ ※

晨起在主前默想……（康宜按：以下刪去幾段）

「父啊，願祢榮耀祢的名。」

「或生或死總要叫基督在我身上得榮耀（被高舉）。」如何叫主得榮耀呢？

就是，我決心榮耀神（作神喜悅的事，遵行父旨），我榮耀神，神就得榮耀。

一九九七年九月二十九日

玉真，你雖然沒有在肉身中看見，你影

1 母親的追思禮拜程序，主要由父親設計。

孫伯母陳玉眞姊妹追思感恩會

日期：主後一九九七年九月二十七日下午二時
地點：基督之家第三家（FREMONT）

程序

主禮		張德立牧師
序樂		司琴
禱告		林樹培長老
讀經	約14:1-3/約10:27-30 林後4:16-18/林後5:1-10	朱國鈞長老
唱詩	耶穌恩友	會衆
生平追述		黃紹周
獻詩	耶和華是我的牧者	詩班
鋼琴獨奏		張欽次
信息		張牧師
唱詩	離世歸家歌	會衆
思念的話		孫觀圻
		陳麗秋
		孫康宜
感謝的話		孫保羅
唱詩	願主同在直到再相會	會衆
祝禱		張牧師
追思影片		
默禱		

*會後歡迎親友一同前往墓園惜別（約下午四時出發）

中秋憶母斷腸時　孫康成

一九九七年八月下旬，母親因體內大量出血，再度進入醫院。一日，我在晨跑途中，一隻巨大的白鶴突然出現，飛翔伴我數十公尺。牠體態輕盈，潔白似雪，本來憂愁掛念母親身體的我驟然覺得身入[illegible]，勞苦全消。九月初，母親病情轉壞，我知道主不久就要結束她在世的病痛。十日上午我晨跑的時候，那白鶴又突然出現，佇立注目於我。片刻間，我竟以為那白鶴就是母親，實是道別，卻又捨不得離去。不禁一面跑，一面落淚，揮手向著白鶴說：「媽媽，親愛的媽媽，您放心的去吧，去主耶穌永遠的榮耀，我會好好照顧爸爸，您也不用掛念我、姐姐和弟弟。您飛呀！快快飛向那藍天白雲…」。是日下午五時許，母親息勞歸主，結束了她用血、淚和愛編織的人生旅程。

年幼時，母親為了撫養一家，經常憂勞過度，身體危弱如將殘的燈火。家裏當時又沒錢買魚肉來滋養她的身體。一日，我在菜市的魚攤上看到好多新鮮的魚，心想要是媽媽有魚吃，身體一定會好起來的。我年幼個小，要墊起光著的腳才能看到攤上的魚。說時遲那時快，趁魚販和其他大人打交道的時候，我的小手靈活輕快的把一隻小魚撥落到地上。我撿起小魚，心裏好興奮地奔跑回家。那裡想到，母親把我痛打了一頓，她的身體也變得更壞了。大學的日子多半是在鳳凰花[illegible]的台南古城。有時，學業吃緊不得回家，媽媽竟不辭一路換車之苦，到我的學舍來探望我，並且替我洗掉堆積數日的髒衣服。臨行前總是千叮萬囑，依依不捨，常常淚流滿面。

今年九月十六日是中秋月圓，也是媽媽遺體火化的日子，舉頭望那明月，不禁時光倒流，我飛越關山，重回幼時。故鄉的草木，故人的身影……媽媽，您原諒我的神傷，我的哭泣。縱然我知道您已經在 主耶穌永遠的國度裡了，但是我失去的畢竟是我心愛的媽媽，我世上的天使，我永遠的安慰，以及停泊的港灣。

我的母親孫陳玉眞女士　孫觀圻

母親已於九月十日離世回天家，母親將永遠活在我心中。眞不敢相信母親從生我們到去世的五、六十年就這樣飛逝而去，時間再也不會回頭了。從母親的愛看到神的愛，母親無條件的為我們付出一切，神也將祂的愛子為我們的罪釘了十字架。從母親的管教看到神的管教，「主所愛的祂必管教，又鞭打凡祂所收的兒子」。

母親去世之前所表現的信心及平安給了我們極大的鼓勵和安慰。如今，母親已打過了美好的仗，也跑盡了當跑的路，相信母親已得了公義的冠冕，也在主裡得了永遠的安息。

親愛的母親，我們想念您。

10 First Loss

左：插圖14，1997年9月27日，在Fremont基督之家舉行「陳玉真姊妹追思感恩會」，此為當天的節目單。其中包括長子孫康成的「中秋憶母斷腸時」，以及次子孫觀圻的「我的母親孫陳玉真」等追悼文字。

右：插圖15，又，在「陳玉真姊妹追思感恩會」上，女婿張欽次負責鋼琴獨奏，曲子為Robert Schurmann（1810-1856）的“First Loss.”

響許多人的生命（touched many lives），你的愛，種在他們心中！

你為主忠心直到離世，所以我看見了你在主耶穌那裡享了祂榮耀，得了祂稱讚！

I thank my Lord my God because of you, I am proud of you, 玉真！

看看你安葬那日，墓穴上那麼多的鮮花，成了一堆覆蓋在上面。世上大人物不過如此，看看收到的卡片，如雪片飛來（包括洗腎中心護士們的悼念卡！）看看收到的悼儀超過一萬元以上！怎能如此呢！

然而你不是世上的大人物，你乃是主耶穌忠心的使女，在世以血以淚點點耕耘，所收成的！你已成為許多人心中的榜樣，你的離世，激勵了許多人屬靈的生命。玉真，等著我就快去，在主腳前再見你了！

Ps 116:15「在耶和華眼中看聖民（聖徒）之死，極為寶貴！」

"Precious in the sight of the Lord is the death of His saints."

一九九七年十月一日

去教會年長團契，感謝獻金。這合玉真的心意。

"Precious Lord, take my hand, lead me on, make me stand! I'm tired, I'm weak, I'm worn. Through the storm through the night, lead me on, to the light. Take my hand, precious God, lead me home."

※　※　※

主耶穌啊，我單屬於祢，我單單為祢，不屬別的，不為別的！直到祢接我去的時候。

Lord Jesus, I belong to You, I am for You—not to, not for anyone, anything other than You!

※ ※ ※

主耶穌伸手擦乾我的眼淚！想到玉真與主面對面享主榮耀，想到我很快就到主耶穌那裡去，與玉真再相見，我的心就喜樂，但一想到我在地上失去了她，我的眼淚就向內流……

但再想到，發生在我身上的事，都是出乎父，是父旨意所喜悅的，我就俯伏在地，安息在祢的腳前！

※ ※ ※

玉真：如雪片飛來的慰問卡中你已見證了、把「愛」留給這世界！你已見證了你所信的耶穌是又真又活的神。

你或生或死都榮耀了主——「那美好的仗你已打過了，當跑的路你已跑盡了，所信的道你已守住了」——從今以後，必有榮耀冠冕為你存留！

許多人在卡片中說：「不久我們也要在天上再見她」，可見你的信心證實你已經在主耶穌榮耀之前享安息喜樂了。

一九九七年十月二日

康宜來電話，勉我「不要傷感，要好好活，效法媽媽，活出一個有意義有價值的人生。」

我知道今日我若能靠主堅強，有能力，不憂愁，就是為主作榮耀見證。使撒旦羞愧，不信的人驚奇。

一九九七年十月三日

聖靈向我說：「忘記背後，努力面前的，向著標竿直跑！」（Phil 3:13-14）

不要停留在過去的悔恨、傷感之中，不要中撒旦詭計！

※　※　※

今日預備短講（題：「有價值的人生」），預定十月十一日在馬利蘭宣教會講，為紀念玉真，同時放映紀念影片。（20 minutes）

一九九七年十月八日－一九九七年十月十九日東部之旅

在馬利蘭教會禱告會中短講〈有意義的生命〉為紀念玉真。又放映追思紀念影片。

在新港（New Haven）宣道會團契中作見證（見證我信主的心路歷程），然後解答問題，認識了帶領弟兄劉同蘇、席波等等優秀且信仰純正的青年。甚是喜樂。

歸來到社會福利處interview，大大碰壁。看來主不但把我老伴兒收回去了，而且我可能還要受無家可歸之苦（連安身之處都不可得）。想到玉真先我而去，不致再受人世折磨與困苦，還是為她而高興。

主啊，祢無論為我預備任何的十字架，我都感謝領受，如今我是孤家寡人，主使我更無所牽掛地能忍受各樣苦難，我感謝神！求主扶持我，叫我有至死榮神之心志，叫主耶穌得著榮耀。（另一方面，多受苦難，靈命自必增長。一切在主手中，全然順服，以至於死！我該有此見證，才不負主恩，才叫玉真歡喜）。

一九九七年十月二十一日

許多時候，我還是不能接受玉真歸天這個事實。雖然我明知她一定是在主耶穌那裡享榮耀安息了，但摸到她的東西，看到她的照片，或遇難辨的事，心裡仍難相信她已被主接回天家了。主啊！加我力量，叫我為主作榮耀的見證，同時使我打起精神免得讓兒女操心，增加他們心裡的壓力。

一九九七年十月二十二日

讀劉同蘇弟兄（New Haven Alliance Church）所作〈有限中的無限：耶穌〉一文，獲益甚多。

如果我有自憐的情緒，何等可恥！如果我不甘願走十架路，何等叫主傷心！／祂是至尊至榮，卻甘成為至卑至賤（Mk 10:45 / Jn 13:1-17）／祂是至強的全能者，卻甘成為至弱，全然無能（Jn 10:18 / Mt 26:53-54 / Mk 14:61, 15:4-5 Jn 18:4-12）／祂是至富，卻甘為至貧（II Cor 8:9）／祂是至聖至義，卻甘為「罪人」（II Cor 5:21）／祂是至智，卻甘為至愚（I Cor 1:18）……

一九九七年十月三十一日

搬家告一段落，（斷斷續續記下）……

（康宜按：以下刪去數行）。

※　※　※

生、死皆是奧秘〔Ps 139:13-16〕〔Eccl 12:7〕，人生若有意義，必須認識敬拜造你的主！〔Eccl 12:1〕

※　※　※

人怎麼死，死後如何，都看他今生與主關係如何。出生人不負責，但如何死卻須自己抉擇。

※　※　※

我為何不感謝主恩？主先把玉真接回天家，這是何等大的恩典！

※　※　※

（康宣按：此處刪去數行）

天國非只受洗、作禮拜即能進入的！非只口頭稱主、即能進入的！（I Cor 6:10）能進天國，必須是愛神愛人，愛敵人，為耶穌活，被罵不還口，受害不說威脅的話，靠主忍耐，得勝苦難，靠主不犯罪。

※　※　※

這世界不可能沒有罪，不可能沒有死，不可能沒有眼淚，唯獨到了主耶穌那裡，才有真正的安息安慰〔Near to the heart of God〕……**（康宜按：以下刪去數行）**。

※　※　※

玉真離世前，有一句話：「最後還是要回到主面前來」（神是神／我被造／神樂意如何，我就俯伏接受）。

我須順服！這是人生問題的解答，十架道路也是安息之路（天人合一→安身立命）。

※　※　※

蔡蘇娟[1]：〔暗室珍藏, p.15〕

「求主幫助我們堅定地跟隨祂，甚至我們一切內在情感和心思也由祂掌管」——我眉批：「把情感也釘在十字架上，這是最難的一課，情感也獻為活祭！」

但主就是這樣，也這樣命令我們（Lk 14:26!）。

獻上活祭真是把己要完全燒成灰！我能嗎？還遠得很呢！求主幫助，時刻釘死我的叛逆性！

聖經我們實在不能全懂，問題是我們所懂的這一點，若能做到，其能力將何等驚人啊！

[1] 康宜注：蔡蘇娟（Christina Tsai，一八九〇—一九八四）是基督教佈道家和作家，以她的口述見證《暗室之后》（Queen of the Dark Chamber）著名。

一九九七年十一月五日

把下垂的手、發酸的腿挺起來。
主說：「及時去愛，竭力去愛。」

※　※　※

在這世界，誰也不能沒有眼淚！連主耶穌在客西馬尼也不例外（Lk 24:43-44 / Heb 5:7-9）。受苦是人在世上所免不了的，痛苦、憂傷是免不了的，然而基督徒靠著耶穌，能得勝苦難，得著力量，得著喜樂安息。

※　※　※

不要心裡為自己定任何的道路，明天是屬於神的。（誰曉得主帶我到加州，原來是要我給我老伴玉真送終呢！）
不要猜測明天，只把今天為主而活！作成主在我身上所交託的任務！

※　※　※

苦難的作用：

1. 不壓不榨，沒有真價。
2. 使人得著耶穌，而能得勝一切苦難。

輯五

照片選錄

左：照片1，孫保羅獨照，攝於美國加州（一九九八年秋，七十九歲）。
右：照片2，孫裕光（當時尚未改名為孫保羅）於一九四八年一月（二十八歲）開始任職台中港工程處副主任。

上：照片3，一九七二年春季，好友Edith Chamberlin（即Gram，中立者）從美國飛往台灣，專程訪問當時正在高雄煉油廠國光中學執教的孫裕光及其家人。照片中左二為國光中學校長王琇，右二為張欽次的母親陳玉鑾，右一為張欽次的大哥張正太。

下：照片3.1，一九七四年葉豐霖牧師（即「葉教師」）獲台南神學院碩士學位，孫裕光與陳玉真共同光臨葉教師的畢業典禮。右一是葉師母王鳳嬌女士（及女兒名宜）。

上：照片4，一九七八年春，孫保羅（已由孫裕光改名為孫保羅）與妻子陳玉真剛抵美國不久。
下：照片5，一九七八年春，孫保羅與陳玉真到普林斯頓拜訪Edith Chamberlin（Gram），此為陳玉真與Gram的合影。

上：照片6，一九七九－一九八四年，孫保羅在亞利桑那州的American School of International Management（Thunderbird Campus）教書。相片中是孫女孫凱音（Vivian Sun）多年後重遊鳳凰城時與該校校門的合影。

下：照片7，孫保羅與Thunderbird Campus的學生合影。

左：照片8，一九八一年六月，在Thunderbird Campus的畢業典禮中，孫保羅榮獲「傑出教授獎」（Outstanding Professor Award）。
右：照片9，孫保羅的獎牌內容。

上：照片10，陳玉真六十歲生日（一九八二），攝於鳳凰城。
下：照片11，孫保羅、陳玉真結婚四十週年紀念（一九八三年五月二十三日，攝於康州紐黑文）。後排右一為長女孫康宜。後排左一為女婿張欽次。

上：照片12，一九八三年五月二十三日那天（孫保羅、陳玉真結婚四十週年）正好是耶魯大學的畢業典禮。
下：照片13，一九八三年五月，孫保羅與許牧世（Moses Hsu）先生合影，攝於許先生與譚天鈞醫師（Dr. Charlotte Tan）的家中。

上：照片14，一九八四年四月，孫保羅加入美國國籍（攝於鳳凰城）。
下：照片14.1，這是1992年借用Derwood Alliance Church，舉行的一次洗禮典禮。（當時蓋城華人宣教會還沒有建堂）。照片中左四為孫保羅，站在他身旁的是曾永輝牧師（右四）及李長華先生（左三）。

左：照片15，一九九四年五月蓋城華人宣教會終於有了自己的聖堂。（請參見輯一，書法1.1「獻堂感恩」）。

右：照片16，一九九五年，孫保羅在馬利蘭州講道。

上：照片17，一九九八年秋，孫保羅在加州海岸留影。（時為陳玉真逝世一週年）。
下：照片18，孫保羅八十歲生日（一九九九年十月二十九日），攝於加州的Milpitas 城。照片前排（自左而右）：黃麗娜、孫保羅、Esther Sun（孫路亞）。後排（自左而右）：蔡真、孫觀圻、孫康成、Vivian Sun（孫凱音）、Helen Sun（孫卉亞）。

上：照片19，二〇〇三年九月九日（陳玉真逝世六週年前夕），孫保羅前往Alta Mesa 墓園掃墓。
下：照片20，二〇〇四年初夏，孫保羅（時年八十五）遷往加州Fremont城的老人公寓Fremont Vista Retirement Homes。相片（自左而右）：孫康宜、孫保羅、Edith Chang（張詠慈）、黃麗娜。

照片21，二〇〇七年五月十四日，在孫保羅的追思禮拜中。長子孫康成（右）和次子孫觀圻（左）展示父親所用過的許多《聖經》本子。

上：照片22，孫保羅信封（其一），寄自Phoenix, Arizona.
下：照片23，孫保羅信封（其二），寄自Potomac, Maryland.

上：照片24，孫保羅信封（其三），寄自Fremont, California.
下：照片25，孫保羅信封（其四），寄自Milpitas, California.

Paul Y. Sun
35300 Cedar Blvd. Apt. 227
Newark, CA 94560-1240

上：照片26，孫保羅信封（其五），寄自Newark, California.
下：照片27，孫保羅信封（其六），寄自Fremont, California.

附錄

一、孫保羅早年著作、譯著及訪談

（一）《天津益世報》

中華民國二十五年九月八日，第九版
中華民國二十五年九月九日，第九版（續）

報紙標題：孫裕光先生論[1]
拒毒是國民的責任
青年會拒毒徵文第一名
對吸毒之弊害詳舉無遺

編者前言：本由青年會為推廣拒毒運動，最近曾舉行「拒毒徵文」，應徵者極為踴躍，第一名為孫裕光先生，所論詳確精到，頗可供社會人士之參考。該會於昨日將原文（原文過長，經編者將不重要字句刪去三分之一，作者諒之）送交本部，囑為刊載如次：

[1] 康宜注：家父寫這篇有關「拒毒」的文章時，他才是個十六歲的青年。（特別感謝吳永勝先生，他不但為我找到家父這篇「徵文第一名」的出版信息，而且還把報紙上所刊出該篇文章的摘錄一一打出來，實在令人感恩不盡。）

說到拒毒為什麼是今日國民之責任，確實不是一兩句話所能解釋得滿意的。我們需要作一番骨子裏邊的說明，至少須從下列各方面來探討研究：

（甲）國家需要怎樣的「今日國民」

今日的中國，對於國民的需要方面有大異於往昔者，簡言之，就是對國民訓練目標的確定，今日的中國對於國民所施的訓練就是以智仁勇三者為標榜——這無非是因為國家希望中的「今日國民」，是一個「有道德有學識有強健體魄的完人」而已。這一點是希望每一個中國的國民都能了解而同情實現的。

過去由於在國民本身智德體三方面訓練的缺陷，在小的方面所產生的結果乃為一個個懦弱的國民，在大的方面則形成教育不普及，科學不發達，體育不進步，國格喪失的落伍國家。所以今日的國家對國民的團練目標也即針對這一方面下手。在智的一方面，力求每個國民都能受到水平線以上的教育，且能夠了解時代的新智識，具有科學頭腦和充分的國家觀念民族意識，以期發揚國家民族的文化；在德的一方面，力求普遍的養成每個國民的「明禮義，知廉恥，負責任，守紀律」的高尚人格，以期為國家社會盡力服務；在體育一方面，近來國家正在盡全力來提倡，其主要目的則在增強人民健康程度，培養衛生習慣。明白的說：就是要中國今日每個國民都準備去當「國家的常備軍」，都是健全的國民，這也是最終的目的。

說到「拒毒」，我敢相信：無論每一個人都會說是「應該的」，不過所以社會上還能很普遍的發生出來一些不能拒毒的矛盾現象，其根本原因即在對上述的一些觀念未能根本理解清楚，以致立志不堅，雖知吸食毒品即為迷宮，為陷阱，也終不能不入。

就毒品對於個人本身的關係說，無論在智德體那一方面也有很大的危害，不過「體」與「德」首當其沖，最為顯著，結果智的方面一定也隨之而遭受極大的損傷。毒品對於我們的德智體三方面既都大有危害，那末毒品對於我們便無異是惡魔，吸食毒品也就等於奔向墮落之途，自取滅亡之路。

我們每個人是國民的一分子，我們每個人便時時希望作個「健全的公民」。從這樣的觀點看來，拒毒已經是我們「健全的今日國民」的迫不及待的重任了。

（乙）個人道德問題

吸食毒品的人自身在道德方面的危害很大，具體來說，如：

（A）傾蕩家產虛耗時光——根據我們經驗的結果，可以知道吸食毒品的人其中百分之八十以上是屬於「有錢階級」，在另一方面則有百分之五十以上是屬於「有閑階級」。從所謂有錢階級的錢上來觀察，例如某人是一位擁有巨資的紈綺子弟，承受前輩巨額的遺產，不作正用，不僅是愧對他個人的祖先，對家庭也是一個不負責任的分子。終至於變賣家產，而一切不道德的行為亦就會此產生。至於自食其力的，以自己掙得的金錢虛擲在吸食毒品上，忘卻自己經營事業的艱辛苦難，這不只使本身家庭方面感到經濟上拮據，即以純經濟的立場說，金錢本是社會的，公眾的，一個人虛耗金錢於不當之處，也是極不道德的行為。

吸食毒品者，最大的損失乃在時光的虛耗。吸毒白了少年頭，空悲切！……這樣害了終生無所成就，何等的不值得！

（B）吸食毒品就是自戕。追求生存，是人生普遍共有的一個目的。就是中了毒癮的人也未嘗不想活者，不過是因為他們未能揭開「毒物」的本來面目，以致采取了最嚴酷的自戕的手段，是多麼可怕可嘆！若從客觀的觀點來看，雖是一個人無原因的自戕了，其實也是為國家毀滅了一個有力的分子，同樣的是貽害社會。

（C）貽害子女。吸食毒品的人從人道方面看，最緊要的莫過於貽害於子女：

第一，一個人吸食毒品，除了對自身身體的貽害，還有對本身身體機能的破壞……。（康宜按：此處報紙的文句甚難辨認，故刪去）。

第二，吸食毒品的人，自身體弱多病，會將疾病蔓延或遺傳給子女……。（康宜按：此處報紙的文句甚難辨認，故刪去）。

（丙）個人事業與前途問題

（康宜按：以下的文字甚難辨認，故僅節錄片段。）

在「吸食毒品」這樁事本身來看，第一方面，社會上的觀念能夠堅持者，認為吸食毒品的人猶如偷盜一樣的把人格喪失了。第二方面，吸食毒品的人，自身終於必然產生不道德的品性，這更是直接影響於個人人格的地方，無論怎樣解釋，到底吸食毒品還是喪失人格的勾當。

「個人事業之成功與社會責任」之影響——想於個人的事業方面有所成就，不獨自身方面需要受高深的教育，同時在自身以外尤其重要的助力就是朋友，在吸食毒品的人，直接影響於本身經濟的拮据，因經濟困難的結果便無餘剩金錢供應個人求知的需要，對於較高的教育無法染指，在別一方面則因為吸食毒品者自身人格的喪失，以致不能交遊高尚的朋友，不但個人一生事業不能成就，即前途也全為黑暗所籠罩。

總之，為國家社會著想，我們要作一個良好健全的公民就要擔當起個人對於整個社會的責任來，我們的生活一時一刻也不能離開社會，也就是時時要有社會的維護要有社會的供給；不過在社會裏營共同生活的意義，是要能夠達到互助合作共同生存的目的；我們在社會裏，只受他人的供給自己不能給社會創造事業，給人類大眾謀福利，便算是擾害社會的寄生蟲。再就個人對國家的關係說，我們個人也不能給國家徒事消費，我們既是國民的一員便要盡一分國民的天職，我們能整頓自身不為國家的殘害者，方才夠上一個「今日國民」的資格。進一步講，能為社會國家前途創造光明建設事業，當然那才是我們的希望。

（丁）整個社會民族問題

為了毒物在今日中國社會裏形成的普遍現象，使中國今後的社會和民族的前途背負了極大的創傷，我們約略述說於下。

（A）危害農商增加犯罪。

a. 毒品與民食——我國向來號稱以農立國，其實近年來中國農業已經衰馳到不堪設想的地步；尤其因為各省近來的提倡種煙，由獎勵人民種煙以致強迫人民種煙，（據我聽一位川籍老師談，川省境內有一種稅名叫開田稅的；就是凡農民田地空閑而不種煙的就課以重稅。）這真是駭人聽聞的事。因為農民種煙者日漸增多，煙田面積日漸增廣，於是主要食糧產量遂大見減少，結果乃造成食糧缺乏的現象。

又就酒來說，據《中華婦女節制季刊》載的統計數目為每斤半穀米產酒一斤，用高粱三斤產酒一斤的；江西東鄉全縣穀米用於釀酒一途全數幾達四分之一，福建丹陽所產穀米，番薯，因釀酒每年耗去總數五分之一，新疆莎車所產大麥耗之於酒的約五分之二，小麥約五分之一，廣東陽江廳所屬各縣各村鎮，每年各處耗去穀米約一百零五斤。就以上統計數目說，將人民養生食糧造成害人生命的酒類，與各處民食不足終年五穀不登人民饑饉的狀態相比較，真是一件極端矛盾的事實。由於此種影響的結果，以致中國雖有以農立國的名稱，實際上每年洋米洋麥及其他雜糧入口數目至足驚人，此為毒品影響於農業損失者一。其次，種煙消耗地利，使田土生殖能力減弱，種過煙的土地作物不長或產量減少，常此以往，勢必五穀絕種而肥沃田土全都變成瘠荒之地了。

b. 毒品與商業損失——自從各省種煙之風盛行以後，商人因為希圖厚利，於是多不顧法紀兼營販運煙土，或是勾結軍人，賄買路工，私販圖利。至於在交通不便的省區以及產煙最盛的處所，更能任意經營。聽說甘肅省因為「運土」的原故，長途車腳較尋常貴約三四十倍；各種車腳既大增其價，則各種貨物也必因之而加價，此種結果遂致市面蕭條，百業廢弛。

c. 毒品與犯罪——因為種煙的結果，商人偷運煙土私販謀利，不肯恪守法紀，因此影響社會治安，擾害社會秩序，同時因販煙而遭受刑法的更不計其數。

談到生產與建設，無論是自然的或社會的事業，都還沒有健全的基礎，這些全都是目前急待開闢與發展的，同時民族前途的建設也當以這些事業的樹立為前提。而毒品在目前中國正是足以障礙這種種事業的進行的一隻惡魔。今後我們要為民族打真的出路，為維持社會的秩序，拒毒確是當前最簡捷的手段之一。

（B）金錢枉費影響社會事業之發展——毒物在今日中國社會造成的惡果，對於社會經濟的枯竭尤有重大的影響。據可靠統計：中國每年用於鴉片，嗎啡，海洛因，寇卡因等的金錢計八萬萬元。又據精密的調查專家說：中國每年買本國與外國的鴉片有十萬萬元之多。就按中國人每年消耗於麻醉劑的費用總共為八萬萬元，用此數目與別種事業的經費一相比較便會使我們非常的驚怖。譬如以教育而論，中華教育改進會前幾年的報告載，中國每年所用的教費為五千九百餘萬元，對於教會立的中小學校經費尚未計入，再加上這種教費共約七千三百萬元。就二十年度國家預算中考察：教育文化事業費僅佔全數支出預算的百分之一有奇，足可以證明教育事業在中國今日興辦的困難。但同時用於購買麻醉劑的化費反比教育費幾乎多到十一倍；用十一倍辦教育的錢購買麻醉劑吃，用來毒害自己的身體，這是多麼可嘆的事！

此外，中國鐵路事業不發達，從數目字上考查，果能將全國人民吃麻醉劑的錢用來築鐵路，一年便可築成一萬九千里！我們還知道：中國煤鐵礦開採不發達，煤鐵儲量雖多可惜不能開採，而全國人民吃毒劑耗去的錢恰可抵投資煤炭開採的八倍，這卻沒有多少人知道，或竟沒有人會相信。

汽車是近代交通普遍的工具，在中國頗不發達，從統計數上看，中國人民吃毒劑的全數金錢比現在全國汽車輸入的總值多約二百倍的樣子，這全是有確實數目字可考的，決非無稽之談。

再談到我們的實業狀況，真是怵目驚心，中國的工廠雖然創立有七十多年的歷史，但是直到今天我們的工業依然沒有樹立相當的基礎；不必談到重工業離著發達的境地相去甚遠，即就輕工業言，如繅絲，紡織等等，近年以來，一因天災人禍的頻仍，二因受關稅不自主的毒害與外貨在國內暢銷的影響，不但沒有顯著的進步，且竟有逐年衰落的現象，如近年來各地紡織事業就衰落極速。至於重工業，我們也只好連聲「沒有」！這些時代交通戰爭的重要工具，我們都十二分的感缺乏：我們可以知道實業的開發，各方事業的建設在目前中國是佔怎樣重要的地位了。

總之，今後一切教育，工商事業的建設與開發，都是目前中國不容忽視的要務，欲達到此項目的，惟一的手段在增加經濟來源，使國家財貨不虛耗，都能歸之於正用，況且現在正當國民經濟建設運動創行伊始，我們要參加這有意義的運動；要完成這偉大的運動；我們要大聲疾呼，從速担負起拒毒的重任。

（C）國民平均年齡的可怕——由於國民吸食毒品的普遍現象，一因吸毒者本身身體的摧毀，遂致促短其壽命；同時又因其本身的遺傳和蔓延的結果，影響其子孫後裔的體質，以致先天衰弱或感染各種遺傳的病症。

在兩千年以前，由各種古書的記載可以斷定中國人民的年齡在六十至七十歲間為普通人的壽數，其平均年齡至少在六十以上。經過了兩千年長久的時間直到今天，我們國民的平均年齡已經銳減到非常可怕的境地了。現在我們中國人民的平均年齡至多不會超過三十歲（據可靠統計：最高的年齡在歐洲為瑞典，挪威人屬第一，平均有五十歲；英人次之，平均在四十四歲又二分之一；法人又次之，平均在四十四歲又四分之一；[1]普魯士人，平均三十九歲；奧國及西班牙人平均三十三歲；至於中國人的平均年齡，則僅有二十二歲！）這多危險！

中國人民平均年齡所以減落得這樣厲害，兩千年之間人民的年齡平均減去三四十歲的光景，其原因自然非常複雜：在積極方面如體育事業的不發達，衛生設備的不完善，醫學的不講求等等都是。而其中最大的致命傷要算是消極方面的種種損害，吸食毒品便是其中最有力的一個因子。

既然我們國民各個成為「短命鬼」的原因，一大半由於嗜好。今日的我們——不只我們，是應該認清不再和惡魔作朋友了。

毒物在中國作祟的事實，已經形成中國現階段民族社會的重大問題，無容疑惑。我們假若能夠趕快剜去這些毒瘡，削減自身的種種缺陷；不僅是給自身尋求更生之路，並且於國家民族的前途良多裨益，在這樣的意義下，我們應當肩起拒毒的重大責任來！

談到拒毒的實際問題，國家無疑的也需要負起一部分領導的責任。國家本著對國民的「教養衛」的扶導手段領導人民拒毒，不但是以教養衛為最後的目的，同時更要以教養衛為排行的手段。所以國家的倡行拒毒運動全是善意的——其實這我們一定早已會懂得了；但是談到「國家的推行」，這力量究竟是極有限的。欲使這運動有相當功效，仍需要大多數國民的根本覺悟的助力，就是希望國民各個都能明白這道理：「為什麼拒毒是今日國民的責任」？這便是我們較高的希望。

---

[1] 康宜注：此段報紙原文作「英人次之，平均在四十四歲又四分之一；法人又次之，平均在四十四歲又二分之一」，疑有誤。今改為「英人次之，平均在四十四歲又二分之一；法人又次之，平均在四十四歲又四分之一」。

今日正當「非常時期」，這名稱不僅只表示國家的一切境遇的特殊，並且說明國家社會一切事業的建設開發都要「加速度」的進行，例如「非常時期的教育」「非常時期的國民訓練」都是這樣講解的。

拒毒的事，在國家能保持常態的時候，我們便有積極實行的需要，而在今日的非常時期裏，拒毒的運動當然更需要「加速度」的實行起來，「拒毒」當然更是非常時期，每個國民所不容推卸的重任！

今日的拒毒運動，我們如果能叫他作「非常時期的拒毒運動」的話，我們就敢把前者的較高希望提高成為水準的必要的希望。我們較高的希望卻又變成「人格化的（不受強迫的）自願的拒毒方法」的產生了。我們努力宣傳提倡拒毒運動，最終的目的是在要求每一個人能有一番熱烈的同情的實現……。[1]

1 康宜注：報紙原文作「最終的目的是在要求每一個人能有一番熱烈的同情的實現繼續在理解之後」，文句十分彆扭。頗令人懷疑，這是報紙編者的編輯和剪裁問題所致，因為編者在文章的前頭曾經聲明，他已把作者的全文「刪去三分之一」。

中華民國二十五年九月八日

孫裕光先生論

拒毒是國民的責任

青年會拒毒徵文第一名

對吸毒之弊害詳舉無遺

（甲）國家需要怎樣的「今日國民」

插圖16，十六歲的孫裕光獲「青年會拒毒徵文」第一名，文章部分單登在9月8日及9月9日的《天津益世報》上。這是該報紙的頭條新聞。

（二）自然法思想與社會構成理論之課題

孫裕光[1]

原載民國三十一年國立北京大學法學院
《社會科學季刊》第一卷第四期

1.

吾人概觀西洋古代政治思想，最先浮現於目前者，恐為對人類社會政治理論建立殊勳之希臘人國家。古代希臘政治及社會之最高形式，以所謂「都市國家」為代表。都市國家之特色在於其濃厚之地緣社會的色彩。此種都市之地緣社會性為當時歷史環境之直接產物，自不容忽視。及紀元前四世紀左右，希臘北方馬其頓崛起，亞力山大王以舉世無雙之武功建樹了龐大的世界帝國，既往之希臘都市國家體制乃遭遇莫大的打擊而陷於破滅。由此歷史之突變，亞力山大帝國既取希臘都市國家而代之，其結果遂致將古典希臘正統文化與異邦文化中間之區別抹煞淨盡。於大混亂期之所謂「希臘精神」時代（Hellenism）中，由此種政治背景而產生之「世界主義」的概念，在地理上及社會上，完全以此

[1] 康宜注：家父撰寫這篇文章時，他才二十三歲。當時他還在日本留學，將要由早稻田的政經系畢業。在此，我要感謝吳永勝先生找到家父這篇早年的作品，並贈送一九四二－一九四三年出版的幾期《社會科學季刊》（由國立北京大學法學院出版），今已轉贈給耶魯大學神學院圖書館。同時感謝吳永勝先生把家父這篇文章打出來，並逐字校對。此外，我也要感謝韓晗教授，他很熱心地細讀了家父這篇文章，而且告知「自然法」是法學研究的一個重要概念，與「人為法」相對，「並直接影響了羅馬法的建立，今日中國法學界，仍對自然法興趣頗濃」。他以為當時（指一九四〇初期）自然法觀念才剛剛傳人中國，家父孫裕光「可以說是發前人未發之聲」。（韓晗，二〇一八年六月十七日傳真函）。

廣漠之大帝國為其發育成熟之具體地盤。然此因政治勢力而廣佈普及整個世界之所謂「希臘精神」的文化，本質上已經丟失其都市中心之特色，重新披上明顯的世界普遍主義之色彩。於此時期，以普遍性為特色之希臘文化，其根本特徵約有三端：（注：以下三點根據早大酒枝教授所論）第一為人類平等觀之萌芽（大戰之結果，因政治領域顯著地擴大，乃不得不放棄既往偏狹的國民自尊心）。第二，「個人主義」傾向之抬頭（小範圍國家解體以後，個人被編入廣大的領土之內，於是不得不依自力開拓自身之運命）。第三，出世理想之盛行（大戰期間，社會秩序完全陷於混亂，個人之生命財產全無保障，因生活之疾苦，憧憬來世之觀念乃籠罩住一時的人心）。希臘精神時代的社會既具有如上之特色，思想家為拯救當時人們理想上的饑荒，乃創出兩種蘇甦心魂之學說，即最著名之斯託阿主義（Stoicism）與依必鳩魯主義（Epicureanism）。此二學派於外見上，其主張形式雖被認有對立之性質，然究其蘊奧，可見其實質上藏有根本共通之特色：即二者皆於思想上喪失重心之大混亂期中，以為對症下藥之方案，同時歸結於確保個人精神生活之要求。（我國學者一般譯斯託阿學說為禁慾主義，譯依必鳩魯學說為享樂主義，固可明示其主張中一部分形式上之特徵，但此本質上異曲同工的兩學派往往因之遭根本的誤解。）其中斯託阿主義對後世思想界影響最重，吾人所欲論究之「自然法」的思潮，實濫觴於此。

在混沌無序的戰亂時代，一般人思惟及關心之重點，自然由「國家」轉移於「個人」。較國家生活更視為切要者乃個人自身的生活。斯託阿主義即在此種時代環境的搖籃中成長之「個人主義思想」之一派。其實名為個人主義的斯託阿主義，更具有複雜多端的性格。依Tart教授之指示，「斯託阿主義一方面由對自身之關心，他方對他人（隣人）之關心……結果發展為同時保有異形的兩側面：即十足的個人主義之特色與濃厚的世界主義之氣氛……」，實簡明扼要地述出此學派之特徵。吾人所最重視者非前者之個人主義的形式，而為與前者同其根源之普遍的「世界主義」（Cosmopolitanism）之思想傾向。此種思潮實乃自然法思想之究極的淵源。

斯託阿主義本具有極明顯的一神教世界觀之性格，主張世界係唯一神的創造物，人及社會都無非出自神手，因之支配世界之一切法則都不外絕對而確切的神智神意，換言之，即神的法則（神的Logos），亦即「自然法」（lex naturalis）是也。此種普遍而不變的自然法，只能以各人的「理性」得理解之。一切人類既同樣立於該規範之下，斯託阿主義中所提示之「四海同胞」「一視同仁」的見解乃當然之結論。於此觀之，斯託阿主義所倡言之自然法思想，其根本性質，實在於結合全人類為一大「共同社會」之「靭帶」一點。德國哲學家Windelband氏略謂此學派所提倡之理想世界國家，其重點乃在於基於自然法之「理性的精神統一體」至其「理性的生活共同體」實不過第二義的主張：可謂為極正確之論斷。

由斯託阿主義發端之「自然法」及世界主義之思想，因羅馬國家之樹立，更與以現實之政治地盤。蓋於政治理論之定型化，羅馬人雖不見特長，但於希臘人企望莫及之「具體的法及統治體系」上則獨力創出前代未有之大貢獻。概言之，羅馬之所謂「實定法」，其思想特徵主要在於「個人與國家之分離」。即各個人形成一獨立個體，再從而規定相互間之權利義務。紀元前三世紀，羅馬「萬民法」（jus gentium）之出現，更進而促成自然法之展開，此自然法之主要特色實見於自然理性（即為「正義」之基礎者）之「普遍適應性」及其「內在的合理性」諸點。

承羅馬帝國之後，基督教權之色彩形成中世思想的支配勢力。中世精神生活之內容，可謂全部為宗教的諸要素所包含。於外型上乃以「教會」作中心而活動。基督教的宇宙觀，主張世界萬物均係神所手造，「神」乃絕對之支配者。現世生活僅被看作進入「神的國」之準備，始存其意義。考察基督教思想之背景，首先不容忽視其政治及社會的諸條件。羅馬帝國末期，政治腐敗，驕奢淫佚風行一時，社會綱紀全然破產。加諸人心最重大的壓迫，實乃一種無可如何的疲倦感。於水深火熱之現實生活中，人民叫苦連天，呼救無門，求安息而不可得。在這種時代背景之中基督教理想乃獲得蘊育發展的地盤。一般人因能一時找出精神上的避難所，實際上便因信仰獲得了靈魂上的慰安。於此可見，自然法思想經過羅馬時代之動盪，及至中世，遂復以「宗教色彩」之加擔而現為「神的秩序」。

近世初頭，歷史場面遽形急角度之迴轉，文化進步人智大開，近代人以自身理性之要求卒向「教權」閃出懷疑的目光。在時代的急轉化中，一般人既意識到自身之存在，愚頑的教會信用乃一落千丈，昔日於教會中培植之思想根據遂頓形枯涸，於是代教會而崛起者乃嶄新之「人類自身」。所謂「人類自身」，乃於人類手造之現實的諸存在制度之中，發掘其蘊食覆藏之自然理法，此種自然理法乃固定不變之法則。與中世之「神的秩序」對比觀之，近世自然理法之特性，其彰明較著者，在於超脫「教義」之束縛而重新賦以廣泛的「普遍妥當性」。因之，自然法僅以人類自身之「理性」得以認知。此由天賦之「理性」所透視之自然理法——「近世自然法思想」——於思想史上所擔當之歷史的意義異常重大。約言之：第一，近代自然法思想，由基督教權之桎梏中解放近代人之信仰，進而導之堅信強有力的「理性」。且第二，近世自然法思想否認空虛的來世觀，極端重視「現世生活」之積極活動。總之，近代人一度脫去信仰人之外衣一變而為「理性人」，伴隨歷史之急度迴轉，再蛻變而為「實踐人」之自覺過程中，形成其下層建築者乃近代人之「個」的自覺，而此種個的自覺意識之出現，實係近代自然法思想最有意義之貢獻。近代社會由中世的封建形式而一躍為「資本主義」社會，其前提之可能條件，於此可見。

2.

考近代社會構成理論，其主流多直接根據自然法思想而確立。關於人類社會之原始成立，眾說紛紜，據史家一般之推測，約五十萬年以前始各人類開始文化活動（當然為最原始的文化活動之萌芽）之證據。但當時的人類祖先是否最初便已營共同群居生活，抑各個獨立，又如謂營共同生活，係自何時代開始，此等問題除任史家之主觀判斷，直至今日尚無一致確認之結論。然至少自有歷史記載以來的人類，係行共同社會生活，此乃事實。人類社會自然地育成以來，由簡單而漸進於繁雜自無疑義，然關於此複雜的社會諸類型之考察，學者亦多各立己說，莫衷一是。暫請順便引據酒枝教授之見解（根據先生之課室講義），「欲把握人類共同生活成立之原因……可歸納其根本關係如：第一，生活一致之關係或協同構成體……各成員相互一致的生活關係，如父子、夫婦、兄弟等關係為其典型。……第二，生活背反之關係與權治構成體……如於古代社會，家族各成員之外，復加入仆役，奴隸等之場合」。如此，根據「利害共通」「利害背反」之關係而企圖說明兩種對立社會型之構成時，一方在血緣之全體中，「個」以「全」為前提，依此關係而維繫之共同生活型式形成人類共同生活之母體。（又在古代社會中，可顯見「全」對「個」之優位性）。他方則顯為利害之對立，因之為調和此對立關係，維持社會秩序，「上位的統治者」之產生乃屬必然。國家之生活型式係由後者派生而來，極為瞭然。

於此引據之理論，僅不過便於參照之一例而已。今吾人拋開學問之立場，暫就日常生活觀察之，日常談話或思維，時常關聯及於所謂「社會」二字。在此情形之下，「社會」之概念與社會學上所稱為「社會」者，其內容懸殊，自不待言。蓋常識上「社會」之概念，最可注意者，乃其與「家庭」之概念形成對蹠的性質。日常謂「由家庭走入社會」時，便明示此種特徵。於此對立的意義上，「家庭」乃以運命的結合使屬乎其中的各分子聯為一體。在家庭的範圍之內，各成員共有同等之運命，此與通常所謂「社會」者，其性格顯然殊異。「社會」之中，共同命運之關係並不存在。而且，甲在運命上的虧損常適為乙之利得。社會之中，同一運命並非等質地分與其各成員，乃將一定量之運命在量上予以分割。反之，在家庭中，其各分子所配分之「量」不成問題，其關切之鵠的乃在規定「全體」

之「運命」。甲關心之目標非在因乙之虧損可獲之利得，反之，在乙，丙及其全家族構成員均能沾取利得之條件下，家族全體運命上之利得，同時為甲之利得。類似關係，於使用同一語言之集團中亦不難發現。使用同語集團中，其各個分子並非分有言語之一，乃同等地享受其全部，故絕不因甲熟習語言，而語言之大部為之占有，結果乙，丙致不得不被剝奪其發語之權利。反之，於外部社會之關係，甲之利利（康宜注：「利利」疑為「利得」。）既僅依乙之虧損而獲得，其配分情形與「言語」之例迥異。但其類似關係可於「貨幣」配分中發見之。貨幣之使用乃將其一定量分割與成員之各人，因之，設某甲長於殖利，占有貨幣之大部，此時乙，丙等因剩餘配分量之減少而不得不甘受貧窮。於此可見，在後者情形下，從而新生一種變質之關係。言語具「質的」性質，貨幣則屬於「量的」。於「量」上被規定之貨幣，其結果，反再現「質」的分化——貨幣配分之直接結果，產生「持有者」（Haves'）與「無所持者」（Have nots'）之對立，貧富階級之關係由是而生。總之，貨幣所象徵之社會中，非共有同一之運命，其本質乃運命之對立與相克。

言語型社會與貨幣型社會之對立（或前引「生活一致關係」與生活背反關係之對立），如譯為社會學上之概念，即所謂「共同社會」（Gemeinschaft community）與「利益社會」（Gesellschaft society—Gemeinschaft與Gesellschaft，我國尚無適當之譯語，暫從一般之稱呼）。此社會學一對概念之創成，實系德國社會學者譚尼斯氏（Ferdinand Tönnies 1855-1936）之功績，吾人試概觀譚氏思想之發展徑路。

氏最初著想於前述二對立概念之際，先設定兩種對人關係之樣式，其一為「敵視」，一為「給付」。然此敵視給付二概念究如何作用？對此問題，氏預先描一圓形，據此想定其異質之兩側，即於「遠心的」一面形成敵視作用，反之，「求心的」一面則生給付關係。而且，敵視與給付，皆與他人之同樣行為交互作用。即敵視招來敵視，給付則生「反對給付」之效果。由此兩種關係之穿插，作用，交織而為複雜的「社會關係」。猶如隨半徑之移動而繪圓形。由是，氏之思索體系中，「共同社會」與「利益社會」之一對概念乃見萌芽。然僅僅此種限度之說明，雖可見其立意之妙，究尚不得為一獨立嶄新之學說。於是，譚氏於出版其主著「共同社會與利益社會」之前，嘗費數年時日孜孜致力於英哲霍伯斯（Thomas Hobbes）之研究。吾人謂霍伯斯之「自然法思想」與梅因（Henry Maine）之「古代法」，對譚氏社會構成論學說確立上，同為支撐其全體系之鋼骨，實非過言。

譚氏於其主著初稿中，為說明此對峙之兩概念，由「全體對部分」之觀察出發，置重其思考之關鍵於「有機體與機制體之對立」。此由「全體部分」之觀念所引伸之「有機體與機制體之對峙關係」乃古往亞里斯多德以來之社會思想中心問題。全體先行於部分時，必然以共同社會之性格而表現，反之，部分优先於全體，則結果於利益社會之類型。譚氏之「有機體對機制體」之著想，實可由歷史思索的一環中發現其意義。如是，有機體對機制體之概念，對社會構成理論確立上，固持有前提的決定意義，但遽謂其為完成「共同社會與利益社會」論理之必要條件，未免尚不充分，因之，吾人對「社會構成論」仍有一顧之必要。

所謂「社會構成論」之學說，真正樹立其基礎原理者，乃始於英哲霍伯斯，而霍氏所以構成其思想體系者，實以自然法思想為背景。依氏之見解，成為「社會構成之主體」者捨「個人」而無他。此所謂「個人」之意義。於霍氏之時代觀之，實不外「合理的人」或「人的合理意志」。譚尼斯氏以多年研究霍氏社會構成論之結果，乃從霍氏之思索體系，將社會構成主體之原理求之於「意志」之中。氏確言「一切社會之構成，皆為由心理的實體所成之機構」，因思由「人類意志」之類型出發，進而理解前述「共同社會與利益社會」之一對概念。由如此關連的解釋，對應兩種社會類型之差異，氏更將意志之概念大別為二，稱前者為本質意志（Wesenwille），後者為肆意意志（Willkür）。基此說明，兩種社會之類型，一由「現實的或自然的」統一法而構成，他由「理念的或人為的」統一法式而構成。前者屬「含思惟於其中的意志」（即本質意志）之構造法則，後者則屬乎「含意志於其中的思惟」（即所謂肆意意志）之法則。顯見譚氏以霍伯斯自然法思想為基礎發展其思索，而結論於「性質迥異之兩種意志乃兩對立社會型之淵源」。換言之，本質意志與肆意意志既為人類兩種基本的意志型態，共同社會與利益社會亦即社會構造之二原理的類型（所謂「平準型」，依譚氏自身之稱呼，即「純粹社會學的基礎概念」）。然譚氏之社會構造概念，雖亦自認為由心理實體而成之機構，其概念之體系，並非單單止於心理型式的「對立」。蓋氏於其理論發展過程中，不過以「意志」作一通路而企圖解說其社會構造論，此種理論既直接為霍伯斯自然法思想之所賜，由整個思想史上觀之，實不容忽視其在文化史上之一定必然的關連。換言之，社會構造理論之兩種類型，乃與歷史哲學之構圖直接相聯繫。故譚氏於其主著之第三篇中，致力於把握「自然法於社會學的根基」一點，實含有重大之意義。

3.

所謂「自然法之社會學的根基」，既為明示譚氏社會學在思想史上之背景，故若稱之為「社會學之自然法的根基」似更覺適當。譚氏於其研究進行中，瀕瀕（康宜注：「瀕瀕」疑為「頻頻」。）考慮古代哲學中提示之「法」的性格（於此可見梅因對譚氏思想之影響），氏反復設問「法」的本質究為「自然的」抑「慣習的」一問題。其最後之解答乃「法為自然的，同時為慣習的」。因法的秩序，在某種意義上，如不想其為「自然的」，則社會秩序之妥當性無存在餘地。

自然法（Lex naturalis）在歐洲思想史上担當重大之任務實始於羅馬。希臘之政治社會以都市（Polis）為背景，因此其所產生之法皆為「慣習的」（nomos）。及至羅馬興起，完成古代世界大帝國之偉業，一切制度與理念之要求，一躍而為包容諸種nomos之「世界的秩序」。既往之慣習法完全喪失其對新時代之適應性。於此，自然法依世界的普遍的根本原理而形成普遍法（即「萬民法」））法秩序。但其後隨羅馬帝國之衰頹，由政治上之必然關係，既形成普遍的世界秩序之自然法，遂亦不待不蹈其信用失墜之悲運。其結果「外的自然秩序」之存在既成一般思想界懷疑之目標，重新取而代之者乃一變而為「內的主觀的存在」法則。所謂「內的主觀的存在法則」者，質言之，即「人性的自然」或稱之為「理性」亦無不可。（此種自然法思想之轉迴，於第一節所敘自然法之生成及變形中可發現其癥結之所在）。而此自然法思想之急度轉變，實為歐洲思想史上劃一新紀元。

縱觀前述兩種秩序——客觀的「自然的秩序」與主觀的「人性的自然」，其中前者之特質乃在預定法之秩序，從而規定含諸其中的個人，反之，於後者則法之秩序尚未確立，個人乃基於人類自然之要求漸次構成秩序。此種理論上之分化，既係歷史環境之產物，同時明現為思想上之事實，自不待言。於羅馬帝國末季，自然法漸生向「人類的自然」中覓其位置之傾向，但其時適逢基督教思想之勃興，由於濃厚之宗教色彩的加担，因之再形逆轉而呈現為支配世界之「神的秩序」。而實際上担當此種秩序之理念者，實係「教會」之成立。然教會本身之性格既為社會之構成物，與其認之為「自然的」產物，勿寧謂為「慣習的」產物更屬妥當。元來，因歷史之輾轉進化，教會已漸喪失其「自然的」成分，而呈現其「慣習的」性格。於此，從來之「自然的秩序」卒為「慣習的秩序」所取代，其必然之結果乃予個人以莫大之壓力，終至全然抹消「人類的自然」之要求，所謂「近代的自然法思想」之昂揚，於顯示「人類的自然」之反撥一點，有其重大之意義。

總之，近世自然法思想之重心，實在於由理性存在的「個人」之結合，希冀再建自然之秩序。而「神學的自然法思想」與「近世的自然法思想」二者相併可推為自然法思想關鍵之代表的二典型。惟在自然的秩序支配之下，以前者為基礎，個人活動之樞紐乃所謂「含思惟於其中的意志」，反之，受近世自然法思想之影響，以理性的存在構成秩序時，個人則以「含意志於其中的思惟」而顯現。於此乃見「共同社會」與「利益社會」二類型概念產生之根據。吾人如更進而考察此二概念間之存在關係，定不容忽視其間之歷史連繫性，因以上考察之二異型社會，於歷史上之具現，實不外由中世一躍而為近世之轉換期中的產物。由是觀之，「共同社會」與「利益社會」已非單單「並列」之概念，其間之存在關係表現為一「由共同社會向利益社會推進」之過程。於此，譚尼斯氏認為担當此推移過程之思想根據，確係近世的合理性（於第二節中已可見其一斑）。惟對此見解，吾人不得不再作進一步之觀察。於第二節中已述及近世的合理性，可以貨幣象徵其性格，換言之，合理的利益社會可謂為貨幣型之社會。但貨幣型之社會其本身包藏「矛盾」與「對立」一點勿庸贅言。今由此種矛盾對立關係推論，其最後由利益社會回復為共同社會之逆變轉之要求勢不可避。由共同社會而利益社會，復由利益社會而共同社會。——共間之正反運動顯然表示一種辯證法的發展。此種關係如完全依靠自然法之合理性以求解釋時，殊不可能。因自然法之合理性，其本身帶有明瞭之「直線的」性格，於辯證法的發展之說明，卒無以為力。可見譚尼斯氏以自然法為基礎之論述，雖可解明由共同社會進為利益社會之推移關係，究不能完成其另一側面之轉變理論（即反對狀態——由利益社會而共同社會）。於此，對於社會學解釋社會構成之理論，實不得不謂其尚停滯於「未完成」之階段。於此殘留問題，吾人以為唯有置其關鍵於異質的轉位關係上，方有意義。「共同社會」進展為「利益社會」，其過程為「自然的」，已如上述，然由「利益社會」再還原為「共同社會」，其間之關係，當想為「文化的」性質。質言之，依歷史的轉化，人類社會由自然的原始的共同社會已進而為利益社會，今後的發展，更當由利益社會進展為「文化的」「理念的」共同社會。吾人以為唯於此種動向中足以把握社會構成理論之全體系。於此，吾人切望一窺該寶貴的藝術勞作之全豹。

本世紀初頭以來，世界歷史正經驗其產生「新發展理念」之陣痛，而四十年代之今日，世界遍處，於種種方向嘗試集團社會之傾向已見端睨。吾輩担當建樹新社會理想之志士，為世界道義之昂揚，為促全人類文化之合理進展，作獻身之努力，以解答此殘餘的社會理論之課題，實責無旁待。

自然法思想與社會構成理論之課題

孫裕光

一

社會科學季刊

一一三

左：插圖17，孫裕光文章，〈自然法思想與社會構成理論之課題〉，刊登於北京大學法學院主辦的《社會科學季刊》（第1卷，第4期，1942年冬季），頁113-124，時年二十三歲。

右：插圖18，孫裕光在日本早稻田大學撰寫〈自然法思想與社會構成理論之課題〉一文時，他才是個大學四年級的學生，即將畢業。

（三）譯文稿：愛因斯坦百年生辰——舉世紀念一位重新描繪宇宙的巨人

（原載《時代週刊》79-2-19號）

孫保羅譯[1]

愛因斯坦[2]是誰？

他——這位二十世紀的奇才，憑他設想出來的關乎空間時間的神奇觀念，永遠改變了人類對宇宙及相等的認知，他是相對論之父，又因有名的公式$E=mc^2$而成為原子時代的先驅者。然而他單純的人道精神從未受威名所累，對於社會的不義他勇於斥責。到了晚年，這位衣裳寬如布袋、頭髮蓬鬆像牧羊犬的偉人，常為少年人解幾何習題，照常喜愛奏莫札特小提琴曲，並大寫其打油詩。阿伯特．愛因斯坦——他雖然逝世已經四分之一世紀，他的名字，他的相貌，至今還是無人不知的。

科學家們對他也是崇敬備至，因為在本世紀的科學家裡，他無疑是最傑出的，在某些人看來他簡直是有史以來最偉大的科學家。諾貝爾獎得獎人I.I.Rabi說：「當今的理學的一切觀念，很少不是從愛氏工作的成果所產生。」麻省理工學院的Irwin Shapiro補充說，「他使我光榮地稱自己為物理學者。」

愛因斯坦在一八七九年三月十四日出生於德國伍爾木城，今年恰逢一百周年，世界各國都參加紀念行列。在美國、歐洲、亞洲、南美，甚至曾把愛氏視為異端的蘇聯，各地學者競相籌備其獨特的獻禮。

---

1 康宜注：英文原文作者沒有具名，有關此篇譯文稿的背景，請見本書輯二：手跡六：翻譯《時代周刊》「愛因斯旦百年生辰」一文。父親此篇譯文稿從未出版過。此次特別感謝耶魯博士生李程把這篇譯文稿整理出來。

2 康宜注：父親的譯文原稿題目是「艾因斯坦⋯⋯」，但因「愛因斯坦」這個名字目前較為廣泛使用，今使用之。

其中最盛大的紀念活動將在下月舉行於普林斯頓的高級研究院（在此愛氏度過了一生的最後二十二年），和耶路撒冷的希伯來大學（該校是愛氏協助成立的）。Syracuse大學相對論學者、昔日曾與愛氏協力合作的Peter G Bergmann說：「這簡直是令人歎為觀止的盛舉，各人都想從中擷取一份反映的光榮。」劍橋大學的Martin Rees說：「科學家而成為崇拜對象的，除愛因斯坦沒有第二人，連科學家們也一樣地崇拜。」

其實這股百周年紀念熱潮早已超出學界之外。美國、西德等國即將發行愛因斯坦紀念郵票，另外出了許多有關愛氏的新書，其中包括在中國發行的兩卷愛氏作品。許多博物館，像華府的史密森博物院、巴黎的龐畢杜中心都正佈置愛因斯坦展覽會。在紐約市，全美物理學會正在收集愛氏幾年事蹟，準備作巡迴展出。東德也正裝修柏林附近Caputh地方愛氏舊日的夏居，日本的愛因斯坦迷則計畫朝訪他在歐洲一些常到之地。此外，電視為表敬意也推出特別節目，包括BBC-WGBH台兩小時的《愛因斯坦的宇宙》，由Peter Ustinov試演這位醉心於相對論的學者，公眾傳播台也有六十分鐘的巨星紀錄片《愛因斯坦》。在此一切以外，「愛因斯坦天文臺」更是引人入勝，這是去年十一月發射的一顆天文衛星，用來探測一些輻射高能X光線的星球與其他天體。對這樣的一陣狂熱，愛氏有些老同事頗感震驚。例如任愛氏秘書多年、對普林斯頓愛氏檔案依然關愛照顧、並且一直在Mercer街白色木造愛氏故居的書房裡獻花的Helen Dukas，她說，「你想他會怎麼說？『你看，他們還是在拿我來大作文章呢。』」像哲學家Paul Schilpp（正協助籌畫在南伊利諾大學舉辦百周年座談會）就承認愛氏對這一切喧鬧是會討厭的。

使擁護愛因斯坦的人士們最惱火的，莫過於華府憲法街國家科學院準備在四月揭幕的十二尺高愛氏銅像了。批評的人都攻擊雕刻家Robert Berks那「口香糖泡沫」式的塑造，那隱含天文意義的星空座架，還有銅像的成本（至少一百六十萬美元）。有的人根本認為任何造像都不可能塑得恰如其分。

問題是愛氏本人極其反對身後之榮，甚至立下遺囑將骨灰灑在一個秘而不宣之地。由於攝影家、繪畫家、雕塑家（包括Berks）們不斷找上愛氏的門來要他擺姿作態，愛氏有一次報職業時竟說他是「藝術家的模特兒。」

也許對愛氏最有意義的禮贊還根本未曾著手計畫，那就是：重振對愛氏科學成就的關注：愛氏在一九五五年以七六高齡辭世之前，他稱自己是一件「博物館裡的玩意兒」，是一塊早經逸出物理學主流的化石。他最偉大的成果（一般相對論）簡直已被知識界束之高閣。Texas大學物理學家John Wheeler解釋說，在他一生的前五十年，一般相對論是理論家的天堂，卻是驗證者的地獄，任何理論從沒有這麼難以證明的。」物理學家們於是轉向另外的、主要與原子結構有關的概念，這樣就比較容易求證又能廣泛應用。

然而如今這種見解已呈重大改變。西德物理學家Carl Friedrich Von Weizsäcker說，「愛氏真正偉大處在於他的思想今天依然與我們切身相關，儘管他逝世後曾有新的突破發現。」實際上，正是由於那許多的新突破才促成了愛因斯坦的復興。

自六十年代之初，天文學家已逐漸打開了一個嶄新的宇宙，這是藉助於愛氏有生之年僅能隱約夢想的技術：例如巨型無線電天線能「看見」太空裡前此未知的能量之源，饒地衛星能從朦朧的大氣層外極高之處檢視天空，還有極其準確的原子鐘，經一月之久其誤差不過一秒的十億分之一。

這個出乎意外的世界，裡邊有稱為準星體（quasar）的神秘物體（這些物體很可能是宇宙中最遙遠的存在，但由於輻射出大得驚人的能量，在地球上便能看到）。也有脈動輻源（pulsars），或稱中子星群（這些高度壓縮的巨星殘骸藉著極其規律的輻射信號傳出他們的存在）。尤其奇怪的是那些實際上可能早已從宇宙舞臺上銷聲匿跡的超級巨星——那些難以捉摸的黑洞，都有無比強大的重力傷，連光也逃不出它們的掌握。天文學家在無意中也收到一些可能是開天闢地的回聲之類的信號。這些來自天空各處，也可說是不知來自何處的、模糊的微波，似乎就是那「轟然巨響」（那顯然在一百五十億到兩百億年以前宇宙誕生時發生的激變爆炸）的迴蕩餘音。

這類天文學的革命可能都是愛因斯坦有生之年從來未曾想到的。然而今天科學家們要瞭解這些有宇宙規模的各種現象，卻必須依靠愛氏的理論巨作：一般相對性原理。一九一六年公開於一個大惑不解、口呆目瞪的學界之前的這個學說，乃是愛氏對自然界最普遍存在著、卻又最微弱的一種力（重力）所做的數學解釋——繁難、神妙、又極其優美。

由於近年天文學上各種新的發現，以及眾多的、新穎精密的度量技術，結果遂使相對論重享盛譽。這位在過去的時代曾經是奇才的愛因斯坦，在今天我們這時代裡依然保持他在知識界的無上權威。有關一般相對論的學術論文，在若干年前仍不多見，進來已達每年六七百篇之多。相對論東山再起的另一明證是全球科學家們展開競賽，致力於「重力波」的探測工作，爭相取得冠軍。愛氏認為重力波是萬有引力傳導的媒介，正像光波或無線電波是電磁力的傳導者一樣。

科學家們對愛氏的理論也正做更精密的測驗。例如麻省理工的Shapiro和同事們已經在發送無線電訊號經過太陽邊緣，再脫離其他行星而折回地球，其計時的精確度優於一秒的百萬分之一。目的是為了驗證太陽引力是否照愛氏預言的量使訊號減慢。到目前為止，一般相對論已經毫無例外地通過這些以及其他的若干測驗。耶魯物理學家Feza Gürsey說，「愛氏理論有歷久彌強的趨勢。」

愛因斯坦幼年並未顯露頭角，他到三歲才會說話，當他在慕尼克念中學時，對學校裡那種鸚鵡學舌式的死板教學制度、和老師們一派訓練士官似的面孔，都極不服氣，常以反抗的態度與老師們作對。那時有位老師對他說，「你呀，永遠成不了器。」

不過在另一方面也能看出一些日後成名的端倪。在五歲的時候有人拿給他一隻指南針，他立刻就被那顯然在左右指針的神秘力量所吸引了。在長成青年之前他經歷過一段敬虔的信仰時期，責怪他父親（一位元電器化學品製造商）悖離猶太教正統；但這個階段在他獨自開始學習科學，數學，哲學以後不久便告結束。那時他特別陶醉於一本數學基礎讀本——他稱之為「神聖的幾何小書」：他十六歲時就曾設計出一種早期的「思想實驗」來，這種只能在心裡做，不能在實驗室裡進行的實驗，終於導致他日後驚人的理論。這時他就曾想像過，在一個與光波同行的觀察者眼裡，光波究竟像什麼。

當他父親失業失敗、舉家遷往德國北部重起爐灶以後不到一年，愛氏便休了學並放棄了德國國籍。為了忘卻在慕尼克上學的痛苦回憶，他花了一年時間到亞平寧山地遠足、探訪親戚、並暢遊博物館。之後他決定就讀有名的蘇黎世瑞士聯邦技術學院。雖然初試未被錄取（因為植物學及德文以外的語言科不及格），但經補讀一年瑞士中學以後終獲入學。

不過愛因斯坦的反抗性還是照常。他常逃課，讀自己喜歡的書。並在實驗室裡遊蕩，以致惹老師們生氣。那位日後對愛氏新物理學做了巨大貢獻的數學家Hermann Minkowski就曾罵過他「懶狗」。只有靠著同班同學Marcel Grossmann的詳細筆記，他才得臨時抱佛腳在兩次大考都順利過關並在一九〇〇年畢業。但是由於頂撞了教授，畢業後沒能得到在大學教書的職位。不得已去幫一位天文學家做計算，又做過家教和代用教員以為糊口。二十三歲那年，他找到了一份在伯倫瑞士專利局當檢驗員的工作。職位是三等專門技術員，年薪不過三千五百法郎，當時約合六七五美元。

這個工作，正如愛氏自己所說，「倒是救了我的命。」這一來不但得以和物理科同學塞爾維亞人Mileva Maric結了婚，而且在審查專利申請書的過程中學會了凡事把握重點，當機立斷，因而便省出時間來思想他的物理。

要思索的可太多了。牛頓設定的運動機及引力基本法則，兩百年來一直風行不衰，這些法則用來描述行星運動、氣體特性，及其他日常物理現象是敷敷有餘的。然而到十九世紀之末，這座牛頓大廈出現了嚴重的裂隙。例如牛頓把光看為一連串的微粒（corpuscles），但實驗早已證明光是波狀的。更重要的或許是英國科學家Michael Faraday與蘇格蘭人James Clerk Maxwell已經證明電磁（包括光）裡有某些特有的現象，不易納入牛頓體系。

然而光若果真是由波所構成，那麼光波該是如何傳導的呢？科學家清楚地瞭解：太空幾乎是空的，例來所謂的物質在那裡並不存在。科學家為了解釋光能夠跨過像太陽地球間的遙遠距離，便設定了一種名為「乙太」的稀薄透明物質。為了偵測乙太，Albert Michelson和Edward Morley兩位美國人在一八八七年完成了一次巧妙的實驗。原來地球繞月運動，速度大約是每秒三十公里（十九英里），這種運動照理會產生一股逆向的乙太「風」，正如無風的日子乘自行車前進也會有風迎面吹來。且按理在順風或跨風時的光速該比逆風大。為了證明乙太學說，Michelson 和Morley造了一個十分精巧的旋轉裝置，上有光源和若干鏡子。使兩人大感驚異的是，實驗結果發現透出的光無論往任何方向，其速度總為恒定，令人大為困惑——難道乙太根本就不存在？

為了保全乙太，愛爾蘭一位物理學家George FitzGerald曾提出一個新奇的說法：穿行乙太的運動或許會使物體延運動方向稍微抽縮，而且照這種說法，抽縮確是剛好抵消了乙太風產生的光速變化，結果乙太風自然無法測出了。荷蘭物理學家Hendrik Lorentz把這個理論化為完美的數學公式。他還增添了另外一個觀念：乙太既滲透進一切物質構造之內，穿行乙太的時鐘也會因之減慢——而且慢得恰如其分，足使光速永遠「看似」恒定不變。

這些說法，即使對當時的學者們來說，也難免有牽強附會之感：他們處理了頭痛的問題，用的卻是不自然的、編造的方法。不過在這些學說裡還是含有真理的種子。科學現正朝向解決乙太僵局和牛頓物理限界這個方向摸索前進，因此即使沒有愛因斯坦，也總會有人來解決這項難題的。

不過直覺的閃光並未出現在當時科學偉人身上，卻臨到一位年僅二十六歲、置身物理學邊緣上的專利審查員。愛因斯坦的驚人灼見首先發表於德國科學雜誌《Annalen der Physik》一九〇五年刊出的兩篇卓越論文裡。第一篇的標題「運動物體的電力學」當時還沒顯出其終極的重要性（日後它才成為著名的愛氏「特殊相對性理論」）。

愛因斯坦大膽地對乙太觀念置之不理。進而提出了兩項假設：（一）實驗能測得的，只有相對運動，換言之，即一個觀察者相關於另一觀察者的運動；（二）光永遠以恒定速度穿過空無一物的空間前進，不受其光源運動的影響（此點似與常識抵觸：照常識說，從運動中一太空船向前投出的光，正像飛機上射出的子彈，其速度似乎該等於本身再加太空船的速度）。愛氏按上述假設，應用思想實驗與簡單數學所獲致的推論，震撼了牛頓物理學的主要觀念。

牛頓認為時間是絕對的，由過去穩穩地流向未來，在一切情況下都是相同的。愛氏對牛頓這種基本假設，用下面這個思想實驗予以摧毀：有一位觀察者站在鐵路路基旁邊，忽見兩邊閃電同時擊中軌道，於是他得出一個結論說，閃電是同時發生的，一道遠在東邊，一道在等距離的西邊。正當閃電擊下時，另有一位在火車裡的觀察者恰好從他眼前經過，火車從東向西高速前進著。

對火車裡這位觀察者來說，閃電則不似同時擊下，其理由是：因為他離東邊那道閃電愈來愈遠，所以閃光需要稍長的時間才能追上他。西邊的閃電他愈離愈近，閃光自會較早到達。其結果，在靜止觀察者所看做同時的，在運動中的觀察者看來，卻是西邊先一閃、東邊再一閃。再說，若是兩道閃電擊出的時間真是一先一後，那麼結果很可能成為：運動中的觀察者將之看成同時，站在路基上的認為並非同時。

無論如何，還是老問題：那些觀察結果之中哪一種是錯的？愛因斯坦的答案是：全對。時間的度量因所選取的參照系而有不同（如前例中的火車，或路軌旁邊的一點）。

以此類推，愛氏也說明了牛頓的絕對長度的觀念已經過時。在愛氏這新的相對世界裡，時間距離全是善變的，都視觀察者的相對運動而定，只有光速是唯一絕對的，從這樣的推理出發，關於（接近光速的）所謂「相對論速度」的效應，就產生出一些奇特的結論來。例如說，當地面觀察者注視著太空船以二六〇〇〇〇公里（一六〇〇〇〇英里）的秒速遠離時，太空船上的時間（假定此人能看見船裡的時鐘）對他來說，似乎動得比地上慢了一半。太空船以及船上一切東西的品質都比在地面時顯得倍增，而長寬高各度也都依行進方向（較在地上）減半。奇怪的是，太空船上的觀察者看不出船上有任何變化，反以為地球上的時間才在減慢，地球上的品質、長度才是起了變化。

這些看似矛盾的效應，導致一個稱為雙胞逆說（Twin Paradox）的、有名的難題：加入雙胞胎中的一個遠去太空，當兩兄弟再見時，究竟是誰年齡較大？愛因斯坦說這有一個完全可靠的、毫無矛盾的答案。由於遠離及回歸地球而產生的其他種種效應，雙胞之一若是以高速作太空旅遊，那麼他回來時一定比在地上的兄弟更為年輕。[1]

上述這些效應雖然乍看令人驚奇，其實都早已證實無誤了。例如，在設計核子加速器的時候，科學家就要把這件事考慮在內：當次原子粒子（subatomic particles）一旦加速到接近光速時，質量會有增加的現象。不但如此，有一種名叫muons的粒子，在靜止時其存留期本來極短，瞬即衰變為其他粒子，但在高速情況之下，證明存留期要長得多。

一九〇五年愛因斯坦在《Annalen der Physik》刊出另外兩篇劃時代的報告。其中之一解釋了實驗室裡一種新奇現象——當光束擊中金屬目標而使之放出電子的時候所產生的「光電效應」。（今天眾多電子機件，從電眼裝置到電視映象管，太空船的太陽儀板等等，都因光電效應才成為可能）。在這篇論文裡，愛氏借用了德國物理學家Max Planck一個理論中的思想。那時Planck已經解決了一個惱人的問題，是關乎熱物體中光熱輻射的。Planck提出說明認為這種輻射能乃是被挾持或吸收到極微的包

[1] 康宜注：原譯文作「年青」，今改為「年輕」。

囊裡（量子）裡。Planck本人不滿意這種說法，認為違反自然。但愛因斯坦卻滿有興趣地抓住這些理論，進而提出了一個極具革命性的觀念說：有時候光帶有粒子（後命名為「光子」）的特性，這些粒子便從金屬中把電子敲擊出來。

當科學界還沒來得及消化這些說法的時候，上述那份德國雜誌又看出這位專利審查員的另一篇論文，愛氏已經想出了一個說明「布朗運動」的方程式。（布朗運動指液體中顯微鏡體粒子的、任意的、鋸齒形運動，一八二七年首先經蘇格蘭植物學家Robert Brown觀察發現，因此得名）。愛氏提示說，那些微點乃是受到液體分子的擠撞——這個觀點終於說服了許多對物質的原子本性持懷疑態度的二十世紀學者。

在第二篇相對論論文裡（一九〇五年刊出最後報告），愛氏應用相對論的數學以及他在光電論文中的觀念，作出了一個歷史上著名的推論：如果某物體放出一定量的、光的形態的能（E），它的品質將化為該定量除以光速平方（$m=E/c^2$）。由此只須再經一步簡單代數程式（但在思想上卻是一大躍進），便達到了那更加大膽的結論：物與能不但相等，且可互換。這個觀念包蘊在兩年後發表的，更有名的方程式裡：（$E=mc^2$）。這個公式實際就是說，即使少量的物質也能有成噸的TNT般的爆炸力——由此便開啟了原子時代的大門。這個公式也終於解明了太陽燃燒了幾百多億年何以體積並未顯然縮小的道理。

在一九〇五這奇跡的一年裡，愛因斯坦作品之多和其中所含意義之深都令人驚異不已。實際上，自從一六六六年牛頓的成就以來，沒有能望其項背的。（按牛頓當時二十三歲，已經離開劍橋到林肯郡躲避鼠疫，在那段隔離期間裡，他研究了光譜，發明了微積分，並且奠定了萬有引力和運動理論的基礎）。

七年以後愛因斯坦終於離開專利局而榮膺布拉格、蘇黎世各地接踵而至的學術研究席位。在一次世界大戰前夕，雖然他十分討厭那彌漫德國的軍國主義，終於出任柏林大學教授並受任為凱瑟威廉學院新設的理論物理中心主任。

這個決定引起一些痛苦的後果。當戰端開啟之後，身為社會主義者兼和平主義的愛氏，與另外三位德國學者簽署了一份反戰宣言。愛氏夫人與兩個兒子則已回去瑞士，這次分居不出幾年便導致離婚。愛氏慨允把他預期的諾貝爾獎金給他的妻子（這筆獎金三萬元到一九二二年終於宣佈——他因光電學說而得獎，至於相對論，在獎狀中只略有暗示，但當時尚未被科學界普遍接受）。在離婚後不久愛氏與寡居的表妹Elsa結婚。

這時愛氏那無休止的腦筋已從特殊相對論的等速運動，轉向更加複雜的加速運動了。這種運動涉及速度的變化：就像地心引力把物體吸向地面時，該物體的速度以每秒九・八公尺（三十二呎）按秒遞增。愛氏的想法與牛頓全然不同。十七世紀那位大師曾經注意到一種似乎令人矚目[1]的巧合：重力以同等方式運作於一切物體，與物體的質量無關。此點可由一種伽利略實驗（其可靠性頗成問題）得到證明：根據那項實驗，重量不同的物體從比薩斜塔落下，據說正好同時著地（若有任何差異那是由於空氣阻力）。愛因斯坦的解釋則是：由重力引起的和因其他力量引起的加速度，根本無法分辨。

這項定理便是愛氏的等值法則（principle of equivalence）。愛氏照理又舉出一個生動的事例——設想太空裡離地球極遠之處，有位科學家正乘坐電梯，這架電梯按照秒速九・八公尺每秒「向上」加速度運行。由於科學家身體對速度變化的抗力（他的惰性），結果雙腿就頂向地板踩著，正像電梯在地球表面靜止時的情形一樣。這時他無法分辨下面的拉力究竟是由重力抑由惰性而來。

那麼重力是什麼？（牛頓相信這股神秘的力，其影響可立時及於極遠的距離）。照愛因斯坦說，

[1] 康宜注：原譯文作「注目」，今改為「矚目」。

重力根本不是什麼「力」，而是一種漸被稱為「空時」（space-time）的特有屬性：在這樣一副世界圖像裡，宇宙的結構是日常經驗的三度空間、還加上第四度的時間。這以愛氏幼時的神聖歐幾里德幾何是無法描述的。愛氏為了尋求一個新的「度量」來描述「空時」，再次求助於老友Grossmann（當時已是一位卓越的數學家）。Grossmann給了愛氏所需的數學工具：一種難懂的非歐式幾何（由十九世紀德國數學家Bernhard Riemann所發展），足以容納愛氏嶄新的四次元世界。

把一切道理乾脆俐落地納入十個繁雜的「場」方程式，愛氏在一九一六年發表了他的一般相對性理論。與特殊相對論不同，這個理論當時幾乎沒有任何思想上的先導。即使在今天，科學家們對愛氏發展該理論所需的心智歷程依然驚歎不已。加州理工諾貝爾獎物理學家Richard Feynman說，「我還是不懂他怎麼想出來的。」

愛氏這個彎曲的四度空時連續區（four-dimensional space-time continuum）雖然是難以設想，但常被比擬為一塊吊著繃緊的橡膠布，上面凡放有重物（如星球、銀河、或其他物質）之處，都發生變形。因而，照愛因斯坦說，一個龐大的物體（例如太陽）就會使它周遭的「空時」呈現彎曲。行星都沿彎曲的空時路徑運行，並非固守在各自的橢圓形繞日軌道上。

為了驗證這套令人驚愕的怪論，愛氏先應用「場方程式」澄清了水星軌跡偏差問題。一百多年來，水星橢圓軌道上最近太陽的一點，比牛頓力學推算的應有位置，總多移動四十三弧秒。這項偏差科學家們一直無法說明。可是一旦把愛氏方程式應用在水星軌道問題上，不多不少恰好說明了多出來的四十三弧秒。

在另一項思想實驗裡，愛氏又想像他的假想電梯，因極力加速，電梯便以接近光速前進著。在這種情況下，若有一束光線由牆上小洞射入，這時在電梯裡面的科學家看來，光束必呈弧線下彎，並由對面牆壁較低的一點鑽出。理由：當光穿過電梯之時，電梯正在向「上」運行。但是電梯內那位科學家只感覺腳踩地板（由於加速度），在他看來，使光束彎曲的是重力。由這項思想實驗，以及由愛氏方程式所表明，重力的確會使光線彎曲。

使愛氏名震全球的，正是由於對這項效應的一次證驗（把假想電梯藉場方程式擴展到宇宙的規模）。一般相對論指出，遙遠星球所發出的光，在到達地球的途中行經極其接近太陽之處時，它會被太陽的重力所扭曲，因而使該星球在天空中的位置就有移動。其移動量處據愛氏計算為一•七五毫秒——這個偏差雖不算大，當時天文學家卻可以察覺。問題是，天文學家有什麼辦法給一顆與太陽成直線的星球拍攝照片呢？（陽光一定遮住星光）。答案：等日全蝕的時候。在一九一九年五月二十九日，英國天文學家Arthur Eddington正在西非海岸外Principe島觀測日蝕，那時他果真發現了星光的扭曲，其值與愛氏計算幾乎全等。後來有人問愛因斯坦，當時若測不出那個彎曲，他將何以自圓其說，愛氏答道，「那可能要怪上帝了——理論沒有錯。」

在一個戰後劫餘、驚魂甫定的世界裡，這樣孤家寡人，單靠塗些數學公式便能重整宇宙，也算得上是奇跡了。於是報章雜誌紛紛採訪，愛氏不但被邀到處演講，又接受各國總統國王的召見，從東京到紐約，眾人爭相歡迎，轟動一時。此外，通俗讀物也相繼出版，以解釋相對論的玄妙。不過愛氏理論究竟難懂，即使學界泰斗，能解得其中數學者亦寥寥無幾。曾有人問Eddington說，懂得愛氏理論總共不過三個人，不知確否。Eddington打趣地答說，「我正在想那第三位是誰。」

沒有多久，愛氏便被捲入爭論的漩渦了。有些教會人士認為他的學說是攻擊宗教（因為他不依循牛頓的絕對思想）。波斯頓樞機主教O'Connell攻擊相對論是「披著可怕的無神論猙獰外衣」。有位拉比坦白地問愛氏信不信上帝，愛氏引用一位猶太教叛徒的話說，「我相信斯比諾莎（Spinoza）的上帝，也就是在一切存在物井然有序的諧和中顯現的上帝，我不信有位關心人類命運與行動的上帝。」

愛氏會招惹忿怒是不難理解的。首先他有關空間時間的諸觀念本質上就具革命性，自然和古老的偏見正面衝突，而且和日常經驗也有矛盾。此外還有他那直言無隱的反民族主義態度，更加上他本身是猶太人這件事實（若想到他本不信任何有形宗教，這真是一大諷刺）。不過國外的批評比起德國國內，聲勢要小得多了，在德國，猶太人成了歐戰失利的代罪羔羊，愛氏的和平主義更被記恨在心，於是愛因斯坦和他的「猶太物理」就成了日甚一日惡毒指控的目標了。同工的德國科學家都背他而去——除了幾個顯著的例外，如Planck。一九三三年希特勒當權，不久以後愛氏（當時不在德國）就接受了普林斯頓高級研究院的職位，從此他再也沒有回德國。

愛氏雖任公職，仍然力圖推展他的科學工作。一九一七年他完成了一篇對整個物理學相當重要的論文，不僅奠定了激光的基本原則（較激光裝置的出現早於四十年左右），而且在更廣泛的意義上，也推進了量子學說。此外，對宇宙學的復興愛氏也做了重大貢獻（宇宙學研究宇宙的起源、歷史、及其形態）。荷蘭天文學家Willem De Sitter以及後來俄國科學家Alexander Friedmann都已得出結論，認為愛氏方程式是指向一個不穩定的宇宙——很可能是不斷擴大的。但是這樣一個不斷改變的、動態（dynamic）宇宙，和大部分天文學家所描繪的那種習見的天體圖像完全不相調和，所以愛氏寧選了一個穩定的、不變的宇宙。他完成這件大業是藉著一招數學把戲，涉及他所謂的「宇宙常數」。十年以後，美國天文學家Edwin Hubble已經證實了遙遠的銀河都在退後，彼此愈相遠離，宇宙的確是不斷擴大的。這時愛氏背棄了前說，重新接受他原先方程式所指示的事實。愛因斯坦承認，這個「宇宙常數」是他科學生涯中最嚴重的錯誤。

不過對於科學上中眾說紛紜的其他難題，他仍然堅持不讓。正像他晚年所說，「在同工者的心目中，我已變成一個頑固的異端了，在普林斯頓，人們看我是老糊塗。」其中原因主要是由於他不懈地反對量子力學（按量子力學已成為研究原子構造所需的、基本的、概念上的工具）。所謂量子力學，乃是觀察原子的一種統計方法，其發展原是由於愛氏自己應用Planck量字說解釋光之本性所促成。

今日物理學家視量子力學與相對論同為物理研究上兩大支柱。但是在量子力學的核心裡存在著一個幾乎屬哲學性的問題，使愛氏深感困擾——那就是「測不准原理」（uncertainty principle）。照這項原理，例如說一顆原子素粒（如電子）的準確位置與動量，都是無法測知的，因為觀察行為本身就會使它受到干擾。只有用統計方法（像擲骰子，玩紙牌時用以決定或然率probability的方法），科學家才可能預測這類實驗會得出什麼結果。

愛因斯坦，這位二十世紀物理學革命的總先鋒，如今卻在抗拒革命的最後一程。在他看來，量子力學是不完全的，他確信自然是按嚴密的規律運行，而科學家能夠揭露這些規律。由於量子力學有或然率這個角色，所以達不到他那極其重要的標準。他始終認為宇宙的運行不可能是亂碰的，一定有因果律存在。愛氏總是一再地說，「上帝是不玩骰子的，」丹麥科學家Niels Bohr（愛氏的朋友也是對手）聽得煩了，最後回敬說，「別再命令上帝做這做那了。」

然而愛氏是決定獨立獨行的。他對批評置之不理，然而用了後半生大部分的時間致力尋求「統一場論」（unified field theory）——在愛因斯坦時代，這表示一個無所不包的數學構式，不但要把重力並且連電磁現象都一併統一於單單一套方程式之內。然而這項工作，隨著另外兩種根本的力（指核子力）的發現，已經愈來愈難了。大多數科學家認為愛氏孤軍奮戰的探索是毫無希望的，而事實上他也沒有成功。不過愛氏深信自然界有基本的和諧與簡易性存在。

雖說愛氏學術生涯步履日艱，又因反對量子力學深為若干學者所詬病，但他在眾人心目中，依然是科學理想的表徵。正如Carl Sagan所說，他的典範曾在不景氣時代激勵了無數青年以科學為己任。他的為人，他的意見也都傳為佳話。人家問他為什麼刮臉洗澡用一塊肥皂，他說，「兩塊？多麻煩。」即使他接待David Ben-Gurion（後來曾請愛氏當以色列總統的）這樣的貴賓，也常是不打領帶，也不穿襪子。為物理學家立傳的Banesh Hoffmann曾與愛氏一同工作，他回憶說，「愛氏從不向人顯露自己如何聰明，總是叫人感覺安適。」

愛氏有驚人的「專心」的本領。他出去泛舟時只要見風一停，就抓出筆記來作他的計算。每當被難題困住，總是用他帶土腔的英語向同事們說，「現在我要想一點，」於是踱來踱去，撚著頭上一綹亂髮，或噴雲吐霧起來，但忽然之間笑出了聲，宣佈解答。在Mercer街住有成群結隊的訪客，但客人一走出二樓書齋，他能立時接著工作。英國作家C. P. Snow說：「會見老年的愛因斯坦真有面對第二以賽亞的感覺——雖然在他身上顯然有一種不修邊幅、毫無拘謹的、平易的性情。何況他又早已不穿襪子了。」

一九三九年與愛氏一同來美避難的Leo Szilard和Eugene Wigner兩人獲悉德國科學家分裂原子已告成功的消息，乃來求助於愛氏。當時愛氏自身可能不大瞭解核子物理的最新進展，但聽了兩人一說，他同意寫信給羅斯福總統，提請他注意納粹德國可能要造原子彈。那封信一般相信（實際的影響力並不確知）曾促成說服羅斯福下令成立曼哈坦計畫（Manhattan Project）——由該計畫產生了首批原子武器。

後來，當原子彈在廣島、長崎爆炸時，愛因斯坦深感後悔。戰後，日本物理學家湯川秀樹來訪時，愛氏曾親自、流淚地向他道歉，有一次他說，「當初我若知道德國人弄不出原子彈來，我何致管炸彈的事！」

愛氏最後幾年，成了「麥加錫主義」的直言無隱的敵人。愛氏以為麥加錫主義就是德國外瑪共和國倒臺先聲的那種紛擾激蕩的翻版。他力促知識份子不畏「監禁與破產」勇敢抗拒所謂的「國會大審訊」，因而受到廣泛的責難，特別被麥加錫（Joseph McCarthy）參議員本人指為「美國之敵」。愛氏一生最後一次公眾活動是參加羅素及其他學者為停止一切戰爭活動所做的迫切呼籲。

英國科學家Nigel Calder說，「後代對愛氏尊崇早已結束，在一九一九年。」在某種程度上這話是對的——雖然哈佛大學的Steven Weinberg與倫敦皇家理工學院的Abdus Salam兩位物理學家的作品裡，暗示愛氏統一場論的夢想有一天可能實現；同時在那僅為極少數人瞭解的、論及極其煩人的數學概念諸如超重力（supergravity）、迴旋體（twistors）之類的新作品裡，也有一線曙光，指出在愛氏所喜好的相對性原理與他所質疑的量子說之間，也有可能獲致統一。

這方面的探討，無論結果如何，相對論之父愛因斯坦依然是令人深受激勵的偉人。這位二十世紀的牛頓，在物理學界燃起了燎原之火，為人類思想留下了豐碩深邃的遺產，其宏偉之規模依舊是人類驚奇與發現的源泉。然而在愛因斯坦方面，他從未忘記知識所服務的人群。愛氏遺囑執行人、經濟學家Otto Nathan說：「即使他根本未曾委身於科學，也照樣會是本世紀難以忘懷的偉人。」這或許是出乎摯友的誇讚之詞，但在普世紀念愛因斯坦百年誕辰的今日看來，Nathan這句話可說是雖不中不遠矣。

（英文原文見TIME《時代週刊》一九七九年二月十九日）

（四）*ARIZONA REPUBLIC*, May 7, 1980

Interview article on Paul Sun: "Chinese renews ties broken 30 years ago"

Interviewed by Susan Doerfler

Northwest Valley Bureau

GLENDALE—Although Paul Sun has not lived in mainland China for more than 30 years, he still feels strong ties to and takes a keen interest in his homeland.

Sun has taught Chinese at the American Graduate School of International Management, 59th and Greenway Road, for the past year.

He left mainland China with his wife in the late 1940s to go to Taiwan because she was a native Taiwanese and wanted to be close to her parents.

"At that time, it was about the climax of the civil war in China," he said. After the couple arrived in Taiwan, they were unable to return to the mainland.

"For people of my age, our root is in the mainland. Even though we were in Taiwan, we were always thinking of our root."

Sun and his wife came to the United States two years ago.

"I came here ... because I retired," he said. He had taught classic Chinese, civics, geography, and basic English grammar in Taiwan.

"All my children are in the United States. I'm living here with my son and I still have a daughter at Princeton (and another son living in Maryland).[1] To the Chinese, the parents and children have a closer relationship. So my children urged me to come."

It was not until he came to the United States that Sun was able to contact his relatives in China.

"Last October, I finally went back and saw my relatives and several places I had remembered," he said.

After such a long time he didn't expect his relatives to remember him.

"I didn't think my brother and sister would have a strong concern for me. To my surprise, they were very concerned," Sun said.

Referring to his childhood, he said," When I was in China, it was very poor and many people were starving. Only a few Chinese were so wealthy—more wealthy than those in the United State.

"In addition to that, the war never ceased between the warlords and the people. My memory of my childhood is fleeing from fighting with my parents.

"China today is still poor and backward compared to Western standards. But there is more equality. People have some food and clothing."

"During the Cultural Revolution, I heard that life was very severe," he said. "But when I went back it was beginning to change. They are beginning to be able to buy anything. I saw stands on the street（where people are buying food）," he said.

---

1 康宜注：採訪者顯然遺漏了這幾個字："and another son living in Maryland." 今補上。

"Another thing I noticed was that everyone had decent clothing. In my memory, poor people had not even clothing."

China is beginning to open up to the rest of the world, Sun said.

"They know very much about the world. I thought with the Cultural Revolution, it would be closed, that the people wouldn't know so much."

One of Sun's nephews was in elementary and high school during the Cultural Revolution in the late 1960s. "I was surprised; he can write very fluent English. When I went back to my home country, I encouraged him to come here to study. Now he has a scholarship at the University of Georgia.

"Back in those days, I wondered how he was able to study (chemistry)," Sun said. "Now the trend is 180 degrees opposite. Now they are encouraging people to learn in college, learn world affairs."

An example of that encouragement is the exchange program that was set up between the American Graduate School of International Management and the Beijing (Peking)[1] Institute of Foreign Trade. The exchange is scheduled to begin next year between teachers at the two schools.

"I think this program is very helpful. It may contribute to the understanding between the United States and China."

Good relations between the two countries are very important, he said. "That really will contribute to the peace of the world. The basic thing is understanding between peoples. That should be encouraged.

"Americans are very lucky. The conditions here can't be compared to those in China. The geographical condition is different. In the United States, there are fewer people and more resources. On both sides are oceans.

"I admire your broad-mindedness. As you say, America is a melting pot," Sun said.

---

1 康宜注：此處應作"Tianjin"，不是"Beijing（Peking）"。應指天津貿易學院。

Chinese renews ties broken 30 years ago

By Susan Doerfler
Northwest Valley Bureau

GLENDALE — Although Paul Sun has not lived in mainland China for more than 30 years, he still feels strong ties to and takes a keen interest in his homeland.

Sun has taught Chinese at the American Graduate School of International Management, 59th and Greenway Road, for the past year.

He left mainland China with his wife in the late 1940s to go to Taiwan because she was a native Taiwanese and wanted to be close to her parents.

"At that time, it was about the climax of the civil war in China," he said. After the couple arrived in Taiwan, they were unable to return to the mainland.

"For people of my age, our root is in the mainland. Even though we were in Taiwan, we were always thinking of our root."

Sun and his wife came to the United States two years ago.

"I came here ... because I retired," he said. He had taught classic Chinese, civics, geography and basic English grammar in Taiwan.

"All my children are in the United States. I'm living here with my son and I still have a daughter at Princeton. To the Chinese, the parents and children have a closer relationship. So my children urged me to come."

It was not until he came to the United States that Sun was able to contact his relatives in China.

"Last October, I finally went back and saw my relatives and several places I had remembered," he said.

After such a long time he didn't expect his relatives to remember him.

"I didn't think my brother and sister would have a strong concern for me. To my surprise, they were very concerned," Sun said.

Referring to his childhood, he said, "When I was in China, it was very poor and many people were starving. Only a few Chinese were so wealthy — more wealthy than those in the United States.

"In addition to that, the war never ceased between the warlords and the people. My memory of my childhood is fleeing from the fighting with my parents.

"China today is still poor and backward compared to Western standards. But there is more equality. People have some food and clothing.

"During the Cultural Revolution, I heard that life was very severe," he said. "But when I went back it was

Paul Sun

China is beginning to open up to the rest of the world, Sun said.

"They know very much about the world. I thought with the Cultural Revolution, it would be more closed, that the people wouldn't know so much."

One of Sun's nephews was in elementary and high school during the Cultural Revolution in the late 1960s. "I was surprised; he can write very fluent English. When I went back to my home country, I encouraged him to come here to study. Now he has a scholarship at the University of Georgia.

"Back in those days, I wondered how he was able to study (chemistry)," Sun said. "Now the trend is 180 degrees opposite. Now they are encouraging people to learn in college, learn world affairs."

An example of that encouragement is the exchange program that was set up between the American Graduate School of International Management and the Beijing (Peking) Institute of Foreign Trade. The exchange is scheduled to begin next year between teachers at the two schools.

"I think this program is very helpful. It may contribute to the understanding between the United States and China."

Good relations between the two countries are very important, he said. "That really will contribute to the peace of the world. The basic thing is understanding between peoples. That should be encouraged.

"Americans are very lucky. The conditions here can't be compared to those in China. The geographical condition is different. In the United States, there are fewer people and more resources. On both sides are oceans.

"I admire your broad-mindedness. As you say, America is a melting

插圖19，1980年5月，孫保羅接受*Arizona Republic*的採訪。

"I think I'll remain here. All my family is here. I'm a permanent resident.

"I enjoy teaching very much. I like to be with young people. Here, I found everybody enthusiastic. So it's worth my effort."

二、親友寫給孫保羅的信

信件一

伯父、伯母：

剛剛拿到在華盛頓的照片，我把其中兩張同你們合影的相一直放在面前，長久地端詳，以至於提起筆來，想向你們訴說。從認識康宜到接觸她的兩個弟弟，一直到最近見到了你們二位老人，我覺得我同孫家的所有成員都一見如故，都被每一個人的善意接納和整個家庭一致的關懷所深深打動。你們確實使我在這樣一個完全陌生的國度裡找到了另一個我的家，得到了很多很多完全屬於中國的東西。這些樸實而可貴的情感當然源於二位老人的精神力量，也極大的得益於你們共同的基督教的信仰。也可以說是，上帝通過你們使我在歷盡人世的險惡之後，如此幸運地看到這麼多美好的東西。這裡面一定還有我自己至今尚難以完全領悟的善緣。伯母那突然發亮的眼神，伯父的慈祥的笑容將會時時啟示我，激發我去參悟我真正需要認識的……。

感謝你們對我的款待和期待，特別要感謝蔡真為我們所做的一切。[1]

---

[1] 康宜注：好友張宏生教授最近寄來他讀康正果這封信之後的感想：「康宜找到二十三年前的這封信，真是非常珍貴的心靈記錄，「緣」之一字，令人敬畏。正果文史功底深厚，思力敏銳，儕輩之中，堪稱突出，但由於個性獨特，

敬祝
身體健康

正果敬上
一九九五年六月一日

處世或忤，來到耶魯任教，環境寬鬆包容，正是得其所哉。從信中，可以想見你父母及全家的慷慨和熱情，對於一個歷盡磨難的人，必是巨大的安慰。這就是人性的光輝！不覺想起你上半年寄來的影像資料，看到令尊佈道，神完氣足，熱情傾注，而又慈祥寬厚，完全可以印證信中所說種種，令人生出深深的敬意」。
（張宏生來函，二〇一八年十一月二十九日）。

伯父、伯母：
剛剛拿到在華盛頓的照片，我把其中兩張同你們合影的相一直放在面前，長久地端詳，以至於提起筆來，想向你們訴說。從認識康宜到接觸她的兩個弟弟，一直到最近見到了你們二位老人，我覺得我同孫家的所有成員都一見如故，都被每一個人的善意接納和整個家族一致的關懷所深深打動。你們確實使我在這樣一個完全陌生的國度裡找到了另一個我的家，得到了很多很多完全屬於中國的東西。這些樸實而可貴的情感當然源於二位老人的精神力量，也極大的得益於你們共同的基督教的信仰。也可以說是，上帝通過你們使我在歷盡人世的險惡之後，如此幸運地看到這麼多美好的東西。這裡面一定還有我自己至今尚難以完全領悟的善緣。伯母那突然發亮的眼神、伯父的慈祥的笑容將會時時啟示我，激發我去參悟我真正需要認識的……

感謝你們對我的款待和期待，特別要感謝蔡真為我們所做的一切。

敬祝
身體健康

正果敬上
一九九五年六月一日

信件　康正果1995.6.1

信件二

May 22, 1997

親愛的爸爸：

媽媽生病這段期間，我有許多想法、許多傷感，也有許多感謝上帝的理由——其中之一就是，感謝上帝給我這麼一位不尋常的父親。若是別人，遇到母親病重這種情況，還得花心思去擔心父親的一切，因為朋友們的父親大多不會說英文，也很難照顧自己。而唯獨我的父親不但頭腦清楚、異常明智，還為母親解決心理及生理諸問題……，這些都讓我由心底發出感激。（只是，希望爸爸千萬不要勉強自己，凡是擔當不住的pressure一定要說出來，這樣我才放心。因此，我很高興爸爸前幾天很老實地說出：「我覺得自己不說出來就撐不住了……。」）

最近我突然有「回憶過去」的需要——很想徹底地review一下過去，包括童年那段難忘的心理過程。當然，重要的是feeling本身，而非「事實」（facts）的細節。我知道，多年來爸爸不願意提起prison及綠島那段黑暗的經驗，但我對過去又有不同的想法——我想所有人生中的甜酸苦辣都是豐富的經驗本身，也是生命意義的真正內涵。如果爸爸不介意，是否能告訴我（i.e., share with me）一些您當時受難時的心中感受以及外在的種種殘忍暴行？[1]現在我特別珍視sharing：覺得我從前在這方面做得太少。爸爸大概不知道，我從小之所以拼命讀書，有很大程度是為了不讓受難中的父親失望。同

---

[1] 康宜注：有關家父在台灣白色恐怖期間的受難經驗，請參見我後來出版的拙著：《走出白色恐怖》（台北：允晨，二〇〇三；增訂版，二〇〇七）；《走出白色恐怖》（北京：三聯，二〇一二）；*Journey Through the White Terror: A Daughter's Memoir*（2nd edition, Taipei: National Taiwan University Press, 2013）。

時，自幼就從媽媽那兒聽說爸爸一向是獲金牌的優等生，故從心底發出對爸爸的欽佩。但現在才覺得，我與爸爸只有情感上的溝通，卻少有「經驗細節」的溝通，有些缺憾的感覺。

我會繼續給爸爸打電話，天天為媽媽禱告，希望她的情況會漸漸好轉。

請保重！

女小紅上

一九九七，五，二

信件二

Cecilia Yau[1]
416 Casa Verde Cir.
Petaluma, CA 94954

敬念的孫伯伯平安：

日前收到大作《一粒麥子》，翻讀之餘，不忍釋手。裡面篇章實在是生命之言，我內心有很大共鳴。深信神要使用來開瞎子的眼、聾子的耳朵。

不知此書會否放在市場上賣？

又孫伯母的見證曾否在基督教雜誌刊登？投給《中信月刊》好嗎？

謝謝您生命與事奉的榜樣，求恩主天天眷佑，賜您心力與體力，請也多多保重，不要過勞。

主內晚
清萍敬上
九八年十二、廿

1 康宜注：Rev. Cecilia Yau（邱清萍牧師）多年來一直在中國信徒佈道會（Chinese Christian Mission）服務。她著作等身，已出版的作品有《行在愛中》、《還我伊甸園的豐榮》、《兩性復合》等。

信件四

孫老師保羅弟兄蒙福：

（《一粒麥子》如有多餘，請再賜兩本）

去年聖誕節前接獲大作《一粒麥子》，經月餘斷斷續續詳細拜讀。回憶卅五年前（大約）僕初到後勁時初與府上相識即看到弟兄熱心追求真理，敬虔事神生活，那時弟兄如同栽在溪水旁的一棵小小樹苗（詩1:3），如今數十年不見已枝葉茂盛成蔭，長成大樹果實累累，僕也分享到佳果味美甘甜。話由孫師母生重病說起，因著她重病之痛之苦也影響到弟兄全家。神用壓傷的方法先得著師母。再用她作得人的漁婦，先得著康宜姊妹、康成弟兄、觀圻弟兄當年這三尾小魚（現在都是大魚了，生了許多小魚了吧）。最後才全力靠神以天使在雅博渡口與雅各博斗的方式與弟兄博斗，征服弟兄得著弟兄你這尾大魚。

記得在後勁時常接到孫師母送來佳餚美食、總是附上一句「請葉教師幫忙吃」。年輕的葉教師基於愛神的心，信徒有困難當然要幫忙。日久後始知這是幫忙吃愛心。如今孫師母得著的大魚又來請葉教師品嘗。拜讀弟兄大作，深知你在聖經真理上下了很深的功夫，並在聖經原文及教會史等多方面都有豐富的知識。總之神用你所領受的一切屬靈與屬世的知識、經歷來服事神，造就眾信徒，作一位現代保羅。求神加倍地賜給弟兄豐富的力量，重用弟兄為主發光。

僕與府上交往卅餘年，始終未向弟兄談及信主蒙恩經過。僕於民國卅八年來台之初開始吐血，四十一年底大吐血，經X光透視為開放性肺結核，至民國四十五年病情增大，求生無望。天門大開，神施恩手，賜予醫治拯救，其中詳情非三言二語所能說盡，因涉及先父名譽，深藏心中，不願見證主恩。虧欠神，求主憐憫。至民國五十七年始病愈，讀神學、結婚、一切神的帶領、神的祝福。有機會再向弟兄詳細報告。老師！弟兄！我們都是在患難疾病中被打擊歸主的。「打擊」就是神的恩典與祂的愛。僕是過來人，能理解府上的遭遇，也見到神豐富的祝福與你我同在。專此恭覆，即頌

神恩充沛

元月卅一日晚

（一九九九）[1]

僕葉豐霖敬覆

1 康宜注：葉豐霖教師是基督教信義會傳教士。他一九三二年生於中國，一九四九年抵台，歷任諸教會傳教師，後還往宜蘭，繼續傳道，曾在宜蘭的信義會聖愛堂牧會多年，已於二〇一三年離世。必須一提，當初家父於一九九九年二月八日接到葉教師此函之後，立刻把將信的原件寄來給我收存，並囑我影印一份給他留念。

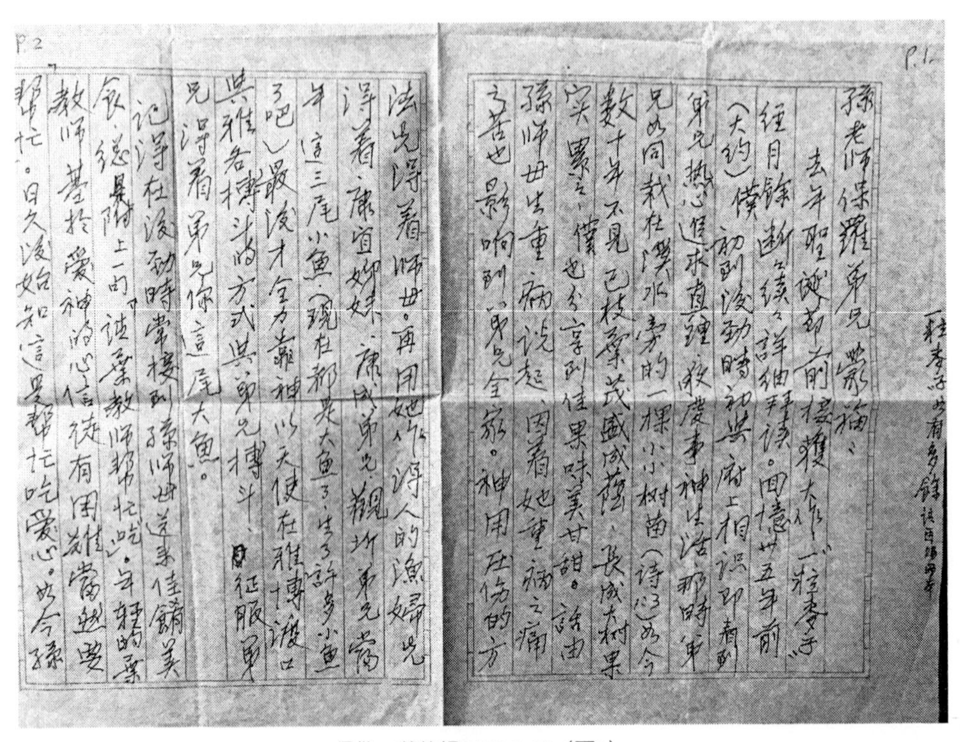

P.1

孫老師保羅弟兄賜鑒：

去年聖誕節前接獲大作「一粒麥子」，經月餘斷斷續續詳細拜讀。回憶卅五年前（大約）僕初到後勁時，和與府上相識，即看到弟兄熱心追求真理，致慶事神生活。那時弟兄如同栽在溪水旁的一棵小小樹苗（詩1:3），如今數十年不見，已枝葉茂盛成蔭，長成大樹，果實纍纍，僕也分享到佳果味美甘甜。論由孫師母生重病說起，因着她重病之痛之苦，也影响到弟兄全家。神用歷偽的方

P.2

法，先得着師母。再用她作得人的漁婦，先得着康宜妹妹、康成弟兄、觀圻弟兄，當年這三尾小魚（現在都是大魚了，生了許多小魚了吧）最後才全力靠神以天使在雅博渡口與雅各摔跤的方式與弟兄摔跤，征服弟兄，得着弟兄你這尾大魚。

記得在後勁時常接到孫師母送來佳餚美食，總是附上一句「請葉教師幫忙吃」。年輕的葉教師基於愛神的心，信從有困難當然要幫忙。日久後始知這是幫忙吃愛心。如今孫

信件　葉教師1999.1.31（頁1）

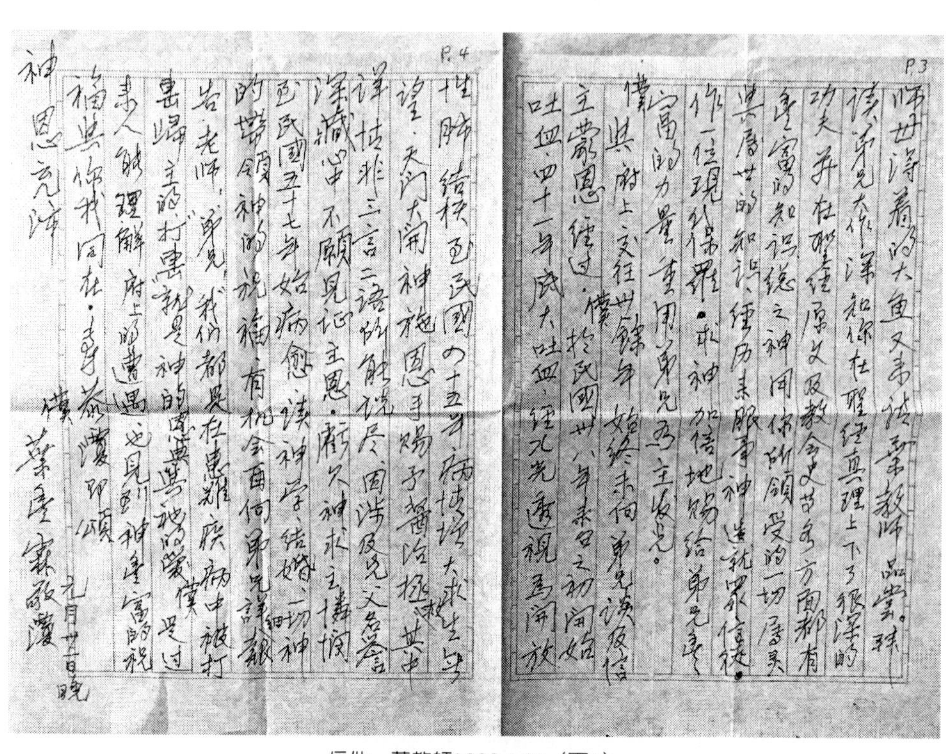

P.3

師母得着的大魚又寄給葉教師品嘗。殊

讀弟兄大作深知你在聖經真理上下了很深的

功夫并在那些經原文及教會史等各方面都有

豐富的知識總之神用你所領受的一切屬靈

與屬世的知識、經歷來服事神造就眾信徒

作一位現代保羅。求神加倍地賜給弟兄更

豐富的力量重用弟兄為主作見証。

懷與 府上交往卅餘年始終未向弟兄談及信

主蒙恩經過。懷於民國卅八年來台之初開始

吐血、四十一年底大吐血、經X光透視為開放

P.4

性肺結核至民國四十五年病情極大，求生無

望。天門大開神施恩手賜予醫治〔救〕，其中

詳情非三言二語所能說盡，因此及兄又[illegible]

深藏心中不願見証主恩。虧欠神求主憐憫

至民國五十七年始病癒、讀神學、結婚、一切神

的帶領全都神的祝福、有機會再向弟兄詳細報

告。老師、弟兄、我們都是在患難疾病中被打

害歸主、被打害就是神的恩典。其中懷受过

來人能理解 府上的遭遇也見到神豐富的祝

福與你我同在。專此 敬請 懷即頌

神恩充沛

懷 葉[illegible]霖敬覆

元月廿[illegible]日晚

信件　葉教師1999.1.31（頁2）

信件五

Paul兄：

此函閱後請寄康宜。

（因為四肢老化得比頭腦快，所以常常寫錯字，例如測量兩字會變成〝×〞，[1]用鉛筆寫，隨時可擦掉重來，橡皮竟用得比鉛筆多）。

最近略有空暇（其實每天閒空時間極多，但只有清晨六時至九時可以寫作，其他時間頭腦糊塗，只能作肢體運動、午睡（老頭四點多即醒，到十一時體力不支要午睡了，午睡後再午飯，下午即陪太太看電視，夜間十點一定上床，立即睡著。有一夜公寓火警，居然不知（請[2]參閱〈二二八事變親歷記〉，半夜有警，王國光來叫我，我居然不醒；罵了一句「殺了頭還不知道」即不管了）。

詳閱康宜所著之書[3]（寄來時即翻閱一下），有些補充。

首先，兄曾患肺結核，最近如何，甚為懸念，兄與主同在，平安喜樂自在意中。當年我等留日期間，結核病甚為流行，校方曾對每一人用ツベルクリン（Tuberculin）檢驗，弟有陽性反應，最近曾照X光，發現有鈣化痕跡，兄亦應如此。

康宜書附錄年表之中，觀圻出生時間地點確定有誤，弟所記憶著如下。

我們發表接管梧棲台中港後，弟定一九四八年一月十九日到梧棲接事（完全是用算命理論決定

---

1 康宜注：因中文沒有這個字，故在此以〝×〞代替。

2 康宜注：原文作「新」，今改為「請」。

3 康宜注：指拙著《走出白色恐怖》初版（台北：允晨文化，二〇〇三）。

的日子，而且從王俊手中接下印信是下午三點，也不能差，中午到了也不肯立刻接印，拖拖拉拉到三點正，可笑之極。）曾約兄同行，兄言嫂夫人待產，預產期就是這幾天，弟乃先走。一月廿一日，兄有電話說已生產，即日到，中午我到清水車站接你，你一下車就說，「老湯，我生了一個兒子」，則觀圻生日應當是一九四八年一月廿日或廿一日，生於基隆，絕不是一九四八年三月生於台北。你們在Maryland時，我曾提起此事，有一年一月廿一日曾寄觀圻生日卡。建議改為：

一九四八年一月（二十或二十一）：小弟觀圻生於基隆，出生當日（或翌日）父親即調往台中港工程處，任職副主任。[1]

又二二八當時你任基隆港務局專員（代表港務局駐聯檢處工作），穿一身港務局外勤人員的制服（如封面及二十五頁的照片）。（總務科長為內勤人員，不穿制服）。

關於你到台灣任職的事，我所知道（從景二爺[2]口中得知）的如下：[3]

1 康宜注：從一九四八年一月二十一日起，即父親任職台中港工程處副主任的期間，我們住在梧棲築港路築港巷四號官舍。（參見照片二：梧棲一九四八）。今據網上消息，台中港「副首長日式宿舍」（即當年我們在梧棲住過的房子）已於二〇一八年十一月經台灣政府審議通過，被列為「歷史建築」。

2 康宜注：「景二爺」指葉赫顏札景嘉先生（一九一四—一九八六）。

3 康宜按：此處請見湯麟武先生信中的附注：「此事康宜年幼不知」（頁二）。「又提及張我軍，我留日以前曾讀其著作《日語肯綮大全》。久聞鹿窟事件，今始知為陳大川主導」（頁三）。

基隆港務局長徐人壽[1]，妻舅章某（章紹周[2]也是徐太太家人）住在北京，為景二先生好友，徐人壽到台灣任局長時，叫他到港務局當秘書兼總務組長，但章某是老北京人，不願離北京（說是有鴉片癮），薦景二先生自代，因係留日出身，立刻蒙同意。景二爺買船票的錢都沒有，是你賣了家中一套沙發給他的錢。（據我所知，自上海赴台任職者不必花錢[3]買船票機票，還給一百元台幣零用錢）。（景二先生說話不太實在，你知道的。）景二先生到台後，你不久就到台，任港務局總務組庶務課長。一九四六年七月一日，台中港築港所（原屬交通處）併入基隆港時，徐人壽率秘書兼總務組長景嘉，設計課長葉仁，材料課長于培楠，專員莫尚仁來接管，此乃我與景二先生結識之始，當時他曾提起你，說你任庶務課長。但同年十月一日我調任港務局設計課長到局工作時，景二爺已非總務組長，你也在港務局樓下聯合檢查處工作。我曾到你辦公室聊天，聯檢處主任一個姓陳的，大約五十歲左右，我那時看他是個老頭兒，我只記得他說放印章的盒子像棺材不吉利。後來聽說他回大陸後，中共來時被槍斃（大約是個特務，本來那個職務非有特務身份不可）。

有一年當港務局要成立棧埠管理處，統合碼頭上業（務）[4]時，徐人壽忽然「聞鼙鼓而思將帥」起來，問起你近況，那時你正受難，他說你中英日文都極好，頭腦也極清楚，就是脾氣太壞，當年放

1 康宜注：據湯麟武先生《有人要我寫回憶錄》一書，徐人壽乃「浙江吳興人，交通大學一九三四年畢業的一組，美國麻省理工（M.I.T.）碩士，專任廈門大學教授、交通大學教授……任基隆港務局長十九年後調任鐵路局長，卸職後應香港航業鉅子……董浩雲之聘，到港任其公司顧問並輔導董建華經營航業，一九八四年病危送回台逝世」（頁四十九）。

2 康宜注：章紹周（一九〇九－一九九二）為當時港務局副局長。

3 康宜注：原文作「化錢」，今改為「花錢」。

4 康宜注：原文沒有「務」，今加「務」字。

在梧棲，乃是儲才備用之意，可惜可惜云云。

我記得一九六七年[1]夏天晚上康宜在大雨中突然到訪，說是康成休學一年之後再回校時，教務長挑剔某一細節而不准其註冊，翌日我去找教務長一句話就解決。但當夜康宜如何返家我忘記了，我家人因為岳母逝世在台北守喪，我有事回來一下，我本擬留她住下，她怕你們著急一定要趕回去，如當年大家有電話一定會留她的。此事已過三十六年了，此後再沒見過她。[2]

寄上「有人要我寫回憶錄」打好字後FAX回來的稿件，請過目指正。題名我想改一下，請閱全文後示我意見。內中有關吾兄之處，如有意見請示之，以便校正稿Xerox版來後再改削。FAX稿已不用，兄閱後即棄之可也，正式印出之後當寄康宜。

弟麟武上

癸未白露，即二〇〇三九月八日

1 康宜注：湯先生記憶恐有誤。我想應當是一九六五年，不是一九六七年。

2 康宜注：湯先生的記憶可能有誤；其實我於一九九五年曾在馬利蘭州見過湯伯和湯媽媽。那次是我母親煮了一桌菜請湯先生及夫人到觀圻家來用餐，我和家父、弟媳蔡真也在場。後來二〇〇八年（家父去世後一年）我與欽次又有機會到馬利蘭州拜訪湯麟武先生夫婦。（湯先生已於二〇一二年逝世）。

信件六

Oct. 29, 2004

給爸爸：

八十五歲生日紀念！

And so God bless you, Dad,

For all you are. . . for all you do,

There can't be many fathers

Who are loved as much as you.[1]

Happpy Birthday!

箴言十二章二節：「善人必蒙耶和華的恩惠。」

"A good man obtains favor from the Lord." Proverbs 12:2 (NIV)[2]

---

1 康宜注：這是從卡片上抄錄下來的話。

2 康宜注：這是從卡片上抄來的聖經金句。

爸爸即是上帝眼中的善人，故上帝使爸爸一直蒙恩！

女
康宜（小紅）上
欽次並賀（Chezy）

信件七

爸爸：

您在醫院中療養，
每天都從康成和麗娜那兒得到醫生的報告，
知道您正在康復中。
很想念您，
我不久就會去看您！

女
康宜（小紅）上[1]
May 3, 2007

[1] 康宜注：這是我給父親的最後一封信。但父親從未接到這封信，因為他從五月六日中午起開始昏迷不醒，三天後離世。

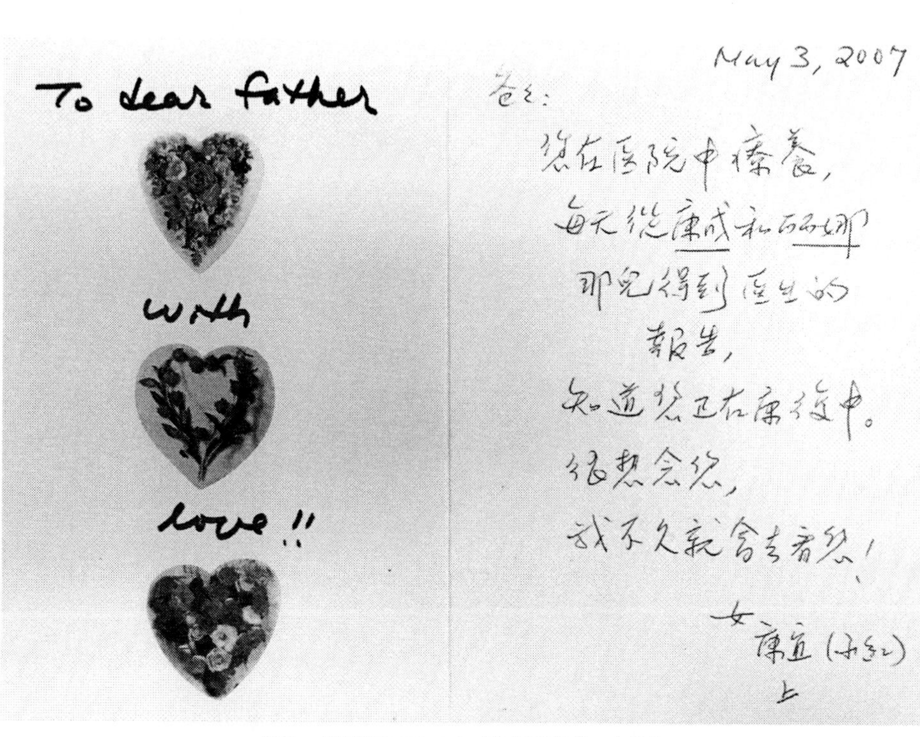

To dear father

with

love!!

May 3, 2007

爸爸：

您在醫院中療養，
每天從康成和硌娜
那兒得到醫生的
報告，
知道您正在康復中。
很想念您，
我不久就會去看您！

女
康宜（小紅）
上

信件　孫康宜2007.5.3（給父親最後一封信）

信件八

裕光兄：

很久未通消息，不知近況為何？此種大小字體能看清楚否？

非常想念，能否請令媛間接告知近況否？

弟亦漸漸老化，四肢不靈，正在做復健中。吾兄米壽已過，白壽在望。願

上帝永與你同在。

主內弟湯麟武上

五月十三日[1]

（二〇〇七年）

1 康宜注：家父從未收到這封信；他已於二〇〇七年五月九日（以八十八高齡）逝世。

裕光兄：
很久未通消息 不知近況為
何 此種大中之字体能看
清楚否
非常想念 能否請令媛
間接告知近況否
弟亦漸漸老化 四肢不靈
已在做復健中 吾兄米壽已
過 白壽在望 願
上帝永与你同在

主內弟 湯麟武 上
五月十三

信件　湯麟武2007.5.13

三、親友追思

追思一

懷念敬愛的孫保羅長老

孫保羅長老息了地上的勞苦，回到主的懷抱，雖是好得無比，但是我們仍然因為在地上與他暫別而感到十分難過，每一個人心中都有對他無限的懷念！

孫長老是蓋城華人宣道會早期的會員，第一任長老，常年的主日學和查經班的教師，以及常樂團契的講員和顧問，他在宣道會的十幾年期間，是教會的屬靈領袖，靈命生活的帶頭人，弟兄姊妹每有什麼靈性上的困惑，或是生活上的疑難，總是找到孫長老來談心，他總是耐心傾聽，很有針對性地用聖經的話解答勸導，凡從他受教的，沒有一個不從他那裏得到亮光和幫助。他連續多年教慕道班主日學，帶領了不少人歸信耶穌，他的講道言簡意賅，句句鏗鏘，扣人心弦！不僅有道理，更是生命的流露，因而他班上總是座無虛席。他非常關心初信者的靈命成長，即使搬家到加州以後，還常常通過書信和長途電話幫助弟兄姊妹，他的《一粒麥子》一書，記錄了他的部分講章，我們都愛不釋手，孫長老實在是神手中的寶貴器皿，敬虔自持，言行一致，是神在這個世代賜給我們的一盞明燈！

我們懷念敬愛的孫保羅長老，祝願他享受與主同在的安息，也期待將來與他再相會的美好日子。

李長華代表馬利蘭州蓋城華人宣道會全體弟兄姊妹
二○○七年五月十一日

追思二

奇異恩典

是　神奇妙的預備與恩典．我們九二年離開聚會五年的教會，加入蓋城宣教會，因而認識我一生中最敬愛的孫伯伯，他散發出的基督馨香之氣，是我羨慕的，於是我們成為他多年的主日學學生。

孫伯伯　孫媽媽，帶著愛心與開懷，細心照顧我們，隨時帶著我們禱告，班上半數是老基督徒，然而我們卻從孫伯伯的初信造就班上多得造就。

雖然孫伯伯聖經知識精深，他的教導卻深入淺出，他重視生命的長進，勝於知識的累進，他常提醒我們，只有神是生命的源頭，只有在神的光中，我們才得見光，看得見自己的罪與驕傲，要常常喜樂，不住的禱告，凡事謝恩，所發生的困境都是神允許的，所以也要為苦難感謝。

家父九三年過世，家母九五年過世，我悲慟欲絕，孫伯伯成為我屬靈的父親，用耐心愛心帶領我經過死蔭幽谷，教導我學習信靠服從，安靜等待，用膝蓋事奉神，甚至我弟妹嫉妒孫伯伯取代我親生父親的地位，神愛我何其廣大，藉著孫伯伯給軟弱的我豐富的父愛，（因為健康緣故[1]，孫伯伯孫媽媽搬去加州，神也訓練我從吃靈奶到吃乾糧）每週與孫伯伯的電話成為屬靈的強心劑，知道有位義人每天四點為我們全家禱告，帶給我極大的安慰與鼓勵，因為義人的禱告是有功效的。

孫媽媽過世之後，孫伯伯仍然熱心的事奉神，臉上仍是慈祥平安喜樂的微笑，誰知道他心中喪偶

1 康宜注：原文作「原故」，今改為「緣故」。

的傷痛隱藏在心達二年之久，大約孫媽媽過世三年之後，孫伯伯才與我分享，為的是安慰我。

隨著年齡日增，他的健康也逐漸走下坡，為了不成為兒女的負擔，他努力的做運動，以備體力，自己照顧自己。自從不能再站講台之後，孫伯伯的事奉變成隱藏的。他要我隨時告訴他弟兄姊妹的需要，他的工廠也從前線轉移後線。直到一兩年多前，孫伯伯不再能自己單獨居住，他渴望早日見主，猶記他開心的笑著說，他不畏懼死亡，十分高興能離世遷到天堂。唯一的願望是在世的每一天能榮耀神，不成為家人的負擔。

我認識的孫伯伯
沒有自己　只有耶穌
忘記過去　努力面前
無欲無求　事主喜樂
柔和謙卑　滿有主榮
不住禱告　凡事謝恩
常住主內　榮神益人
愛主愛人　永不止息
安息主懷　繼續代求

雖然我短期無法再見到孫伯伯，但確信必再相會，感謝神給我平安的憑據，我深知孫伯伯快樂地[1]

[1] 康宜注：原文作「快樂的」，今改為「快樂地」。

在天堂，忙著關照已去的弟兄姊妹，他仍每日為我們禱告。讓我們為孫伯伯的喬遷一同歡喜快樂，此時此地，他在天上對我們微笑招手。

吳繼漢　趙新新
馬利蘭州蓋城華人宣道會

追思三

敬愛的孫伯伯，我屬靈的父親：

收到您返回天家的消息頓時讓我陷入沉重的哀傷中，雖然我知道您不要我們悲傷而是要為您歡欣，因您與我們所深愛的孫媽媽及天父在天家團聚了，是您所等待與盼望的。這是多次與您在電話中，您每每提到的。我知道，可是我還是無法忍住我那不聽話的淚水，我好不捨……

與您和孫媽媽在馬利蘭州近十年的時光是我人生中一段非常重要且美麗的時刻，您們帶領頑固不馴的我認識了真神，也一步步的親近祂。記得未信主時，經常向您挑戰聖經的教導，您總是用百般的耐心諄諄教誨，也為我的得救不時的代禱，在這段時光中我也為人母，您們更用無盡的愛心疼惜我的兩個孩子。孫伯伯，孫媽媽，對您們的感謝，不是我用言語所能表達的。那段美好時光永遠會珍藏在我心中。

不止是我的家庭領受了您們的愛，所有蓋城的兄弟姊妹，不管是在查經班，團契，或是日常生活上，都是在您們的關愛之中。您是我們永遠的孫長老…感謝深愛我們的神，因祂的應許，我知道有一天我們會與您們——我們最敬愛的孫伯伯與孫媽媽——再次相聚。

敬愛您的，

麗秋敬上

陳麗秋
馬利蘭州蓋城華人宣道會

追思四

對孫長老的懷念

昨晚（周五）到吳琦農姊妹家查經的時候，驚聞孫長老於五月九日蒙主恩召回天家，心中難過。靠主恩典，讓我與姊妹們（碰巧昨晚上只有我一位男生）分享完詩篇五－八篇，且如常查經完後留下與大家交通後才回家。回家電話機上有兩通留言，是趙新新姊妹所留。她也告知了長老去世的噩耗，並說最好寫一篇追悼長老的短文。遂提起禿筆寫一下、神如何奇妙地帶領我鎮認識祂的僕人的經過。

一九九二年底，我因工作單位的調動，舉家從德州休士頓市搬到馬州的路克維耳市。那時我還不想認識主。翌年因鄰居的帶領，到蓋城華人宣教會參加聚會，當時教會是借用一所小學作為聚會所。第一次參加由長老帶領的主日學，就被他的教導吸引住。我記得長老帶領的主日學，每次參加的人數總是特別多，以致常要到隔壁的教室搬用更多的桌椅。也記得我學的第一首聖詩是「耶穌恩友」，當時我總覺得他有一股一般人所沒有的、從神那（兒）[1]來的力量吸引著我。及後每周日我和內人都不會錯過長老的主日學。很多次我們還錄音了，回家再聽他講的內容。藉著他循循善誘的教導，讓我明白了神救恩的真理。

[1] 康宜注：原文沒有「兒」，今加上「兒」字。

一九九三年十月，我認罪悔改，歸主名下。

一九九四年，又因工作的關係，我獨自到香港，直到一九九七年底回美。其間我與長老並沒有聯絡，只從內人處得知長老因美國東部天氣寒冷，在我回美前不久已遷往加州聖荷西市。一九九八年四月的某一天突接長老來函，說從兄姊中得知我信主了後在中港生活的三年多光景中並未遠離神，頗感欣慰。（他）[1]特別來函並附寄以書法手抄的金句（路9:23，弗3:20），以示鼓勵，並謂常會為我們代禱。感動之餘，我也敬覆長老一函，就這樣開始了我與長老的書信往來。不久他來函謙卑的叮囑我們不要稱呼他長老，稱呼伯伯為宜，自後我也改口稱他孫伯伯。

在往後的一年半載，他每周或隔周都會寄來一份小品——背誦默想的經文（聖經經文加上他對該段經文的默想以及神給他的啟示）。那些小品文章也就是他後來出版《一粒麥子》那書的部分內容。我很珍惜《一粒麥子》這本書，我認為這書對我們現實生活的教導很有幫助。那粒麥子也成了我個人一直以來的靈糧，感謝讚美主。

二〇〇一年至二〇〇三年是我在服務單位廿五年來工作最愉快（乃指工作的人事與環境）的一段時間。雖然遠離家人，一個人在加州的沙加緬度、舊金山及阿州鳳凰市工作生活，卻造就了我與孫伯伯常有見面的機緣。尤其我在加州城市工作的時候，主日我與他常常一道去做禮拜。也讓我對這位主內的長者有更深的認識。偶爾我會在交談中又順口稱他長老，他總是善意的責備我說他是不配的，囑我改口，何等謙卑的長者。記得當時只要他身體情況允許，他仍有負擔每周與教會的兄弟姊妹分享主的教導，他真是一位愛神愛人比愛自己更甚的神的僕人。二〇〇三年聖誕節前的一個主日，也就是我離舊金山回馬州前，由於他身體軟弱的緣故，我們就在他所住的公寓樓下會客大廳一同做禮拜敬拜

[1] 康宜注：原文沒有「他」，今加上「他」字。

神。我們唱詩讚美禱告，他還給我個人證道，彼此分享主恩，真是難忘。午飯後，送他回公寓。我向他道別時，他仍如常用他那關懷的眼光看我離去，未想到那次的相聚竟是我們在這世上最後的一次。

回來馬州以後，獲悉他老人家視力體力衰退很快，提筆寫字也甚困難。我們只有在電話中彼此問候，或者是我寫信給他向他報告一些生活的點滴。我最覺慚愧的是，過去三年，特別是他在二〇〇四年夏跌倒受傷（我剛好到紐澤西州出差）我都沒有給予他適當的關懷與慰問，只有在禱告中紀念而已。及至去年十月小女去舊金山，囑小女代我去探望他老人家（那時我在內布拉斯出差）。她去探望的那天碰巧是十月二十九日孫伯伯八十八歲生日，小女回來後說孫伯伯是她所見過的老人中「最可愛」的一位。可是[1]那時他的身體已經很虛弱瘦小了。在電話中，他也不太能辨清對講的是誰了，為此我一直在禱告中求神憐憫、卸去他肉體的一切病痛，求神讓他老年的生活仍有平安。如今我們這位屬靈長輩已脫離這苦難的世界，進入天國與神同享那好得無比的榮耀和福份。雖然對他的追思懷念仍不斷，但感謝我們的　神成就了在他身上美好的旨意。

孫伯伯您安息罷，也再一次厚顏的請您在天父面前為我們這群在世您曾教導過的主內後輩代求，好讓我們在往後的日子裡、在主前[2]能站立得住。

主內

馬利蘭蓋城華人宣道會

周有恆

於二〇〇七年五月十二日

1 康宜注：原文作「可知」，今改為「可是」。

2 康宜注：原文作「在內主前」，今改為「在主前」。

追思五

活出生命之道——追悼孫伯伯保羅

「主啊，你有永生之道，我還歸從誰呢？」（約翰福音6:68），每每抬頭舉目便可瞧見孫伯伯揮毫留給我們的寶墨，當我們悼念您的一生時，更深刻的是看見您活出了那「永生之道」，您的信心成了我們最佳榜樣。

從台灣遠赴來美，剛剛抵美時我是舉目無親，您卻以一位長者愛護晚輩的心，時時給予安慰與鼓勵，後來方知您的生命經歷，有如偉大的宣教士保羅一樣，也因此在您信主之後改名為〔保羅〕，記得您說過信主之前，您是極度的反對基督，常常為反對而反對，也因如此撕碎了好幾本聖經，卻因陪孫媽媽上教堂，上帝特別的恩典與感動，祂引導您成為祂的兒女，此後您改變了您的一生，除了讀經禱告之外，帶領查經，領人歸主，任職長老，終生侍奉，您效法保羅的精神，有時撒種，有時澆灌，有時栽培，為的是要我們在主裡成長，我多麼的慶幸能在此生之年認識您，並能獲得您的幫助與鼓勵。

記得婆婆退休來美與我們同住時，常常回家與我們分享她在長樂團契中的點點滴滴，道不盡您對他人屬靈方面的教導與幫助，許許多多的弟兄姐妹在需要時，您都能給予及時的安慰與扶持，雖然孫媽媽早您先離開我們，我們仍可看見您那無比的信心和愛心，甚至在您搬到加州之後，電話中仍時常得到您的鼓勵與代禱。您對我們全家人的關愛，使我們此生難以忘懷。

但願我們也將學習您那愛主愛人的心，並盡心盡意愛主我們的神，效法您一生活出主的真道。我們也將在禱告中紀念您的家人，將來主前再相聚。

盧榮望
馬利蘭州蓋城華人宣道會

追思六

親愛的孫老師：

小蘭昨天告訴我這不幸的消息，知道妳現在正處在深深的哀傷中。哭一哭吧！也許那樣可以紓解妳一部份心中沉重的痛。

人生有如登山，過程勝過終點，在踏著夕陽歸去的途中，有親愛的家人相伴，滿懷溫馨的記憶去回味，就是貴為王侯將相，也未必有這樣的好運氣。在我們出生時，睜開眼睛張望這世界的那一刻，完全不知道擁抱著我們的親人，就是將來影響自己最深的人。婚姻的伴侶是自己選擇的，親人卻由命運安排，有時候要到很大的年紀，才知道自己是幸運或是不幸。我相信對命運，妳是懷著由衷的感謝，因為它為妳安排了最好的母親，又為妳安排了最好的父親。我也相信，他們在生前望著妳的時候，心裡想的是：原以為人生就要這樣永遠在黑暗中度過的，我這個長女，是上天給我多麼意外的驚喜！因為有了她，我對人生不再有怨言！

妳說自己是一個「提早結束童年」的人，因為「提早結束童年」，所以學會了察言觀色，學會保有秘密；其實很多人終其一生，都不知道這種成長是多麼可貴。就是因為人生中那最初的打擊，使我們增長了百年智慧；當然人生中還有另外一些打擊，要讓我們增長千年智慧——我們所愛的人其實從來不會離我們而去，他們在我們的身上，我們的內心深處，他們就在我們的生命裡面，在我們的基因裡，歲月是不能把他們帶走的！

許多的關懷與祝福！

Shirley Wu

Shirley Wu
耶魯大學學生家長

追思七

「他的行程才剛開始」

（E. Brenneman著，康正果譯）

別去想他的去世——
他的行程才剛剛開始，
生命有很多層面——
塵世僅其中之一。

要想他已得到安息，
超脫了愁苦與淚水，
安息在溫和舒適的處所，
無日夜亦無年歲。

想必他定會希望，
我們今天都明白，
除了我們的悲傷，

沒有任何東西會真正流逝。
要想到他會活在，
他接觸過的人的心中……
因為凡被愛過者都不會失去，
而他，正是被深深愛過的一個。

康正果
耶魯大學

追思八

卓以定
Psychologist
Date: Sat, 19 May 2007 13:06:52-0500
Subject: 請多保重

康宜：

我和先生剛從日本旅遊回來。今天女兒頭次打電話，才知令尊剛剛仙逝。他一輩子都為神工作，是個那麼善良的長輩，可以由過去自己的負面經驗走出，成為更為正面的人。在俗世已達高齡，真是一位一生都是不凡的人，一定會去天國和令堂團聚的。

我們到了這個年紀，失去長輩，還是難過。我的小學好友，告訴我有天開車開到一半，突然想到雙親都沒了，停在parking lot，獨自哭了一陣子，才抒解好過了些。所以請妳一定要多保重！他們在天國也會告慰的。

但是再一想，我們也是真有福的一代，過了一甲子，還曾有長者相伴。已是很有福了！謝謝妳讓我瞭解妳偉大又不凡的父母！希望可以看到他們的故事發表，好好珍重！我們再談！

以定

追思九

范銘如
台灣國立政治大學
Date: Fri, 11 May 2007 11:00:57 +0800 (CST)
Subject: grief

康宜，師丈：

乍聞厄號，無任哀慟。

尚請節哀。

銘如 敬啟

追思十

敬悼親愛的阿公：

五月九日得知您安祥地走了。雖然我們百般的不捨，但是殘燭永不吹熄，只是已到油盡燈滅。您蒙主榮召回天堂，與睽違多年的阿媽重聚，我們只好釋懷祝福。

打從四十年前，我在油廠國光中學跟您共事結緣以來，我景仰您是亦師亦父，而您也謙遜地待我如親人。您非但鼓勵協助我這個顛沛流離他鄉的遊子成家立業，並且在孩子的養育成長期間，每天鍥而不捨地懷顆虔誠的心，為我們全家禱告：祈福求安。因此，在天災人禍頻傳的塵世中，我們仰賴您的真心祈禱，超越時空，保佑我們大小平安、幸福。

我家三個兒女——博、晶、萃的名字，叫起來多麼順口悅耳，是您得意命作。而我在任教與轉業期間，由於秉性剛直、涉世膚淺，屢遭拂逆，您總在關鍵時刻，奮勇暗助，化解危機。我晚上業餘的兼課所碰到的英文難題，您是我的良師。譬如聯考首考英文寫作的補教題目，是您幫我編擬的，而我第一次上台教「托福」課，也是您給我的勇氣和信心。

敬愛的阿公，您是「望之儼然，即之也溫」的碩儒，您是薄己厚人、慈祥為懷的長老。每當有親人自美返台時，您總會叮嚀：必定要抽空來高雄探望我們。您對我們的關愛，感激之情，難以言宣。

敬愛的阿公，生離是朦朧的含月，可是死別卻是憔悴的落花。如今您在世上的責任已鞠躬盡瘁，您美好的勝利也劃下完美的句點。您可放心安息在主的懷裡，我們會永遠懷念、感謝您。

高雄，台灣

慶順　玉美

莘博文、晶文、萃文敬悼

2007/05/11

追思十一

念恩師

人生能夠遇到良師益友並不容易，我何其有幸，在學生時代就遇到了影響我一生的孫老師！如今他安息主懷，我想以學生的身份表達對他的感恩與追思。

（康宜按：此處刪去數段）。

聖經說：「在耶和華眼中，看聖民之死，極為寶貴」（詩116:15）。孫老師一生為正義吃了不少苦，但他沒有抱怨，反倒以基督的愛，來關心他所接觸過的學生。如保羅所說，「那美好的仗我已經打過了，當跑的路我已經跑盡了，所信的道我已經守住了。從此以後有公義的冠冕為我存留」。安息吧，老師。您已漂亮地完成神賦予您一生的任務。我會將您的精神及福音的棒子傳承下去，繼續關心及傳福音給我周遭的人，希望棒子一代接一代，直到永遠。

梁善居

孫老師愛徒

台灣國家實驗動物中心主任

主後 2007/5/12

追思十二

張玉生
台灣　東海大學
To: chhin-chhi Chang
Sent: Sunday, May 13, 2007 12:37 AM
Subject: Re: Kang-i's Father

康宜，康成，觀圻惠鑒：

驚聞令尊五月九日蒙主恩召，孫伯伯一生愛主，廣傳福音，從他老人家一九九九年賜奇大作《一粒麥子》感念老人家之偉大心懷，加州追悼感恩禮拜不克前來參加，敬請鑒諒，望節哀保重，共頌主恩。

張玉生敬啟

追思十三

Subject: 孫老師　謝謝您
Date: Sun, 13 May 2007 11:05:59 +0000

孫老師　謝謝您：

剛從台灣回來就接獲國光高中班長吳獻崇來電說孫老師已經離開我們了。

瞬間時差的瞌睡蟲跑光光，滿腦子在思考能為老師做些什麼？才能將他留給我們的精神價值，加以發揚光大。

很慶幸三年前班長吳獻崇帶隊一行人包括鄧老師和家人，李蓓芳同學十二人專程來美探訪老師，一行人就住在我家，真是熱鬧。

和孫老師共聚午餐快樂時光彷彿剛發生在昨天，之後我前往護理之家探視老師兩次，聊了許多，受益匪淺，他問我：他做我們的班導師，我受益最多是什麼？我開玩笑說我考托福真是托老師的福，因為家境清寒，從未敢奢望留美，大學四年英文荒廢，就憑高中打下的基礎去應考，沒想到一次就過關，踏上留美之道，轉變我整個人生方向，目前一家和樂，美滿幸福，真是感謝他。

其實高中三年和老師朝夕相處，看著老師的背影成長，受到的鼓勵甚為深刻，孫老師的free spirit啟發我的獨立思考能力，明確的知道自己的方向和待人接物之道，一路走來能有主體性的、自由自在的過著自己想過的日子，這些勇氣和智慧是來自於高中時代所紮下的根基。

老師的話不多，但每句話都切入要點，他敬業的態度讓我由衷的敬佩。總覺得自己努力不夠會對不起他，最令人感動的是他那無私的心，對每位學生的關懷都像自己的孩子，督促學生總是那麼竭盡心力，讓我們在最叛逆的年齡對他心服口服，個個同學都很自愛，感情如一家人。

畢業至今已經三十二年，每次聚會話題總不離孫老師對我們的影響，老師的精神是我們的凝聚力。老師雖然離開了，但我更要延續他的精神……（康宜按：此處刪去二行）。

謝謝您，孫老師。

高雄，台灣

學生

林春嬌　敬上

05.13.07

追思十四

Date: 10 May 2007
From: Haun Saussy 耶魯大學

Dear Kang-i,

I have been thinking about your wonderful father yesterday and today, with phrases echoing in my head: 天下柔弱莫過於水，而攻堅.

And "blessed are the peacemakers."

You must be in an extremely disoriented state, as I was recently. It takes time to adjust to such a loss. I hope you are able to come back to a long summer of quiet and reflection.

Yours,

Haun

追思十五

Date: 11 May 2007
From: Lena Rydholm
斯德哥爾摩，瑞典

Dear Kang-i,

I am so sorry to hear about your father. This must be such a difficult time for you and your family now. Of course, I'll take you to that church in the Old Town to write the prayer for your father.

Take care of yourself, and family. See you soon.

Love,

Lena

追思十六

Date: 11 May 2007
From: Michael Holquist (Yale University)

Kang-i, dear

Elise and I were very sorry to hear of your father's passing. We know from your wonderful memoir how close your family is, and the important role in your life played by your father. We feel deep sympathy, and when you are ready again, we more than ever are eager to get together with you and C.C.

Your sad friend

Michael

Michael Holquist

Professor Emeritus

Comparative and Slavic Literature
Yale University
Senior Scholar, Columbia University

追思十七

Date: 11 May 2007
From: Tao Yang耶魯大學

Dear Kang-i,

I am so sorry to hear that your father has passed away. I know very little about your father, but his life story tells me that he was a man with great personal strength, which I truly admire. He must have been very proud of your accomplishments. It is impossible for me to even imagine the tremendous loss you are feeling right now, but my thoughts are definitely with you and your family.

Please take good care of yourself during this difficult time. I will talk to you when you are back to New Haven.

Tao Yang

追思十八

Date: 11 May 2007
From: Liansu Meng密西根大學

Dear Kang-i,

I am so sad to hear this. My most heartfelt condolences to you and your family. Your father was an extraordinary person. He has been and will continue to be loved and fondly remembered by the many people he had helped and by more who have and will read about him from your memoir.

I hope that you find comfort and strength in your father's memory and legacy. My thoughts are with you.

With love,

Liansu

追思十九

Date: Friday, 11 May 2007
From: 王瑷玲
台灣

Dear Professor,

We are so sorry to hear that tailaoshi (太老師) has passed away. Please accept ouir hearfelt condolences on Tailaoshi's death. Our love and support will always be here for you.

Love,

Ayling & Ching-hsien

Ayling Wang, Ph.D.

Research Fellow & Deputy Director

Instititue of Chinese Literature and Philosophy

Academia Sinica, Taipei, Taiwan

追思二十

Date: Friday, 11 May 2007
From: 鍾玲
香港浸信大學

Dear Kang-i,

Please be strong in your sorrow. If you are strong and filled with love for your father and if he still exists somehow, he would feel peacefulness.

My father passed away in 2002. It took me some time to recover. Your farher is a brave soul, braving against unjustly inflicted pain; therefore he has been blessed and will be blessed.

Wish you strength and health,

Yours,

Ling

追思二十一

Date: 12 May 2007
From: David Wang哈佛大學

Dear Kang-i and CC,

I went to New York for a student's defence and I just came back moments ago. My deepest condolences.

Kang-i: through your memoir I came to know your father—his adentures in early days, his ordeals under the White Terror, and his triumph in finding in religious belief the power of forgiving and love. He has had a dynamic and most respectable like. May he rest in eternal peace.

Best,
David
王德威

追思二十二

Date: Saturday, May 12, 2007
From: Mimi Yiengpruksawan (Yale University)
To: Chhin-chhi Chang

Dear CC,

I am devasted to hear such sad news. Her father was a bvave and courageous man—a model for all of us. Please give Kang-i my deepest condolences, and do let me know if there is anything I can do to make things easier for you at this painful time.

Sincerely,

Mimi

追思二十三

Date: 13 May 2007
From: Stanley Weinstein (Yale University)
To: Chhin-chhi Chang

Dear CC,

I was deeply saddened to learn of the passing away of Kang-i's father. I never knew him personally, but thanks to Kang-i's profoundly moving memoir. I feel that in a way I knew much about him.

He was an exceptional man, and I regret that I never had the chance to talk with him and ask him some questions I had about episodes in his life.

Please convey my, and Lucie's, heartfelt condolences to Kang-i. And thank you for writing about this.

Stan

追思二十四

Date: 19 May 2007
From: Fujii Shozo藤井省三（日本東京大學）
To: Chhin-chhi Chang

Dear Dr. Chang,

As I started my morning work by checking the emails as usual today, the final mail turned out to be the sad news from you, to my regret.

I know Mr. Sun Bao-luo only by Kang-i's book but respect him as a good father and a brave man who lived the heardest days before and after the war.

Please give her my sincere condolences. I wish the azalea in full bloom in New Haven could console Kang-i in her deepest sorrow.

Yours sincerely,
FUJII Shozo or Tengjing

追思二十五

孫家家屬致謝（由孫保羅長女孫康宜代表）。
二〇〇七年五月十四日，孫保羅安息禮拜。
Chapel of the Roses, Fremont, California

我以極其謙卑的心情，代表孫家向各位致謝。

感謝你們在百忙中來參加這個追思禮拜，在這裡一同紀念我父親的一生。

父親在世的時候，他經常提醒我們的聖經金句就是：「如今常存的有信、有望、有愛。這三樣，其中最大的是愛。」

（“And now these three remain: faith, hope and love. But the greatest is love.”）

（哥林多前書13:13）。

父親的一生就是愛的見證。作為他的子女，我們無限感恩。在此，我要朗誦一首英文詩（那是父親八十五歲生日那天，我們從一張卡片上抄錄下來的詩句）：

“Dad—You’ve guided, loved, protected,
And done all things you could,
You’ve gone a lot more extra miles
Than many fathers would,
You’ve joined the fun and laughter,
And you’ve prayed for everyone,
And there must be a thousand things
We’ll never know you’ve done!
And so God bless you, Dad,
For all you are... for all you do,
There can’t be many fathers

Who are loved as much as you.”

在此，我要代表孫家，衷心感謝諸位對我父親（和母親）長期以來的愛心。

康宜注：此外，孫家家屬要向馬利蘭州Rockville區的Herbert Hoover Middle School幾位負責「特殊教育」（special education）的老師們致謝。為了紀念我的父親孫保羅（Paul Sun），他們特別向加州Fremont區的FCSN機構（一個供給特殊教育的機構）捐了一筆款。他們的大名是：Sarah Bieber, Carol Kennedy, Marsha Slatkin, Judy Glassman, Lillie Randle, Pam Zahra, Julie Johnson, Maribeth Pamulevich, Gina Blake.這些老師們是我的姪女Helen Sun（即我的小弟觀圻之女孫卉亞）的同事，其愛心感人至極，令人震撼不已，在此特別獻上感謝。

又，十分感謝沈渠智先生，他最近找到家父孫保羅於一九九八年三月四日在他家查經班上講解《約翰福音》時的實況錄音。同時，必須向湯儒碩先生致謝，他特地將該錄音帶轉成mp3，在此我僅與讀者分享其中的片段。

四、孫保羅（孫裕光）、陳玉真生平年表

一九一九〇十月二十九日：孫裕光生於中國、天津。

一九二二〇二月一日：陳玉真生於台灣高雄，長於中國廈門，後又返回高雄。

一九三六〇十六歲的孫裕光獲「青年會拒毒徵文」比賽第一名，文章部分刊登在九月八日及九月九日兩天的《天津益世報》上。該報紙的頭條新聞是：「孫裕光先生論拒毒是國民的責任，青年會拒毒徵文第一名，對吸毒之弊害詳舉無遺」。

一九三九〇九月：十九歲的孫裕光考取庚款公費生，前往日本留學。（據湯麟武教授《有人要我寫回憶錄》（二〇〇三）一書，「戰爭中日本與中華民國既未斷交，主管庚款留學費用的『外務省文化事業部』運作如常。一九三九年，他們委託北京的『中華民國臨時政府』、南京的『中華民國維新政府』招考庚款留日學生，當年我們身陷淪陷區，大部分的學校已隨國民黨政府西撤」，剛從中學畢業的湯麟武與孫裕光「分別在南北考上後，一九三九年九月先後到東京」。）

一九四〇

春季：孫裕光考進日本早稻田大學政經系。不久即與從台灣來到東京求學的陳玉真相識。

一九四二

秋季：孫裕光從早稻田大學畢業（獲金牌）。

冬季：孫裕光文章〈自然法思想與社會構成理論之課題〉刊登於《社會科學季刊》（國立北京大學法學院出版），第一卷，第四期（一九四二年冬季），頁一一三－一二四。

一九四三

五月二十三日：孫裕光與陳玉真在天津結婚。時年二十三歲。

一九四四

二月：長女孫康宜在北京出生。

孫裕光擔任北京大學法學院講師。（始與當時執教於北京大學的張我軍先生認識）。

一九四五

一九四六

一月：長子孫康成在北京出生。

四月：舉家遷往台灣。孫裕光任職基隆港務局總務組庶務課長。

一九四八

年初：次子孫觀圻生於基隆。出生當日（或翌日）孫裕光即調往台中港工程處，任職副主任。

一九五〇

一月：遷往台北。

一月二十三日深夜：孫裕光被保密局局長谷正文強迫帶走，數月後被移送至軍法處看守所。

六月：朝鮮戰爭爆發，不久孫裕光被判刑十年，關入新店的軍人監獄。期間曾被送往綠島勞動營，有兩年之久。（陳玉真則開始在台灣南部以教裁縫謀生，養育三個孩子）。

一九五五　陳玉真成為基督徒。後引領三個兒女先後信主。

一九五七　孫裕光在獄中開始從事翻譯工作，曾譯自日文的《論科學的思考》一文，發表於《科學教育》第三卷第三期，一九五七年（頁三一－三四）。（原作者：湯川秀樹；原載：《物理學の方向》）。孫裕光將此篇譯文獻給妻子陳玉真，作為結婚十四週年紀念。

一九六〇　一月：孫裕光於一月二十三日出獄，結束了十年的牢獄生活。（此後數月間開始到處找工作，但沒人敢聘用他）。

九月：孫裕光開始在高雄煉油廠國光中學教英文。

一九六三　十二月：孫裕光受洗成為基督徒。

一九七八　二月三日：孫裕光與陳玉真一同從台灣移民美國。（抵達美國之後，孫裕光正式改名為孫保羅。但他早年即取了英文名字Paul）。

二月至八月：兩人首先拜訪馬利蘭州，後又到普林斯頓，再到聖路易城。

八月：定居於亞利桑那州的鳳凰城。

十一月：與大陸親人首次取得聯絡。（通過香港中國銀行的幫助）。

一九七九　七月：孫保羅開始在亞利桑那州的 American Graduate School of International Management（Thunderbird Campus）教書。

十月：孫保羅回中國大陸探親，並代表亞利桑那州American Graduate School of International Management（Thunderbird Campus）與天津商業管理學院建立合作關係。

一九八〇　五月：孫保羅接受*Arizona Republic*的採訪。

一九八一　六月：孫保羅獲「傑出教授獎」（Outstanding Professor Award）。

一九八四　四月：孫保羅加入美國國籍。

六月：孫保羅從亞利桑那州的American Graduate School of International Management（Thunderbird Campus）大學榮譽退休。

一九八七　五月：兩人遷往馬利蘭州，並成為蓋城華人宣道會（Gaithersburg Chinese Alliance Church）的會友。孫保羅從此專注於研讀聖經，並主持查經班，以宣揚基督教信仰為志，並大量書寫有關靈修的書法以自勵。此後數年也就成了他們信仰生活達到最高峰的時期。孫保羅曾任Gaithersburg教會的第一任長老。

一九九一　二月：陳玉真在馬利蘭州蓋城華人宣道會的婦女團契作見證，題目為「何等信實的主」（由趙純誠筆記）。

一九九四　三月：陳玉真加入美國國籍。

一九九六　七月：兩人從馬利蘭州移往加州的Milpitas城，後又遷往附近的Fremont城。

一九九七　九月十日：陳玉真病逝於Fremont城的華盛頓醫院，享年七十五歲半。葬於斯坦福大學附近的Alta Mesa墓園。

十月中旬：孫保羅前往耶魯大學附近的新港華人宣道會（New Haven Chinese Alliance Church）作見證，又到馬利蘭州的蓋城華人宣道會講道。

一九九八　十二月：孫保羅自費刊印《一粒麥子》，作為「玉真榮歸天家週年紀念」。

一九九九　八月：孫保羅遷往加州的Newark城。

二〇〇一　四月六日：在耶魯大學的中國學生查經班證道。

四月八日：在新港華人宣道會講道。

二〇〇四　七月八日：孫保羅遷往加州Fremont城的老人公寓Fremont Retirement Villa.

二〇〇五　二月二十五日：孫保羅遷往當地的另一個老人公寓：Fremont Vista Retirement Homes.

二〇〇六　十月二十六日：台灣政府正式發給孫家有關「白色恐怖」受難的賠償。

二〇〇七　五月九日：孫保羅病逝於Fremont城的華盛頓醫院，享年八十八歲。與妻子陳玉真同葬於斯坦福大學附近的Alta Mesa墓園。

（孫保羅身後留下許多有關聖經金句及靈修的書法、書信、日記等，今已收入耶魯大學神學院圖書館Paul Yu-kuang Sun Collection特藏）。

宗教命理類　PH0222　光與鹽01

孫保羅書法：附書信日記

作　　者／孫保羅
編　　註／孫康宜
責任編輯／杜國維
圖文排版／楊家齊
封面設計／蔡瑋筠

發 行 人／宋政坤
法律顧問／毛國樑　律師
出版發行／秀威資訊科技股份有限公司
114台北市內湖區瑞光路76巷65號1樓
電話：+886-2-2796-3638　傳真：+886-2-2796-1377
http://www.showwe.com.tw
劃撥帳號／19563868　戶名：秀威資訊科技股份有限公司
讀者服務信箱：service@showwe.com.tw
展售門市／國家書店（松江門市）
104台北市中山區松江路209號1樓
電話：+886-2-2518-0207　傳真：+886-2-2518-0778
網路訂購／秀威網路書店：https://store.showwe.tw
國家網路書店：https://www.govbooks.com.tw

2019年8月　BOD一版
定價：890元

國家圖書館出版品預行編目

孫保羅書法：附書信日記 / 孫保羅著；孫康宜編註. -- 一版. -- 臺北市：秀威資訊科技, 2019.08
面；　公分. -- (宗教命理類；PH0222)(光與鹽；01)
BOD版
ISBN 978-986-326-706-5(平裝)

1. 回憶錄 2. 基督教傳記

249.933　　108010230

讀者回函卡

感謝您購買本書，為提升服務品質，請填妥以下資料，將讀者回函卡直接寄回或傳真本公司，收到您的寶貴意見後，我們會收藏記錄及檢討，謝謝！
如您需要了解本公司最新出版書目、購書優惠或企劃活動，歡迎您上網查詢或下載相關資料：http:// www.showwe.com.tw

您購買的書名：________________________________

出生日期：________年________月________日

學歷：□高中（含）以下　□大專　□研究所（含）以上

職業：□製造業　□金融業　□資訊業　□軍警　□傳播業　□自由業
　　　□服務業　□公務員　□教職　□學生　□家管　□其它____

購書地點：□網路書店　□實體書店　□書展　□郵購　□贈閱　□其他

您從何得知本書的消息？

□網路書店　□實體書店　□網路搜尋　□電子報　□書訊　□雜誌
□傳播媒體　□親友推薦　□網站推薦　□部落格　□其他________

您對本書的評價：（請填代號　1.非常滿意　2.滿意　3.尚可　4.再改進）

封面設計____　版面編排____　內容____　文／譯筆____　價格____

讀完書後您覺得：

□很有收穫　□有收穫　□收穫不多　□沒收穫

對我們的建議：________________________________

____

____

____

請貼
郵票

11466
台北市內湖區瑞光路 76 巷 65 號 1 樓
秀威資訊科技股份有限公司 收
BOD 數位出版事業部

（請沿線對折寄回，謝謝！）

姓　　名：＿＿＿＿＿＿＿＿　年齡：＿＿＿＿　性別：□女　□男

郵遞區號：□□□□□

地　　址：＿＿＿＿＿＿＿＿＿＿＿＿＿＿＿＿

聯絡電話：(日)＿＿＿＿＿＿＿＿＿＿(夜)＿＿＿＿＿＿＿＿＿＿

E-mail：＿＿＿＿＿＿＿＿＿＿＿＿＿＿＿＿